Weihnachtskrippen im Kölner Raum

RHEINISCHES ARCHIV

VERÖFFENTLICHUNGEN DES INSTITUTS FÜR GESCHICHTLICHE
LANDESKUNDE DER RHEINLANDE DER UNIVERSITÄT BONN

Gegründet von H. Aubin und Th. Frings
Herausgegeben von W. Besch, H. L. Cox, G. Droege

120

Weihnachtskrippen im Kölner Raum

Verbreitungsgeschichte-Funktionszuweisungen-Gestaltung

von

MARKUS WALZ

1988

BÖHLAU VERLAG KÖLN WIEN

CIP-Titelaufnahme der Deutschen Bibliothek

Walz, Markus:
Weihnachtskrippen im Kölner Raum : Verbreitungsgeschichte – Funktionszuweisungen – Gestaltung / von Markus Walz. – Köln ; Wien : Böhlau 1988
(Rheinisches Archiv ; 120)
Zugl.: Bonn, Univ., Diss., 1987
ISBN 3-412-06088-7
NE: GT

Gedruckt mit Unterstützung des Landschaftsverbandes Rheinland

D 20

Satz: Nettesheim Druck GmbH, 5000 Köln
Druck und buchbinderische Verarbeitung:
Hans Richarz Publikations-Service, 5205 Sankt Augustin 1

Printed in Germany
ISBN 3-412-06088-7

Vorwort

Weihnachtskrippen finden im Rheinland derzeit lebhaftes Interesse, abzulesen an einem florierenden „Krippentourismus“ in den Großstädten und der wachsenden Zahl von Veröffentlichungen zum Thema. Dennoch geht die einschlägige Literatur auf Westdeutschland kaum ein, so daß bisher hilfsweise Entwicklungslinien aus Süddeutschland und Epochenmodelle aus anderen Themenfeldern (z. B. die „Zeit der Aufklärung“) übernommen wurden. Meine Untersuchung, 1982-86 entstanden, will genauere Grundlagen schaffen und erstmals die entscheidenden Epochen der rheinischen Krippengeschichte vorstellen. Dementsprechend liegt der Schwerpunkt nicht bei ausführlichen Betrachtungen außergewöhnlicher Objekte, bedeutsamer Persönlichkeiten, Gruppen oder Werkstätten.

Arbeitsgrundlage ist die Durchsicht von Druckerzeugnissen verschiedener Gattungen, die rheinische Bibliotheken bereithalten: Insbesondere die Diözesanbibliothek Köln und die Landeskirchliche Bibliothek, Düsseldorf, aber auch die Bibliotheken der Universität Bonn, die Evangelische Bibliothek Köln, die Zentrale der Stadtbibliothek (mit der Bibliothek des Bergischen Geschichtsvereins) in Wuppertal-Elberfeld und die Zentralbibliothek der Stadtbücherei Köln. Die Fundstellen benutzter Archivalien sind im Anhang nachgewiesen. Die Antwortmanuskripte aus dem Atlas der Deutschen Volkskunde bewahrt das Volkskundliche Seminar der Universität Bonn auf; das Amt für rheinische Landeskunde, Bonn, erstellt das Rheinische Volkskundearchiv. Soweit die Zeitschriften kirchlicher Organisationen nicht in der Diözesanbibliothek bzw. im Landeskirchen-Archiv greifbar sind, konnte ich sie einsehen in den Archiven, Registraturen oder Bibliotheken bei: Bund der Deutschen Katholischen Jugend, Düsseldorf; Zentralverband der Katholischen Frauengemeinschaft Deutschlands, Düsseldorf; Zentrale des Katholischen Deutschen Frauenbunds, Köln; Generalsekretariat des Kolpingwerks, Köln; Geschäftsstelle des Päpstlichen Missionswerks der Kinder, Aachen. Die Publikationen aus der Arbeitserziehungsbewegung besaß die (inzwischen aufgelöste) Bibliothek des Seminars für Kunst- und Werkerziehung der Universität Bonn. Allen Genannten bin ich für die gewährte Unterstützung dankbar.

Diese umfangreiche Literatur unterschiedlichster Herkunft und Thematik weise ich nur in den Fußnoten nach, um das Literaturverzeichnis im Anhang übersichtlich zu halten. Die Rechtschreibung in Namen, Titeln und wörtlichen Zitaten folgt stets der Vorlage; um störende Abweichungen zu vermeiden, habe ich auch meine Formulierungen nicht dem „Ökumenischen Verzeichnis der biblischen Eigennamen“ von 1972 angepaßt.

Die Philosophische Fakultät der Rheinischen Friedrich-Wilhelms-Universität Bonn hat 1987 meine Arbeit in der vorliegenden Form als Dissertation angenommen. So gilt mein herzlicher Dank dem Erstgutachter, Herrn Prof.

Dr. H. P. Hilger, und dem Korreferenten, Herrn Prof. Dr. H. L. Cox. Letzerem – wie auch den Mitherausgebern, Herrn Prof. Dr. W. Besch und Herrn Prof. Dr. G. Droege – bin ich besonders verpflichtet für die Aufnahme der Untersuchung in das „Rheinische Archiv". Diese Form der Veröffentlichung hat die freundliche Gewährung eines Druckkostenzuschusses seitens des Landschaftsverbandes Rheinland sehr erleichtert.

Die Darstellung der ikonografischen Grundlagen zeitgenössischer Kirchenkrippen beruht auf einer intensiven Reisetätigkeit während der Weihnachtszeit; deren Erfolg ermöglichten zahllose „stille Helfer": die Verantwortlichen vieler Pfarreien, die eine auch werktags geöffnete Kirche noch selbstverständlich finden.

Lohmar

Markus Walz

Inhaltsverzeichnis

1. Grundlagen der Themenstellung

1.1. Regionale Eingrenzung

Im Titel dieser Arbeit wurde die scheinbar griffige Formel „Kölner Raum" für die regionale Eingrenzung gewählt. Eine allgemein verbindliche Umschreibung dieser Region fehlt jedoch. In der Kulturraumforschung wurden für den fraglichen Bereich des mittleren Rheinlandes sehr unterschiedliche Vorstellungen entwickelt.

Wrede leitet seine Vorstellung vom „Rheinland" aus der germanischen Stammesgeschichte ab; kulturelle Unterschiede sind für ihn u. U. weniger ein Zeichen kultureller Abgrenzung als der kulturellen Vielfalt der Stammeseinheit, auch wenn diese Einheit den gegenwärtigen Einwohnern unbewußt ist. Mit dieser stammesgeschichtlichen Definition kann Wrede sowohl scharfe Trennlinien ziehen (so z. B. zwischen dem fränkischen, also rheinischen Bergischen Land und dem angrenzenden „westfälisch-sächsischen Volksteil") als auch über anerkannte Grenzen hinausgreifen (z. B. in das „stammeswidrig mit Westfalen" verbundene Siegerland)[1].

Die Kulturraumforschung der 1920er Jahre zieht im Gegensatz zu Wrede erheblich engere Grenzen. Der Leitgedanke in den kulturräumlichen Vorstellungen bei Frings ist die „Sprachlandschaft", deren Grundlage in einem (historisch weitgehend konstanten) territorialen Gefüge gesucht wird. Für den fraglichen Raum beschreibt Frings einen „Kölner Kulturkreis", der die früheren Territorien von Jülich, Kurköln und Berg umfaßt, überspannt von der Kölner Kirchenprovinz. Für die Absetzung gegenüber Geldern und Kleve im Norden wird dafür auf das „selbständige Archidiakonat Xanten" im Norden des Bistums hingewiesen[2]. Wie problematisch diese territorialen Grenzziehungen für Kulturräume sind, zeigt der sehr gesuchte Zusammenhalt der drei Territorien im alten Erzbistum Köln, das

---

[1] „Die mannigfachen Abstufungen des rheinischen Volkswesens beruhen in erster Linie auf der mannigfaltigen Zusammensetzung des alten Frankenbundes und der besonderen Veranlagung seiner einzelnen Teile." WREDE 1922, S. 32. -- „Obwohl seit dem 12. und 13. Jahrhundert bis 1794 in eine große Zahl kleiner und kleinster Gebiete zersplittert und besonders im Norden und Süden nicht eins in Sprache und äußerer Lebensweise, bildeten dennoch die mittel- und niederfränkischen Länder am Rhein eine Einheit im geistigen Leben, besonders im geistig-religiösen Leben, auch in volksrechtlichen und wirtschaftlichen Dingen, eine Einheit, die in ihren verschiedenen Richtungen weniger ihren Bewohnern bewußt als tatsächlich vorhanden war." ebda., S. 4.

[2] FRINGS in: Hermann AUBIN, Theodor FRINGS u. Josef MÜLLER: Kulturströmungen und Kulturprovinzen in den Rheinlanden. Geschichte, Sprache, Volkskunde. Bonn: Röhrscheid, 1926. (Veröffentlichungen des Instituts für geschichtliche Landeskunde an der Universität Bonn) - S. 177 f.

bekanntlich allseits weit über die genannten Länder, auch noch über Wredes Stammesgrenzen, hinausreichte.

Neben dieses sprachgeschichtliche Modell von Frings treten zwei kulturräumliche Vorstellungen aus volkskundlicher Sicht. Wiegelmann entwickelt insbesondere anhand der Karten aus dem Atlas der deutschen Volkskunde den Begriff des „Kölner Raums": Ein „Kerngebiet" zeigt dabei ein einheitliches Bild der volkskundlichen Phänomene, deren Innovation stets von der Metropole Köln ausgeht. Die „Kölner Randräume" dagegen (Bergisches Land, Nordeifel, westliches Jülicher Land und Selfkant) zeigen sich als Reliktgebiete von Kulturzügen, die im Kerngebiet bereits überholt sind, aber im Regelfall von dort stammten [3].

Zender greift in seiner Vorstellung vom „Kölnischen Niederland" weniger weit aus, da er keine Rückschlüsse auf das Alter gegenwärtiger Kulturphänomene zieht und damit nicht zu einer umgebenden Reliktlandschaft wie Wiegelmann gelangen kann. Zenders Niederland endet bei Düren, am Nordhang der Eifel, schließt aber das Maifeld ein; rechtsrheinisch umfaßt es die Wahner Heide, das untere Siegtal (bis Eitorf) und das Rheintal (bis Linz). Das von Frings wie Wiegelmann eingeschlossene übrige Bergische Land grenzt Zender scharf ab [4].

Zusammenfassend läßt sich feststellen, daß unterschiedliche Blickwinkel verschiedene kulturräumliche Vorstellungen für den Kölner Raum erzeugen. Im Zusammenhang mit der Verbreitungsgeschichte der Weihnachtskrippe erscheinen stammesgeschichtliche und sprachwissenschaftliche Modelle wenig überzeugend; aber auch die auf einer Summe diverser Erscheinungen der Volkskultur beruhenden Vorstellungen Wiegelmanns und Zenders bieten keine Ideallösung. An beide Entwürfe ist die Frage zu stellen, inwieweit die „Lebensstellung" der ausgewählten Kulturzüge berücksichtigt ist oder aber nur einige passende, jedoch letztlich beliebige Elemente zusammengeschaut werden. Ferner ist zu bedenken, daß die Umkehrung der kulturräumlichen Betrachtung, die Zuweisung eines Kulturzugs zu einem bestimmten Raum, bei Objekten der präindustriellen Kultur oft möglich ist, dagegen bei Innovationen der letzten hundert Jahre meist nicht sinnvoll erscheint [5].

---

[3] Günter WIEGELMANN: Der Kölner Raum im kulturräumlichen Gefüge der Rheinlande. In: Köln und die Rheinlande. Festschrift zum 33.dt.Geographentag vom 22. bis 26.Mai 1961 in Köln. Hrsg. Kurt KAYSER u.a. Wiesbaden: Steiner, 1961. S. 32-42. - hier insbes.: S. 40.

[4] „Das östliche Bergische aber ist im Volksleben, entgegen der sprachlichen und phonetischen Situation, gegenüber Köln sehr abweisend und andersartig, ... auch in katholischen Orten." Matthias ZENDER: Das Kölnische „Niederland". In: ders.: Gestalt und Wandel. Aufsätze zur rheinisch-westfälischen Volkskunde und Kulturraumforschung. Hrsg. H. L. COX u. G. WIEGELMANN. Bonn: Röhrscheid, 1977. S. 94-122. - hier: S. 119.

[5] Günter WIEGELMANN: Probleme einer kulturräumlichen Gliederung im volkskundlichen Bereich. In: Rheinische Vierteljahrsblätter. Jg. 30. 1965. S. 95-117. - hier: S. 107. -- H. L. COX: Prolegomena zu einem Studium der germanisch-slawischen Kontaktzonen in Mitteleuropa. Auf Grund der Karten des Atlas der deutschen Volkskunde. In: Volkskundliche Kulturraumforschung heute. Beitr.e.internat.Symposiums in Bonn v.21.-24.Apr.1982. Hrsg. - u. Günter WIEGELMANN. Münster: Coppenrath, 1984. (Beiträge zur Volkskultur in Nordwestdeutschland; 42) S. 29-41. - hier insbes.: S. 40.

Grafik 1:
Das
Erzbistum Köln
in den Grenzen von 1958
BISTUM MÜNSTER
BISTUM ESSEN
BISTUM AACHEN
BISTUM ESSEN
BISTUM AACHEN
BISTUM TRIER
BM. LIMBURG
PADERBORN
Mintard
Kettwig
Langenb.
Velbert
Breitscheid
Wittlaer
Heiligenhaus
Neviges
Kaiserswerth
Ratingen
KREIS METTMANN
Wülfrath
WUPPERTAL
Barmen
Lohausen
Elberfd.
Beyenburg
Büderich
Heerdt
Gerresheim
Mettmann
Vohwinkel
Ronsdorf
Kaarst
DÜSSELDORF
Erkrath
Gräfrath
Cronenberg
Lennep
Radevormwald
NEUSS
Eller
Haan
Büttgen
SOLINGEN
REMSCHEID
Glehn
Benrath
Hilden
Ohligs
Hückeswagen
Kreuzberg
Norf
Garath
Richrath
Wermelskirchen
Nievenheim
Zons
Langenfeld
Leichlingen
Wipperfürth
Noithausen
KREIS NEUSS
Dormagen
Immigrath
Burscheid
Elsen
Grevenbroich
Monheim
Wipperfeld
Marienheide
Hitdorf
Opladen
Kürten
Gimborno
Worringen
Altenberg
Rommerskirchen
Stommeln
Chorweiler
LEVERKUSEN
Odenthal
Lindlar
Gummersbach
Bergneustadt
Bedburg
Pulheim
Longerich
Kaster
Dünnwald
Bergisch Gladbach
Engelskirchen
Hohkeppel
OBERBERG. KREIS
Eckenhagen
Bergheim
Nippes
Mülheim
RHEIN-BERG. KREIS
Quadrath
Lövenich
Ehrenfd.
Bensberg
Wiehl
Wildbergerhütte
Elsdorf
KÖLN
Deutz
Overath
Marialinden
Lindenthal
Rath
ERFTKREIS
Horrem
Bayenthal
Poll
Much
Nümbrecht
Friesenhagen
Frechen
Rösrath
Marienfeld
Porz
Waldbröl
Rodenkirchen
Seelscheid
Buir
Kerpen
Türnich
Hürth
Sürth
Morsbach
Langel
Wahn
Lohmar
Gymnich
Neunkirchen
Ruppichteroth
Birken-Hs.
Brühl
Erftstadt
Liblar
Wesseling
Troisdorf
Winterscheid
Niederkassel
Pingsheim
Lechenich
Siegburg
Walberberg
Sieglar
Menden
Hennef
Herchen
Dattenfd.
Wissen
Erp
Bornheim
St. Augustin
Eitorf
Mittelhof
Weilerswist
Hamm
Weiler i.d.Eb.
Metternich
Alfter
BONN
Beuel
RHEIN-SIEG-KREIS RRH.
Marienthal
Bessenich
RHEIN-SIEG-KREIS LRH.
Duisdorf
Oberkassel
Oberpleis
Zülpich
Bad Godesberg
Buchholz
Altenkirchen
Wollershm.
Euskirchen
Miel
Röttgen
Königswinter
KREIS EUSKIRCHEN
Asbach
Windhagen
Rheinbach
Rolandswerth
Bad Honnef
Kommern
Satzheim
Berkum
Rheinbreitb.
Meckenheim
Ehrenstein
Oberlahr
Unkel
Ersdorf
Erpel
Bad Münstereifel
Houverath
Rupperath
N
Bistumsgrenzen
Grenzen der Stadt- oder Kreisdekanate (Stand: 1979)
NAME Stadt-, Kreisdekanat
NAME ● Innenstadt mit mehreren Dekanaten
Name • Dekanat (ggf. mit Hauptort)
Name ○ weitere Orte / Ortsteile
Das unterlegte UTM-Gitter hat 20 km Weite
Entwurf und Zeichnung Markus Walz

Um die Betrachtung möglicher Abhängigkeiten von kirchlichen Behörden, Organen und Einrichtungen nicht unnötig zu erschweren, ist die Anlehnung an kirchliche Verwaltungseinheiten, möglichst deckungsgleich mit einem staatlichen Territorium, sinnvoll. Die heutige Evangelische Kirche im Rheinland umfaßt nach wie vor das Gebiet der preußischen Rheinprovinz, greift also weit über die oben ausgeführten kulturräumlichen Vorstellungen (abgesehen von Wrede) hinaus. Das Erzbistum Köln in der Neugründung von 1821 tut dies ebenfalls, wenn auch in der nördlichen und südlichen Ausdehnung durch die Grenze zu den Bistümern Münster, Trier und Limburg weniger; seine Fläche hat sich jedoch durch die Abtrennung des neuen Bistums Aachen (1930) und von Gebieten, die dem Bistum Essen zugeschlagen wurden (1958), erheblich verkleinert.

Soweit in der folgenden Untersuchung eine exakte Grenzziehung notwendig ist, wird deshalb die Ausdehnung des Erzbistums Köln in den Grenzen vom 1. Januar 1958 zugrundegelegt. Dieses Gebiet umfaßt die kreisfreien Städte Bonn, Düsseldorf, Köln, Leverkusen, Remscheid, Solingen und Wuppertal sowie die Landkreise Erftkreis, Mettmann, Oberbergischer Kreis, Rheinisch-Bergischer Kreis, Rhein-Sieg-Kreis und Teile der Kreise Altenkirchen, Ahrweiler, Düren, Euskirchen, Neuss und Neuwied (siehe Grafik 1). Wegen der Gebietsreform sind Kommunal- bzw. Kreis- und Bistumsgrenzen nicht immer deckungsgleich (z. B. in den Städten Essen und Mülheim/Ruhr).

Dieses Gebiet umspannt, wenn auch mit abweichenden Grenzen, den weit überwiegenden Teil der historischen Territorien Jülich, Kurköln und Berg nebst einigen Kleinstterritorien, nähert sich also dem „Kölner Kulturkreis" bei Frings. Zugleich stellt es einen inneren Ausschnitt von Wiegelmanns „Kölner Raum" dar, während es gegenüber Zenders „Kölnischem Niederland" im Nordosten weiter ausgreift, im Westen und Süden enger begrenzt ist.

Dafür bildet es einen Ausschnitt aus dem Gebiet der Evangelischen Kirche im Rheinland, der neben traditionell katholischen Regionen (insbesondere im Linksrheinischen) auch überwiegend evangelische Siedlungsbereiche (im Bergischen Land) aufweist, so daß mögliche konfessionelle Abhängigkeiten auch innerhalb der Region dargestellt werden können.

Soweit staatspolitische Themen berührt werden, ist bis zum 18. Jahrhundert die dargestellte Dreiteilung (Jülich, Kurköln, Berg) zu beobachten; 1815-1945 gehört der gesamte „Kölner Raum" zur preußischen Rheinprovinz. Die willkürliche Grenzziehung aus der Besatzungszeit bewirkt, daß nunmehr ein kleinerer Teil des Erzbistums Köln zum Land Rheinland-Pfalz gehört, der überwiegende Teil zu Nordrhein-Westfalen; in diesem Zusammenhang wird deshalb die Sachlage in Nordrhein-Westfalen beobachtet.

1.2. Der Begriff „Weihnachtskrippe"

1.2.1. Selbständige Definitionen

Im Vergleich zur Menge der Literatur zu weihnachtlichen Themen sind Definitionen, die selbständig den Begriff Weihnachtskrippe erklären, selten; meist begnügt man sich mit der Anschaulichkeit von Beispielen und Abbildungen oder mit Allgemeinplätzen wie „Darstellung der Christgeburt". Hager stellte 1902 eine Minimaldefinition dadurch auf, daß er die Darstellung wenigstens von Maria, Josef und dem neugeborenen Jesuskind forderte [6]. Berliner greift viel weiter aus, wenn er diejenigen „Darstellungen mit der Geburt Christi verbundener Ereignisse" als Krippen anerkennt, die dies dreidimensional tun und zugleich bestimmte Funktionen erfüllen: sie sollen lebendig wirken und dem Betrachter den Eindruck unmittelbarer Gegenwärtigkeit vermitteln [7]. Diese Forderung nach Theaterhaftigkeit der Krippe leitet Berliner aus seiner der Definition vorangehenden Betrachtung der Krippen des 16. bis 18. Jahrhunderts ab; sie wird in der neueren Definition von Kriss-Rettenbeck zu Recht übergangen, da dies eine mögliche, aber keine zwingende Funktion der Krippe sein dürfte. Dafür legt Kriss-Rettenbeck in seiner Definition die Funktion als „Andachts- und Erbauungsmittel" fest, die sich aus den museal erhaltenen Gegenständen kaum eindeutig ableiten läßt. Von den Fragen der Funktionalität abgesehen, schließt sich Kriss-Rettenbeck Berliner an, definiert aber detaillierter: er fordert von einander unabhängige Figuren, die unterschiedlich gruppiert werden können, wobei eine „fixierte Szenerie" aber als Ausnahme zugelassen wird. Neu ist die unumgängliche Bedingung, daß eine Weihnachtskrippe ein Gegenstand sein muß, der nur zur Festzeit sichtbar bzw. aufgestellt ist [8].

1.2.2. Gegensatz zu krippenartigen Objekten ohne Terminbindung

Eine genauere Bestimmung der Gattung Weihnachtskrippe durch den kritischen Vergleich mit ähnlichen Gegenständen wäre sehr sinnvoll; zumeist werden jedoch diese Objekte als Vorformen oder Verwandte der Weihnachtskrippe unkritisch miteinbezogen.

Die geringsten Schwierigkeiten bereiten die sogenannten Fastenkrippen, die u.a. im süddeutschen Raum bekannt sind. Diese Objekte stellen die Passionsgeschichte in gleicher Form während der Fasten- und Osterzeit dar wie die Weihnachtskrippen ihren Stoff in der Advents- und Weihnachtszeit. Im Rheinland spielen die Fastenkrippen kaum eine Rolle. Die einzige Fastenkrippe, die mir aus der Literatur bekannt ist, wurde von einem krippenbegeisterten Pfarrer 1934 für die Bonner Münsterkirche beschafft. Sie zeigte während der Fastenzeit in der Krypta ein „Heilig-Land-Panorama" mit Gethsemane und Golgatha [9]. Ein weiteres Objekt aus der Osterzeit, das hier ebenfalls unberücksichtigt bleibt, ist das Heilige Grab, ein dreidimensionaler Anschauungsgegenstand für die Karfreitagsfeier. Ein derartiges Objekt wurde bereits 1559, noch vor der ersten Weihnachts-

---

[6] HAGER 1902, S. 5.
[7] BERLINER 1955, S. 14.
[8] Lenz KRISS-RETTENBECK: Anmerkungen zur neueren Krippenliteratur. In: Bayerisches Jahrbuch für Volkskunde. 1966/67. Festschrift für Rudolf Berliner. Volkach: Hart, 1967. S. 7-36. - hier: S. 8.
[9] HINSENKAMP: Eine neuzeitliche Fastenkrippe. In: Die Weihnachtskrippe. Jb. 10. 1934. S. 31 f.

krippe, von den Jesuiten in Prag aufgestellt [10]. Ähnliche Gegenstände sind auch zu anderen kirchlichen Anlässen bekannt, so z. B. die dreidimensionale Darstellung des Lebens Mariens 1664 in der Jesuitenkirche von Königgrätz oder das Bild der Armen Seelen in den Flammen des Fegefeuers unter einem plastischen Kruzifixus; diese Szene wird, mit Leuchtern und Totenschädeln dekoriert, 1655 und 1675 für die Sühneandachten in der Neusser Jesuitenkirche aufgestellt [11].

Besondere Beachtung findet in der Literatur Krippenartiges, das unabhängig vom Festtermin aufgestellt wird. Berliner führt eine Reihe von derartigen Objekten an, so aus Calvi d'Umbria, wo eine derartige szenische Gruppe (um 1530/40) das Altarbild ersetzt [12]. Ein Lieblingsobjekt Berliners ist der Sacro Monte von Varallo Sésia, in dessen Kapellenräumen dreidimensionale Bilder der Heilsgeschichte - vom Sündenfall bis zur Grablegung Christi - dargestellt werden, darunter auch zwei Weihnachtsbilder (Anbetung der Hirten, Anbetung der Könige; ca. 1514-39)[13]. Diese Bildwerke möchte Berliner als Vorformen der Weihnachtskrippe festhalten; in populären Werken finden sich die Gruppen von Varallo gelegentlich ohne Kommentar als Weihnachtskrippen dargestellt [14].

Die Einordnung des Sacro Monte als Vorform der Weihnachtskrippe ist ein Resultat der ungenauen Definition bei Berliner. Sicherlich beeindrucken diese Bilder sehr und vermitteln auch die Illusion, daß die jeweilige Szene tatsächlich sei. Aber das haben sie auch mit Schaubuden und Guckkästen gemeinsam; realistisch beeindruckende Figuren ohne illusionistische Bühne wären ein noch allgemeinerer Bezugspunkt für Berliners Vorformen der Krippe. Die beiden Weihnachtsbilder in Varallo können nur im großen Gesamtzusammenhang aller Darstellungen des Sacro Monte verstanden werden; die Art der dreidimensionalen Darstellung der Szenen gehört zur eigenen Gattung dieser „Heiligen Berge", die in Nachahmung von Varallo mehrfach entstanden sind und teils auch gar keine Szenen aus dem Leben Jesu darstellen (z. B. der Sacro Monte in Orta, der das Leben des hl. Franziskus von Assisi zeigt).

Von Hager und Berliner konnte die neueste Variante solcher sakralen Guckkästen und Schaubühnen noch nicht berücksichtigt werden: Seit 1984 betreibt das bekannte Wachsfigurenkabinett „Musée Grévin" neben seinem Stammhaus zur französischen Geschichte (Musée Grévin), einem Panorama der Belle Epoque (Nouveau Musée Grévin) und einem regionalgeschichtlichen Haus (Historial de Touraine) ein christliches Wachsfigurenkabinett mit 18 Szenen aus dem Leben

---

[10] KARASEK 1974, S. 20.
[11] KARASEK 1974, S. 165. – Litterae Annuae. Die Jahresberichte des Neusser Jesuitenkollegs 1616-1773. Übers.u.erl.v. Peter STENMANS. M.e.Anh. zur Geschichte des Quirinus-Gymnasiums. Neuss: Stadtarchiv, 1966. (Schriftenreihe des Stadtarchivs Neuss; 4) – S. 122 u. 172.
[12] BERLINER 1955, 54.
[13] BERLINER 1955, S. 58-60.
[14] Luciano ZEPPEGNO: Krippen. Entstehung in Italien und Höhepunkt in Neapel. Ein farbenfroher Überblick über die frühe Krippenkunst auf dem Weg zu uns. Aus d.Ital. München: Südwest, 1970. – S. 7 f.

Christi und der hl. Bernadette Soubirous als Touristenattraktion im größten christlichen Wallfahrtsort (Musée Grévin Lourdes).

Funktional wie im inhaltlichen Gesamtzusammenhang haben diese Dauerszenen wenig Gemeinsamkeiten mit der Weihnachtskrippe. Noch weiter von der Weihnachtskrippe entfernt, da noch nicht einmal aus Statuen bestehend, sind die von Hager beschriebenen Lebenden Bilder, von Menschen gestellte biblische Szenen als tragbare Prozessions-Bildbühnen; sie haben mit der Krippe allenfalls gemeinsam, dreidimensional und ggf. ein weihnachtliches Bild zu sein [15].

Ein Sonderfall sind die Objekte, die am besten als „Dauerkrippen" zu bezeichnen sind. Gemeint sind damit Figurenarrangements, die alle Kriterien zur Bezeichnung als Weihnachtskrippe erfüllen, aber nicht an die Weihnachtszeit gebunden sind. Dies gilt z. B. für die zahlreichen Weihnachtskrippen in italienischen Wallfahrtsstätten, welche dort ganzjährig ausgestellt werden. Sie finden sich derzeit u.a. in Sta. Maria degli Angeli bei Assisi und natürlich im „Krippen-Wallfahrtsort" Greccio (Rieti); in Deutschland z. B. auf der Empore der Wallfahrtskirche Schönenberg bei Ellwangen. In Quércia (Viterbo) können die Pilger ganzjährig die Weihnachtskrippe per Knopfdruck anstrahlen, wozu vom Tonband u. a. Glockengeläut und „Stille Nacht" (in italienischer Sprache) ertönen; ein ähnliches Objekt mit weihnachtlichem Glockenspiel bei Spendeneinwurf besitzt auch die Grotte des Sanctuaire de St-Joseph in Espaly (bei Le Puy-en-Velay). Besonders die letzten Beispiele zeigen, daß hier eindeutig an die Aufstellung einer Weihnachtskrippe gedacht ist und nicht etwa an ein dreidimensionales Bild aus dem Leben Jesu. In der Grundbedingung der Termingebundenheit der Weihnachtskrippe ist deshalb eine eng begrenzte Ausnahme einzuführen, um weder diese Objekte auszuschließen, noch die Gegenstände, die als Krippen geschaffen wurden, durch ihre museale Aufbewahrung und Dauerausstellung aber ansonsten den Charakter einer Weihnachtskrippe verlieren würden.

Eine insbesondere in der modernen ostdeutschen Volkskunde beachtete Gattung weihnachtlicher Bildwerke ist die mechanisch bewegte Krippe. Berliner bereiten mechanische Krippen keinerlei Probleme, da er solche Gegenstände als „barocke" Erscheinungen einstuft [16]. Dementsprechend führt er u. a. auch die „mechanische Hauskrippe" des Prinzen Francesco de Medici (um 1560)[17] oder das bekannte Schlottheim-Uhrwerk mit Weihnachtsszenerie aus dem Besitz des Kurfürsten Christian I. von Sachsen (1588)[18] als besonders ausgefallene Objekte in seinem Standardwerk zur Geschichte der Weihnachtskrippe mit auf. Die Fragwürdigkeit dieses Vorgehens wird deutlich im Vergleich mit Spamer, der dasselbe Schlott-

[15] HAGER 1902, S. 28.

[16] Berliner zur Barockkrippe: „Morphologisch stehen wir in einem Bereich, dessen Grenzen etwa mit den Begriffen der Automaten, Puppenhäuser, ... Wachsfigurenkabinette, Marionettenspiele und Guckkästen ungefähr abgesteckt sind." BERLINER 1955, S. 80.

[17] BERLINER 1955, S. 62 f.

[18] BERLINER 1955, S. 65 f. – Ringler faßt das Schlottheim-Uhrwerk unmittelbar als Krippe auf: Josef RINGLER: Deutsche Weihnachtskrippen. Eine Auslese deutscher Krippenkunst aus vier Jahrhunderten. Innsbruck: Tyrolia, 1930. - S. 10.

heim-Uhrwerk als mögliche historische Vorform der erzgebirgischen Weihnachtspyramiden beansprucht [19].

Eine genauere Handhabung der Definition ist hier notwendig; wichtiges Unterscheidungsmerkmal ist auch hier wieder der Festtermin: Das Schlottheim-Uhrwerk (und wohl auch die Medici-„Krippe") ist eine technisch faszinierende Unterhaltung aus dem von Berliner als Grenzbereich benannten Genre der Automaten - nur daß es außerhalb der definierten Grenzen der Weihnachtskrippe liegt, da es jederzeit betriebsbereit ist. Im Gegensatz zu den oben zugelassenen Dauerkrippen ist anzumerken, daß dieser Automat weder als ganzjährige Kuriosität im unmittelbaren Bezug auf die bereits übliche Aufstellung einer Weihnachtskrippe (wie die beschriebenen „Wallfahrts-Attraktionen") entstanden sein kann, noch der archivalische Beleg erbracht ist, daß er seinerzeit nur zu Weihnachten aufgestellt und betrachtet wurde.

1.2.3. Gegensatz zum Krippenspiel

Aber auch zum Festtermin treten mechanische Krippen auf. Lanz bemüht sich um eine genauere Fassung der Definitionen. So treten in vielen Krippen mechanische Details auf wie Pumpen, die einen Wasserlauf betreiben, sich drehende Wind- und Wassermühlen usw. Von diesen mechanischen Randerscheinungen in einer Krippe setzt Lanz das „mechanische Krippenspiel" ab, bei dem mechanische Bewegungsvorgänge eine laufende Handlung statt des stehenden Bildes einer Weihnachtskrippe ergeben [20].

Ein solches mechanisches Krippenspiel ist auch aus Kölner Privatbesitz bekannt. In der Zeit nach 1886 stellt der Schuhmachermeister Kringel in Köln-Lindenthal seine „Krippenbühne" zuhause auf und präsentiert sie in privaten Aufführungen. Sie zeigt weihnachtliche Szenen mit bekleideten Marionetten [21]; da der Besitzer das Spiel auf dem Bandonion begleitete, war die Vorführung vermutlich automatisch.

Die genaue Trennung von mechanischer Krippe und mechanischem Krippenspiel wird nur bei der Betrachtung der einzelnen Objekte möglich sein; den Beschreibungen aus der Literatur ist aber zu entnehmen, daß mechanische Krippen zumindest in der Vergangenheit ein verbreitetes Genre waren. So besaß die Pfarrkirche von Deutsch-Gabel (Nordböhmen) bis 1820 eine Krippe, deren fast lebensgroße Figuren mittels Schnüren von einem Uhrwerk bewegt wurden [22], ein ähnliches

---

[19] Adolf SPAMER: Sachsen. Text- u.Bildersammlung v. –. Weimar: Böhlau, 1943. (Deutsche Volkskunst. Neue Folge) - S. 71.

[20] Josef LANZ: Sudetendeutsche Krippenlandschaften vor und nach der Vertreibung. In: Jahrbuch für Volkskunde der Heimatvertriebenen. Bd. 5. 1959/60. Freilassing: Müller, 1960. S. 161-189. - hier: S. 166.

[21] Peter KINTGEN: Sillige Advents-Chreßdagszick. In: Deutsche Reichs-Zeitung. Jg. 58. 1929. Nr. 291 v.14.Dez. Unterhaltungs-Beilage. o.Pag. – veränd.Zweitabdr.: Peter KINTGEN: Ne Kreßbaum lööch uus fäner Zick. In: Kirchenzeitung (Erzbistum Köln). Jg. 8. 1953. Nr. 51/52 v.25.Dez. S. 841.

[22] LANZ 1981, S. 83.

Objekt besaß 1650 die Pfarrkirche von Bruck an der Mur, wo das Turmuhrwerk einige Randszenen der Krippe (Schmiede, Holzfäller, Wassermühle) bewegte [23].

Außerhalb der Definition der Weihnachtskrippe stehen mechanische Krippenschaubuden, Guckkästen und Bauchladenkrippen, wie sie zumindest in Böhmen bis in die Zeit um 1880-1900 noch verbreitet waren [24], da sie wahrscheinlich den mechanischen Krippenspielen zuzurechnen sind und damit auch nicht als mechanische Dauerkrippen betrachtet werden können, die zumindest in Ostdeutschland offenbar verbreitet waren: Sie sind z. B. 1738 für eine Eremitage des Zisterzienserstifts Grüssau (Schlesien) oder 1798 für die Kalvarienberg-Eremitage bei Albendorf (Kreis Glatz) belegt [25]. Noch erhalten ist die „Herren-Kramersche Krippe" im süddeutschen Rottweil (1753-59), bei der Figuren zeitweise von unten eingesetzt werden und einfache Mechaniken eine Veränderung der Szene ermöglichen [26].

Moderne Technik macht auch vor den mechanischen Krippen nicht halt: 1925 explodiert die Dampfmaschine im Antrieb der Krippe von Mittel-Langenau (Böhmen)[27], die 1912 im Wallfahrtsort Friedek (Schlesien) aufgestellte Krippe wird nach 1918 elektrifiziert und bietet 1932 bis zur Zerstörung (1944/45) das vollständige Leben Jesu [28].

Ohne genaue Nachprüfung der Gestaltung und Ausstellungszeit nicht einzuordnen ist eine „Krippe" mit beweglichen Wachsfiguren, die die Theatinerpatres im 17. Jahrhundert an ihrer Klosterpforte in Paris zeigten [29], sowie ein ähnlich beschriebenes Objekt, für das 1789 in Düsseldorf geworben wurde [30].

Wegen der Ableitung des Begriffs Weihnachtskrippe von dem als Lagerstätte des Jesuskindes benannten Futtertrog kommt es oft schon durch die ungenaue Verwendung des Begriffs Krippe zu Verwechslungen der Weihnachtskrippe mit anderen weihnachtlichen Inszenierungen. So lud 1984 Pfarrer H. Frost die Mitglieder der Vereinigt-evangelischen Gemeinde Unterbarmen-Ost ein: „Wir basteln eine Krippe"[31]; seine Absicht und auch das Ergebnis der Werkarbeit war eine Stallkulisse und eine Futterkrippe für das Krippenspiel während des Weihnachtsgottesdienstes in der Pauluskirche.

---

23 WALZER 1960, S. 47 f.

24 KARASEK 1974, S. 78, 132, 158.

25 LANZ 1981, S. 63, 74.

26 WALZER 1960, S. 79.

27 KARASEK 1974, S. 156.

28 KARASEK 1974, S. 220.

29 Max von BOEHN: Puppen und Puppenspiele. Bd. 1-2. München: Bruckmann, 1929. Bd. 2. Puppenspiele. - hier: S. 64.

30 Carl NIESSEN: Ein bedeutsamer Fund zur Geschichte des Kölner Puppenspiels. In: ders.: Ist Köln eine „Theaterstadt"? nebst anderen verworfenen Aufsätzen. Emsdetten: Lechte, 1963. S. 45-50. - hier: S. 46.

31 Gemeindebrief. Vereinigt-evangelische Gemeinde Unterbarmen-Ost. Dez.1984/ Jan.1985. Wuppertal: Selbstverl., 1984. S. 4.

Bei Krippenspielen werden häufig Requisiten verwendet, die auch in Weihnachtskrippen vorkommen. Anhand zweier archivalischer Belege stellt Young die These auf, daß in den liturgischen Spielen des 12.-14. Jahrhunderts bereits eine gegenständliche Lagerstätte des Kindes (statt einer symbolischen Betrachtung des Altartisches als Krippe), gelegentlich auch Plastiken dabei üblich gewesen seien[32]. Ein entsprechendes Beispiel aus der jüngsten Vergangenheit ist das 1936 von Kindern in der katholischen Pfarrkirche von Kreuzweingarten (heute Stadt Euskirchen) aufgeführte Krippenspiel, bei dem als Requisiten neben einer Futterkrippe auch die Figuren von Maria, Josef und dem Jesuskind verwendet wurden [33]. Im Sinne von Hager wie Berliner wäre diese Figurengruppe als Weihnachtskrippe anzusehen. Sie scheidet jedoch wie alle ähnlichen Objekte, etwa die üblicherweise verwendeten Jesuskind-Puppen, aus, da sie auch die Minimalfunktion, ein weihnachtliches Bild zu sein, nicht uneingeschränkt erfüllt: zunächst ist sie ein Spielrequisit, erst nach Ablauf des Spiels bleibt die Funktion als weihnachtliches Bild gewissermaßen übrig.

Dieses Argument greift auch bei der weihnachtlichen Prozession, die für das 18. Jahrhundert in einem böhmischen Klarissenkloster belegt ist. Dort zog der Konvent am Weihnachtstag durch die Klausur, wobei Figuren aus der Weihnachtsgeschichte mitgetragen wurden [34].

Die Krippenspiele und Krippentheater werden oft im Zusammenhang mit der Geschichte der Weihnachtskrippe betrachtet. So behauptet Karasek: „Nach der Mitte des 18. Jahrhunderts ... kam es zur volkshaften Verknüpfung der Weihnachtskrippe mit dem Marionettenspiel. Das Ergebnis war eine immer stärker in Erscheinung tretende, viele Länder und Völker erfassende Transformation ins Volkstheater."[35] Für diese These bleibt Karasek jedoch die Belege schuldig; er sagt nur, daß um 1870/80 in Böhmen die Krippentheater wieder aussterben [36].

Statt dieser Entwicklungstheorie wäre es sinnvoller, solche Weihnachtsspiele zunächst in ihrer Gattung zu betrachten. Die angesprochenen Marionettenspiele sind zunächst einmal Puppenspiele und blicken auf deren Geschichte zurück; innerhalb dieser Gattung zählen sie zu den Puppenspielen mit biblischen Stoffen. Hierzu berichtet schon Hager, daß 1443-1647 für die St.-Jakobs-Kirche zu Dieppe religiöse Marionettenspiele belegt sind [37]. Biblische Puppenspiele sind in der zweiten Hälfte des 18. Jahrhunderts in Wien eine „Lieblingsunterhaltung von

[32] Karl YOUNG: The drama of the medieval church. Nachdr.d.1.Aufl.v.1933. Bd. 1-2. Oxford: Clarendon, 1962. - Bd. 2. S. 26 u. 47.
[33] Friedrich DÜCKER: Das Weihnachtsspiel von Kreuz-Weingarten. In: Die Weihnachtskrippe. Jb. 12. 1936. S. 59-62.
[34] Henryk CEMPURA: Weihnachtsbräuche in dem Klarissenkloster in Stary Sacz in ihrer Verbindung zu den Krippenfiguren. In: Achthundert Jahre Franz von Assisi. Franziskanische Kunst und Kultur des Mittelalters. Niederösterreichische Landesausstellung, Krems-Stein, 1982. Wien: Niederösterr.Landesregierung, 1982. (Katalog des NÖ-Landesmuseums; 122) S. 764-768.
[35] KARASEK 1974, S. 1.
[36] KARASEK 1974, S. 37.
[37] HAGER 1902, S. 18.

hoch und nieder", im 18. Jahrhundert spielt ein gewerbliches Krippen-Puppentheater auf dem Pariser Petit Pont [38]. In Köln tritt bereits im 16. Jahrhundert Heinrich Wirre aus Solothurn mit seiner „Marionetten-Passion" auf [39].

Im Kölner Raum wird die Krippengeschichte besonders gern mit der des Puppenspiels vermengt, da solche Spiele oft als „Krippchen" bezeichnet werden, ohne daß dieser Begriff unmittelbare Rückschlüsse auf den Spielplan zuließe. So ist aus Aachen in den 1770er Jahren ein „Kripplein" vielfach belegt, das 1774 etwa 100 bewegliche Figuren gehabt hat [40]. Christoph Winters nennt seine Kölner Puppenbühne 1803 „Krippenspiel", 1809 „Kripgen"[41]. Noch 1872 bezeichnet Millowitsch sein Theater als „Krippchen"[42].

Es ist nicht meine Aufgabe, die Abhängigkeiten von Puppentheater, biblischem Puppentheater, Volksschauspiel und Mysterienspiel zu klären. Auch wenn die als Krippchen bezeichneten Puppenbühnen weihnachtliche Stoffe darbieten [43], so sind sie doch allesamt gewerbliche Puppenbühnen, die unter anderen Stücken auch Krippenspiele anbieten, aber keine ausschließlichen Krippenbühnen sind. Daß sie in ihrer Entwicklungsgeschichte auf die Weihnachts-Mysterienspiele und auf die Weihnachtskrippen zurückzuführen sind, wird in der jüngsten theaterwissenschaftlichen Literatur bestritten, da eine derartig „mythisch-organische Kontinuität der Puppenspiel-Entwicklung" der besonderen historischen und soziokulturellen Situation der Theatergründungszeit nicht genügt [44].

1.2.4. Vergleich mit anderen weihnachtlichen Objekten

Eine ähnliche Verwechslungsgefahr wie bei den Requisiten von Weihnachtsspielen besteht auch bei den Gegenständen, die im Zusammenhang mit weihnachtlichen Bräuchen stehen und weihnachtliche Szenen darstellen.

Besondere Beachtung wurde in der bisherigen Literatur den Jesuskind-Statuetten, den sogenannten „Bornkindern", zuteil; Berliner sieht sie im Zusammenhang der

---

[38] BOEHN (wie Anm. 29), S. 63 f.

[39] Carl NIESSEN: Zur Geschichte Kölnischer Puppenbühnen. In: ders.: Kleine Schriften zur Theaterwissenschaft und Theatergeschichte. Emsdetten: Lechte, 1971. S. 153-170. - hier: S. 159.

[40] Carl NIESSEN: Das Rheinische Puppenspiel. Ein theatergeschichtlicher Beitrag zur Volkskunde. Erschienen als: Rheinische Neujahrsblätter. Bd. 7. Bonn: Klopp, 1928. - S. 4-6.

[41] NIESSEN (wie Anm. 39), S. 156.

[42] „Anzeige. Um mein Krippchen zu einer Bühne ersten Ranges zu erheben, habe ich die Anordnung getroffen, daß bei allen Productionen nur Beifall geklatscht werden darf. Demgemäß ersuche ich Künstler, die etwas schwach auf der Brust sind und geringe Ansprüche machen, sich vertrauensvoll an mich wenden zu wollen. Millowitsch." Kölnische Zeitung. 1872. Nr. 354 v.21.Dez.

[43] So führt z.B. das Kölner Hänneschen-Theater noch nach 1850 unter der Direktion Klotz ein Weihnachtsspiel auf; vgl.: Max-Leo SCHWERING: Das Kölner „Hänneschen"-Theater. Geschichte und Deutung. Köln: Bachem, 1982. - S. 21.

[44] Winfried BONK: Volkstheater Millowitsch. Vom Puppenspiel zum Fernsehen. Würzburg: Habersberger, 1983. - S. 10-12.

Vorformen der Weihnachtskrippe. In den Belegen aus Basel (1553)[45], Franken und Köln (um 1550)[46] findet sich die sehr ähnliche Beschreibung eines von Musik begleiteten Reigens der Kinder zu Weihnachten in der Kirche; Mittelpunkt ist jeweils eine Jesuskind-Statuette, von Berliner Bornkind benannt.

Vergleichbare Objekte finden sich auch in anderen Zusammenhängen. Berliner berichtet, daß 1560 den Gläubigen zu Brixen in der Weihnachtszeit eine Jesuskind-Figur zur Kußverehrung gereicht wird [47], den Kapuzinern empfiehlt im 17. Jahrhundert ein rheinischer Mitbruder die Kußverehrung der „Menschwerdung Christi"[48].

In neuerer Zeit wird die katholische Geistlichkeit mehrfach dazu angeregt, während der sogenannten Vorfeiern zur Christmette eine kleine „Krippenfeier" zu vollziehen; so soll der Priester eine Jesuskind-Figur hereintragen und vor dem Hochaltar niederlegen [49] oder die Meßdiener sollen die Figur unter Gesang hereintragen und in eine von Kerzen umgebene Krippe auf den Altarstufen legen[50]. In der katholischen Pfarrkirche von Bessenich (Stadt Zülpich) konnte ich 1983 in der Mitternachtsmesse beobachten, daß zu Beginn des Gottesdienstes nach dem Pfarrer und den Meßdienern ein blau-weiß gekleidetes Mädchen, von zwei rotgewandeten Mädchen begleitet, einzog und auf einem erhöhten Krippenlager am Stamm des Altarkreuzes eine Jesuskind-Figur niederlegte.

Bei diesem letzten Beispiel wird deutlich, daß es sich um einen ganz anderen Kulturzug handelt: die Kirche von Bessenich besitzt auch eine Weihnachtskrippe, die aber in dieser Krippenlegungsfeier keine Rolle spielt. Außerhalb der Christmette erweckt diese Kirche den Eindruck, zur Weihnachtszeit zwei Krippen aufzustellen, was bei einer rein formalen Betrachtung nach Berliner auch zutrifft. In Wirklichkeit handelt es sich jedoch um eine Krippe und um das im Kirchenraum verbliebene Requisit der Krippenlegungsfeier. Diese Feststellung ließe sich auch auf die Bornkinder übertragen: sie sind Requisiten des Kinderreigens, was die jeweilige Gemeinde wohl weiß, nur der formal orientierte Betrachter nicht.

Ähnlich ist es mit dem Brauch des Kindleinwiegens bestellt, den Berliner ebenfalls unter die Vorformen der Krippe rechnet; er führt den Beleg aus Brixen an, wo 1560 während der gesamten Weihnachtszeit im sonntäglichen Nachmittagsgottesdienst an einem Seitenaltar eine Jesuskind-Wiege zu „In dulci jubilo" von zwei Knaben geschaukelt wurde [51]. Als älteste Belege bietet eine Monografie über

---

[45] BERLINER 1955, S. 16.
[46] TILLE 1893, S. 63.
[47] BERLINER 1955, S. 16.
[48] Franz Joseph PETERS: Das Zeremoniale des Bonner Kapuziners P. FLORENTIUS. In: Bonner Geschichtsblätter. Bd. 9. 1955. S. 7-15. - hier: S. 14.
[49] Hermann L. MAYER: Um das Kind in der Krippe. In: Geweihte Gemeinschaft. Jg. 26. 1938. Heft 4. S. 182-185. - hier: S. 182.
[50] Franz Johannes WEINRICH: Die heilige Nacht hebt an. Vorfeier der Geburt des Herrn. Dichtung v. -. Tonsatz v. Anton BERSACK. In: Geweihte Gemeinschaft. Jg. 26. 1938. Heft 4. S. 186-190.
[51] BERLINER 1955, S. 16.

Jesuswiegen neben einzelnen Objekten (darunter die bekannte Jesuswiege aus dem Kölner Schnütgenmuseum, um 1460) archivalische Belege von einer Analyse diverser Testamente und Hausinventarlisten aus Tournai für das 15. und 16. Jahrhundert sowie aus Mobiliarlisten der Karmeliterinnen vom Kloster Sion in Brügge für 1508 und 1511 [52].

Brauch und Requisiten des Kindleinwiegens sind auch im Rheinland bekannt. Der Erzbischof Joseph Clemens ordnet 1703 an, daß in der Bonner Schloßkirche am Weihnachtstag um fünf Uhr die „indorminatio infantis" stattzufinden habe [53]. Die katholische Pfarrkirche von Euskirchen-Kirchheim besaß eine große Wiege mit bunten Zugbändern daran [54]. Neben diesen kircheneigenen Großwiegen fanden auch private Wiegen in der Kirche Verwendung. So pflegten sich in Jülich und Berg während des 18. Jahrhunderts die Kinder zur Vesper des Weihnachtstages in der Kirche zu versammeln, um dort die mitgebrachten Jesuswiegen zu schaukeln; dazu wurde gesungen: „Puer natus in Israel, wer das kintgen wiegen will, der wiege schnell ..."[55] Ein ähnliches gemeinsames Wiegen des Jesuskindes, hier in der Schule, ist für die Zeit um 1900 für Niederkassel (Rhein-Sieg-Kreis) überliefert [56].

Der Brauch des Kindleinwiegens mit Musikbegleitung ist nicht an diese Requisiten gebunden. Der Kölner Ratsherr Hermann von Weinsberg hält in seinen tagebuchartigen Notizen für 1560 fest, daß man „das kintgin zemlich die hillige tag geweget" habe; am 25. Dezember 1581 hat die Familie „den abent im haus Weinsberg under uns das kintgin gewieget, gesongen und mit Jesulin frolich gewest"[57]; ob eine reale Wiege vorhanden war, ist dem Text nicht zu entnehmen. Um 1870 singen die Kinder in Erftstadt-Gymnich gemeinsam ein Lied, dessen Schlußzeilen lauten: „zent Josef es der beste Mann, de uns das klein Kind wiegen kann"; das nannte man „et Kristkindche wege"[58]. Wrede berichtet „noch" für 1903 von einem Orgelspiel während der Christmette in Stadt Blankenberg/Sieg, zu dem die Gemeinde wiegende Bewegungen vollzieht; Melodiefehler werden als „Fallenlas-

---

[52] E. NIFFLE-ANCIAUX: Les Repos de Jésus et les berceaux reliquiaires par -. Namur: Wesmael-Charlier, 1890. - S. 14-19.

[53] o.Verf.: Ein alter Bonner Weihnachtsbrauch. In: Alt Bonn. Heimatblätter für die Stadt Bonn. Jg. 1. 1947. Nr. 5. S. 1. - Ein entsprechender archivalischer Beleg konnte weder im AEK Köln noch im HSA Düsseldorf nachgewiesen werden.

[54] Joseph DIETZ: Weihnachten in unserer Heimat. In: Vom Rhein zur Ahr. Heimatblätter für den Landkreis Bonn. Jg. 2. 1948. Nr. 12. S. 45 f. - hier: S. 45.

[55] Karl MEISEN: Eine volkskundliche „Beschreibung" von Jülich und Berg aus dem 18. Jahrhundert. In: Annalen des historischen Vereins für den Niederrhein. Heft 126. 1935. S. 77-107. - hier: S. 94.

[56] DIETZ (wie Anm. 54), S. 45.

[57] (Hermann von WEINSBERG:) Das Buch Weinsberg. Kölner Denkwürdigkeiten aus dem 16. Jahrhundert. Bd. 1-5. 1886-1926. Bd. 2. Bearb.v. Konstantin HÖHLBAUM. Leipzig: Dürr, 1887. (Publikationen der Gesellschaft für Rheinische Geschichtskunde; 4) - S. 112 (bzgl. 1560). -- Bd. 5. Kulturhistorische Ergänzungen. Bearb.v. Josef STEIN. Bonn: Hanstein, 1926. (Publikationen ...; 16) - S. 185 (bzgl. 1581).

[58] Rheinisches Wörterbuch. Bd. 1-9. 1926-1964. Bd. 4. K. Bearb.u.hrsg.v. Josef MÜLLER. Berlin: Klopp, 1938. - Sp. 1.532.

sen des Jesukindchens" bezeichnet [59]. Dieser Brauch erscheint Wrede und seinem Gewährsmann, dem Lehrer H. J. Schumacher, als sehr altertümlich. Nach einem Bericht über denselben Brauch in Winterscheid (Gemeinde Ruppichteroth) um 1870/80 handelt es sich jedoch um ein „Wiegenkonzert", das der Winterscheider Lehrer Heinrich Weeg komponierte und weitergab an seine Schüler Peter Schmitz, Winterscheid, und Peter J. Litterscheid, Stadt Blankenberg [60]; letzterer dürfte die von Wrede notierte „altertümliche" Melodie tradiert haben.

Das bloße Orgelspiel als Kindleinwiegen wird 1948 in Vilip (Gemeinde Wachtberg) noch als früher üblich erinnert [61]; Organisten in Kölner Kirchen pflegen es bis zum Ersten Weltkrieg (unter der Benennung „Et Kindche weed geweeg")[62].

Die relative Unabhängigkeit des Brauchs von seinen Requisiten ist für den Vergleich mit der Weihnachtskrippe von besonderem Interesse. Das Verhältnis der verschiedenen Ausprägungen des Brauchs kann im vorliegenden Zusammenhang nicht geklärt werden; jedenfalls treten Kindleinwiegen mit und ohne Wiege im 19. Jahrhundert nebeneinander auf. Ein Aufstellen der Weihnachtskrippe ohne jedes Bild ist dagegen nicht vorstellbar. Im Übrigen gilt hier wieder das Argument für Spielrequisiten, daß auch bei der möglichen formalen Gleichheit mit den Weihnachtskrippen Requisiten in den Zusammenhang - hier des Brauchs - gehören und nur, wenn sie zurückbleiben, formal wie eine Krippe wirken können. Und auch diese Wirkung des Spielrestes ist nicht völlig sicher: Kriss-Rettenbeck weist darauf hin, daß die im Kirchenraum zurückgelassenen Jesuswiegen „vielfach" mit besonderen Gebetsanliegen besucht wurden, so daß sie der Gebrauch immer noch von der Krippe unterscheidet [63].

Nicht bearbeitet werden auch weihnachtliche Festdekorationen, die ein religiös unverbindlicherer Ersatz für die bereits bekannte Hauskrippe zu sein scheinen. So mokiert sich ein katholisches Blatt über eine „altgermanische Königshalle", die sich ein deutschnationales Reichstags-Mitglied als Krippenersatz unter den Weihnachtsbaum stellt [64]; nach einem Bericht aus Wuppertal-Dönberg kennt man dort um 1930 auch ein „Gärtchen, in dem der Weihnachtsbaum steht, mit der Arche Noah"[65], während im Homburger Land ein umzäuntes Hirtenfeld unter

---

59 WREDE 1922, S. 233-235.
60 Karl SCHMITZ: Winterscheider Leben vor 100 Jahren. In: Winterscheid - ein Heimatbuch. Hrsg. Hubert JANTZEN. Winterscheid: Heimatverein Winterscheid, 1982. S. 336-346. - hier: S. 340.
61 DIETZ (wie Anm. 54), S. 45.
62 Joseph KLERSCH: Volkstum und Volksleben in Köln. Hrsg. Alexander BUNGARTZ. Köln: Bachem, 1979. - S. 192.
63 „So wurden auch die ... Christkindlwiegen ... vielfach von Frauen und Kindern aufgesucht und unter Gebet in Bewegung gesetzt. In Altheim erwartete man sich durch das Wiegen einen besseren Schlaf für die Kinder, anderswo Kindersegen, eine gute Geburt oder Genesung kranker Kinder wie in Pobenhausen." Lenz KRISS-RETTENBECK: Bilder und Zeichen religiösen Volksglaubens. München: Callwey, 1963. - S. 37.
64 o.Verf.: Die Königshalle unter dem Christbaum. In: Jugendführung. Werkblatt für Präsides. Jg. 35. 1931. S. 95.
65 ADV-Beleg 109 17 15 a zu Frage 118e.

dem Christbaum bekannt war [66]; die Solinger Firma Rehfeld wirbt 1906 für metallene Knusperhäuschen mit eßbarer Dekoration, die unter dem Baum aufgestellt werden sollen [67].

1.2.5. Zuordnung von Kulturgattungsbegriffen

Die Ungenauigkeiten und unterschiedlichen Formulierungen bei den Definitionen des Begriffs Weihnachtskrippe spiegeln sich in den auseinandergehenden Vorstellungen, welcher Gattung kultureller Phänomene die Krippe zuzuordnen ist. Die Mehrzahl der Autoren macht sich darum gar keine Gedanken und stellt die Krippen als einzigartige Kuriosität dar.

Für Berliner stellt sich die Gattungsfrage eigentlich auch nicht, seine Vorstellungen dazu können aber aus seiner Methodik erschlossen werden. Kriss-Rettenbeck bemerkt, daß Berliner neben Ansätzen zu regionaler Forschung und dem Blick auf theatergeschichtliche Parallelen die Kunstgeschichte, Ikonographie und Ikonologie der Weihnachtskrippe betreibt [68] - die Krippe gehört also aus Berliners Sicht zum Objektbereich der Kunst. Bei der Betrachtung durch Berliner gewinnt ein Objekt besondere Beachtung nur durch hohe künstlerische Qualität, wobei das Verständnis für Kunst mit dem späten 18. Jahrhundert endet; beide Prinzipien stehen ganz in der Tradition der Kunstgeschichte des 19. Jahrhunderts. Aus dieser Zuordnung der Krippe zur Kunst ist erklärlich, daß für Berliner Krippen zunächst Figuren sind, bei einigen ausgefallenen Objekten ist daneben noch eine Kulisse (im Sinne von Malerei oder Architekturmodell) interessant, eine „Landschaft" dagegen oder die frühere Aufstellungsform der oft allein übriggebliebenen Figuren bleibt unbeachtet.

Klersch löst die Gattungsfrage mit einer knappen These: „Allem vorangestellt sei der Kernsatz: Die Krippe ist Volkskunst und soll es auch bleiben ..."[69] Leider erläutert Klersch nicht seine Vorstellungen von Volkskunst; falls er die Herkunft aus populären Kunstformen meinen sollte, stünde er damit im Widerspruch zu Berliner [70].

Die dritte Möglichkeit bietet Daxelmüller, wenn er schreibt: „Die Krippe stellt im wesentlichen Brauchtum dar. Sie ist nicht Gegenstand, sondern Funktion mit spezifischen liturgischen und pastoralen Verwendungsmöglichkeiten."[71]

---

[66] „Damit sollte der Sinn der Kinder auf das biblische Geschehen hingelenkt werden." Otto KAUFMANN: Alte homburgische Weihnachtsbräuche. Nümbrecht: Raiffeisenbank, 1982. o.Pag.

[67] „Der Jubel der lieben Kleinen kennt keine Grenzen, wenn ihnen das liebliche, hell erleuchtete Knusperhäuschen unter dem Weihnachtsbaum entgegenstrahlt!" Anzeige in: Kölnische Zeitung. 1906. Nr. 1.352 v.18.Dez.

[68] Lenz KRISS-RETTENBECK: Die Krippe in Forschung und Wissenschaft. In: Bayerische Blätter für Volkskunde. Mitteilungen und Materialien. Jg. 5. 1978. Heft 1. März. S. 47-54. - hier: S. 48-51.

[69] Joseph KLERSCH: Auf dem Weg zur Krippe. In: Kirchenzeitung (Erzbistum Köln). Jg. 16. 1961. Nr. 51 v.17.Dez. S. 17; Nr. 52/53 v.24.Dez. S. 31. - hier: Nr. 52/53, S. 31.

[70] „There is no evidence that the custom of building crèches is of popular origin." BERLINER 1946, S. 271.

[71] DAXELMÜLLER 1978, S. 16.

Somit wird die Weihnachtskrippe als Kunstwerk, als Objekt aus der Volkskunst und als Brauch verstanden. Die Berechtigung dieser Zuordnungen kann vorab nicht geklärt werden und würde möglicherweise eine historische Analyse zur Einseitigkeit führen; außerdem sind die Gattungsbegriffe nicht eindeutig und nur in ihrer Zeitbezogenheit verständlich. Für das Vorgehen der Arbeit ist die Zuordnungsproblematik nur insoweit von Bedeutung, daß die anzuwendenden Methoden mit den Methoden bei der Analyse von Kunst, Volkskunst und Bräuchen übereinstimmen müssen.

1.3. Zur Forschungslage

1.3.1. Die „Münchener Schule"

Die Geschichte der Weihnachtskrippenforschung in Deutschland und, wie noch zu zeigen ist, auch die Geschichte der Krippe selbst in Deutschland ist unlösbar mit der Krippensammlung des Bayerischen Nationalmuseums, München, verbunden.

Grundlage dazu ist die private Sammelleidenschaft des Kommerzienrats Max Schmederer (1854-1917), der sich eine umfangreiche Kollektion historischer Weihnachtskrippen, überwiegend aus Italien, Österreich und Süddeutschland, zulegt und auch in seinem Hause ausstellt. Der große Besucherandrang veranlaßt Schmederer, die Sammlung 1892 zur öffentlichen Ausstellung dem Bayerischen Nationalmuseum zu schenken. Der 1894-1900 errichtete Neubau des Museums sieht eine eigene Raumfolge für die Schmederer-Sammlung vor, die der Stifter dort 1901 nach eigenen Vorstellungen als Dauerausstellung aufbauen kann [72].

Mit der Schmederer-Sammlung wird das Bayerische Nationalmuseum zur bedeutendsten Pflegestätte historischer Krippen in Deutschland, das wissenschaftliche Personal bekommt gewissermaßen einen neuen Forschungsschwerpunkt in den Schoß gelegt. Neben Museumskatalogen strebt man bald ambitionierte Werke über „die" Weihnachtskrippe an, deren Grundlage im Objektbereich stets der Bestand der Schmederer-Sammlung bildet; schon 1902 legt Georg Hager sein Buch vor. Rudolf Berliner (ca. 1920 bis 1933 Kustos der Schmederer-Sammlung) gibt 1926 die erste von 21 erschienenen Lieferungen seiner Loseblatt-Fotodokumentation „Denkmäler der Krippenkunst" heraus; sein Vermächtnis ist das voluminöse Standardwerk „Die Weihnachtskrippe" von 1955. Angesichts dieser Tradition der wissenschaftlichen Auseinandersetzung mit dem Phänomen Weihnachtskrippe spricht Kriss-Rettenbeck von der „Münchener Schule der Krippenforschung"[73].

---

[72] vgl. hierzu: Bayerisches Nationalmuseum München. Führer durch die Schausammlung. 41.Ausg. München: Bayer.Nationalmuseum, 1983. - S. 9.
[73] KRISS-RETTENBECK (wie Anm. 68), S. 47.

1.3.2. Monogenetische Entstehungstheorien

Nicht nur seitens der Münchener Schule, sondern ganz allgemein in der gesamten Literatur zur Weihnachtskrippe erfährt die Frage nach Herkunft und Entstehung der Krippe das größte Interesse; um die räumliche, soziale und konfessionelle Diffusion der einmal entstandenen Krippe bemüht man sich entschieden weniger. Nachfolgend sollen daher die wichtigsten Vorstellungen von der Entstehung der Weihnachtskrippe in den unterschiedlichen Literaturbereichen typisiert dargestellt werden.

Die älteste Literatur zur Geschichte der Weihnachtskrippe macht sich wenig Gedanken um deren Herkunft; man geht von einer selbstverständlichen Entstehung zur frühestmöglichen Zeit aus - Lautenbacher nennt die Krippe „altchristlich"[74], für Mannhardt ist sie zweifellos viel älter als der älteste Beleg, den er bei Franz von Assisi sucht [75]. In derselben Meinung äußern sich der Franziskanerpater Stroick [76] sowie Heidrich, der die Krippe zum altkirchlichen Brauch erklärt[77]. Hier wird die These vertreten, daß seit der Urkirche eine Weihnachtskrippe denkbar und damit auch anzunehmen ist. Eine absurde Kuriosität aus diesem Denken der allzeitigen Existenz der Krippe bietet ein katholischer Geistlicher, der den Heiligen Geist als den „ersten und größten Krippenkünstler der Welt" feiert [78].

Zumeist nehmen aber die Allzeitigkeitstheorien nicht gerade die Christgeburt, sondern die Einführung des Weihnachtsfestes (4. Jahrhundert) als Zeitpunkt der Krippen-Innovation an. Diese These vertritt u. a. der evangelische Bischof von Berlin-Brandenburg, Dibelius [79], der Katholik Usener versteigt sich in die hoffnungslose Überinterpretation einer anonymen armenischen Predigt (um 400), um zu dieser These auch noch einen Beleg zu erbringen [80].

Eine Folge dieser Allzeitigkeitstheorie ist die häufig freie Fantasie in populären Sachdarstellungen. So erhalten Kindergärtnerinnen 1975 diese Hintergrundinformation: „Die Krippe mit Figuren aus der Geburtsgeschichte ... kam bald nach

---

[74] Joseph LAUTENBACHER: Zur Geschichte und Aesthetik der Krippe. In: Deutscher Hausschatz in Wort und Bild. Jg. 18. 1891/92. Nr. 9. S. 132-135. - hier: S. 132.
[75] Wilhelm MANNHARDT: Weihnachtsblüthen in Sitte und Sage. Berlin: Duncker, 1864. - S. 106.
[76] Autbert STROICK: Die Bedeutung des hl. Franz von Assisi und seines Ordens für die Weihnachtskrippe. In: Franziskus-Stimmen. Jg. 7. 1923. Heft 11/12. November. S. 174-177. - hier: S. 174.
[77] R. HEIDRICH: Christnachtsfeier und Christnachtsgesänge in der evangelischen Kirche. Nach den Akten der Konsistorien und der Überlieferung der Gemeinden v. -. Göttingen: Vandenhoek u.Ruprecht, 1907. - S. 18.
[78] Joseph PENZ: Kinderansprachen. Innsbruck, München: Tyrolia, 1935. - S. 49.
[79] Otto DIBELIUS: Von altkirchlicher Weihnacht. In: Der Weg. Jg. 1. 1946. Nr. 13 v.22.Dez. S. 5.
[80] Hermann USENER: Das Weihnachtsfest. 3.Aufl. Bonn: Bouvier, 1969. (Erstaufl.: Bonn 1888) - S. 295.

der Einführung des Christfestes auf ... In gotischer Zeit stellte man lebensgroße Kleiderpuppen, später kleine Figürchen zu Krippen zusammen ..."[81]

Wissenschaftlich vorgebildeten Autoren des 20. Jahrhunderts genügt die pauschale Forderung nach Allzeitigkeit nicht; man sucht historische Belege zu dieser Theorie und biegt sich geschichtliche Daten zum altchristlichen „Erfindungsdatum" der Weihnachtskrippe zurecht. Die genaue Gestalt und der Zusammenhang dieses Bezugspunkts ist dabei gleichgültig: „Als der heilige Hieronymus 386 ... über der Geburtsgrotte in einer Kuppel die ganze Geburtsgeschichte nachgestaltete, schuf er wohl damit das Vorbild für alle späteren Krippen."[82] Auf evangelischer Seite macht Rietschel die Krippengeschichte an der Erstaufstellung der Krippenreliquien in Sta. Maria Maggiore (5. Jahrhundert) und an der Abbildung dieses Arrangements in Sta. Maria in Trastevere fest [83].

Diese These wird von Hardt kategorisch abgelehnt, da es sich hierbei um Reliquien und deren besondere, dauerhafte Aufstellung handelt; die Assistenzfiguren von Maria und Josef kamen erst später neben das Reliquiar [84]. Hardts entlegene Publikation konnte nicht verhindern, daß Rietschels Vorstellung noch in jüngster Zeit wiederholt wird [85].

Varianten zu den Allzeitigkeitstheorien bieten die Relikttheorien, die die Krippe an andere, ältere Zusammenhänge anbinden, deren Alter zumeist nicht geklärt, sondern in die diffuse Vorzeit der alten Kirche verlegt wird.
Riemerschmidt verwurzelt die Krippe in den Andachtsübungen der Frauenklöster [86]; auch Berliner verweist ja auf die diversen Formen der Jesuskind-Verehrung und -Mystik in Nonnenklöstern, zu denen oft Manifestationen wie Jesuskind-Statuetten gehören. Anhand des Beispiels der seligen Margaretha Ebner stellt Wentzel die berechtigte Behauptung auf, daß die Jesuswiegen zu Visionen inspirierten und nicht die Wiegen eine gegenständliche Konsequenz der Jesuskind-Mystik sind [87]. Wenn man diese These als richtig annimmt, dann regten gewisse Andachts-

---

[81] Kurt ROMMEL: Die Weihnachtszeit im Kindergarten. Vorschläge, Modelle, Texte, Lieder. Für Erzieher, Pfarrer, Eltern. Freiburg i.Br.: Christophorus; Lahr: Kaufmann, 1975. - S. 125.

[82] Ingeborg WEBER-KELLERMANN: Das Weihnachtsfest. Eine Kultur- und Sozialgeschichte der Weihnachtszeit. Frankfurt a.M.: Bucher, 1978. - S. 132.

[83] RIETSCHEL 1902, S. 52 f. -- Entspr.auch in: Realencyklopädie für protestantische Theologie und Kirche. Begr.v. J. J. HERZOG. 3., verb.u.verm.Aufl., hrsg. Albert HAUCK. Bd. 1-22. Leipzig: Hinrichs. Bd. 21. Wandalbert - Zwingli. 1908. - S. 53.

[84] Fred B. HARDT: Die Weihnachtskrippe in ihrem religiösen und künstlerischen Aufbau. In: Benediktinische Monatsschrift. Jg. 13. 1931. S. 494-509. - hier: S. 494.

[85] z.B. in: Kinder- und Familiengottesdienst. Überlegungen zur Verkündigung, Anregungen zur Gestaltung, Modelle, Elemente. Hrsg. Kurt ROMMEL u. Martin SCHMEISSER. Bd. 1- . Freiburg i.Br.: Christophorus; Lahr: Kaufmann. Bd. 1. Advent - Weihnachten. 1972. - hier: S. 60. -- Karl KOLB: Der Weihnachtsbogen. Ein Hausbuch für die Zeit von Martini bis Dreikönig. 2.Aufl. Würzburg: Echter, 1979. - S. 38.

[86] Ulrich RIEMERSCHMIDT: Weihnachten. Kult und Brauch - einst und jetzt. Hamburg: Schröder, 1962. (Das Geschenk; 2) - S. 64.

[87] Hans WENTZEL: Eine Wiener Christkindwiege in München und das Jesuskind der Margarethe Ebner. In: Pantheon. Internationale Zeitschrift für Kunst. Jg. 18. 1960. S. 276-283. - hier: S. 277.

bilder zu mystischen Visionen an; mit dem Erlöschen dieser mystischen Anbindung wie der Verehrung des Bildes bleibt ein Objekt übrig, das sowohl seine in der Mystik gewonnene als auch die seine Herstellung begründende (Andachtsbild!) Funktion verloren hat. Solange aber nicht bewiesen ist, daß diese Figuren im Nonnenkloster auch als Weihnachtskrippe dienten, können die Jesuswiegen und Jesuskind-Statuetten nicht mit der „Restfunktion" Weihnachtskrippe als Relikte eines größeren Zusammenhangs und zugleich als Wurzel einer neuen Entwicklung - der Weihnachtskrippe in anderen Gebäuden und sozialen Gruppen - in Anspruch genommen werden.

Ähnlich wie die weihnachtlichen Andachtsbilder werden auch die liturgischen Spiele als Wurzel der Krippe herangezogen. Ikonografische Besonderheiten in der ältesten detaillierten Beschreibung der Prager Jesuitenkrippe (1563), u. a. die Statuen der messianischen Propheten im Kirchenraum, veranlassen Karasek zu dem Hinweis auf „direkte Zusammenhänge mit dem europäischen Kirchenraumspiel des Mittelalters"[88]. Statt der wägenden „Zusammenhänge" schafft Zeppegno eindeutige Abhängigkeiten, deren mangelnde Nachweise keine Sorgen machen: „Wir dürfen sicher sein, daß die Volkskunst schon im 13. und 14. Jahrhundert Krippen mit beweglichen Figuren schuf, die in Anlehnung an die lebenden Krippen beliebig umgestellt werden konnten. Aber das ... verwendete Material ... war nicht für die Ewigkeit bestimmt, und so ist uns von solchen Werken nichts erhalten geblieben."[89] In Zeppegnos Augen hat die Krippe länger überlebt als ihr Vorbild Krippenspiel, ist also dessen Relikt.

Noch allgemeiner, da in der Vorstellung vom Übergang Spiel - Krippe ungenauer, ist Halms Theorie der vom Volk behüteten Überreste der Mysterienspiele, die sich um die Krippe ranken [90]. Die „stille Krippe" als Relikt mittelalterlicher Mysterienspiele wurde mehrfach als willkommener Anlaß für die Rechtfertigung der so als altkirchlich geltenden Krippe in der evangelischen Literatur benutzt[91]. Eine umgekehrte Relikttheorie entwickelt Rietschel mit der Vorstellung, die im 18. Jahrhundert für Sachsen überlieferten Jesuskind-Statuetten seien Überreste der in der Reformationszeit untergegangenen (also altkirchlichen) Weihnachtskrippen [92]. Wissenschaftlich sind diese Relikttheorien unhaltbar, da unbelegbar.

---

[88] Alfred KARASEK-LANGER u. Josef LANZ: Die Volkskunst der „Mannlmalerei" im Jeschken- und Isergebirge. In: Jahrbuch für ostdeutsche Volkskunde. Bd. 11. Marburg: Elwert, 1968. S. 9-61. - hier: S. 17.

[89] ZEPPEGNO (wie Anm. 14), S. 6.

[90] „Die Krippen sind die letzte vom Volk festgehaltene Erinnerung an die alten Weihnachts- und Mysterienspiele in den Kirchen. Das Singen vor der Krippe, das Ausstellen und Wechseln der Figuren ist die rührende Übernahme der einstigen kirchlichen Zeremonien durch das Volk ..." Konrad HALM: Deutsche Volkskunst. Berlin: Deutsche Buch-Gemeinschaft, 1928. - S. 89.

[91] z.B.: Arnold MEYER: Das Weihnachtsfest, seine Entstehung und Entwicklung. Tübingen: Mohr, 1913. - S. 108. -- Werner PEUCKERT: Deutsches Brauchtum im Weihnachtskreis. Düsseldorf: Landesjugendpfarramt Rheinland, 1934. (Evangelischer Jugenddienst; 5 a) - S. 22.

[92] RIETSCHEL 1902, S. 55.

Die weitaus beliebteste unter den monogenetischen Entstehungstheorien ist die Vorstellung, daß Franziskus von Assisi 1223 die Weihnachtskrippe „erfunden" habe. Aus den Beschreibungen des Thomas von Celano wie aus dem noch erhaltenen Schauplatz bei Greccio (Provinz Rieti) kann der Nachtgottesdienst, den Franziskus Weihnachten 1223 abhielt, rekonstruiert werden. Franziskus nutzt die einsame Lage auf halber Höhe eines steilen Felsabhangs zur Veranschaulichung seiner Vorstellung von der Geburt in Bethlehem. Diesen Freiluftgottesdienst und seine Höhlenkulisse als Geburtsstätte der Krippe zu beanspruchen, wurde seit 1862 mehrfach als unhaltbar bezeichnet [93]. Die Weihnacht von Greccio ist eine eigenwillige Inszenierung der Christmette, die eine bisher wenig beachtete Parallele in der Gründungsfeier der Stadt Bethlehem (Pennsylvania) vom 24. Dezember 1741 hat: mit Blick auf das Bethlehem der Christgeburt hält der persönlich anwesende Graf Zinzendorf die Festlichkeit in einem Stall ab [94]; dennoch beansprucht keine Krippengeschichte diese Feier als Wurzel oder Einflußfaktor. Greccio dagegen wird noch in der neuesten populären Literatur als erste Weihnachtskrippe zementiert [95]. Die Stätte selbst ist nicht unschuldig daran: In der neuen Wallfahrtskirche von Greccio (1959) zeigt ein Wandrelief, wie Franziskus und einige Gläubige ein in einer Krippe liegendes Jesuskind verehren (Terracottarelief von Luigi Venturini, 1962); die Gemeinde Greccio wirbt Touristen mit dem Straßenschild „Greccio. Santuario Francescano. Primo Presepio."

Trotz der großen Wertschätzung, die Franziskus auch auf protestantischer Seite genießt, machen evangelische Schriften die Krippe nur selten an Greccio fest [96]; Kogge sieht den Ursprung der Krippe in Sta. Maria Maggiore, in deren Tradition dann Greccio die „volkstümliche" Verbreitung einleitet [97].

Greccio als Wurzel der Krippe ist als katholische Theorie zu bezeichnen, die in kirchlichen Literaturen über Jahrhunderte tradiert wird. Als ältesten Beleg hierzu führt Berliner den Jesuiten Théophile Raynaud (1583-1663) an [98]. Der zeitgenös-

---

93 Paulus CASSEL: Weihnachten. Ursprünge, Bräuche und Aberglauben. Ein Beitrag zur Geschichte der christlichen Kirche und des deutschen Volkes v. -. Berlin: Rauh, 1862. Unveränd.Neudr. Walluf b.Wiesbaden: Sändig, 1973. - S. 158. -- RIETSCHEL 1902, S. 54. -- Theodor BOGLER: ... und legte ihn in eine Krippe ... Krippendarstellungen in alter und neuer Zeit. In: Weihnachten heute. Das Weihnachtsfest in der pluralistischen Gesellschaft. Ges.Aufsätze, hrsg. -. Maria Laach: Ars Liturgica, 1966. (Liturgie und Mönchtum. Laacher Hefte; 39) S. 105-119. - hier: S. 115.

94 LANZ 1981, S. 77.

95 z.B.: Josef RULAND: Weihnachten in Deutschland. Mit Beitr.v. Emil BARTH u.a. Bonn: Hohwacht, 1978. - S. 96. -- Barbara BARTOS-HÖPPNER: Bartos-Höppners Weihnachts-ABC. Ein Lesebuch für die ganze Familie. Ausgedacht, zsgetr.u.aufgeschr.v. - unt.Mitarb.v. Burghard BARTOS. Bayreuth: Loewe, 1982. - S. 134. Hier Bezugnahme auf Greccio als „volkstümlich machen" der Krippe.

96 Fritz ORTWEIN: Deutsche Weihnachten. Der Weihnachtsfestkreis nach seiner Entstehung, seinen Sitten und Bräuchen deutscher Völker. Gotha: Perthes, 1892. - S. 78. -- Martin KAUTSCH: Von alten und neuen Weihnachtskrippen. In: Kunst und Kirche. Jg. 13. 1936. Heft 4. S. 42-46. - hier: S. 43. -- Christian RIETSCHEL: Die Weihnachtskrippe. In: Kunst und Kirche. Jg. 24. 1961. Heft 4. S. 164-168. - hier: S. 165.

97 P. KOGGE: Weihnachten im Volkstum und in der Volkssitte. In: Düsseldorfer Sonntagsblatt. Jg. 82. 1933. Nr. 50. S. 5-6; Nr. 51. S. 3-4. - hier: Nr. 50. S. 5.

98 BERLINER 1946, S. 250.

sische rheinische Kapuzinerpater Florentius baut Krippen ebenfalls „in Nachahmung des hl. Vaters Franziskus"[99]; der Prolog eines anonymen bayrischen Weihnachtsspiels vom Anfang des 17. Jahrhunderts bezieht sich ebenfalls auf diese Theorie [100].

Die These vom Ursprung der Krippe in Greccio wird beständig wiederholt, so in der theologischen Literatur, beginnend mit Nickel (1836) bis in die Gegenwart[101] und in den populären Darstellungen katholisch-kirchlicher Bräuche. Den Anfang macht hier Rippel 1723; die Aussage wird in allen Neuauflagen bis 1902 übernommen [102], findet sich aber auch in diversen Publikationen des 20. Jahrhunderts, zuletzt 1984 bei Kirchhoff [103] sowie in der rheinischen Kirchenpresse, wo Pauquet sogar davon spricht, daß Franziskus die erste Krippe „gebastelt" habe [104].

Kirchliche Organisationen und Interessengruppen publizieren ebenfalls Darstellungen mit ähnlichem Inhalt, so die katholischen Jungmänner und der Gesellenverein, der Volksverein und der Religionspädagoge Clemenz; letzterer feiert Franziskus, weil er „ein Stück Arbeitsschule erfunden" habe [105].

---

99 zitiert nach PETERS (wie Anm. 48), S. 11.

100 Karl WEINHOLD: Weihnacht-Spiele und Lieder aus Süddeutschland und Schlesien. M.Einl.u.Erl.v. -. Neue Ausg. Wien: Braumüller, 1875. Unveränd.Neudr. Wiesbaden: Sändig, 1967. - S. 175.

101 Markus Adam NICKEL: Die heiligen Zeiten und Feste nach ihrer Geschichte und Feier in der katholischen Kirche v. -. Tl. 1-6. Mainz: Kunze. Tl. 1. Weihnachts-Festkreis. 1836. - S. 146. -- Beda KLEINSCHMIDT: Die Weihnachtskrippe. In: Theologisch-praktische Quartal-Schrift (Linz/Donau). Jg. 56. 1903. S. 96-113. - hier: S. 97 f. (Mit der Einschränkung, daß mögliche ältere Belege diese Theorie überholen könnten) -- Ludwig Andreas VEIT u. Ludwig LENHART: Kirche und Volksfrömmigkeit im Zeitalter des Barock. Freiburg i.Br.: Herder, 1956. - S. 83. -- Norbert HENRICHS: Kult und Brauchtum im Kirchenjahr. Eine kulttheologische und brauchtumsgeschichtliche Untersuchung für Schule und Seelsorge. Düsseldorf: Patmos, 1967. - S. 151.

102 Gregorius RIPPEL: Alterthumb, Ursprung und Bedeutung, Aller Ceremonien, Gebräuchen, und Gewohnheiten der H. Catholischen Kirchen, welche in, und ausser der Kirchen, bey allen Gottesdiensten, Genuß der H. H. Sacramenten, Andachten, Processionen, Weihungen, und anderen Solennitäten, das Jahr hindurch, auff Sonn- und Feyertäg, wie auch zu allen anderen Zeiten üblich ... Strasburg: Lerse, 1723. - S. 39 f. -- Letzte Aufl.: Gregorius RIPPEL: Die Schönheit der katholischen Kirche, dargestellt in ihren äußeren Gebräuchen in und außer dem Gottesdienste für das Christenvolk. Neu bearb.u.m.Ill.vers. Mainz: Lehrlingshaus, 1902. - S. 15.

103 Johannes WALTERSCHEID: Heilige Deutsche Heimat. Das deutsche Kirchenjahr mit seinen Festen, seinem Volksbrauch, den Volksheiligen, religiöser Literatur und religiöser Kunst. Bd. 1-2. Hannover: Giesel. Bd. 1. Dezember bis Mai. 1936. - S. 46 u. 48. -- Klara WIRTZ: Christliche Heimgestaltung. Anregungen für Werktag und Feier in der Familie. 6.Aufl. Bonn: bibliotheca christiana, 1963. - S. 150. -- Durch das Jahr - durch das Leben. Hausbuch der christlichen Familie, verf.v. Hermann GARRITZMANN u.a. München: Kösel, 1982. - S. 319. -- Hermann KIRCHHOFF: Christliches Brauchtum. Von Advent bis Ostern. München: Kösel, 1984. - S. 65.

104 P. HÖVELER: Die Krippen. In: Rheinisches Sonntagsblatt. Jg. 26. 1897. Nr. 1 v.3.Jan. S. 6-7. - hier: S. 6. -- Peter Paul PAUQUET: In der Krippe liegt Sinn. In: Kirchenzeitung (Erzbistum Köln). Jg. 33. 1978. Nr. 51/52 v.22.Dez. S. 12.

105 Joseph PERROT: St. Franziskus und unser Weihnachtskrippenbau. In: Die Wacht. Jg. 21. 1925/26. Heft 7. Okt.1925. S. 183-185. -- NACKEN: Die Weihnachtsfeier in früherer Zeit. In: Rheinische Volksblätter. Jg. 14. 1867. Nr. 2 v.12.Jan. S. 17-23. - hier: S. 21. --

Die dauernde Wiederholung der Theorie hat zur Folge, daß ihre Begründung nicht mehr überprüft wird; statt dessen schmückt man die Schilderung des vermeintlichen Gründungsereignisses in freier Fantasie aus. Schon Nickel beschreibt die Grotte von Greccio als vollständige Figurenkrippe [106], Clemenz macht aus der schlichten Feier ein üppiges Lebendes Bild, das nur entfernt an die Tatsachen erinnert [107]; Gräfin Schönfeldt dichtet noch 1984 Engel und eine Hebammen-Darstellerin dazu [108].

1.3.3. Entwicklungstheorien

Angesichts der höchst fragwürdigen monogenetischen Entstehungstheorien bemüht sich die Krippenforschung des 20. Jahrhunderts um neue Denkmodelle. Ihnen gemeinsam ist, daß nicht mehr eine Urkrippe wie Greccio oder Sta. Maria Maggiore gesucht wird, sondern Entwicklungslinien aufgezeigt werden, die letztlich die Krippe als Ergebnis haben.

Eine einfache Lösung bietet schon Lill 1921. Er vergleicht die formale Gestaltung der Krippe mit den kunstgeschichtlichen Vorstellungen seiner Zeit und kommt zu dem Ergebnis, daß die realistische und dreidimensional-perspektivische Form der Krippe auf deren Entstehung während der Renaissance hinweist [109].

Die meisten Entwicklungstheorien binden die Krippe an offenbar ältere Objekte an; im Gegensatz zu den Relikttheorien geht man nicht von einem Übrigbleiben der Krippe aus, sondern neutral von einem Herauswachsen der Krippe aus anderen Bildern, die dennoch weiterbestehen. So wird als Voraussetzung der Krippe die „Summe dieser aus der Marienverehrung erwachsenen Andachtsbilder" benannt [110].

Eine rein formale Betrachtungsweise schafft den Vergleich zwischen Weihnachtskrippen und dreidimensionalen Darstellungen der Christgeburt in Altaraufsätzen. Während Ringler bereits in einzelnen Predellengruppen „eine echte, unver-

---

Virgil WASS: St. Franziskus, der Vater der Weihnachtskrippe. In: Volkskunst. Jg. 14. 1926. Heft 11. S. 489-490. -- Bruno CLEMENZ: Der katholische Religionsunterricht in der Arbeitsschule. Leitlinien und praktische Versuche im Sinne der Arbeits- und Heimatschule v. -. Langensalza: Beltz, 1921. (Handbücher für den Arbeitsunterricht) - S. 93.

106 NICKEL (wie Anm. 101), S. 146.

107 „Er baute mit seinen Brüdern in einem nahen Gehölz ... einen wirklichen Stall. In diesen setzte er eine Krippe mit Heu und Stroh, ein lebendiger Ochs und Esel waren angebunden und fraßen. Neben der Krippe kniete eine junge Frau aus dem nahen Dorfe, und ihr Kindlein lag in der Krippe auf dem Heu. Daneben stand ein alter Mann aus der Nachbarschaft, auf seinen Stab gelehnt. Auch einige junge Männer knieten nieder und hatten zur Seite mehrere wirkliche Schafe und Lämmer ..." CLEMENS (wie Anm. 105), S. 93.

108 Sybil Gräfin SCHÖNFELDT, Stefan LEMKE u. Marie Luise LEMKE-PRICKEN: Das große Ravensburger Weihnachtsbuch. Basteln, Backen, Kochen, Schenken, Feiern. Ravensburg: O.Maier, 1984. - S. 200.

109 Georg LILL: Von der Weihnachtskrippe. In: Gottesehr. Jg. 22. 1921/22. Heft 3/4. S. 81-84. - hier: S. 81 f.

110 Einleitung von Theodor MÜLLER in: Alte Krippen und weihnachtliche Kunst aus dem Bayerischen Nationalmuseum und anderem Besitz. Zürich: Kunsthaus, 1951. - hier: S. 6.

fälschte Krippe" sieht, zeichnet Brües eine Entwicklungslinie von den Weihnachtsspielen über deren erstarrte Form in den Altären hin zur Krippe, wobei die Übergänge vom Altaraufsatz zur Krippe „fließend" sein sollen [111]. Einfacher ist die lineare Entwicklungstheorie bei Lanz: „Die Figuren lösen sich allmählich aus dem Relief, nehmen selbständige Gestalt an, um langsam als freistehende Einzelstücke eine jeweils veränderliche Gruppierung in der Weihnachtszeit zu ermöglichen. Im Wesen gleich, in der Entwicklung anders vollzieht sich das Heraustreten der Flachfiguren aus den gemalten Tafeln oder Wandfresken."[112]

In diesen Entwicklungstheorien zeigen sich wieder Mängel der allgemeinen Definitionen der Weihnachtskrippe. Wenn die Krippe nichts ist als ein dreidimensionales weihnachtliches Bild, dann mag die Vorstellung einleuchten, daß ein weihnachtliches Bild im Altarschrein sich samt Schrein zur Kastenkrippe verselbständigt, später dann ganz frei in den Raum tritt. Aber die Prämisse ist falsch: So wie es einen Grund hat, daß ein Christgeburtsbild im Altaraufsatz steht, so muß auch das vom Altar unabhängige, auch im Privathaus bekannte Bild eine besondere Funktion haben, die über das bloße Losgelöstsein vom Altar hinausgeht. Diese besondere Funktion unterscheidet die Krippe auch von anderen weihnachtlichen Bildern, so daß sie nicht einfach aus solchen „heraustreten" kann. Ohnehin ist diese Vorstellung des Heraustretens aus dem Relief sachlich unlogisch, da seit vorgeschichtlicher Zeit dem Menschen sowohl flächige wie plastische, ortsfeste wie bewegliche Gestaltungsmöglichkeiten zur Verfügung stehen. Eine Plastik ist aus ihr immanenten Gründen plastisch und nicht flächig gestaltet und nicht etwa eine plastische Weiterentwicklung eines zweidimensionalen Bildes.

Eine weitere Entwicklungstheorie resultiert aus den anwachsenden Datensammlungen. Insbesondere Berliner und Karasek haben sich um die Suche archivalischer Belege für die Krippengeschichte verdient gemacht. Die aufgefundenen Belege reichen derzeit nicht über das Jahr 1560 zurück [113]. Diese zeitliche Begrenzung wird nicht auf die besondere Quellenlage zurückgeführt, obwohl die Daten der ersten Jahrzehnte seit 1560 fast ausschließlich aus den Jahresberichten der Jesuiten-Niederlassungen stammen, dieser Orden aber erst 1540 seine römische Anerkennung erfuhr, so daß diese Quellengattung erst wenige Jahre vor 1560 Belege erbringen kann.

Statt dessen wird das bestehende Datengerüst mit einer Entwicklungstheorie verbunden. Die Krippe erhält das Attribut, ein Produkt der Gegenreformation zu sein, die Jesuiten als treibende Kraft dieser Bewegung werden als einzig wahr-

---

[111] RINGLER (wie Anm. 18), S. 9 f. -- Eva BRÜES: „sie kamen eilend". Alte Krippen und Krippenfiguren aus Italien und Süddeutschland. Ausstellung vom 2.12.1979 bis 3.2.1980. Mönchengladbach: Städtisches Museum Schloß Rheydt, 1979. - S. 3.
[112] LANZ 1981, S. 9.
[113] Für 1560 Belege aus Coimbra, München, Prag, Wien und Zaragoza, vgl.: KARASEK-LANGER 1967, S. 10.

scheinlicher Motor der Verbreitung der Krippe benannt[114]. Diese Vorstellung wird auch von einem evangelischen Handbuch übernommen [115]; dagegen weist Karasek darauf hin, daß ebenfalls in der zweiten Hälfte des 16. Jahrhunderts die portugiesische Misericórdia-Bruderschaft die Krippe einführt, u. a. in Goa und Macao [116].

Wie die Entstehung der Krippe zu dieser postulierten Entstehungszeit vonstatten ging und wie es zu diesem neuen Objekt kam, kann diese Entwicklungstheorie nicht erklären, Karasek gesteht das auch ein [117]. Um den Erfindungs-, Relikt-Theorien und formalen Entwicklungsvorstellungen aus dem Wege zu gehen, zieht man sich darauf zurück, daß das „Wurzelwerk recht mannigfacher Art" ist [118] oder daß sich die neue Krippe mit älteren Bildformen (Jesuswiege, Bornkind) „vermischt" habe [119]. Die Benennung der Wurzeln ist teils sogar unerwünscht, da alles „Volkstümliche" nach Merharts Meinung aus Wurzeln kommt, die im Dunkeln bleiben [120].

Berliner hat sein Denken über die Vorformen der Krippe detailliert dargestellt. In einzelnen Fällen fand er Belege für die Schaffung einer Krippe durch die Erweiterung eines anderen Objekts (z. B. Jesuswiege) um Assistenzfiguren [121]. Generell aber denkt er, daß die Krippe nicht erfunden wurde, sondern durch die „Assimilation" verschiedener älterer Gegebenheiten entstand; er benennt die dauerkrippenartigen Altäre und Darstellungen (z. B. im Sacro Monte von Varallo), die Requisiten der Weihnachts-Mysterienspiele, die Jesuskind-Statuetten und die besondere Herausstellung von Christgeburtsbildern während der Weihnachtszeit, die besondere Beachtung, die solchen Bildern während der Festzeit zuteil wird, sowie auf die krippenartigen Objekte der Osterzeit (Heilige Gräber)[122]. Am Beispiel der dauerkrippenartigen Objekte weist Berliner darauf hin, daß es nicht notwendig ist, daß dem damaligen „Erstaufsteller" diese Wurzel bekannt war [123]. Er entgeht damit der kritischen Frage, wie dem - bisher nicht lokalisierten - „Erfinder" eine streng regionale Erscheinung wie der Sacro Monte geläufig sein konnte, falls er diese Landschaft nie gesehen hat; dafür wird aber offensichtlich, daß die Benennung der vielfältigen Wurzeln ein aus der formalen Betrachtung der Krippe geschöpftes Konstrukt und keine geschichtliche Tatsache ist.

---

[114] BERLINER 1955, S. 29. -- LANZ (wie Anm. 20), S. 164. -- KARASEK-LANGER 1967, S. 8.

[115] Die Religion in Geschichte und Gegenwart. Handwörterbuch in gemeinverständlicher Darstellung. Hrsg. Friedrich Michael SCHIELE. Bd. 1-5. Tübingen: Mohr. Bd. 1. Von A bis Deutschland. 1909. - Sp. 824. -- Die Religion in Geschichte und Gegenwart. Handwörterbuch für Theologie und Religionswissenschaft. 3., völlig neu bearb.Aufl., hrsg. Kurt GALLING. Bd. 1-7. Tübingen: Mohr. Bd. 6. Sh-Z. 1962. - hier: Sp. 1.568.

[116] KARASEK 1974, S. 12.

[117] KARASEK-LANGER (wie Anm. 88), S. 9.

[118] LANZ 1981, S. 7 f.

[119] KARASEK 1974, S. 19.

[120] Nenna von MERHART u. Walter SPÖRR: Weihnachtskrippen bauen. Innsbruck, München: Tyrolia, 1984. - S. 9.

[121] BERLINER 1946, S. 269.

[122] BERLINER 1946, S. 251.

[123] BERLINER 1946, S. 256.

1.3.4. Verbreitungstheorien

Analog zu den Entstehungstheorien entwickelt die Literatur auch Verbreitungstheorien, die mit der jeweils favorisierten Entstehungstheorie übereinstimmen müssen.

Die Vertreter der Erfindungstheorie schließen aus der Person des Erfinders, Franziskus von Assisi, daß die franziskanischen Orden (insbesondere Franziskaner, Minoriten und Kapuziner) in Nachahmung ihres Gründers die ersten und wichtigsten Verbreiter der Weihnachtskrippe gewesen seien. Diese These vertreten katholische Geistliche, insbesondere Angehörige franziskanischer Orden [124], Vertreter der rheinischen Krippenbewegung [125], aber auch populäre Darstellungen unterschiedlicher Herkunft bis in die 1980er Jahre [126], obwohl Berliner schon 1946 darauf hingewiesen hat, daß erst 1610 für die von Franziskanern betreute Geburtskirche in Bethlehem eine zur Heiligen Nacht ausgestellte Jesuskind-Statuette nachgewiesen ist; zuvor zeigte man dort weder eine solche Figur noch eine Krippe, obwohl die Krippe an anderen Orten (z. B. in Jesuitenkirchen) bereits verbreitet war [127].

Die als Gegenargument nützlichen historischen Fakten führen bei der Entwicklung von Verbreitungstheorien oft in die Irre. Anhand der aus Jesuitenakten stammenden Daten rekonstruiert Karasek die Verbreitung der Krippe in Böhmen als eine von Prag in die umliegenden Städte, dann in die ländlichen Gebiete ausstrahlende Entwicklung [128], obwohl dies genaugenommen nur die Verbreitungsgeschichte der Krippen bei den Jesuiten ist. Aus der Herkunft noch erhaltener Objekte wird auf die frühere Verbreitung der Krippe geschlossen; den Fehlschluß der deutschen Forschung beschreibt Karasek: „Weil Schmederer seine Stücke vor allem in Bayern, Tirol und Italien erwarb, galten diese Länder als die klassischen Traditionsgebiete europäischen Krippenbaues."[129] Noch 1981 wird aufgrund die-

---

[124] Odorich HEINZ: Weihnachtskrippen. In: Die Burg. Jg. 7. 1918/19. Heft 11-13. S. 160-166. - hier: S. 160. -- Joseph KLASSEN: Krippenbüchlein. Ein Wort vom Sinn und Segen der Hauskrippe v. -. 2., verm.Aufl. Habelschwerdt: Franke, 1925. (Die schlichte Sammlung) - S. 41. -- WASS (wie Anm. 105), S. 490. -- Athanasius BIERBAUM: Die Krippenstadt Bethlehem. In: Die Weihnachtskrippe. Jb. 6. 1930. S. 36-42. - hier: S. 40.

[125] u.a.: Friedrich DÜCKER: Das Bildband der Landesgemeinschaft: Die Weihnachtskrippe - Geschichtliches, neue Formung und das Selbstbasteln. Zsgest.v. -. Vortragstext. In: Die Weihnachtskrippe. Mitteilungen zum Jahrbuch. Nr. 11. 1930. S. 1-8. - hier: S. 3.

[126] Zuerst: DREIBACH: Weihnachten in Bild und Wort. In: Deutscher Hausschatz in Wort und Bild. Jg. 18. 1891/92. Nr. 8. S. 127. -- In neuerer Zeit u.a.: Maria Luise MUMELTER: Weihnachtsbräuche in deutschen Landschaften. Von den heidnischen Festen zur christlichen Feier. In: Georg THURMAIR, Josef DIEWALD u. Karlheinz SCHMIDTHÜS: Hausbuch zur Advents- und Weihnachtszeit. 2.Aufl. Freiburg i.Br.: Christophorus, 1956. S. 162-167. - hier: S. 165. -- RULAND (wie Anm. 95), S. 96. -- KOLB (wie Anm. 85), S. 38. -- Gottfried KORFF: Weihnachten. Kommern: Rheinisches Freilichtmuseum / Landesmuseum für Volkskunde, o.J. (Brauchtums-Dokumentation im Museum; 1) - S. 3.

[127] BERLINER 1946, S. 267.

[128] KARASEK 1974, S. 21.

[129] KARASEK-LANGER 1968 (wie Anm. 88), S. 10.

ser Fehleinschätzungen einem „Krippen-Lexikon" eine Landkarte der angeblichen „Krippenregionen" beigefügt [130].

Historische Tatsachen werden jedoch nicht nur fehlgedeutet, sondern oft erst dadurch geschaffen, daß man nicht eindeutig verständliche Archivquellen und verschiedene Objekte als exakte Belege für die zuvor aufgestellte Theorie darstellt.

Auf die beliebige Interpretation des Schlottheim-Uhrwerks als Krippe oder als Weihnachtspyramide habe ich bereits im Abschnitt 1.2.2. hingewiesen. Zeppegno benennt die Figuren von je zwei Sibyllen und Engeln, Reste eines größeren Zusammenhangs in S. Giovanni a Carbonara, Neapel (Pietro Alamanno, 1478) als Überbleibsel einer Krippe [131].

Historische Texte, die von Krippe oder Ähnlichem sprechen, werden nach Belieben in Anspruch genommen. Die bayerische Herzogin Kunigunde erhält eine Krippe (Ulrich Fueterer, 1491), die für Widmann „zweifellos ein gemaltes Bild" ist [132]. Die Urkunde über die Stiftung eines Ackers zur Krippe der Klosterkirche St. Mang in Füssen (1252) nimmt Ringler als ältesten Beleg für Krippen in Deutschland an, da er auch in zeitlicher Nähe zu Greccio (1223) steht [133]; ähnlich verfährt Spamer mit einer „kritischen Bemerkung Gertruds der Großen zu Ende des 13. Jahrhunderts" [134]. Die Begeisterung, die gesamte bisherige Forschung erschüttern und eine besondere westfälische Entwicklung aufzeigen zu können, verführt Schmülling dazu, Belege aus dem Frauenkloster Kemnade/Weser für die Frühgeschichte der Krippe zu beanspruchen; u. a. ist die Rede davon, daß der Schulmeister samt Gehilfe „dat Kyndeken Jhsus makeden" [135]. Willi Münch deutet sogar ein Bibeltexte paraphrasierendes Kirchenlied als Beleg für eine evangelische Krippentradition [136].

Die Frage nach dem Verhältnis der christlichen Konfessionen zur Weihnachtskrippe wird ebenfalls mit theoretischen Modellen beantwortet. Als Hilfskonstruktion wird dazu die These verwendet, daß die Krippe ein katholisches Requisit sei (auch wenn man deren altkirchliche Herkunft betont), der Christbaum dagegen ein evangelisches. Durch die Verbindung dieser beiden Objekte sei die Krippe in den evangelischen Bereich eingetreten. Diese These wird seit der Zeit

---

130 Gerhard BOGNER: Das große Krippen-Lexikon. Geschichte - Symbolik - Glaube. München: Süddeutscher Verlag, 1981.
131 ZEPPEGNO (wie Anm. 14), S. 6 u. 22.
132 Werner A. WIDMANN u. Wilkin SPITTA: Die wahrhaft göttliche Komedi. Hauskrippen im Stiftland. Regensburg: Pustet, 1976. (Oberpfälzer Kostbarkeiten) - S. 16.
133 RINGLER (wie Anm. 18), S. 9.
134 Adolf SPAMER: Weihnachten in alter und neuer Zeit. Jena: Diederichs, 1937. (Volksart und Brauch) - S. 46.
135 Wilhelm SCHMÜLLING: Neues zur Geschichte der Weihnachtskrippe in Westfalen. In: Rheinisch-westfälische Zeitschrift für Volkskunde. Jg. 26/27. 1981/82. S. 289-291. - hier: S. 291.
136 „So merket nun das zeichen recht,/ Die krippen, windelein so schlecht ..." im Bergischen Gesangbuch von 1802; vgl.: Willi MÜNCH: Die Weihnachtskrippe im Niederbergischen Land. Köln: Rheinland, 1984. - S. 16.

um 1900 von evangelischer Seite vertreten [137]. Daneben werden auch andere Anschauungen gepflegt, etwa, daß der Christbaum die ältere Festdekoration sei, die von der Krippe immer weiter zurückgedrängt worden sei [138], oder (von katholischer Seite) daß der ursprünglich zur Krippenkulisse gehörende Baum nach dem Bildersturm der Reformation in evangelischen Kreisen allein übriggeblieben sei[139]. Der reformierte Straßburger Geistliche Johann Conrad Dannhauer verdammte in seinen Schriften 1642-46 den Christbaum als Lappalie, die Krippe als Fleißarbeit ohne gläubigen Kern [140]. Da verläßliche Daten zur Frühgeschichte des Christbaums ebenso fehlen wie zu der der Weihnachtskrippe, sind solche vergleichenden Theorien unüberprüfbar.

1.3.5. Verbreitungsgeschichtliche Daten

Entsprechend dem hohen Aufwand bei der Konstruktion von Theorien und Verbreitungsmodellen kommt die Literatur mit einem überraschend geringen Bestand an einzelnen historischen Daten aus. Insbesondere zur sozialen Diffusion ist wenig zu erfahren. Ein Sonderfall ist Mang, der belegen will, wie 1608/09 in Innsbruck die Initiative von den Jesuiten ausgeht und über die Franziskaner (in der Hofkirche!) die Familie der Erzherzogin Anna Katharina erreicht [141]. Nachfolgend sollen wichtige Daten kurz vorgestellt werden.

Das Verhältnis katholisch-kirchlicher Gruppen außer den Jesuiten zur Krippe während der ersten Jahrhunderte ihrer Geschichte wird kaum betrachtet; am Rande ist zu erfahren, daß die Benediktinerinnen von Sta. Cecilia in Trastevere 1638 in der Klausur eine Krippe aufstellten, 1647 stand eine umfangreiche Krippe im Vorraum der Karmeliterkirche S. Martino de'Monti in Rom [142]. Die den Jesuiten nahestehenden Isidori-Bruderschaften bezeichnet Lanz als ausgesprochen krippenfreundlich [143]. Die Frage nach der wirklichen Verbreitung der Weihnachtskrippe, z. B. in allen katholischen Kirchen einer Region, wird nicht gestellt. Der geringe erhaltene Bestand wird mit der Krippenfeindlichkeit der Aufklärungszeit erklärt, obwohl konkrete Angaben über Krippenverbote nur für einige wenige Staaten gemacht werden können [144]. Statt des beliebten Hinweises auf eine vorgeblich abgebrochene Krippentradition kann nur festgestellt werden, daß im 19. Jahrhundert offenbar Kirchenkrippen nicht allgemein üblich waren - Lauten-

---

[137] Zuerst: ORTWEIN (wie Anm. 96), S. 78. -- EVERLING: Über Weihnachtsgebräuche. In: Evangelisches Gemeindeblatt für Rheinland und Westfalen. Jg. 9. 1893. Sp. 464 f., 478 f., 487 f., 497 f. - hier: Sp. 487. -- Ernst HAACK: Die Kirche und ihr gottesdienstliches Leben. Eine Einführung in die Bedeutung der kirchlichen Gemeinschaft, des Kirchenjahres, des gottesdienstlichen Raumes und der kirchlichen Handlungen. Schwerin i.M.: Bahn, 1906. - S. 41.

[138] ORTWEIN (wie Anm. 96), S. 76.

[139] NACKEN (wie Anm. 105), S. 22.

[140] Zitiert bei SPAMER (wie Anm. 134), S. 49.

[141] Hermann MANG: Unsere Weihnacht. Volksbrauch und Kunst in Tirol. Innsbruck: Tyrolia, 1927. - S. 86 f.

[142] BERLINER 1955, S. 74 f.

[143] LANZ 1981, S. 14.

[144] BERLINER 1955, S. 41.

bacher sagt 1891, sie seien selten anzutreffen und, wenn doch, nur sehr einfach[145]; in ganz Paderborn besaß 1870 nur die Kirche der Franziskaner und die der Barmherzigen Schwestern eine Weihnachtskrippe [146].

Evangelische Kirchenkrippen sind nach dem Zweiten Weltkrieg offenbar nicht mit konfessionellen Vorurteilen vorbelastet [147]; Sauermann meint, daß seit dem Ende des 19. Jahrhunderts die Krippe besonders in pietistisch-lutherischen Gebieten bekannt war, als Beispiel führt er einen Beleg von ca. 1890 für die Zionskirche der Bodelschwinghschen Anstalten in Bethel an [148]. Um 1920 wurde in der evangelischen Pfarrkirche von Hohenstein im Taunus eine Weihnachtskrippe aufgestellt [149]. In der lutherischen Staatskirche Schwedens erscheint 1906 die erste Krippe in der Diakonissenanstalt Ersta, 1929 die erste Kirchenkrippe in St. Petri in Malmö. Die Anregung dazu soll aus Deutschland stammen, die Figuren für Malmö lieferte eine katholische Devotionalienfabrik (Butzon und Bercker, Kevelaer)[150].

Die Untersuchung von Bringéus ist derzeit die einzige, die eine evangelische Landeskirche gründlich auf ihre Krippengeschichte hin betrachtet. Von den evangelischen Glaubensgemeinschaften wurde bisher nur die Herrnhuter Brüdergemeine genauer beleuchtet und folglich für das 18. Jahrhundert als die „einzige nichtkatholische Glaubensgemeinschaft, die damals schon den Brauch des Krippenbaues übernahm", bezeichnet [151]. Aber auch der Beweis dafür fehlt, denn Karasek schließt lediglich aus dem Alter der Kolonie Bethlehem/Pennsylvanien, die heute für sensationelle Krippen bekannt ist, auf die Zeit der Übertragung des europäischen Brauchs nach Amerika [152]. Die Tradition soll in Bethlehem bis wenigstens 1830 zurückreichen [153], während der älteste Beleg für eine Weihnachtskrippe der Herrnhuter in Europa (aus dem Brüderhaus Neusalz a. d. Oder) „lange vor 1880" liegt [154].

---

145 LAUTENBACHER (wie Anm. 74), S. 134.

146 STROICK (wie Anm. 76), S. 177.

147 Wertungsfreie Nennung u.a. in: Evangelische Weihnacht (Bd.) 5. Eine Buchgabe zur christlichen Erkenntnis und Gestaltung des Weihnachtsfestes. Unt.Mitarb.v. Horst BAUNACH hrsg.v. Adolf RÖBERLE. Tübingen: Furche, 1948. S. 45. -- Evangelisches Kirchenlexikon. Kirchlich-theologisches Handwörterbuch. Unt. Mitarb. v. Robert FRICK u.a. hrsg. v. Heinz BRUNOTTE u. Otto WEBER. Bd. 1-4. Göttingen: Vandenhoek u. Ruprecht. Bd. 3. 1959. - Sp. 1745.

148 Einleitung von Dietmar SAUERMANN in: Weihnachten in Westfalen um 1900. Berichte aus dem Archiv für westfälische Volkskunde. Münster i.W.: Volkskundliche Kommission für Westfalen, 1976. (Beiträge zur Volkskultur in Nordwestdeutschland; 6) - S. 36.

149 Wilhelm SCHREINER: Ausgestreckte Hände. Erinnerungen an Advent und Weihnacht. In: Düsseldorfer Sonntagsblatt. Jg. 84. 1935. Nr. 51. S. 503-505. - hier: S. 504.

150 Nils-Arvid BRINGÉUS: Die Einführung der Weihnachtskrippe in schwedischen Kirchen. In: Festschrift Matthias Zender. Studien zur Volkskultur, Sprache und Landesgeschichte. Hrsg. Edith ENNEN u. Günter WIEGELMANN. Bd. 1-2. Bonn: Röhrscheid, 1972. Bd. 1. S. 182-194. - hier: S. 184 f.

151 KARASEK 1974, S. 213.

152 ebda.

153 LANZ 1981, S. 78.

154 LANZ 1981, S. 81.

Im privaten Bereich erscheint die Krippe erstmals 1567 in Celano beim Herzog von Amalfi [155]. Für Deutschland bezieht sich Berliner auf eine in einem Nachlaß 1701 in Vilshoven (Bayern) genannte Kastenkrippe (die aber auch ein Andachtsbild sein könnte!)[156], Karasek weist auf die Entstehung öffentlicher Krippenmärkte mit seriell produzierter Ware für den privaten Bedarf seit der Mitte des 18. Jahrhunderts (um 1750 in Wien) hin [157]. Die Popularisierung der Krippe wird dadurch indirekt erschlossen, da eine Massenproduktion eine größere Nachfrage abdecken kann und durch günstigere Herstellungskosten für breitere Bevölkerungsschichten erschwinglich wird. Interessant ist, daß diese Methode z. B. Ruland unpassend erschiene, weil seiner Meinung nach die Krippen mit dem anschwellenden Angebot an billiger Fabrikware schwinden, da man sich weniger für die Krippe engagieren muß [158]. Folgende Schlüsseldaten benennt Karasek: Die Anfänge einer massenhaften Erzeugung hölzerner Spielzeuge im Erzgebirge (nach 1780/90), das Aufblühen der Holzschnitzerei im Grulicher Ländchen mit seiner preiswerten „Erzgebirgsware" (18. Jahrhundert) und die technische Vereinfachung der seriellen Holzarbeit seit der Errichtung der ersten Drechslerwarenfabrik (1784 in Kallich)[159]; die Erfindung des in Holzmodeln gepreßten Papiermachés durch Josef Schöffel in Reichenau bei Gablonz (1784), der baldige Aufschwung der Papiermaché-Verarbeitung im nördlichen Erzgebirge und im nordböhmischen Oberland (um 1788) und die erste industrielle Erzeugung von Papiermaché-Figuren in Oberleuthensdorf/Böhmen (1830)[160]; ferner die Entstehung der ersten Krippen-Ausschneidebogen in den Druckereien von Bilderbogen (in Prag um 1800)[161] und die Massenanfertigung von Gipsabgüssen holzgeschnitzter Figuren (in Böhmen nach 1850)[162]. Diese Daten, die unabhängig voneinander immer wieder in die Zeit um 1800 für eine mögliche Popularisierung verweisen, beziehen sich naturgemäß auf Böhmen und Mähren. Vergleichbare Sammlungen liegen nicht vor; vorsichtige Schlüsse über Böhmen hinaus sind aber für einen „terminus post quem" zulässig, da Karasek sich u. a. mit der im Metier der kostengünstigen Kleinplastiken produktionsstärksten Region, dem Erzgebirge, beschäftigt. Daß der Aufschwung in der erzgebirgischen Krippenproduktion noch keine unmittelbar verwendbaren Daten für bestimmte Regionen bietet, macht Sauermann augenfällig mit der Erkenntnis, daß Hauskrippen in Westfalen während des 19. Jahrhunderts noch selten sind und erst seit der 1920er Jahre in weiteren Kreisen üblich werden [163].

Das Erzgebirge ist zugleich das wichtigste Stichwort für die Geschichte der evangelischen Hauskrippe, obwohl Berliner schon für das 18. Jahrhundert einzelne

---

155 BERLINER 1955, S. 62.
156 BERLINER 1955, S. 95.
157 KARASEK 1974, S. 31.
158 RULAND (wie Anm. 95), S. 99.
159 KARASEK 1974, S. 80 f. u. 167.
160 KARASEK 1974, S. 14 u. 81.
161 KARASEK 1974, S. 36.
162 KARASEK 1974, S. 112.
163 SAUERMANN (wie Anm. 148), S. 35.

Belege für Krippen in (wohlhabenden) evangelischen Familien anführt: 1735 erhält der neunjährige Ulrich von Bülow in Königsberg eine Krippe, Friedrich Leopold Graf zu Stolberg (1750-1819) hat während seiner Jugend in Holstein ebenfalls eine Krippe, für Friedrich Jacobs entfaltet sich während der 1770er Jahre in Gotha eine üppige Krippenlandschaft [164]. Mannhardt zählt 1864 unter den deutschen Regionen, die die Krippe kennen, wie selbstverständlich das sächsische Erzgebirge mit auf [165]. Entsprechend den Allzeitigkeits- und Relikttheorien erwähnen Lautenbacher und Mogk, daß sich in Erzgebirge, Vogtland und Lausitz trotz Einführung der Reformation die Weihnachtskrippe erhalten habe [166]. Die ältesten Belege für Krippen im sächsischen Erzgebirge von 1838 und 1843 nennt Spamer; er vermutet eine Einführung vom (katholischen) Böhmen her um 1820 [167].

Für die zweite Hälfte des 19. Jahrhunderts liegen auch Belege für evangelische Hauskrippen in anderen deutschen Landschaften vor, so die „alte Krippe" in den Kindheitserinnerungen des Fritz von Bodelschwingh (geb. 1877)[168], um 1865 bei den Weihnachtsbescherungen für Konfirmanden und Studenten bei Professor Tholuk in Halle/Saale [169] oder um 1895 in Dillenburg [170]. Nach 1900 erscheint die Erwähnung einer Hauskrippe unter den Festdekorationen in evangelischer Literatur offenbar nicht mehr ungewöhnlich [171], 1953 heißt es dann: „Unter den Christbaum gehört die Weihnachtskrippe."[172]

1.4. Methodik dieser Arbeit

Die Betrachtung der gegenwärtigen Forschungslage zeigt, daß bislang überwiegend theoretische Konstrukte zur Krippengeschichte vorliegen, während es an verläßlichen Datengerüsten für die Existenz von Krippen und deren kulturelles Umfeld mangelt. Publikationen, die auch in dieser Hinsicht zu einer schlüssigen Darstellung gelangen, sind rar und stellen nur jeweils eine Region dar [173]. Für das Rheinland oder gar den hier abgeteilten „Kölner Raum" ist der einschlägigen

---

164 BERLINER 1955, S. 144.
165 MANNHARDT (wie Anm. 75), S. 109 u. 111 f.
166 LAUTENBACHER (wie Anm. 74), S. 132. -- Eugen MOGK: Sitten und Gebräuche im Kreislauf des Jahres. In: Sächsische Volkskunde. Unt.Mitarb.v. J. DEICHMÜLLER u.a. hrsg.v. Robert WUTTKE. Dresden: Schönfeld, 1900. S. 274-292. - S. 279.
167 SPAMER (wie Anm. 19), S. 67.
168 SAUERMANN (wie Anm. 148), S. 36.
169 F. FLIEDNER: Ein Weihnachtsfest vor 35 Jahren. In: Evangelischer Gemeindebote aus Köln. 1901. Nr. 51. S. 749-751. - hier: 750.
170 SCHREINER (wie Anm. 149), S. 503.
171 Friedrich SPITTA: Der Schmuck des Weihnachtsbaumes. In: Monatsschrift für Gottesdienst und kirchliche Kunst. Jg. 12. 1907. Nr. 12. S. 360-366. - hier: S. 360. -- Albrecht GOES: Stufen zur Krippe. In: Düsseldorfer Sonntagsblatt. Jg. 87. 1938. Weihnachts-Beilage. o.Pag.
172 Otto SCHLISSKE: Apfel, Nuß und Mandelkern. Was unsere Advents- und Weihnachtsbräuche eigentlich bedeuten. Stuttgart: Kreuz, 1953. (Schriftenreihe der Arbeitsgemeinschaft Frau und Mutter; 6/7) - S. 40.
173 Nennenswert sind DAXELMÜLLER (1978) für Franken, KARASEK (1974) für Böhmen und Mähren und LANZ (1981) für Schlesien.

Literatur wenig zu entnehmen, abgesehen von der negativen Feststellung, daß diese Region in den Entstehungs- und Verbreitungstheorien unberücksichtigt blieb. Als unbewiesene Hypothese wird daher in die Grundvoraussetzungen die Behauptung aufgenommen, daß die Innovation der Weihnachtskrippe im Kölner Raum auf der räumlichen Diffusion und nicht auf einer hier zu lokalisierenden Erfindung beruht.

Als Weihnachtskrippe wird jedes gegenständliche, unbewegte Bild der Kindheitsgeschichte Jesu verstanden, das nur zur Festzeit sichtbar ist und zunächst bildhaftes Objekt - im Gegensatz zu den Requisiten verschiedener Handlungen - ist. Die Zuordnung zu einem Kulturgattungsbegriff (Kunst - Volkskunst - Brauch) bleibt vorerst ungeklärt.

Die drei Zuordnungsmöglichkeiten bestimmen jedoch die Methodenwahl. Bei der Analyse von Kunst wird neben formalen Aspekten in jüngster Zeit die Frage nach der Funktion von Kunst betont: neben der Funktion als ästhetisches Objekt kann ein Kunstwerk weitere Funktionen erwerben, aber auch wieder verlieren; jeder „Funktionswandel des Kunstwerks greift grundsätzlich in seine Struktur ein, betrifft Form und Inhalt, vor allem aber das Verhältnis von Form und Inhalt"[174]. Die Frage nach der Funktion von Kunst wird von Busch sowohl an einzelne Objekte wie an eine Reihe von Kunstwerken desselben Themas (Parallele zur Krippe!) gestellt. Die Bedeutung der Funktion für das Objekt sieht Schmidt für die Volkskunst in noch höherem Maße: „Volkskunst ... ist nur vorhanden, soweit sie eine Funktion besitzt. ... Das greift ungeheuer weit aus, besonders im religiösen Bereich, in dem es ja fast kein Kunstwerk gibt, das ganz außerhalb der funktionellen Bindung stehen würde ..." Als maßgeblich für die funktionelle Bindung der Volkskunst sieht Schmidt die Bedeutung „des Volkskunstschaffens im Brauchtum, für das brauchmäßige Geschehen" an [175]. Bei den Bräuchen fragt bereits Sartori nach deren „Sinn"[176]. Die Funktionsfrage ist bei Sieber der übergeordnete Aspekt der modernen Brauchforschung [177]. Schmidt macht im Zusam-

---

[174] Werner BUSCH: Kunst und Funktion. In: Funkkolleg Kunst. Studienbegleitbrief 1. Weinheim: Beltz, 1984. S. 11-50. - hier: S. 24.

[175] Leopold SCHMIDT: Volkskunst und Volksbrauch. In: Volkskunst aus Deutschland, Österreich und der Schweiz. Ausstellung in der Kunsthalle Köln, 9.Nov.1968 bis 6.Jan.1969. Köln: Kunstgewerbemuseum, o.J. S. 17-20. - hier: S. 17.

[176] Im Sinne der damaligen mythologischen Forschungsrichtung möchte Sartori den Sinn der Bräuche allerdings nicht in zeitgenössischen Erklärungen, sondern durch eine Suche nach den „ursprünglichen" Inhalten des Brauchs finden. - Paul SARTORI: Sitte und Brauch. Tl. 1-3. Leipzig: Heims. Tl. 1. Die Hauptstufen des Menschendaseins. 1910. (Handbücher zur Volkskunde; 5) - S. 15.

[177] Der Wissenschaftler „wird bei der Untersuchung eines Brauchs guttun, zunächst Ort, Zeit und Trägerschicht seines Objekts genau zu erfassen. Zu dieser Milieuerfassung gehören die wirtschaftlichen und gesellschaftlichen Verhältnisse, die sowohl in den Ursprüngen als auch in allem Formwandel der materielle Nährboden jedes Brauches sind. Dazu treten psychologische und ideologische Gestaltungskräfte. Nur aus eingehendem Milieustudium wird die Funktion des Brauches in diesem Jetzt und Hier erkennbar. Die Funktion aber ist es schließlich, die dem Brauch in einer Gemeinschaft Sinn gibt, nicht nur Sinn als Deutung, sondern Sinn als Baustein im Lebensgefüge einer Gruppe." - Friedrich SIEBER: Aspekte der Brauchforschung. In: Wissenschaftliche Annalen. Jg. 5. 1956. Heft 6. S. 497-503. - hier: S. 503.

menhang der „öffentlichen Bräuche" der Gegenwart auf Sinnwandel aufmerksam: „Der Wechsel von der glaubensmäßigen Bindung zur neuen Sinngebung hat sich also gewissermaßen gleitend vollzogen, die Kontinuität in der Geschichte der Brauchhandlungen hat von den älteren Möglichkeiten der glaubensmäßigen Begründung ... zu den neueren der sinnvollen Bildhaftigkeit herübergeführt."[178] Bei identischer Erscheinungsform kann demnach einem Brauch ein völlig anderer Sinn (=Funktion) unterliegen. Auch der die Krippen zu den Bräuchen rechnende Daxelmüller fragt zunächst nach deren Funktion, dann nach deren Form [179]. Den neueren methodischen Überlegungen zur Analyse von Kunst, Volkskunst und Bräuchen ist also die Forderung, zunächst die Funktionen des Objekts zu klären, gemeinsam. Funktion ist dabei nicht als technische Gebrauchsbedeutung zu verstehen, sondern als „geistige Funktionalität eines Dinges als nonverbales audibles, visibles, taktiles, kinetisches Kommunikationsmittel, Darstellungsmittel, Ausdrucksmittel und Ausdrucksträger"[180].

Die Funktionen der Weihnachtskrippe beachtet die einschlägige Literatur kaum; sie werden meist aus der Betrachtung des Gegenstandes abgeleitet: Berliner spricht von der Illusion, daß die Szene gegenwärtig und lebendig sei, wodurch die Krippe einem religiösen Vergegenwärtigungsbedürfnis nachkomme [181]; die pauschale Ansicht von Kriss-Rettenbeck, die Krippe sei ein Andachts- und Erbauungsmittel, wurde bereits genannt [182]. Sauermann gewann den Eindruck, daß Hauskrippen überwiegend der Kindheit zugeordnet werden: sie werden mit Blick auf die Kinder beschafft, wenn Nachwuchs da ist, und zählen im Alter zu den wichtigsten Kindheitserinnerungen an das Weihnachtsfest [183]. Alle Funktionsangaben werden als zeitlos, der Krippe innewohnend betrachtet.

Der Frage nach den Funktionen und dem Funktionswandel der Weihnachtskrippe will ich deshalb intensiver nachgehen. Neben der Sammlung verfügbarer historischer Daten über das Vorhandensein oder Fehlen der Krippe steht daher die Funktionsanalyse. Mangels Masse der historischen Quellen zu einzelnen Krippen kann die Suche nach Funktionen nur mittelbar erfolgen über eine Durchsicht weihnachtlicher Literaturen sowie der Publikationen relevanter gesellschaftlicher Gruppen. Solche Druckerzeugnisse werden herangezogen, soweit sie erreichbar und für das Untersuchungsgebiet zutreffend sind; sie entstammen nicht unbedingt der Region (etwa die Schriften kirchlicher Organisationen), bieten also möglicherweise auch Erkenntnisse für andere Landschaften, werden hier aber mit Blick auf den Kölner Raum ausgewertet. Mit Rücksicht auf den möglichen Funktionswandel oder -zuwachs werden Veränderungen des soziokultu-

---

178 Leopold SCHMIDT: Brauch ohne Glaube. Die öffentlichen Bildgebärden im Wandel der Interpretationen. In: ders.: Volksglaube und Volksbrauch. Gestalten, Gebilde, Gebärden. Berlin: Schmidt, 1966. S. 289-312. - hier: S. 312.

179 DAXELMÜLLER 1978, S. 43.

180 Lenz KRISS-RETTENBECK: Was ist Volkskunst? In: Zeitschrift für Volkskunde. Jg. 68. 1972. Halbjahresbd. 1. S. 1-19. - hier: S. 3.

181 BERLINER 1955, S. 13 u. 37.

182 vgl. Anm. 8.

183 SAUERMANN (wie Anm. 148), S. 37.

rellen Umfelds der weihnachtlichen Festgestaltung jeweils dargestellt und auf ihr Verhältnis zur Krippe befragt. Dem liegt die Vorstellung zugrunde, daß eine Zunahme an Funktionen, ein vermehrtes Drängen auf die Akzeptanz der Krippe wegen einer bestimmten Funktion oder die zunehmende Zahl der für die Krippe engagierten gesellschaftlichen Gruppen die Wahrscheinlichkeit der Aufstellung von Krippen im jeweiligen Bereich erhöht, auch wenn dafür die stichhaltigen Belege fehlen.

Parallel zu der Suche nach Funktionsvorgaben erfolgt eine Aufstellung formaler Gestaltungskriterien in denselben Quellen, um formale Anforderungen und deren Verbindung zu Funktionsvorgaben und zum soziokulturellen Umfeld aufzuzeigen, damit zugleich aber auch auf notwendige Wandlungen in der Krippengestaltung durch Veränderungen dieses Beziehungsgeflechts aufmerksam zu machen.

Quantitative Angaben in repräsentativer Zahl zur Verbreitung der Krippe, noch dazu in verschiedenen Zusammenhängen (Kirche, Haus, öffentliche Gebäude usw.), sind erst in der jüngsten Vergangenheit zu erhalten (z. B. Atlas der deutschen Volkskunde, 1932); die ältere Zeit kann nur durch indirekte Aussagen (z.B. über die Veränderung von Angebot und Preisgefüge) erschlossen werden. Die gegenwärtige Situation ist auch nur ausschnittweise erfaßbar, da eine repräsentative Aussage über die Bekanntheit der Krippe in den Privathaushalten des Kölner Raums den Leistungsrahmen dieser Arbeit übersteigt. Verläßliche Daten sind folglich nur für den öffentlichen Bereich, insbesondere die Kirchenräume, zu erzielen.

Nach der Darstellung der aktuellen Verbreitung von Kirchenkrippen wird daher abschließend eine ikonografische Analyse dieser Weihnachtskrippen im Kölner Raum vorgelegt, die auch Vergleiche zur Tradition weihnachtlicher Bilder wie zu den vorher zitierten formalen Gestaltungskriterien und Funktionsvorgaben ermöglicht.

2. Die Epoche der ersten Innovation der Krippe (16.-18. Jahrhundert)

2.1. Die Jesuitenkrippen

Im Zusammenhang mit den Entwicklungs- und Verbreitungstheorien habe ich bereits darauf hingewiesen, daß die bisherige Forschung der jesuitischen Krippentradition besondere Bedeutung beigemessen, die Jesuiten auch als eigentliche Innovatoren der Weihnachtskrippe beansprucht hat. Karasek weist hoffnungsvoll auf den riesigen Bestand an Jahresberichten der Jesuiten-Niederlassungen hin, die er als das größte bisher unbearbeitete Feld der archivalischen Krippenforschung betrachtet. Mit einer ausschnittweisen Analyse dieser Schriften gelangt er zu den ältesten Belegen für Weihnachtskrippen im Rheinland, 1568 und 1569 aus der Kölner Jesuitenkirche [184].

Eine vollständige Analyse der vorliegenden Jahresberichte der Jesuitenniederlassungen innerhalb des „Kölner Raums" würde zweifellos die Zahl der Belege vermehren. Vor einer derartigen Analyse ist aber das Verhältnis von Aufwand und Ergebnis abzuwägen.

Die umfangreiche Sammlung solcher Jahresberichte im Historischen Archiv der Stadt Köln ist nicht lückenlos, insbesondere für die ersten hundert Jahre der Jesuitengeschichte; Karasek selbst greift daher auf das Archiv der Gesellschaft Jesu in Rom zurück. Das - wo auch immer einzusehende - Archivgut muß vollständig durchgegangen werden, da weder die Berichte der einzelnen Niederlassungen beieinander geheftet sind, noch die Jahresberichte in sich gleich aufgebaut sind: je nach Wichtigkeit werden besondere Ereignisse, Veränderungen, erhaltene Stiftungen, Trauerfälle usw. in wechselnder Reihenfolge dargeboten, darunter möglicherweise, wenn erwähnenswert, auch die Weihnachtskrippe. Wie bereits dem Aufsatz von Karasek zu entnehmen ist, bestehen die meisten Belege aus nackten Worten wie „praesepe", die bei aller Etymologie und Interpretation wenig Sicherheit über das Vorhandensein einer wirklichen Krippe im Sinn der Definitionen bieten. Fernerhin ist noch zu bedenken, daß die Jahresberichte weder ständige Belege bieten (wenn die Weihnachtskrippe in einer Niederlassung üblich geworden ist, aber nichts Außergewöhnliches mehr bietet), noch etwas über das Fortleben der Krippe am jeweiligen Ort nach der Auflösung des Jesuitenordens (1773) aussagen können.

Ein leicht aufzuarbeitendes Beispiel für die Aussagekraft dieser Quellengattung ist die lateinisch-deutsche, gedruckte Ausgabe der Berichte vom Jesuitenkolleg Neuss [185] aus den Jahren 1616 bis 1773. Aus diesem dickleibigen Band ist zur

---

184 KARASEK-LANGER 1967, S. 10 u. 31 f.
185 Litterae Annuae (wie Anm. 11).

Krippengeschichte fast nichts zu erfahren: 1635 verehrt man in der Jesuitenkirche das Jesuskind mit Orgelmusik [186], 1697 wird erwähnt, daß ein Jesuit an den Festtagen „mit Kunst und Eifer fromm und schön auf dem Hauptaltar Leben und Mysterien darstellte"[187]. Der einzige greifbare Beleg für eine Weihnachtskrippe in diesen Jahresberichten bezieht sich 1636 auf die Stiftskirche St. Quirinus (siehe Abschnitt 2.3.).

Die magere Ausbeute dieser Stichprobe läßt es sinnvoll erscheinen, die Datensammlung zur Krippengeschichte einmal von einer anderen, überwiegend mit dieser Quellengattung befaßten Arbeit als Nebenergebnis zu erhoffen, während hier anderen, aussagekräftigeren Quellen der Vorzug gegeben wird.

2.2. Ausschluß einer evangelischen Innovation

Prinzipiell kommen die (rechtsrheinisch in vielen Orten die Mehrheit stellenden) Protestanten auch als mögliche Innovatoren in Betracht, zumindest wenn sie keine kalvinistisch-bilderfeindliche Linie vertreten. Dennoch ist die Aufgeschlossenheit gegenüber einem neuen weihnachtlichen Bildwerk bei den rheinischen Lutheranern so unwahrscheinlich, daß ich die Möglichkeit der Innovation der Krippe im Kölner Raum durch die Lutheraner ausschließen möchte.

Diese Hypothese stützen die kirchengeschichtlichen Aussagen zur Liturgiegestaltung im Rheinland. Brämik stellt pauschal fest, daß bis zum Ende des 17. Jahrhunderts in Jülich-Berg-Kleve-Mark die Gottesdienste „konservativ-lutherischen Charakter" mit weißem Gewand des Geistlichen, gesungener Liturgie, Altarkerzen und Knien beim Sündenbekennntnis gehabt hätten; im 18. Jahrhundert sei dann eine Annäherung an den reformierten Gottesdienst erfolgt - 1738 waren in den Gemeinden der märkischen Synode keine Altarlichter mehr üblich; nach Venderbosch waren bereits 1736 im „Lenneper Zeremonienstreit" die letzten Altarlichter im Bergischen erloschen [188].

Aus der Geschichtsschreibung einzelner traditionsreicher Gemeinden im Kölner Raum ist dieser Wandel in den Vorstellungen zur Liturgie und Kirchendekoration nicht abzuleiten. So pflegt die lutherische Gemeinde Ründeroth seit der Reformation bis zur preußischen Zeit einen streng reformiert erscheinenden Predigtgottesdienst ohne Abendmahlsfeier; das Presbyterium lehnt jeden Versuch, die Beichte (vor den besonderen Abendmahlsfeiern) als nicht traditionsgemäß ab -

[186] „Als aber die Orgel soweit fertig war, daß sie benutzt werden konnte ..., da machten wir in der Geburtsnacht unseres Herrn mit der Verehrung des Christkindes, das in der Wiege wimmerte, den Anfang ..." ebda., S. 74.
[187] ebda., S. 217.
[188] Reinhold BRÄMIK: Die Verfassung der lutherischen Kirche in Jülich-Berg, Cleve-Mark-Ravensberg in ihrer geschichtlichen Entwicklung. Düsseldorf: Presseverband d.Evang.Kirche im Rheinland, 1964. (Schriftenreihe des Vereins für Rheinische Kirchengeschichte; 18) - S. 185 f. -- Friedrich Gerhard VENDERBOSCH: Einführung in die Geschichte der Evangelischen Kirche im Rheinland. In: Reformatio. 400 Jahre Evangelisches Leben im Rheinland. Ausstellg., veranst. v. d. Stadt Köln anläßl. d. 12. Dt. Evang. Kirchentages i. Overstolzenhs. 11. Juli bis 12. Sept. 1965. Köln: o. V., o. J. S. 15-38. - hier: S. 29.

obwohl man allgemein gesehen die Beichte als in lutherischen Gemeinden üblich bezeichnen könnte [189]. Die (allerdings erst 1777 gegründete) lutherische Gemeinde Wupperfeld (heute Wuppertal-Barmen) kennt keine Altarkerzen und kein Knien im Gottesdienst. Auf das Drängen des preußischen Königs von 1824, die neue Agende einzuführen, antwortet das Presbyterium, daß es die überlieferte schlichte Liturgie beizubehalten wünsche [190]. Die Nachbargemeinde, die Kirche am Kolk in (Wuppertal-) Elberfeld erscheint dagegen erheblich mehr der lutherischen Tradition verpflichtet - man protestiert 1737 gegen die Abschaffung von Privatbeichte, Altarkerzen und weißen Gewändern [191] -, aber schon über die Frage des Kniens beim Konfirmationsgottesdienst entbrennt ein langjähriger Streit, den nicht die Ablehnung durch die Synode in (Rösrath-) Volberg (1770), sondern erst der Tod des befürwortenden Pfarrers beenden kann [192].
Über Bildwerke oder gar Weihnachtskrippen äußert sich keine Pfarrgeschichte; sie haben offenbar keine Wertschätzung seitens der lutherischen Gemeinden erfahren. Auch wenn Brämiks These zur Frühzeit der evangelischen Gemeinden zutrifft, so ist dennoch festzuhalten, daß die rheinischen Gemeinden während der überwiegenden Zeit ihres Bestehens sich weder für eine reiche Ausgestaltung der Liturgie noch für eine über das Nötigste hinausgehende Kirchenausstattung entschließen; dies bestätigen auch die erhaltenen historischen Kirchenräume und Ausstattungsgegenstände.

Solange kein positiver Beleg aufzufinden ist, halte ich daher die Hypothese aufrecht, daß die Innovation der Weihnachtskrippe in einer evangelischen Kirche des Kölner Raums vor dem 19. Jahrhundert undenkbar ist.

2.3. Krippentradition in der katholischen Kirche

Zur Bekanntheit der Weihnachtskrippe bei den Katholiken des Rheinlands finden sich widersprüchliche Aussagen. Ringler meint, daß die Rheinlande „in vergangenen Jahrhunderten diesen Brauch kannten und in höchst eigenartiger Weise gestalteten. Freilich sind gerade hier ältere Krippen äußerst selten geworden."[193] Brües behauptet, daß dem Rheinland eine alte Krippentradition fehlt [194].

Einen Hinweis in diese Richtung geben die 1696 erschienenen Predigten des damaligen Pfarrers von St. Maria Ablaß in Köln, der zu Weihnachten den Gläubigen empfiehlt, „ihr Hertz dem Jesu Kindelein zur Wohnung" zu machen; von

---

[189] H. MEYER-HERMANN: Ründeroth in alter und neuer Zeit. Festschrift zur Feier des 350jährigen Bestehens der evangelischen Gemeinde. Engelskirchen: Schallert, 1910. - S. 83.
[190] Johannes HÜBNER: Geschichte der Evangelisch-lutherischen Gemeinde Barmen-Wupperfeld von 1777-1952. Zum 175jährigen Jubelfeste v. -. Wuppertal-Barmen: Selbstverl.d. luth.Gde., 1953. - S. 50.
[191] Carl PÖLS: Die Lutherische Gemeinde in Elberfeld. Ein Beitrag zur Elberfelder Stadtgeschichte. Elberfeld: Langewiesche, 1868. - S. 179 f.
[192] ebda., S. 182-211.
[193] RINGLER (wie Anm. 18), S. 19.
[194] BRÜES (wie Anm. 111), S. 6.

einem Bildwerk ist nicht die Rede [195]. Martin von Cochem lehrt 1748, „wie fleissig du das liebe Christ-Kindlein in der heiligen weynachtszeit sollest besuchen ... Du hast ja eben dasselbige JEsulein persöhnlicherweiß in der Kirchen ..."[196] Als Erbauungsinstrument scheint die Weihnachtskrippe zumindest nicht allgemein bekannt zu sein; ihre mögliche Existenz ist so unauffällig, daß das Verbot diverser Darbietungen und religiöser Schauspiele durch den Kölner Erzbischof Ferdinand vom 6. April 1644 die Krippe nicht erwähnt [197].

Andererseits empfiehlt derselbe Erzbischof Ferdinand seinem Klerus, eine Krippe mit Engel, Ochs und Esel aufzustellen, damit die Kinder unter Gesang das Kindlein wiegen könnten (gedacht ist also nicht an eine Weihnachtskrippe, sondern an das Requisit des Kindleinwiegens)[198]. Ein rheinischer Kapuziner empfiehlt im 17. Jahrhundert seinen Mitbrüdern die Krippenaufstellung [199].

Verläßliche Daten zur Verbreitung der Weihnachtskrippe in katholischen Kirchen zu dieser Zeit sind kaum verfügbar. Die 1569 belegte Wachsfigurenkrippe in der Kölner Jesuitenkirche wurde bereits erwähnt. 1699 erstellt der Schulmeister die erste Krippe für die Pfarrkirche St. Margaretha in Brühl [200]. Um 1810 sollen „verschiedene" Kölner Kirchen eine Krippe besessen haben [201], dagegen berichtet Kreuser, offenbar für etwa dieselbe Zeit, daß nur noch Groß St. Martin eine Weihnachtskrippe gezeigt habe (wobei unklar bleibt, ob dieses Objekt noch aus dem Besitz der früheren Benediktinerabtei stammt) [202].

Diese Angaben der Literatur können durch eine Analyse der historischen Kirchen-Inventare ergänzt werden, soweit diese in den zentralen Archiven (HSA

---

195 Johannes Arnoldus HEUSCH: Erreyffte Feld-Früchten Des Ehren- und Crönungs-Acker. Das ist Feyrtägige Predigen eines gantzen Jahrs, auff dem vor Jahrs-Frist besäeten Feld-Acker zusammengetragen durch ... -. Köln: Noethen, 1696. - S. 28.

196 MARTIN von Cochem (d.i.: Martin LINIUS): Das Grosse Leben Christi, oder ausführliche, andächtige und bewegliche Beschreibung Des H. Lebens und Leydens unseres Herrn Jesu Christi und seiner glorwürdigsten Mutter Maria wie auch ihrer Groß-Mutter Emerentianä und ihrer H. Mutter Annae ... Anjetzo von neuem überlesen, mercklich verbessert ... Abermahl ganz neu-revidirte Druck. Mainz: Häffner, 1748. - S. 334. (Erstaufl.v.1702)

197 „De representationibus". Abdruck in: Annalen des historischen Vereins für den Niederrhein. Heft 78. 1904. S. 138-141.

198 o.Verf.: Ein alter Bonner Weihnachtsbrauch. In: Alt Bonn. Heimatblätter für die Stadt Bonn. Jg. 1. 1947. Nr. 5. S. 1. Die historische Quelle hierzu ist ungenannt und nicht auffindbar.

199 PETERS (wie Anm. 48), S. 11.

200 DIETZ (wie Anm. 54), S. 45.

201 Ernst WEYDEN: Köln am Rhein um 1810. Eingel.u.hrsg.v. Willy LESON. Köln: Bachem, 1976. - S. 111 f. -- Notiz o.Verf. o.Titel (Kolumne „Katholischer Gesellenverein, Köln"). In: Rheinische Volksblätter. Jg. 20. 1873. Nr. 51 v. 20. Dez. S. 814. -- Die Verläßlichkeit beider Belege ist schwer einzuschätzen wegen des erheblichen zeitlichen Abstands; wahrscheinlich durchmischt der 1805 geborene Weyden eigene Kindheitserinnerungen (aus welchen Jahren?) mit Informationen aus anderen, ungenannten Quellen, die sich möglicherweise in diesem Punkt auf ein anderes Jahr beziehen.

202 Kreusers Beschreibung zufolge handelte es sich um eine ausladende Landschaftsbühne (Hirtenfelder wie auch Gassen des Städtchens) mit zahlreichen Figuren. - J(ohann Peter) KREUSER: Dreikönigenbuch. Zur 700jährigen Feier der Einbringung der hl. Dreikönige. Bonn: Cohen, 1864. - S. 51.

Düsseldorf, AEK Köln, Stadt-Archive) erschlossen sind. Die Signaturen und genauen Bezeichnungen der hier verwendeten Archivalien werden wegen des Umfangs der Liste im Anhang aufgeführt.

Auf diesem Weg sind für die Zeit von 1500 bis etwa 1820 insgesamt 21 Inventarverzeichnisse aus sechs Pfarrkirchen und zwei öffentlichen Kapellen des Kölner Raums auffindbar, darunter allein zehn Inventare aus der Kölner Pfarrei St. Laurenz von 1551 bis 1807. Die Analyse dieser Quellen erbrachte keinen positiven Beleg (siehe Grafik 2).

Grafik 2:
Angaben über Krippen in Pfarrkirchen-Inventaren bis 1820

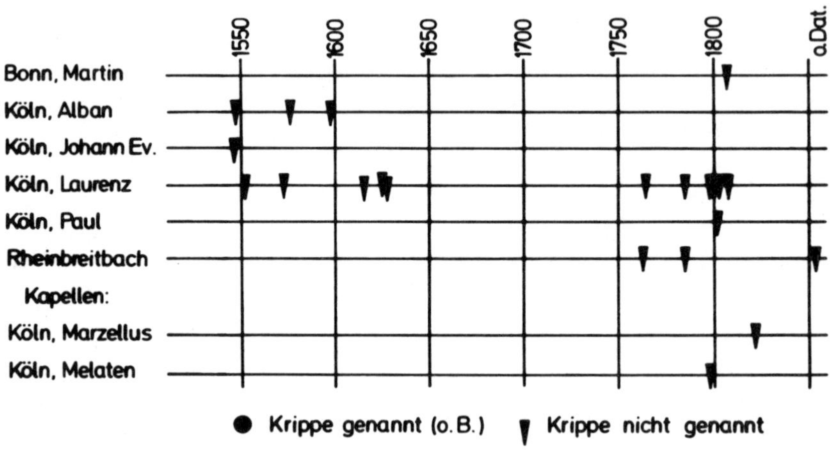

Es stellt sich jedoch die Frage, ob die während des Jahres auf Dachböden oder in Abstellkammern ruhenden Weihnachtskrippen nicht bei der Erstellung des Inventars übersehen wurden. Der Pfarrer von St. Paul in Köln versichert am Schluß des Verzeichnisses, keinen Gegenstand ausgelassen oder beiseite geschafft zu haben. Die sorgfältig erarbeiteten Inventare von St. Laurenz führen 1764 und 1783 (in der Zweitfassung) ausdrücklich den Inhalt des Speichers mit auf. Mehrfach werden Objekte erwähnt, die zur Zeit der Niederschrift nicht benutzt wurden; z. B. die verschiedenen Gewänder der Heiligenfiguren (Köln, St. Laurenz, 1572) oder der Muttergottes-Statue (Köln, St. Johann Evangelist, 1547), das Hungertuch (Köln, St. Laurenz, 1551) und das „Hültzenwerck ahn unsers Herren Gottsgrab" (Köln, St. Alban, 1548; 1598 ganz entsprechend).

Die Belegdichte bei den Stifts- und Klosterkirchen ist noch dünner. Inventare vor 1780 existieren bei den Stiftskirchen aus Köln, St. Maria im Kapitol (nach 1771); bei den Ritterorden von den Maltesern in (Bergisch Gladbach-) Herrenstrunden

(1693) und vom Deutschorden in Köln, Jungen-Biesen (1749); bei den Frauenklöstern von den Augustinerinnen in Herchen (1581), den Zisterzienserinnen in Köln, Maria-Sion (1613) und in (Hennef-) Zissendorf (1573 in Abschrift von 1790); bei den Männerklöstern nur vom aufgelösten Jesuitenkloster St. Maria Himmelfahrt, Köln (1777); ferner vom Doppelkloster der Birgitten in Bonn-Marienforst (1675, sowie drei undatierte Inventare). Über Krippen sagen diese Quellen nichts aus, obwohl z. B. die detaillierten Verzeichnisse der Birgitten auch gelagerte Seidenblumen und Zitronenbäume (im Inventar Bl. 58-69) aufzählen.

Eine umfangreiche Sammlung von Stifts- und Klosterinventaren liegt aus der Zeit der französischen Verwaltung und der Säkularisation vor: zehn Verzeichnisse von Chorherrenstiften bzw. Ritterordensniederlassungen, neun von Männerklöstern (darunter ein Haus eines Brüderordens), drei von Damenstiften und sechsundzwanzig von Frauenklöstern aus elf verschiedenen Orden.

Die teils verwendeten französischen Vordrucke zeigen, daß das Interesse der französischen Verwaltung auf Wertgegenstände, insbesondere Metalle aller Art, gerichtet war. Dennoch werden oft sehr ausführliche Inventare, teils nicht nur der Kirche, sondern des gesamten Klosters, vorgelegt. Das Stift St. Andreas in Köln erfaßt ausdrücklich Speicher und Nebenräume, die Benediktiner-Abtei St. Pantaleon, Köln, nennt u. a. ein Trauergerüst, die Franziskanerinnen in Düsseldorf-Unterrath oder die Zellitinnen von Klein St. Ursula in Köln listen auch diversen Hausrat auf, die Karmelitessen von St. Maria in der Kupfergasse, Köln, zählen u. a. „104 Schnupftücher" auf, die Augustinerinnen von St. Dreifaltigkeit, Köln, und die Benediktinerinnen von der Machabäerkirche, Köln, erwähnen verschiedene Blumentöpfe, die Klarissen von St. Maria im Tempel, Köln, versichern, daß außer „unbedeutende unserer armuth angemeßenen Kleinigkeiten" nichts ausgelassen wurde.

Die Problematik der Analyse von Archivalien führt das undatierte Inventar von St. Maria im Kapitol (nach 1771, 1830 korrigiert) vor Augen. Die Nr. 247 heißt dort: „die geburt Christi, eine Krippe von Kosner (?) gegen JosChörchen über". Nur die Überschrift des Abschnitts weist darauf hin, daß es sich um ein Gemälde handelt, welches nicht als Weihnachtskrippe zu beanspruchen ist.

Belege zur Krippengeschichte finden sich nur bei zwei Frauenklöstern Kölns. Die Zellitinnen von Klein Nazareth besitzen 1799 in ihrem Großen Zimmer ein „kistgen mit Einem gekleideten Kindlein", also eine Jesuskind-Statuette, sowie auf dem Speicher eine „Kiste mit krippen bilder". Ähnlich die Karmelitessen von St. Maria in der Kupfergasse: im Chor der Kirche steht 1799 „Ein Altar in einer glasernen Kast das Jesu-Kindlein"; zur Kirche gehört in dieser Zeit auch eine „Kripp", deren „Bilder" auf dem Speicher in Schränken aufbewahrt werden.

Aussagekräftiger als die bloße Aufzählung von Objekten sind die unter verschiedenen Namen geläufigen Handbücher zur ortsüblichen Form der Liturgie, Festgestaltung und Kirchendekoration bei verschiedenen Anlässen. Derartige Schriften besitzt die Pfarrei St. Servatius in Siegburg von 1789 und 1820[203], St. Johann Baptist in Bad Honnef in den Aufzeichnungen von Franz Xaver Trips, der 1670-82 und 1688-96 dort Pfarrer war [204]; Peter Hausmann, 1689-1710 Pfarrer an St. Kolumba in Köln, erarbeitete ein „Rituale Columbanum"[205], die Pfarrei St. Kunibert, Köln, verfügt über ein „Directorium" von 1726, das 1730 verbessert wurde[206], das Domstift Köln verwendete ein „Ceremoniale Coloniense" aus dem 18. Jahrhundert, das auch ältere Traditionen fortschreibt [207], aus der Stiftskirche St. Gereon in Köln ist ein Notizbuch des Küsters Engelbert Hake von 1770 überliefert [208].

Aus Siegburg, St. Kolumba, dem Dom und St. Gereon in Köln ist nichts über Krippen zu erfahren. Die zweite Seite des Küsterbuchs von St. Gereon bietet detaillierte Vorschriften zur Kirchendekoration an Weihnachten (Leuchter, Ausstellung von Reliquiaren, Wandbehänge, Stoffbehang eines Altars) sowie eine Beschreibung des Ablaufs der Messen mit einer Lichterprozession der Stiftsherren in der ersten Messe, Lichtern für die Schuljungen in der dritten Messe; hätte St. Gereon eine Weihnachtskrippe besessen, so wäre sie hier sicherlich erwähnt, zumindest in den Dekorationsvorschriften.

Bei der Pfarre St. Kunibert in Köln und in Bad Honnef sind Krippen erwähnt. Trips schreibt für den 25. Dezember auf: „Praesepe paratur ad altare Beatae virginis."[209] Im Directorium von St. Kunibert heißt es zum 24. Dezember: „Wan am Kirspels-Altar (wie einige Jahre bräuchlich gewesen) ein Kripp gemacht werden soll, so muß selbige heut aufgerichtet werden, und sorget H. Pastor vor die Bilder darauf."[210] Amberg denkt bei dieser Formulierung an Gemälde; (mehrere!) Statuen wären aber ebenso denkbar. Leider ist nicht zu erfahren, ob sich besondere Handlungen mit diesen Krippen verbinden; zumindest bei der knappen Formulierung von Trips muß die Frage offen bleiben, ob hier eine Weihnachtskrippe gemeint ist, oder nicht vielmehr eine Jesuswiege als Requisit für das anderenorts ja belegte Kindleinwiegen.

---

203 Wilhelm WILBRAND: Zwei Siegburger Gottesdienst-Ordnungen aus den Jahren 1789 und 1820. In: Colonia Sacra. Studien und Forschungen zur Geschichte der Kirche im Erzbistum Köln. Hrsg. Eduard HEGEL. Bd. 1- . Köln: Pick. Bd. 1. Festgabe für Wilhelm Neuss zur Vollendung seines 65. Lebensjahres. 1947. S. 239-250.

204 Franz Xaver TRIPS: Honnef vor 1700. Aufzeichnungen zur Ortsgeschichte. Hrsg.u. übers.v. Ernst NELLESSEN. (Lat.-dt.Ausg.) Bad Honnef: Selbstverl.d.Hrsg., 1978.

205 Eduard HEGEL: Stadtkölnischer Pfarrgottesdienst zwischen Barock und Aufklärung. Peter HAUSMANNs Pfarrbuch von St. Kolumba. In: Zur Geschichte und Kunst im Erzbistum Köln. Festschrift für Wilhelm Neuss. Hrsg. Robert HAASS u.a. Düsseldorf: Schwann, 1960. (Studien zur Kölner Kirchengeschichte; 5) S. 204-232.

206 Gottfried AMBERG: Die Pfarre St. Kunibert in Köln und ihre Gottesdienstordnung vom Jahre 1726. Siegburg: Schmitt, 1977. (Studien zur Kölner Kirchengeschichte; 15)

207 Gottfried AMBERG: Ceremoniale Coloniense. Die Feier des Gottesdienstes durch das Stiftskapitel an der Hohen Domkirche zu Köln bis zum Ende der reichsstädtischen Zeit. Siegburg: Schmitt, 1982. (Studien zur Kölner Kirchengeschichte; 17)

208 StA Köln. Geistl.Abt. Stadtköln.Akten. St.Gereon. o.Nr.

209 TRIPS (wie Anm. 204), S. 58.

210 AMBERG (wie Anm. 206), S. 49.

Eine anschauliche Beschreibung über die Krippenverehrung bietet der Jahresbericht der Jesuiten in Neuss von 1636 bezüglich der Aktivitäten der Jungfrauen-Kongregation: „Am Weihnachtsfest, zu einer Zeit, wo sonst gewöhnlich die Katechese abgehalten wird, gingen zwei zu der Krippe, die in der Hauptkirche des heiligen Quirinus aufgebaut war, und warfen sich vor den Augen einer großen Menschenmenge vor die Krippe. Dabei sangen die anderen Weihnachtslieder. Die zwei brachten dem Kindlein ihre Hingabe dar, indem sie in christlicher Demut die Krippe an sich zogen, wobei alle Zuschauer ihnen zustimmten. Diese Frömmigkeit beeindruckte auch die ... Kanonissen ..., so daß einige von ihnen sich anschlossen und in ehrerbietigem Gehorsam Gott in der Krippe verehrten."[211] Es ist bemerkenswert, daß diese Zeremonie in der Stiftskirche und nicht im Jesuitenkloster stattfand (war es wegen der größeren öffentlichen Wirkung oder weil die Jesuitenkirche keine Krippe besaß?).

2.4. Private Krippen

Über Weihnachtskrippen im häuslichen Bereich ist nahezu nichts der Literatur zu entnehmen. In einer Beschreibung diverser Festbräuche in Jülich und Berg aus dem 18. Jahrhundert wird zwar das Kindleinwiegen zu Weihnachten erwähnt, aber kein anderer Festbrauch wie z. B. Christbaum oder Krippe - sie waren dem Verfasser offenbar nicht geläufig [212]. Der Kölner Ratsherr Hermann von Weinsberg notiert zweimal (1560 und 1581) kurz den Verlauf des Weihnachtsfestes in seinem Hause; er erwähnt die Besucher, den Gottesdienst, die Weihnachtslieder und das Kindleinwiegen, aber keine Krippe [213]. Das bekannte Erbauungsbuch des Martin von Cochem (1702, 1748) empfiehlt den Gläubigen für die private Andacht: „Begib dich im Geist für das liebe kripplein, und bette das edle kindlein an."[214] Das populäre Handbuch über katholische Liturgie und religiöse Bräuche von Rippel (1723), das 1818 auch in Köln erscheint, antwortet zur Frage nach dem Alter der Krippe so, als wenn es nur Kirchenkrippen gäbe [215]; das ändert sich erst mit der Neubearbeitung von 1841.

Für die Zeit um 1810 hält Weyden dennoch fest, daß wohlhabende Familien in Köln eine Hauskrippe besessen hätten; der bereits zitierte Anonymus bemerkt sogar: Gegen Ende des 18. Jahrhunderts „gab es kaum eine Straße, in der man in einem oder anderm Hause nicht eine Krippe hatte, zu welcher allabendlich die großen und kleinen hineilten"[216].

---

211 Litterae Annuae (wie Anm. 11), S. 79.
212 MEISEN (wie Anm. 55), S. 94.
213 WEINSBERG (wie Anm. 57), Bd. 2, S. 112 (bzgl. 1560); Bd. 5, S. 185 (bzgl. 1581).
214 MARTIN von Cochem (wie Anm. 196), S. 300.
215 Gregorius RIPPEL: Die wahre Schönheit der Religion in ihrer äußerlichen Verfassung, oder gründliche Erklärung der vornehmsten Ceremonien der H. katholischen Kirche, sowohl in, als außer dem Gottesdienste, hergeleitet aus den ächten Quellen des Glaubens, der Vernunft und des kristlichen Alterthumes nach der vormaligen Grundlage des Herrn -, ... verb.u.verm.durch e.weltgeistl.Priester. Köln: Odendall, 1818. - S. 28.
216 WEYDEN (wie Anm. 201), S. 112. -- o.Verf. (wie Anm. 201), S. 814.

2.5. Zusammenfassung

Die Darstellung der Epoche, die in der einschlägigen Literatur für die Innovation und Verbreitung der Weihnachtskrippe beansprucht wird, erbringt für den Kölner Raum eher den Hinweis einer fehlenden Tradition. Die vielbeachteten Jesuiten stellen zwar offenbar die erste nachweisbare Krippe in ihrem wichtigsten rheinischen Kloster, in Köln, auf; ihre kleinere Niederlassung in Neuss berichtet aber kein einziges Mal über eine möglicherweise vorhandene Krippe - besondere Übungen der Krippenfrömmigkeit pflegt man 1636 in der Stiftskirche.

Abgesehen von der Aussage in der Literatur, daß die Brühler Pfarrkirche 1699 eine Krippe erhalten habe, und der „einige Jahre" in der Kölner Pfarre St. Kunibert üblichen Krippenaufstellung wird der Weihnachtskrippe in den Pfarreien offensichtlich kein Interesse zuteil, auch nicht in den vermögenden Pfarreien der Kölner Innenstadt wie St. Alban, St. Kolumba oder St. Laurenz. Traditionsreiche und hochangesehene Stiftskirchen wie der Kölner Dom oder St. Gereon haben ebenfalls keinen Sinn für die Krippe.

Tatsachen zu der allgemeinen (und zeitlich nicht festzulegenden) Formulierung von Weyden, wonach verschiedene Kölner Kirchen Krippen gezeigt haben sollen, liegen - abgesehen von dem späten Beleg für Groß St. Martin - nur aus Frauenklöstern vor. Bei den Zellitinnen von Klein Nazareth ist der Aufstellungsort nicht ganz klar (Kirche oder Klausur?), aber bei den Karmelitessen von St. Maria in der Kupfergasse gehört die Weihnachtskrippe zum Kircheninventar. Die 1636 für Neuss belegte Krippe steht übrigens ebenfalls in einem Frauenkloster (Damenstiftskirche St. Quirin).

Weder in den katholischen oder gar in den evangelischen Kirchen noch in den privaten Haushalten erfährt die Krippe offenbar eine nennenswerte Verbreitung; selbst wenn in allen Jesuitenkirchen eine Krippenaufstellung üblich gewesen sein sollte, so reißt diese Tradition mit der Auflösung des Ordens 1773 ab - im Inventar von St. Maria Himmelfahrt in Köln von 1777 wird keine Krippe erwähnt.

3. Das neunzehnte Jahrhundert (ca. 1820-1920)

3.1. Kulturelle Veränderungen

3.1.1. Entwicklungen in der evangelischen Kirche

Die einschneidendsten kulturellen Veränderungen im Rheinland des frühen 19. Jahrhunderts betreffen die evangelischen Gemeinden. Durch die Entstehung der preußischen Rheinprovinz 1815 gehören sie nun wieder zu einem Staat mit deutlicher protestantischer Mehrheit; zuwandernde Beamte usw. aus den preußischen Stammlanden vermehren die Zahl der evangelischen Bewohner besonders in den rheinischen Großstädten.

1817 veranlaßt der preußische König die Vereinigung der reformierten mit der lutherischen Kirche; die neue Unionskirche wird nicht als dritte Konfession verstanden, denn der König lehnt 1838 die Gründung einer unierten Gemeinde neben den beiden bestehenden in Elberfeld grundsätzlich ab [217]. Im aufstrebenden Nachbarort Unterbarmen entsteht jedoch bereits 1822 keine Filiale der Elberfelder Konfessionsgemeinden, die dies angestrebt hatten, sondern die erste vereinigt-evangelische Gemeinde Preußens; in ihrer Unionsurkunde muß sie noch Anerkennung und Gleichachtung von den traditionellen Gemeinden fordern [218]. Im mehrheitlich evangelischen Teil des Bergischen Landes beharren eine Reihe von Gemeinden auf ihrem streng konfessionellen Charakter, auch wenn sie Vertreter zur nunmehr unierten Synode entsenden, so die reformierte Gemeinde Solingen und die lutherische Gemeinde Bergisch Neukirchen. Durch Wegfall der historischen Landesgrenzen bestanden seit 1815 in Langenberg zwei Gemeinden (das lutherische Märkisch-, das reformierte Bergisch-Langenberg); die Städte Barmen, Elberfeld und Ronsdorf, der Ort Cronenberg (heute alle Stadt Wuppertal) sowie die Stadt Radevormwald besitzen bis in die Gegenwart beide evangelischen Konfessionen.

Im Bergischen Land bleibt trotz der Unionskirche das konfessionelle Nebeneinander oft erhalten; eine Union der beiden Gemeinden wird z.B. in Düsseldorf, Ratingen und Langenberg vollzogen, dort aber erst 1876 und eher aus wirtschaftlichen Gründen[219]. Andere Neuorganisationen berühren diese Situation nicht,

---

[217] Manfred WICHELHAUS: Einheit und Freiheit im preußischen Kirchenkampf des 19. Jahrhunderts. Die Elberfelder Kirchenspaltung 1847. In: Monatshefte für Evangelische Kirchengeschichte des Rheinlandes. Jg. 25. 1976. S. 33-64. - hier: S. 48.

[218] Gemeindeleben in Unterbarmen. Eine Selbstbefragung im Jahr der Kirchenjubiläen. Wuppertal: Vereinigt-evang.Gde.Unterbarmen-Mitte, 1982. - S. 88.

[219] Wilhelm OPHÜLS: Alt-Langenberg. Ein Heimatbuch v. -. Hrsg.i.A.d. Stadt Langenberg. Langenberg: Hermann, 1936. - S. 92.

wie die Schaffung von evangelischen Simultanschulen zeigt (z. B. 1832 in Langenberg, 1879 in Radevormwald).

Die Beharrung auf einem streng-lutherischen Bekenntnisstand darf aber nicht mit der Pflege eines traditionell-lutherischen Kultus verwechselt werden. Im Abschnitt 2.2. habe ich bereits darauf hingewiesen, daß Gottesdienst und Kirchendekoration im Kölner Raum stets äußerst schlicht waren. Dementsprechend kommt es mit der neuen Berliner Kirchenleitung zu dauernden Auseinandersetzungen. Die Agenden der preußischen Unionskirche tendieren sehr zur lutherischen Tradition Mitteldeutschlands, am stärksten die erste Agende von 1824. Gegen diese reiche Liturgiegestalt protestieren die lutherischen Gemeinden von Elberfeld und (Barmen-) Wupperfeld; auch die neue Agende von 1835 wird hier nur mit Vereinfachungen übernommen. Als man in Wupperfeld 1859 das „Christe du Lamm Gottes" aus der Agende übernimmt, bleiben Gemeindemitglieder aus Protest dem Gottesdienst fern [220]. Wupperfeld akzeptierte die landeskirchliche Agende (mit nur noch geringen Abänderungen) erst 1893 [221]; der evangelisch-reformierten Gemeinde Elberfeld bestätigte das Berliner Konsistorium noch 1895, daß sie nicht die Agende übernehmen müsse, sondern den reformierten Gottesdienst in der überkommenen Weise weiterführen könne [222]. Im Gegensatz dazu begrüßt das Presbyterium der lutherischen Gemeinde von Radevormwald die Agende von 1835 unmittelbar nach Erscheinen ohne Vorbehalte [223].

Die Dekorations- und Liturgiefeindlichkeit bleibt demnach in den bergischen evangelischen Gemeinden auch im 19. Jahrhundert weitgehend erhalten, so daß mit einer Verbreitung der Kirchenkrippe kaum zu rechnen ist.

In der zweiten Jahrhunderthälfte müssen sich die bergischen Gemeinden mit einer Reihe von Sezessionen auseinandersetzen, die jedoch zahlenmäßig unbedeutend bleiben. Unter Berufung auf das Recht zur religiösen Vereinigungsfreiheit vom 30. März 1847 konstituiert sich schon am 18. April 1847 die reformierte Opposition gegen die Unionskirche in Elberfeld zu einer Freikirche (spätere Niederländisch-reformierte Kirche) [224]. Antidogmatische Gruppen bestehen seit den 1830er Jahren in der Gemeinde Vohwinkel, sie gründen 1854 die erste deutsche „Independenten-Gemeinde" (seit der Union mit den Baptisten evangelisch-frei-

---

220 vgl. hierzu: HÜBNER (wie Anm. 190), S. 50. --PÖLS (wie Anm. 191), S. 250 f.
221 Wolfgang KÖLLMANN: Sozialgeschichte der Stadt Barmen im 19. Jahrhundert. Tübingen: Mohr, 1960. (Soziale Forschung und Praxis; 21) - S. 202.
222 H. KLUGKIST HESSE: Kirchenkunde der ev.-reformierten Gemeinde Elberfeld. Leitfaden zur Einführung in die Geschichte, das Wesen und die Ordnungen der Gemeinde. I.A.d. Presbyteriums hrsg.v. Kollegium der Prediger. Elberfeld: Ref. Gemeindeamt, 1926. - S. 39.
223 Andreas NATORP: Geschichte der ev.-lutherischen Kirchengemeinde Radevormwald. Festschrift ..., zum 200jährigen Bestehen geschrieben v. -. (2.Aufl.) zum 250jährigen Bestehen überarb.u.erw.v. Hermann BECKER u. Ernst LUCKHAUS. Radevormwald: Selbstverl., 1957. - S. 57.
224 WICHELHAUS (wie Anm. 217), S. 43.

kirchliche Gemeinde)[225]; aus derselben evangelischen Gemeinde entwickelt sich (seit 1850) die 1874 gegründete erste deutsche Gemeinde der Siebenten-Tags-Adventisten [226]. Im vorliegenden Zusammenhang interessant ist die Entstehung altlutherischer Gemeinden: nicht aus liturgischen, sondern aus dogmatischen Gründen (u. a. die Frage der Interkommunion mit den Reformierten) trennen sich 1852 der Pfarrer und etwa 1.000 Gemeindemitglieder mit Bezug auf die Königliche Generalkonzession vom 23. Juli 1845 von der landeskirchlich-lutherischen Gemeinde in Radevormwald [227], am Reformationsfest 1858 treten ein Pfarrer und hundert Gläubige aus der lutherischen Gemeinde Elberfeld aus [228]; eine weitere altlutherische Gemeinde entsteht in Barmen.

Innerhalb der Provinzialkirche kommt es zu keinen umwälzenden Neuerungen. Die bekannteste innerkirchliche Neuerung aus dem Rheinland des 19. Jahrhundert ist die Gründung der ersten deutschen Diakonissenanstalt (Düsseldorf-Kaiserswerth, 1836), wie überhaupt die soziale Ausrichtung charakteristisch für Neuentwicklungen der evangelischen Kirchen in Deutschland ist (z. B.: Hilfsverein für Jünglinge, Bremen, 1834; Herberge zur Heimat, Bonn, 1854; Mägdeherberge, Berlin, 1854). Die evangelischen Jugendorganisationen, die im 19. Jahrhundert entstehen, sind ebenfalls sozial-karitativ oder aber katechetisch orientiert, aber kaum freizeitgestaltend oder kulturell prägend (Rheinisch-westfälischer Jünglingsbund, 1848; Schülerbibelkreise, 1882; als Dachverbände: Vorständeverband der Evangelischen Jungfrauenvereine Deutschlands, 1893; Nationalvereinigung der Evangelischen Jugendbünde, 1900).

3.1.2. Entwicklungen in der katholischen Kirche

Die römisch-katholische Kirche im Kölner Raum weckt vordergründig den Eindruck einer ungebrochenen Kontinuität, abgesehen von der völligen Neugliederung der kirchlichen Verwaltungseinheiten (1821). Mit Blick auf die Bilderfreundlichkeit trifft dies jedoch nicht zu. Der erste Erzbischof des neuen Erzbistums Köln, Graf Spiegel, sagt angesichts der Prozessionsbilder: „Die wirkliche Jesus-Religion ist in krassen Bilderdienst übergegangen."[229] Diese Auffassung sakraler Figuren gehört zu einer damaligen Grundhaltung des Klerus, die Schrörs mit Hermesianismus bezeichnet. Damit ist nicht unbedingt ein theologischer Schulzusammenhang (mit dem Bonner Professor Georg Hermes) gemeint, sondern die

---

[225] Gerhart WERNER: Die Stillen in der Stadt. Eine Betrachtung über die Sekten, Freikirchen und Glaubensgemeinschaften Wuppertals. Wuppertal: Putty, 1964. - S. 24.
[226] ebda., S. 35.
[227] NATORP (wie Anm. 223), S. 60-69.
[228] ebda., S. 37.
[229] Zitat nach: Alexander SCHNÜTGEN: Beiträge zur Ära des Kölner Erzbischofs Graf Spiegel. II. Das religiös-kirchliche Leben im Rheinland unter den Bischöfen Graf Spiegel und von Hommer. In: Annalen des historischen Vereins für den Niederrhein. Heft 119. 1931. S. 121-163. - hier: S. 139.

prinzipielle Wertschätzung von Religionsunterricht, Christenlehre und Predigt, verbunden mit der Ablehnung unzulänglicher, wenn auch beim Volk beliebter Mittel (Prozessionsbilder, Hungertücher, üppige, aber „unkünstlerische" Kirchenausstattung). Die überragende Mehrheit des Kölner Klerus um 1835 (Tod von Graf Spiegel) rechnet Schrörs zu den Hermesianern [230].

Ein Abklingen dieser wenig bilderfreundlichen Zeit bemerkt Schrörs erst in der zweiten Jahrhunderthälfte, weniger wegen des erbitterten Kampfs des Kardinals von Geissel gegen die Lehre von Hermes, sondern da „ein neuer Klerus herangewachsen war, der unter dem Einflusse der überall eintretenden kirchlichen Rückwärtsbewegung ... der alten konservativen Richtung näherstand"[231].

Einen Beitrag zur Vermehrung der Kirchendekoration leisten in dieser Zeit auch die an Beliebtheit rasch zunehmenden Volksmissionen: Die volksmissionarischen Orden bringen für sie typische Bildwerke in die Kirchen, so die Redemptoristen das Bild der Immerwährenden Hilfe. Die angeblich so sehr für die Krippe engagierten Franziskaner befassen sich auf ihren Volksmissionen des 19. Jahrhunderts besonders mit der Verbreitung der Kreuzwegandacht; sie werden teils extra als Missionare gerufen, um in der Kirche einen Kreuzweg einzurichten, wie es ihr Privileg war [232].

Für die Krippengeschichte relevant ist auch die Entwicklung des katholischen Religionsunterrichts im 19. Jahrhundert. Im Gegensatz zu den evangelischen Kirchen, die bereits einen populären Bibelunterricht kannten, pflegte die katholische Kirche bis ins 18. Jahrhundert einen ausschließlich dogmatischen Unterricht (Katechismus, Christenlehre). Als Wurzel des katholischen Bibelunterrichts wird das Generallandschulreglement des Reichsabts Ignaz von Felbiger im Reichsstift Sagan/Schlesien (1765) angesehen; Felbiger verfaßte auch das erste Schulbuch zum Bibelunterricht (Kern der biblischen Geschichte, 1777)[233]. Nach Helmreichs Angaben wird die „Biblische Geschichte" während der 1820er Jahre in den deutschen katholischen Schulen selbständiges Unterrichtfach [234]. Für das Erzbistum Köln erscheint 1856 eine eigene Schulbibel, die der Pfarrer von St. Maria in der Kupfergasse, Köln, erarbeitete [235]. Mit dem zunehmenden Gewicht biblischer

---

[230] Heinrich SCHRÖRS: Hermesianische Pfarrer. In: Annalen des historischen Vereins für den Niederrhein. Heft 103. 1919. S. 76-183. - hier insbes.: S. 86, 130, 132.
[231] ebda., S. 91.
[232] Erwin GATZ: Rheinische Volksmission im 19. Jahrhundert, dargestellt am Beispiel des Erzbistums Köln. Ein Beitrag zur Geschichte der Seelsorge im Zeitalter der katholischen Bewegung. Düsseldorf: Schwann, 1963. (Studien zur Kölner Kirchengeschichte; 7). - S. 186.
[233] Friedrich Wilhelm BÜRGEL: Handbuch der Geschichte und Methode des katholischen Religionsunterrichts. Düsseldorf: Schwann, 1909. (Die Weiterbildung des Lehrers im Amte; 2) - S. 51.
[234] Ernst Christian HELMREICH: Religionsunterricht in Deutschland. Von der Klosterschule bis heute. Aus d.Amerik. Hamburg: Furche; Düsseldorf: Patmos, 1966. - S. 52.
[235] Kern der heiligen Geschichte des alten und neuen Testamentes für den Jugend-Unterricht in der Erz-Diözese Cöln. Bearb.u.m.Anm.vers.v. Johann Joseph Hubert SCHUMACHER. Saarlouis: Stein, 1856.

Stoffe in der religiösen Unterweisung könnte auch das Interesse für Weihnachtskrippen wachsen, da sie diese Unterrichtsinhalte veranschaulichen; den Wunsch nach Anschaulichkeit der Darbietung macht das Erscheinen der ältesten Bibelbilder-Sammlung für den katholischen Schulgebrauch greifbar (Prag 1841), der 1875 Wandbilder aus der Schnorr-Bibel, später andere Produkte folgen [236]. Die biblische Seite des Religionsunterrichts verliert sich nicht mehr, auch wenn Ort feststellt, daß nach 1850 mit der Neuscholastik der dogmatische Katechismus-Unterricht wieder betont wird [237].

Eine weitere deutliche Veränderung im Bereich der katholischen Kirche ist das kirchliche Vereinswesen, welches häufig vom Erzbistum Köln ausstrahlt. Hier interessieren weniger die zu spezifischen sozialen Aufgaben begründeten Vereine (z. B. Borromäusverein, Bonn, 1844; Volksverein, Köln, 1890; Caritas, Köln, 1898) oder die katholischen Berufsorganisationen (örtliche katholische Arbeitervereine seit den 1880er Jahren, zunächst nur in Landesverbänden vereinigt; Kaufmannskongregationen, 1877 in Mainz vereinigt als Verband katholischer kaufmännischer Vereinigungen Deutschlands) als die im Leben der Pfarrgemeinde mit eigenen Gruppen präsenten Vereine wie z. B. die Katholischen Gesellenvereine (Köln, 1849, mit Vorläufer von 1846 in Elberfeld, heutiges Kolpingswerk; sein weibliches Pendant - Verband kaufmännischer Gehilfinnen, Köln, 1897 - ist weniger verbreitet) oder der Kindheit-Jesu-Verein. Letzterer ist der deutsche Zweig des 1843 durch den Bischof von Nancy gegründeten Œuvre de la Sainte Enfance, schon 1845/46 auf Betreiben der Auguste von Sartorius in Aachen entstanden (heute Päpstliches Missionswerk der Kinder)[238]. Dieser Verein bildete Kindergruppen, für die auch eigene kirchliche Feiern abgehalten wurden; wichtigster Zweck war die Spendensammlung durch Sparen der Kinder und durch Kollektengänge, zunächst nur für die „Heidenmission", seit der Schaffung des angegliederten Schutzengelvereins (Paderborn, 1895) auch für die Diasporamission [239].

3.1.3. Entfaltung der Bibelwissenschaft

Besondere Bedeutung für die Krippengeschichte hat die Entwicklung einer kritischen Bibelwissenschaft in der Theologie, da sie den von der Krippe veranschaulichten Text auf Inhalt, Aussage und Geschichtlichkeit überprüft. Die entscheidenden Veränderungen in der Betrachtungsweise der Kindheitsgeschichte Jesu möchte ich nachfolgend knapp anhand der verbreitetsten Veröffentlichungen der Zeit aufzeigen.

---

[236] BÜRGEL (wie Anm. 233), S. 348 f.
[237] Barbara ORT: Die Kindheitsgeschichte Jesu nach Lukas in der Geschichte der Katechese. Eine Untersuchung der katholischen katechetischen Literatur für die Zeit von 1777-1967, dargest. an Lk 1, 26-38; 2, 1-20; 2, 41-52. Frankfurt a.M.: Lang, 1977. (Europäische Hochschulschriften: Reihe 23; 90) - S. 111.
[238] Wilhelm JANSEN: Das Päpstliche Missionswerk der Kinder in Deutschland. Seine Entstehung und seine Geschichte bis 1945. Mönchengladbach: Kühlen, 1970. (Veröffentlichungen des bischöflichen Diözesanarchivs Aachen; 30) - S. 15 u. 28.
[239] ebda., S. 55.

Erste Zweifel an der historiographischen Richtigkeit aller biblischen Angaben werden im 18. Jahrhundert laut; in seiner Evangelien-Synopse erklärt Johann Jakob Griesbach schon 1776 (bzw. 1797) die Unmöglichkeit einer evangelienharmonischen Chronologie [240]. Der evangelische Theologe Strauss weist auf historische Fehler (die wohl nicht stattgefundene Schätzung des Augustus) und auf sich gegenseitig ausschließende Angaben hin (Bethlehem oder Nazareth als Wohnort, fragliche Flucht nach Ägypten), die Lösung sucht er in einer Detailbewertung, was richtig, was falsch in den Evangelien ist [241]. Die Ungeschichtlichkeit des augusteischen Zensus ist ein in der evangelischen Bibelwissenschaft immer wieder vorgebrachtes Detail, das z. B. in Meyers Kommentar und in Lietzmanns exegetischem Handbuch eingehend erörtert wird [242]. Letzteres Handbuch argumentiert auch vehement gegen die astronomischen Theorien zum Stern in der Magiergeschichte [243]. Um 1900 stellen evangelische Theologen die Geburt zu Bethlehem als judenchristliche Legende dar, die mit Rücksicht auf alttestamentarische Prophetien die Geburt von Nazareth nach Bethlehem verlegt; Vereinfachungen und Umformungen bei der mündlichen Tradierung dieser Legende führten demnach zu den historisch unzutreffenden Details wie die Schätzung des Augustus oder die als völlig einsam geschilderte Geburtsszene [244].

Auf katholischer Seite werden historische Fragen erst später laut. Der Bearbeiter der Kölner Schulbibel von 1856 legt für Priester und Religionslehrer ein umfangreiches Handbuch mit bibelwissenschaftlichem Hintergrundwissen vor. Darin bemüht er sich ernsthaft, jeden Zweifel an der Geschichtlichkeit der Kindheitsgeschichten auszuräumen; die mühsame Reise für eine Hochschwangere begründet er mit der (von ihm nicht belegten) Position Marias als geschwisterlose Erbtochter Davids, der Zensus ist als Zeugnis der Vorsehung Gottes schlichtweg historisch notwendig, die im Evangelium gar nicht näher beschriebene Krippe und die vorgeblich zugehörige Höhle beweist er naiv mit den Reliquien in Sta. Maria Maggiore [245].

---

240 Werner Georg KÜMMEL: Das Neue Testament. Geschichte der Erforschung seiner Probleme. 2., überarb.u.erg.Aufl. Freiburg i.Br.: Alber, 1970. (Orbis Academicus; III, 3). - S. 88 f.

241 David Friedrich STRAUSS: Das Leben Jesu, kritisch bearb.v. -. 3., verb.Aufl. Bd. 1- . Tübingen: Osiander. Bd. 1. 1838. (Erstaufl. 1835) - S. 327 u. 339 f.

242 Heinrich August Wilhelm MEYER: Kritisch-exegetischer Kommentar über das Neue Testament, begr.v. -. 8.Aufl. Abt. 1- . Göttingen: Vandenhoek u. Ruprecht. Abt. 1. Halbbd. 2. Die Evangelien des Markus und Lukas. Neu bearb.v. Bernhard WEISS u. Johannes WEISS. 1892. - S. 324. -- Handbuch zum Neuen Testament. In Verb.m. W. BAUER u.a.hrsg.v. Hans LIETZMANN. Bd. 1- . Tübingen: Mohr. Bd. 5. Das Lukasevangelium, erklärt v. Erich KLOSTERMANN. 2., völlig neubearb.Aufl. 1929. - S. 32.

243 ebda., Bd. 4. Das Matthäusevangelium, erklärt von Erich KLOSTERMANN. 2., völlig neubearb.Aufl. 1927. - S. 14.

244 MEYER (wie Anm. 242), S. 328. -- Walter BAUER: Das Leben Jesu im Zeitalter der neutestamentlichen Apokryphen. Tübingen: Mohr, 1909. - S. 64 f.

245 Johann Joseph Hubert SCHUMACHER: Handbuch zur Erklärung der heiligen Geschichte des alten und neuen Testamentes für Kirche und Schule v. -. Bd. 1-2. Köln: DuMont Schauberg. Bd. 2. Das neue Testament. 1859. - S. 88-90.

Noch 1890 und 1910 bemühen sich katechetische Handbücher, um jeden Preis die Tatsächlichkeit der Schätzung zu untermauern [246]. Zur selben Zeit werden chronologische Probleme in den Evangelien „bereinigt"; das zeitliche Verhältnis zwischen den Kindheitsgeschichten von Lukas und Matthäus klärt man durch logische Schlüsse („Am besten scheint es mit der Heiligen Schrift zu stimmen, wenn man annimmt, daß die Könige erst ein Jahr nach der Geburt zur Huldigung erschienen."[247]). Grimm ordnet die Darstellung im Tempel vor der Anbetung der Magier ein, da sonst der drohende Kindermord keine Zeit dazu läßt; der aus der Vereinigung der Kindheitsgeschichten resultierende überlange Aufenthalt in Bethlehem, fern dem Wohnort Nazareth, wird mit der „herrlichen Auszeichnung" des Erstgeborenen, in der Stadt Davids zu wohnen, erklärt [248]. Mit der Chronologie entstehen weitere Probleme, z. B., warum Matthäus von einem Haus spricht, während dies offenbar bei Lukas nicht verfügbar war; zur Begründung findet Schumacher liebenswerte Worte über die Besorgnis des Nährvaters Josef, Schuster denkt in eine ähnliche Richtung [249].

Abgesehen von den bibelwissenschaftlich möglichen Erkenntnissen ist festzustellen, daß die katholische Sachliteratur für Katecheten streng an der Geschichtlichkeit der Kindheitsgeschichten festhält [250] und alle Fragwürdigkeiten der Evangelienharmonie auszuräumen versucht. Die dabei angewendete Logik erfaßt verspätet auch die Schulbücher. Wie schon die Münsteraner Schulbibel von 1798 [251] folgen auch die Kölner Schulbibeln von 1856 und 1877 [252] der traditionellen Reihenfolge, die z. B. schon Ludolf von Sachsen wählt [253]: Geburt - Anbetung der Hirten - Beschneidung - Anbetung der Weisen - Darstellung im Tempel - Flucht nach Ägypten. Die Kölner Schulbibel von 1929 vertauscht dann die Reihenfolge von

---

246 Joseph GRIMM: Das Leben Jesu. Nach den vier Evangelien dargest.v. -. 2., verb.Aufl. Bd. 1- . Regensburg: Pustet. Bd. 1. Geschichte der Kindheit Jesu. 1890. - S. 243-246. -- J. SCHUSTER u. J.B. HOLZAMMER: Handbuch zur biblischen Geschichte. Für den Unterricht in Kirche und Schule, sowie zur Selbstbelehrung. 7., neu bearb.u.verm.Aufl., bearb.v. Jakob SCHÄFER. Bd. 1-2. Freiburg i.Br.: Herder. Bd. 1. Das Neue Testament. 1910. - S. 110 f.

247 M. MESCHLER: Das Leben unseres Herrn Jesu Christi, des Sohnes Gottes, in Betrachtungen v. -. 2., verm.Aufl. Bd. 1- . Freiburg i.Br.: Herder. Bd. 1. 1891. - S. 144.

248 GRIMM (wie Anm. 246), S. 329.

249 SCHUMACHER (wie Anm. 245), S. 97. -- SCHUSTER (wie Anm. 246), S. 125.

250 Man beachte nur die durchgängigen Echtheitserörterungen zu diversen Monumenten oder die Umdeutung der biblischen Magier zu „frommen und angesehenen Emiren" bei Rush: Nikolaus HEIM (d.i.: Joseph RUSH): Unser Herr Jesus von Nazareth, der „Menschensohn". Land, Volk und Verwandtschaft Christi nach Bibel, Geschichte und Tradition. Ein Hausbuch für das katholische Volk v. -. 2.Aufl. Köln: Bachem, 1898.

251 Geschichte des alten und neuen Testamentes zur Belehrung und Erbauung besonders für Lehrer, größere Schüler und Hausväter. Aus d.hl.Schrift gezogen u.m.einigen Anm.begl.v. Bernard OVERBERG. Tl. 1-2. Münster: Aschendorff, 1845. (Bischöfliche Approbation zum Religionsunterricht: Münster, 1798)

252 Kern der hl. Geschichte (wie Anm. 235). -- Biblische Geschichte des alten und neuen Testamentes. Für die katholische Volksschule bearb.v. Johannes ALLEKER. Köln: DuMont Schauberg, 1877.

253 LUDOLPHUS de Saxonia: Vita Jesu Christi e quatuor evangeliis et scriptoribus orthodoxis concinnata per -. Editio novissima. Paris: Palmé, 1865. - hier: S. 38-69.

Darstellung und Anbetung der Weisen [254]. Dem folgt dann auch die Evangelienharmonie von William, in der erstmals vorsichtige Zweifel an der historischen Richtigkeit der Schätzung des Augustus und des postulierten Umzugs von der Grotte ins Haus geäußert werden [255].

3.1.4. Veränderungen in der privaten Festgestaltung

Über die familiäre Feier des Weihnachtsfests vor 1800 ist nur wenig zu erfahren. Weihnachten ist zunächst ein kirchlicher Feiertag wie etliche andere auch. In katholischen Gegenden stellte sich die heutige Weihnachtszeit als eine Folge von kirchlichen Feiertagen dar (Christgeburtsfest, St. Stefan, St. Johannes Evangelist, Unschuldige Kinder), an denen man die Messe zu besuchen, am Christtag auch zu kommunizieren pflegte. Den Notizen des Kölner Ratsherrn Hermann von Weinsberg aus dem 16. Jahrhundert ist zu entnehmen, daß er die Festtage mit seinen Angehörigen und Hausfreunden verbrachte (1560 heißt es: „mir sint alle abent bei einander gewest"); das einzige Wort, das den Festcharakter betrifft, lautet fröhlich (1581: „mit Jesulin frolich gewest"; 1584: „machten uns mit dem neuwen geborn kintlin Jesu frohlich")[256]. Wie dieses fröhliche Weihnachtsfest im 16. Jahrhundert aussah, ist dem nicht zu entnehmen; von den Bräuchen und Festzeichen erwähnt Weinsberg nur das Kindleinwiegen, das ja im Kölner Raum noch um 1900 gelegentlich auftritt (siehe Abschnitt 1.2.4.).

Klersch benutzt insbesondere diese mageren Notizen Weinsbergs als Begründung für seine These, Weihnachten sei von jeher ein innerfamiliäres Fest gewesen [257]; stützend verweist er auf eine Anordnung des französischen Bürgermeisters, daß Weihnachten 1809 in Köln alle Tanzlokale geschlossen bleiben sollen und den Gastwirten musikalische Darbietungen in ihren Häusern untersagt sind [258].

Ein zweisprachiger Erlaß des Platzkommandanten von 1796 im selben Aktenstück (Blatt 2) belegt, daß die französische Verwaltung sich generell darum bemüht, öffentliche Unterhaltungsveranstaltungen durch eine Genehmigungspflicht zahlenmäßig zu verringern; man beklagt sich über zahlreiche ungenehmigte Bälle, insbesondere an den Feiertagen und verhängt scharfe Strafen (50 Livres zuzüglich 24 Stunden Arrest). Das von Klersch herangezogene Verbot weihnachtlicher Bälle deutet demnach eher darauf hin, daß die Kölner Gastwirte sich anschicken, entsprechende Veranstaltungen auszurichten, und daß der Bürgermeister dem zuvorkommen will (nicht umsonst schärft er den Polizeikommissaren ein, das Verbot allen Wirten mitzuteilen und die Einhaltung zu überwachen!). Die zeitgleichen Erinnerungen des Kölner Lehrers Ernst Weyden belegen, daß

---

[254] Katholische Schulbibel für die Erzdiözese Köln. (Hrsg. Jakob ECKER). Düsseldorf: Schwann, 1929.

[255] Franz Michel WILLIAM: Das Leben Jesu im Lande und Volke Israel. 5., verb.Aufl. Freiburg i.Br.: Herder, 1936. - S. 27 f. u. 42.

[256] WEINSBERG (wie Anm. 57), Bd. 2, S. 112 (bzgl. 1560); Bd. 5, S. 185 (bzgl. 1581) u. S. 245 (bzgl. 1584).

[257] KLERSCH (wie Anm. 62), S. 191.

[258] StA Köln, Franz.Verw., Nr. 4943, Blatt 8 (dat. 22.Dez.1809).

Weihnachten ohnehin ein eher nach außen gekehrtes Fest gewesen ist: Während dieser Zeit wird geschlachtet, was Anlaß zu einem fröhlichen Fest mit Verwandten und Freunden ist; den Festtag selbst füllt der Besuch der Christmette mit anschließendem Festessen und einem Schläfchen, dem sich im Verlauf des Tages ein Rundgang bei Bekannten und Verwandten anschließt, um ein „Jlöksillig Kreskind" zu wünschen [259]. Eine Neuerung bald nach 1810 sind die Weihnachtsgeschenke; im Verlauf des 19. Jahrhunderts wird Weihnachten auch im Kölner Raum zum wichtigsten Schenktermin der Familie [260].

Trotzdem verändert sich Weihnachten nicht zu einem rein privaten Fest: Im Verlauf des 19. Jahrhunderts mehren sich die Angebote weihnachtlicher Unterhaltungsveranstaltungen, insbesondere von Festbällen, wie die Analyse der Bonner, Kölner und Siegburger Zeitungen augenfällig macht [261]. Schon in der ersten preußischen Zeit bieten zwei Kölner Gaststätten Tanzmusik bzw. eine musikalische Abendunterhaltung am zweiten Feiertag an [262]. Solche Festlichkeiten belegen alle weihnachtlichen Termine: die Kölner „Ton-Halle" lädt 1859 zu einem humoristischen Konzert am Heiligen Abend ein [263], am 24. Dezember 1876 ist in der Bonner Beethoven-Halle ein „Christbaum-Concert" zu hören [264], das Lokal Im großen Cometen in Köln bietet 1864 an beiden Feiertagen morgens eine Revue, abends das Konzert einer Militärkapelle (25. Dez.) oder ein „Grosses freies Fest-Dansante" (26. Dez.) [265], die Siegburger Germania annonciert für den 26. Dezember 1875 eine Weihnachtsfeier, die nach Festgesang, Ansprache, Verlosung und Plünderung des Christbaumes in einen Ball übergeht [266].

Diese Festvergnügungen erreichen sicherlich nur die gehobeneren Kreise der Bevölkerung, da sie Eintrittsgeld fordern und entsprechende Garderobe voraussetzen; ihr Angebot signalisiert aber das prinzipielle Bedürfnis, zu Weihnachten auszugehen oder auf andere Weise das Fest in fröhlicher Gesellschaft zu verbringen.

Die zunehmende Zahl der Veranstaltungen zieht einen erhöhten Dekorationsbedarf nach sich: die spektakulären Christbäume der Tanzlokale sind nicht unbeteiligt an der Verbreitung dieses neuen Festrequisits [267]. Der Drang nach festlicherer Gestaltung der Weihnacht ist auch im kirchlichen Bereich ablesbar. Die katholische Kirche kennt zwar seit jeher einen besonderen Weihnachtsgottesdienst (Christmette in der Morgenfrühe), dieser wird jedoch nach 1850 mit einem neuen festlichen Rahmen versehen, wenn die neu entstehenden Cäcilienvereine es zu

---

259 WEYDEN (wie Anm. 201), S. 198 f.
260 Markus WALZ: Innovation des Weihnachtsbaumes im Kölner Raum seit 1800. In: Rheinisches Jahrbuch für Volkskunde. Bd. 25. 1983/84. Bonn: Dümmler, 1985. S. 85-116. - hier: S. 88.
261 ebda., S. 95-97.
262 Kölnische Zeitung. 1828. Nr. 206 v.25.Dez.
263 Kölnische Zeitung. 1859. Nr. 356 v.24.Dez.
264 Bonner Zeitung. 1876. Nr. 347 v.23.Dez.
265 Kölnische Blätter. 1864. Nr. 369 v.25.Dez. -- Kölnische Zeitung. 1864. Nr. 358 v.25.Dez.
266 Siegburger Kreisblatt. 1875. Nr. 102 v.22.Dez.
267 WALZ (wie Anm. 260), S. 111.

ihren großen Pflichten zählen, diese Mette mit feierlichen Meßgesängen oder mehrstimmigen Weihnachtsliedern zu gestalten. In der evangelischen Kirche ist diese Entwicklung noch deutlicher: Das Gegenstück zur Christmette, die evangelische Christvesper am Heiligen Abend, entsteht offenbar erst unter dem Eindruck der Verbreitung des familiären Schenkfests und seiner säkularisierten Variante, der Bescherungen anläßlich der Wintersonnwendfeier, wie dies eine sozialdemokratische Großveranstaltung in Magdeburg vorstellte. Als Reaktion auf dieses Fest empfiehlt die preußische Kirchenleitung nur eine (christliche) häusliche Feier. Aber schon wenige Jahre danach (wie Staats vermutet) wird diese private Feier durch einen besonderen Heiligabendgottesdienst ergänzt; die erste nachweisbare Christvesper fand 1848 im Braunschweiger Dom statt [268]. Die Vorgänger der Kindergottesdienste, die sogenannten Sonntagsschulen, greifen dieser Entwicklung vor. Noch vor den Jugendvereinen laden die Sonntagsschulen zu besonderen Weihnachtsfeiern ein. Mit Blick auf das Homburger Land stellt Kaufmann fest, daß diese Veranstaltungen nach 1870 üblich werden; in Nümbrecht ist dies 1871 der Fall, seit etwa 1890/1900 verbindet sich diese Feier auch mit einer Bescherung der anwesenden Kinder [269].

3.1.5. Weihnachtskrippen als Handelsobjekt

Das wachsende Dekorationsbedürfnis erfaßt nicht unmittelbar den Markt für Weihnachtskrippen: die serielle Krippenproduktion ist im Deutschland des 19. Jahrhunderts offenbar wenig verbreitet, denn Lamers-Vordermayer klagt noch 1915 über die Flut der „französischen Surrogate" - gemeint sind die Gipsprodukte der als „Sulpizianer" bekannten Devotionalien-Industrie [270].

Die bereits erwähnte Analyse der Bonner, Kölner und Siegburger Zeitungen ab 1800 erbrachte als älteste Belege für eine Krippen-Verkaufswerbung drei Kölner Anzeigen von 1852 und 1854; alle drei beziehen sich auf Einzelstücke, die teils von Privat verkauft werden sollen [271]. Eine Werbung für mehrere Krippen, die auf einen gezielten Krippenhandel schließen lassen, folgt erst ab 1857 in Köln. Die Erstwerbung in den Nachbarstädten Bonn und Siegburg erfolgt 1861 bzw. 1865 [272]. Der Siegburger Händler verkauft ebenfalls nur ein Einzelstück, der Bonner einen einfachen Krippenbastelbogen aus Transparentpapier (siehe Grafik 3).

Der Gesamtumfang der Werbung für Krippenverkäufe nimmt bis in die 1880er Jahre stetig zu; dabei ist jedoch zu beachten, daß bis dahin, in Bonn noch bis

---

[268] vgl. die Darstellung bei: Reinhart STAATS: Zwischen Schleiermacher und Barmen: Liberale Pastorenkirche im 19. Jahrhundert. In: Deutsches Pfarrerblatt. Jg. 84. 1984. Heft 11. Nov. S. 535-537; Heft 12. Dez. S. 599-602. - hier: S. 599 f.

[269] KAUFMANN (wie Anm. 66), o.Pag.

[270] Johanna LAMERS-VORDERMAYER: Das germanische Kunstelement im Kampfe gegen fremde Einflüsse. In: Die Christliche Frau. Jg. 13. 1915. Heft 12. Dez. S. 385-387. - hier: S. 386.

[271] Kölnische Zeitung. 1852. Nr. 331 v.22.Dez.; 1854. Nr. 352 v.20.Dez. u. Nr. 354 v.22.Dez.

[272] Bonner Zeitung. 1861. Nr. 293 v.17.Dez. -- Siegburger Kreisblatt. 1865. Nr. 101 v.20.Dez; Nr. 102 v.23.Dez.

Grafik 3:
Gesamtumfang der Krippen-Verkaufswerbung in Zeitungen

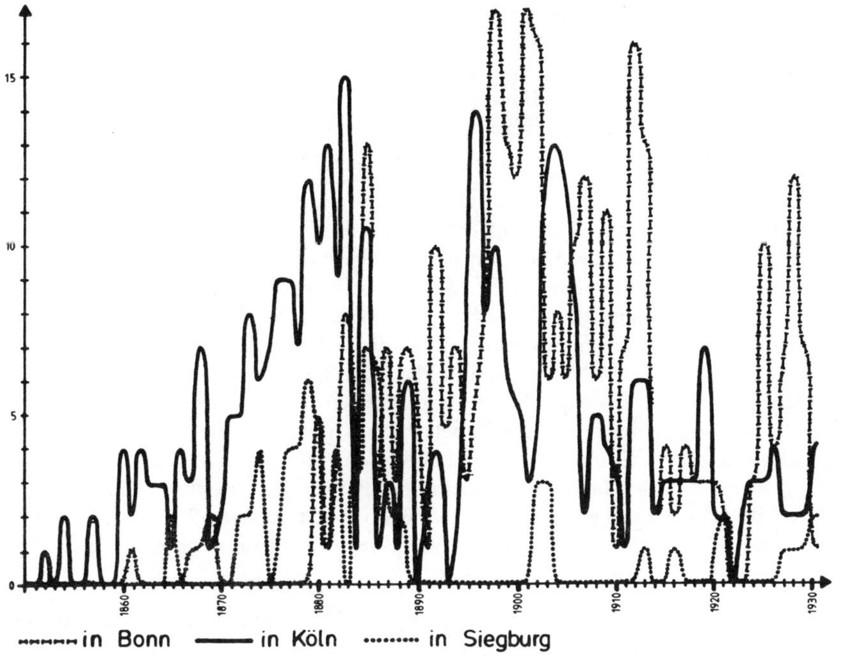

Grafik 4:
Anteil der kombinierten Anzeigen für Christbaum-Artikel und Krippen an der Krippen-Verkaufswerbung in Zeitungen

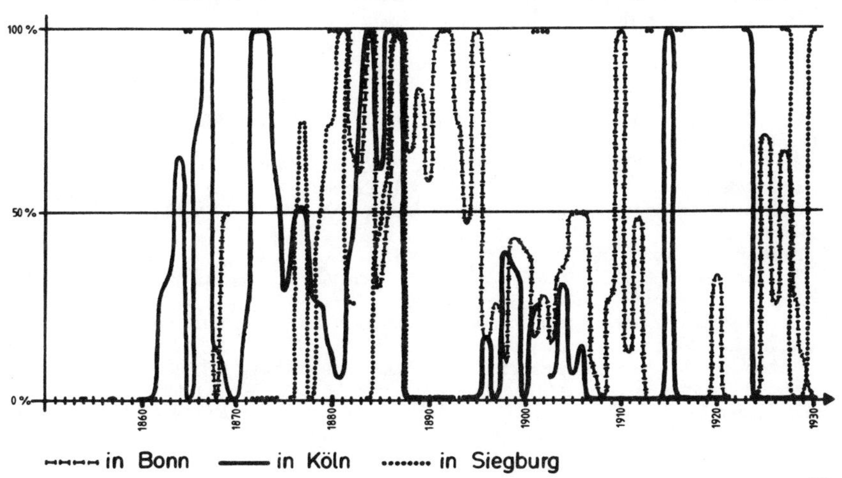

in die 1890er Jahre, der überwiegende Teil dieser Angebote aus Kombinationsanzeigen besteht, in denen die Krippen eine untergeordnete Position einnehmen; diese Anzeigenart stellt noch im 20. Jahrhundert einen nicht unerheblichen Anteil der Krippenwerbung (siehe Grafik 4). Beispielhaft dafür sind die Verkaufslisten der Firma P. W. Feldhaus in Köln. Diese Annoncen sind 1860 mit „Spielwaaren" überschrieben, in der Liste folgen aufeinander: „... Gemüsemarkt, Bethlehem, Krippen von papier maché, Hühnerhof ..."; 1866 erscheint das Wort Krippen in einer langen Liste von „Weihnachtsbaum-Ausschmückungs-Gegenständen"[273]. Noch 1926 erscheint die Mischung „Christbaumschmuck, Krippen-Figuren, Gesellschaftsspiele", 1927 „Christbaumschmuck ... Krippen ... Weinbrand"[274].

1899 will das Versandhaus „Rudolf Apel, Oberlind S.-M." ein Kistchen Brillant-Christbaumschmuck liefern, unter dessen 218 Einzelteilen auch die Figuren einer Weihnachtskrippe zu finden sind [275]. Weihnachtskrippen sollen um 1900 den Verkauf von Christbaumartikeln beleben: die Firma J. C. Eckardt aus Stuttgart, bekannt durch sich automatisch drehende oder mit Spieldosen versehene Christbaumständer, wirbt 1898 für ein neues Modell in der Form einer Felsgruppe mit „prächtiger Weihnachtskrippe", 1904 und 1906 wird ein gußeiserner Christbaumständer angezeigt, der in seinem Reliefschmuck gleich die Krippe samt Gloria-Engel mitliefert [276]. Ein Versandhaus aus Lauscha in Thüringen gewährt 1903 bei Bezug von 300 Stück Glas-Christbaumschmuck eine Krippe mit 24 Figuren als Gratis-Beigabe [277], mit einer Krippe als Zugabe bedankt sich 1912 das „Weltversandhaus Johs. Radermacher, Bonn" für einen Einkauf über mehr als zwei Mark[278].

Rheinische Produzenten entdecken erst spät die Weihnachtskrippe als lohnendes Handelsobjekt. Ein Sonderfall ist das Mutterhaus der Schwestern vom armen Kinde Jesus in Aachen, wo man (nach ersten Versuchen ab 1849, angeregt durch ein Geschenk aus Bethlehem) ab 1854 wächserne Krippenkinder fertigt, zunächst als Geschenke der Genossenschaft an besondere Gönner [279]. Die Lampen-Fabrik Pahde in Köln wirbt seit 1881 vielfach für seine Krippen-Lämpchen [280]. Die „Trierer Wachswaaren-Fabrik" zeigt 1893 seine Novität an: ein Jesuskind auf einem Strohlager in einer glitzernden Felsenkrippe mit Lichterkranz, gedacht zur Auf-

---

[273] Kölnische Zeitung. 1860. Nr. 351 v.18.Dez. -- Kölnische Blätter. 1866. Nr. 353 v.18.Dez.

[274] Bonner Zeitung. 1926. Nr. 295 v.18.Dez.; 1927. Nr. 294 v.19.Dez.

[275] Kölnische Volkszeitung. 1899. Nr. 1.060 v.12.Nov.

[276] Kölnische Zeitung. 1898. Nr. 1.113 v.26.Nov.; 1904. Nr. 1.312 v.22.Dez.; 1906. Nr. 1.345 v.17.Dez.

[277] Kölnische Volkszeitung. 1903. Nr. 1.042 v.13.Dez.

[278] Bonner Zeitung. 1912. Nr. 350 v.20.Dez. -- Deutsche Reichs-Zeitung. 1912. Nr. 760 v.7.Dez.

[279] Sr. CLARISSA: Krippenbau in der Genossenschaft der Schwestern vom armen Kinde Jesus. In: Die Weihnachtskrippe. Jb. 3. 1927. S. 32-34.

[280] „Altar- und Krippen-Lämpchen mit farbigen Gläsern, roth, grün, blau etc. Diese Lämpchen tragen viel zur feierlichen Ausschmückung in der Heiligen Nacht oder sonstigen kirchlichen Festen bei und sind zum Stellen und Wandhängen für ger. Rüböl auf fünf Stunden eingerichtet." Erstwerbung: Kölnische Volkszeitung. 1881. Nr. 348 v.17.Dez.

stellung unterm Christbaum [281]. Die Solinger Industriewerke Adrian und Stock werben 1907 für ihre Neuentwicklung aus teilvergoldetem Metall, eine „Weihnachts-Krippe mit Engelgeläut und Posaunenchor, ges. gesch."; der Konkurrent Gebrüder Bell aus (Solingen-) Gräfrath zieht 1909 mit einem ähnlichen Objekt nach [282]. Beide Gegenstände sind eine Anpassung des älteren Produkts „Christbaum-Geläute" (eine Baumspitzen-Form) an die offenbar zunehmende Nachfrage bei Krippen, wie ein ambivalentes Stück verdeutlicht, das sowohl als Baumspitze wie als Aufstellkrippe verwendbar ist [283].

In diese Zeit nach 1890 fällt auch das zunehmende Engagement derjenigen Einzelhandels-Branchen, die man als typische Krippenhändler bezeichnen könnte: Kunstanstalten, Devotionalien-Geschäfte, Kirchenbedarfshandel sowie der christliche Buchhandel. Diese Branchen erhöhen ab den 1890er Jahren ihren Anteil an der Krippen-Verkaufswerbung in Köln und Bonn und bestreiten nachfolgend meist mehr als drei Viertel des Werbeumfangs (siehe Grafik 5). Eine evangelische Buch- und Kunsthandlung zeigt erstmals 1897 in Bonn ihren Verkauf von Hauskrippen an [284]. In Siegburg ist diese Entwicklung nicht zu beobachten,

Grafik 5:
Gemeinsamer Anteil von christlichem Buchhandel, Devotionalienanstalten und Kirchenbedarfsgeschäften an der Krippen-Verkaufswerbung in Zeitungen

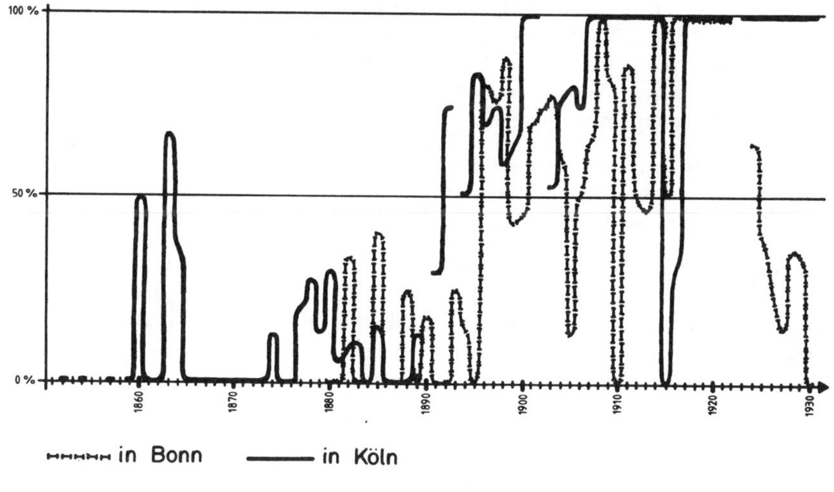

281 Kölnische Volkszeitung. 1893. Nr. 702 v.14.Dez.
282 Deutsche Reichs-Zeitung. 1907. Nr. 589 v.6.Dez. -- Bonner Zeitung. 1909. Nr. 334 v.4.Dez.
283 Angebot der Fa. W. Hohagen, Bonn: Bonner Zeitung. 1927. Nr. 288 v.12.Dez.
284 Bonner Zeitung. 1897. Nr. 287 v.5.Dez.

da in dieser kleinen Kreisstadt der Handel mit Gebetbüchern, Erbauungsliteratur und Devotionalien von weniger spezialisierten Geschäften getragen wird.

Ein großer Werbeaufwand für Krippenverkäufe ist allerdings für die gesamte Zeit von 1800 bis 1920 nicht zu beobachten. Die höchste Zahl der Anzeigen für Krippenverkäufe je Jahr beträgt in Köln 15 (1883), In Bonn 17 (1898 und 1901), in Siegburg nur 7 (1885). Auch etliche Jahre nach der Erstwerbung für Krippen sinkt die Anzeigenzahl je Jahr mehrfach auf Null ab, in Siegburg sogar zweimal für etwa ein Jahrzehnt (1889-1901, 1904-1912).

Angesichts der mehrjährigen Verwendbarkeit einer Krippe lassen diese Lücken keinen unmittelbaren Rückschluß auf die Verbreitung der Krippe zu; der insgesamt geringe, oft nur marginale Werbeaufwand und das völlige Fehlen marktschreierischer Billig-Angebote weisen jedoch darauf hin, daß Weihnachtskrippen zwar seit etwa 1860 zum Angebot des Einzelhandels gehören, aber nicht auf reißenden Absatz stoßen. Die möglicherweise kaufinteressierten Pfarrgemeinden muß die „Trierische Wachswaaren-Fabrik" 1880 mit Stundung der Zahlung werben, die Kunstanstalt Benziger, Köln, ermöglicht 1909 den Ratenkauf einer Krippe [285].

3.2. Funktionsbestimmungen für die Krippe

Über die Funktion der Weihnachtskrippe vor 1800 ist der Literatur nur wenig zu entnehmen. Philippe de Barlaymont sah 1619 die Krippe als eine unmittelbare Beeindruckung des Zuschauers an, die so zur meditativen Andacht führt [286], der Dominikaner Labat bezeichnete 1709 die römischen Krippen als „lieu de dévotion"[287]. Die Jesuiten benutzten in Böhmen die Krippe oft als Hintergrundbild für Kinderlehre und Katechese [288].

Die religiös-ästhetische Funktion der Krippe betont Lamers-Vordermayer 1916: „Die Krippe war und ist dem Deutschen nicht nur ein Schaustück, sie war ihm unendlich mehr: ein Stimmungsbild, ein himmlisches Märchen, ein Gebet!"[289]

Eine Neuentwicklung des 19. Jahrhunderts ist die deutliche Zuordnung der Weihnachtskrippe zur Glaubenswelt der Kinder. Als kindliches Andachtsbild wird die Krippe schon 1836 gegen Bilderfeindlichkeit vom katholischen Theologen Nickel verteidigt [290]. Der bekannte katholische Publizist Höveler aus Köln schätzt die

---

[285] Kölnische Volkszeitung. 1880. Nr. 344 v.14.Dez.; 1909. Nr. 1.070 v.19.Dez.
[286] Maria Elisabeth HOUTZAGER: Kurzer Abriß der Krippengeschichte. Von den Anfängen bis zur Gegenwart in aller Welt. In: Die Weihnachtskrippe. Jb. 47. 1980. S. 89-98. - hier: S. 91.
[287] BERLINER 1955, S. 81.
[288] KARASEK 1974, S. 22.
[289] Johanna LAMERS-VORDERMAYER: Krippenschau. In: Die Christliche Frau. Jg. 14. 1916. Heft 12. Dez. S. 361-364. - hier: S. 362.
[290] NICKEL (wie Anm. 101), Tl. 1, S. 147.

naive Darstellungsart der Krippe, weil sie so den Kindern das Evangelium erschließt [291] und die Erwachsenen an „die glücklichen Kinderjahre" erinnert [292]. Ein anonymer katholischer Priester und Lehrer äußert sich 1859 erfreut darüber, daß „diese unschuldige, sinnige Freude zugleich ein neuer Sporn für den Unterricht" sei [293], also seine Funktion als Unterrichtsmittel gut erfülle. Auch ein evangelischer Autor schätzt die (Haus-) Krippe als „Anschauungsmittel der heiligen Geburtsnacht für die Kleinen und die Großen"[294].

Neben der Funktion als Bibelillustration für Kinder beanspruchen katholische Geistliche die Krippe auch als moralisches Belehrungsinstrument; sie veranschaulicht die Überwindung von Sinnenlust, Habsucht und Hoffart [295], sie lehrt Demut und Selbstlosigkeit, Ergebung und Geduld, Selbstüberwindung und Entsagung[296].

Durch den Kindheit-Jesu-Verein wächst der katholischen Kirchenkrippe eine wichtige weitere Funktion zu: die Krippe regt zu Spenden und besonderen Andachtsübungen der Vereinsmitglieder an. Der älteste greifbare Bericht über Gebet und Opferniederlegung vor der Kirchenkrippe kommt 1879 aus Lüdgeneder, Reg.-Bez. Koblenz [297]. Möglicherweise ist auch eine gegenständliche Krippe in dem Bericht aus „L." von 1870 gemeint, an der die Vereinsmitglieder die Seele eines freigekauften Negersklaven niederlegten [298]. 1877 werden die Ortsvereine angeregt, beim Jahresfest vor der Krippe ein Gedicht mit verteilten Rollen zu deklamieren; das Jesuskind spricht darin: „Mit Beten und dem Scherflein dein,/ Errettest du manch Kindelein./ So kannst auch du Apostel sein,/ Bist Seelenretter, Kindlein mein! ..."[299] Ein beliebtes Requisit für die Spendensammlung an der Krippe ist ein Opferstock mit der darauf sitzenden Figur eines Negerjungen, später auch einer Negerfrau mit Säugling auf dem Schoß oder zwei (ein weißes und ein farbiges) sich gegenüberstehende Kinder; bei Geldeinwurf nickt die Gestalt zum Dank. Diese sogenannten Nicknegerchen wurden noch in den 1950er Jahren von der Vereinszentrale in Aachen ausgeliefert. Das Jahr ihrer Innovation ist nicht

---

[291] P. HÖVELER: Krippendarstellungen. In: Rheinisches Sonntagsblatt. Jg. 24. 1895. Nr. 50 v. 15. Dez. S. 400; Nr. 51 v. 22. Dez. S. 404 f. - hier: S. 405.
[292] HÖVELER (wie Anm. 104), S. 7.
[293] o.Verf.: Die frühzeitige Gewöhnung der Kinder an ein religiöses Leben. In: Der Katholik. Neue (d.i.: dritte) Folge. Bd. 2 = Jg. 39. 1859. Heft 10. S. 1.247-1.260; Heft 11. S. 1.386-1.397. - hier: S. 1.392.
[294] ORTWEIN (wie Anm. 96), S. 78.
[295] Johann Peter TOUSSAINT: Predigten auf die Hauptfeiertage des Kirchenjahres nebst einer Anzahl der üblichsten Gelegenheitsreden v. -. Dülmen i.Westf.: Laumann, 1888. - S. 14.
[296] o.Verf.: An der Weihnachtskrippe. In: Kolpingsblatt. Jg. 8. 1908. S. 205.
[297] Notiz o.Verf.u.o.Titel in der Rubrik „Aus dem Vereinsleben" in: Jahrbücher des Werks der hl. Kindheit. 1879. Heft 3. S. 40.
[298] o.Verf.: Aus einem anderen Bericht. In: Jahrbücher des Vereins der hl. Kindheit. 1871. Heft 3. S. 100 f.
[299] o.Verf.: Zum Jahresfeste der h. Kindheit zu Bodenheim, Diöcese Mainz. In: Jahrbücher des Werks der h. Kindheit. 1877. Heft 1. S. 56-60.

mehr feststellbar; in den Jahrbüchern werden sie in Berichten aus Westum (1906) und Plaidt bei Andernach (1916) bereits erwähnt [300].

3.3. Formale Vorgaben für die Krippengestaltung

Erst im 19. Jahrhundert wird die erste Formalvorschrift zur Krippengestaltung greifbar: Ein in Bayern erschienenes katholisches Handbuch, das formale Vorschriften zu den verschiedensten Themen und Objekten christlicher Kunst vorstellt, behandelt auch kurz die Kirchenkrippe [301]. Diese soll in Beschränkung auf die zentralen Bildinhalte, aber möglichst in „plastipolychromischer Ausführung" mit künstlerischem Anspruch geschaffen werden. Als Aufstellungsort empfiehlt Jakob eine Kapelle oder die Vorhalle, soweit der Gottesdienst nicht gestört wird, auch einen geeigneten Platz im Seitenschiff.

3.4. Verbreitung der Krippe

3.4.1. Kirchenkrippen

Krippen in evangelischen Kirchen des Kölner Raums sind nicht belegbar, sie wären auch nach den dargestellten liturgischen Traditionen zumindest vor Einführung der kirchlichen Weihnachtsfeiern (Christvesper, Feier der Sonntagsschule) wenig wahrscheinlich. Kirchenkrippen des 19. Jahrhunderts sind daher hier katholische Kirchenkrippen.

Die populäre Regionalliteratur bezieht zur Verbreitung katholischer Kirchenkrippen im 19. Jahrhundert unterschiedliche Standpunkte. So heißt es um 1870 bzw. 1900, daß (im Gegensatz zum Ende des 18. Jahrhunderts) die Kirchenkrippe im Rheinland wenig verbreitet sei; in der Eifel soll die Krippe nicht allgemein üblich gewesen sein und teils nur aus einem Jesuskind mit Strohlager auf dem Altar bestanden haben [302]. Dagegen wiederholt Klersch mehrfach die These, daß die katholischen Kirchen Kölns vom ersten Viertel des 19. Jahrhunderts an allesamt Krippen erhielten [303]. Die veröffentlichten Erinnerungen der Zeitzeugen Weyden und Kreuser belegen aber das Gegenteil: beide sprechen von im ersten Viertel des 19. Jahrhunderts noch sichtbaren Kirchenkrippen, die offensichtlich

---

300 Notizen o.Verf.u.o.Titel in der Rubrik „Vereinsnachrichten" in: Jahrbücher des Vereins der hl. Kindheit. 1906. Heft 3. S. 159; Jahrbücher des Werks der hl. Kindheit. Jg. 69. 1917. Heft 2. S. 40.

301 G. JAKOB: Die Kunst im Dienste der Kirche. Ein Handbuch für Freunde der kirchlichen Kunst v. -. 3.Aufl. Landshut: Thomann, 1880. (Erstaufl. 1857) - S. 264.

302 Notiz o.Verf.u.o.Titel in der Rubrik „Katholischer Gesellenverein, Köln" in: Rheinische Volksblätter. Jg. 20. 1873. Nr. 51 v.20.Dez. S. 814. -- HAGER 1902, S. 88. -- W. VIRNICH: Eifel und Weihnachtskrippenbau. In: Eifel-Kalender für das Jahr 1934. Bonn: Eifelverein, 1933. S. 33-35. - hier: S. 34.

303 Josef KLERSCH: Unsere Krippe. In: Kirchenzeitung (Erzbistum Köln). Jg. 7. 1952. Nr. 51/52 v.21.Dez. S. 821. -- ders.: Köln und die Krippe. In: Die Weihnachtskrippe. Jb. 20. 1953. S. 36-40. - hier: S. 37. -- ders.: Weihnachtskrippen im Kölner Raum. In: Die Weihnachtskrippe. Jb. 26. 1959. S. 10-12. - hier: S. 12.

in derselben Zeit abgeschafft werden (siehe Abschnitt 2.3.); erst um 1860 erhält die Minoritenkirche durch eine Schenkung eine neue Krippe [304].

Die Funktion der Krippe als moralisches Belehrungsinstrument wird zu dieser Zeit teils einer geistigen Vergegenwärtigung der Krippe zugewiesen. Der Erzbischof Droste zu Vischering leitet die Gläubigen an, „oft im Geiste" vor der Krippe zu beten [305]; auch der evangelisch-reformierte Pfarrer Krummacher (späterer Hofprediger in Berlin und Potsdam; Sohn des Duisburger reformierten Theologie-Professors) kennt das Motiv des geistigen Besuchs der Krippe [306]. Die Kolpingssöhne werden 1859 zum Bau der Herzenskrippe angehalten, bei der ein gegenständliches Bild unsinnig wäre [307]; von der Gestaltung der Herzenskrippe (wohl im Zusammenhang mit dem Empfang der Eucharistie) spricht auch eine gestickte Schriftzeile auf den Kommunionbanktüchern in Bergheim-Paffendorf[308].

Daß die Krippe nicht zum allgemein üblichen Kircheninventar zählen kann, belegt das von den Lesern der Kölnischen Volkszeitung Weihnachten (!) 1914 gestiftete Feldkapellen-Auto, das auf engstem Raum ein Altarbild, einen schußsicheren Tabernakel, Leuchter, Vasen, Schränke mit Wäsche und Paramenten, an der Schauseite noch zwei bemalte „Altarflügel" besitzt, aber offenbar keine, noch so kleine Krippe [309].

Der Kindheit-Jesu-Verein hatte besonderes Interesse an der Verbreitung der Krippe. Der Aachener Vorstand schenkt dem Zweigverein in Oberkail, Reg.-Bez. Trier, 1878 eine Krippe in einem Schaukasten; dieses bescheidene Objekt ist die

---

304 Da Kreuser von der „Wiederherstellung" der Sitte, Krippen aufzustellen, spricht und zuvor die Krippe von Groß St. Martin als die letzte der alten Zeit beschreibt, darf die Krippe der Minoritenkirche als die erste Kirchenkrippe Kölns nach einer ganz krippenlosen Zeit gelten. - KREUSER (wie Anm. 202), S. 51 f. (zur Minoritenkirche: S. 52)

305 Clemens August Freiherr DROSTE ZU VISCHERING: Predigten, Betrachtungen und Unterweisungen, in früheren Jahren gehalten von dem jetzigen Erzbischofe von Cöln, -, und mit dessen Einwilligung dem Druck übergeben. Münster i.W.: Aschendorff, 1843. - S. 7.

306 Friedrich Wilhelm KRUMMACHER: Das Christuskindlein. Eine Weihnachtsbetrachtung v. -. Elberfeld: Büschler, 1829. - S. 11.

307 „... Ein Krippchen mußt Du ihm bereiten,/ Drin gern es weilt für alle Zeiten./ Hinein mußt Du vor allen Dingen / Als schlichtes Stroh - die Demuth bringen,/ Als Bettchen - Dank für Gottes Huld,/ Als Kissen - Sanftmuth und Geduld,/ So wird das Krippchen wohl gelingen./ Als Leinen nimmst Du Reinigkeit / Und Wahrheit und Gerechtigkeit,/ Als Decke festes Gottvertrauen,/ Und um das Krippchen recht zu schmücken,/ Mußt Du die schönsten Blumen pflücken,/ Die an dem Fuß des Kreuzes blühn,/ Gehorsam, Liebe, die verzeiht,/ Wohlthun, Gebet, Enthaltsamkeit,/ Um alle mußt Du Dich bemühn./ Dann aber darfst Du darauf bauen,/ Daß sicher auch das liebe Kind / In Deinem Krippchen gern verweilet / Und mit den Händchen sanft und lind / Des Herzens tiefste Wunden heilet./ ..." o.Verf.: Ein Krippchen. In: Rheinische Volksblätter. Jg. 6. 1859. Nr. 52 v.24.Dez. S. 817 f. - hier: S. 818.

308 Die Tücher dürften dem 19. oder frühen 20. Jahrhundert angehören, wurden aber noch 1983 benutzt. Der Text lautet: „O komm und halte süße Ruh,/ und bleibe bei uns immerzu!/ Komme, komme, Gotteskindlein!/ O komm, Du süßes Himmelskind/ in unser Herz hinein!/ Wir haben Dir gar weich und lind/ bestellt das Krippelein!"

309 Kölnische Volkszeitung. 1914. Nr. 1.090 v.20.Dez.

weihnachtliche Sensation in der Dorfkirche [310]. Leider fehlt ein entsprechender Bericht aus dem Kölner Bistum; der Pfarrer von „B., Reg.-Bez. Cöln" fordert 1872 in Aachen lediglich eine Jesuskind-Statuette für das Jahresfest des Vereins an [311].

Daten zur Verbreitung der Kirchenkrippe im Rheinland stehen für das 19. Jahrhundert nur in begrenztem Umfang zur Verfügung. Die erste neue Krippe Kölns in der Minoritenkirche wurde bereits erwähnt; der Vorreiter in Essen ist 1870 die Jesuitenkirche [312], die Pfarrkirche in Ruppichteroth-Winterscheid besitzt um 1870/80 bereits eine Krippe [313], die Franziskanerkloster-, Pfarr- und Wallfahrtskirche Neviges soll um 1880 eine Krippe erhalten haben [314], die Pfarrkirche Bornheim bekommt 1898 eine große neue Krippe [315], die Melatener Kapelle in Köln hat 1904 eine kleine Krippe [316], um 1900 wird in Bonn-Beuel, St. Joseph, die erste Krippe aufgestellt [317], die Pfarrkirche von Köln-Lövenich zeigt um 1910 eine Krippe [318], ebenso die Pfarrkirche Düssel [319], die Pfarrei Mettmann beschafft 1908 die Krippenfiguren [320], Pfarrer Bund (1899-1913 dort) beschafft für St. Andreas in Leverkusen-Schlebusch um 1910 die erste Krippe [321].

Diese Zunahme der positiven Belege um 1900 mit der gelegentlichen Nennung, daß dies die erste Krippe sei, zeigt auch die Fortsetzung der Analyse von Kircheninventaren. 44 Verzeichnisse aus zehn Pfarrkirchen und einer früheren Pfarrkirche (Köln, St. Maria Ablaß) liegen für 1810-1940, überwiegend aus dem 19. Jahrhundert, vor. Ein undatiertes, aber dem Verzeichnis von 1878 nachgeordnetes Inventar aus Köln-Niehl, St. Katharina, verzeichnet eine „Krippenaufstellung mit Stall für die Weihnachtszeit", die in der Liste von 1878 noch fehlt. In den Inventaren aus Rheinbreitbach von 1877 und 1878 taucht jeweils ein „Gestell für die Aufstellung des hl. Grabes in den letzten drei Tagen der Charwoche" auf; in dem

---

310 Notiz o.Verf.u.o.Titel in der Rubrik „Aus dem Vereinsleben." in: Jahrbücher des Werks der hl. Kindheit. 1879. Heft 3. S. 57.

311 Notiz wie vorstehend in: Jahrbücher des Vereins der hl. Kindheit. 1872. Heft 4. S. 229.

312 Joh. PESCH: Warum wir eine Krippe bauen. In: Kirchenzeitung (Erzbistum Köln). Jg. 3. 1948. Nr. 25 v.25.Dez. S. 233.

313 SCHMITZ (wie Anm. 60), S. 340.

314 MÜNCH (wie Anm. 136), S. 18.

315 Norbert ZERLETT: „Chrestboom" und „Kreppche" im alten Bornheim. In: Pfarrbrief d.kath.Pfarrgde.St.Servatius, Bornheim. Nr. 4. November 1980. o.Pag.

316 P. HÖVELER: Das Friedhofskapellchen zur Weihnachtszeit. In: Rheinisches Sonntagsblatt. Jg. 33. 1904. Nr. 3 v.17.Jan. S. 19 f. - hier: S. 19.

317 Johannes BÜCHER: Die Beueler St.-Josephs-Pfarre. Ein Rückblick auf mehr als hundert Jahre v. -. Bonn-Beuel: Kath.Kirchengde.St.Joseph, 1976. - S. 97.

318 Elisabeth LESMEISTER: So habe ich als Kind Weihnachten erlebt. In: Pfarrbrief St. Marien, Weiden. 1984. Nr. 4. S. 6-9. - hier: S. 6.

319 MÜNCH (wie Anm. 136), S. 18.

320 ebda., S. 18.

321 Heimatbuch Leverkusen-Schlebusch. Tl. 1-3. Leverkusen-Schlebusch: Kath. Pfarramt. Tl. 3. Peter OPLADEN: Die Geschichte der Pfarre St. Andreas und des Pfarr-Rektorates St. Albertus Magnus zu Leverkusen-Schlebusch. Mit e.Beitr. „Aus der Geschichte der evangelischen Gemeinde" v. Karl BORNEMANN. 1952. - S. 181. -- o.Verf.: Krippen in Leverkusen-Schlebusch. In: Land an Wupper und Rhein. Heimatkalender 1973. Opladen: Kreisverwaltung, o.J. - S. 191.

Grafik 6:
Angaben über Krippen in Pfarrkirchen-Inventaren 1820-1920

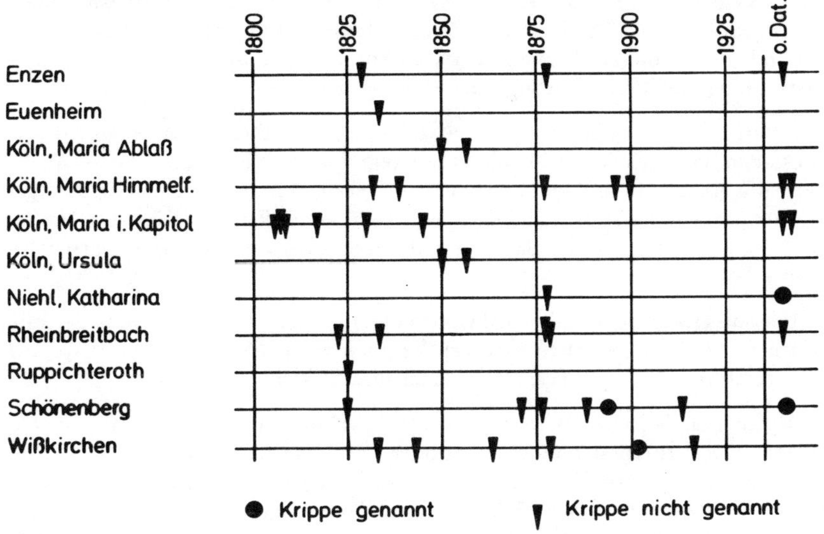

späteren, undatierten Verzeichnis folgen zusätzlich noch „ein Brettgestell für den Gebrauch in der Allerseelen-Octav" und „5 dito am Weihnachtsfeste"; Letzteres könnte das Podest einer neuen, im Inventar aber nicht erwähnten Weihnachtskrippe sein. Das Inventar aus Wißkirchen von 1902 erwähnt „Eine vollständige Krippe mit Statuen hl. drei Könige und Hirten", von der das voraufgehende Verzeichnis von 1879 nichts weiß. Ein Nachtrag zum Inventar von 1889 aus Ruppichteroth-Schönenberg nennt eine vollständige Krippe aus Terracotta mit 33 cm großen Figuren, gefertigt von W. Stommel in Damm, geschenkt 1895; eine rote Randbemerkung von dritter Hand lautet „ausgeschieden" - im nachfolgenden, undatierten Inventar von einer vierten Handschrift wird eine hölzerne Krippendarstellung aufgeführt. Die übrigen Inventare bieten keine Belege für Krippen (siehe Grafik 6).

3.4.2. Hauskrippen

Bei den Krippen der privaten Haushalte zeigt sich ein ähnliches Bild wie bei den Kirchenkrippen. Höveler klagt 1895, daß die altüberkommene „Sitte" der Krippenaufstellung eingeschlafen sei, während sie zur Jugendzeit älterer Kölner selbstverständlich gewesen sein soll [322]. In Leichlingen wie in Schlebusch ist offenbar

[322] HÖVELER (wie Anm. 291), S. 400. -- P. HÖVELER: Die Weihnachtskrippe. In: St. Quirinus-Blatt. 1926. Nr. 52 v.26.Dez. Sp. 411 f. - hier: Sp. 411.

um 1890/1900 die Hauskrippe nicht üblich [323], ebenso wenig zur Jugendzeit von Heimbach (1894-1969) in Köln-Kriel [324] oder von Lesmeister um 1910/20 in Köln-Weiden [325]; um 1900 besitzt in Grevenbroich-Belmen nur eine Familie eine Hauskrippe [326]. 1904 beschreibt die Zeitschrift des Katholischen Deutschen Frauenbundes die familiäre Weihnachtsfeier ohne Erwähnung der Krippe, in einer Darstellung von 1910 allerdings erscheint sie selbstverständlich [327].

Die Verbreitung der Hauskrippe hat zu dieser Zeit aber bereits eingesetzt. In Bornheim wird sie nach 1870 üblich, angeregt durch ein Kirchbauvereinsfest, das auch die Anschaffung einer Kirchenkrippe nach sich gezogen hat [328]; Kintgen erinnert sich an das alljährliche Krippenbasteln seiner Familie (Köln-Lindenthal, 1880/90er Jahre), wobei das Vorjahreserzeugnis an Bekannte verschenkt wurde [329].

In Lindlar-Hohkeppel sind Hauskrippen bereits vor 1900 bekannt [330], in der Eifel sollen um 1900 in manchen Häusern Krippen vorhanden sein [331], in Overath-Untereschbach hat 1910 fast jeder Haushalt eine kleine Krippe [332].

Auch im evangelischen Bereich gewinnt die Hauskrippe an Bekanntheit. Der spätere Konsistorialrat Natorp empfindet 1857 eine Krippe unter dem Christbaum als Selbstverständlichkeit [333], Spitta rechnet sie zu den sinnvollen Dekorationen des Baums [334]. Nach 1900 ist z. B. in den evangelischen Familien in Remscheid die Krippe unter dem Baum durchaus üblich [335], während sie nach Kauf-

---

[323] Fritz HINRICHS: Leichlinger Heimatbuch. Tl. 1-3. Leichlingen: Stadt Leichlingen. Tl. 1. Der Heimatboden und sein bäuerlicher Siedlungsraum. 1953. - S. 125 f. -- Heimatbuch (wie Anm. 321), S. 181.

[324] Suitbert HEIMBACH: Et wor ens ... Verzällcher un Gedeechte. Köln: Pick, 1961. (Beiträge zur kölnischen Geschichte, Sprache, Eigenart; 36) - insbes. die Kurzgeschichten: Et Kreßkindche kütt, S. 43-45; Laterna Magica, S. 49-52.

[325] LESMEISTER (wie Anm. 318).

[326] Rheinisches Volkskundearchiv, GV-Belmen, R 56 (nach einem Bericht von Fr. Coenen aus 1965).

[327] L. HITZ: Das deutsche Weihnachtsfest in der Familie. In: Die Christliche Frau. Jg. 3. 1904/5. Heft 3. Dez. 1904. S. 86 f. -- o.Verf.: Wie Frau Immergut in ihrem Hause die Weihnachtskrippe herrichtete. In: Der Katholische Frauenbund. Jg. 5. 1910/11. Nr. 3. S. 9.

[328] ZERLETT (wie Anm. 315), o.Pag.

[329] Peter KINTGEN: Fröhliche, selige Adventszeit. Kindheitserinnerungen v. -. In: Am Scheidewege. Jg. 17. 1931/32. Nr. 17. Dez. S. 265 f.

[330] Anton JUX u. Josef KÜLHEIM: Heimatbuch der Gemeinde Hohkeppel zur Jahrtausendfeier 958-1958 v. - m.Vorarb.z.Pfarrgeschichte v. Peter OPLADEN. Hohkeppel: Gemeindeverwaltung, 1958. - S. 114.

[331] KLEIN: Eifelweihnacht. In: Eifel-Kalender für das Jahr 1928. Bonn: Eifelverein, 1927. S. 139-141. - hier: S. 140.

[332] Adolf ALTENGARTEN: Das Sülztal. Ein Beitrag zur Heimat- und Volkskunde hrsg.v. -. Euskirchen: Zimmermann, 1911. (Berge roemrijk) - S. 102.

[333] G. B. Adalbert NATORP: Der Christbaum. In: Kirchlicher Anzeiger der evang. Gemeinde zu Düsseldorf. Jg. 6. 1857. Nr. 51; Nr. 52. o.Pag. - hier: Nr. 52.

[334] SPITTA (wie Anm. 171), S. 360.

[335] Rheinisches Volkskundearchiv, Remscheid, O 1 (nach einem Bericht von Else Schmidt, Remscheid, geb. 1901).

mann im Homburger Land, wie auch im katholischen Marienheide, im 19. Jahrhundert selten anzutreffen ist [336].

3.4.3. Vereins-, Schulkrippen

Abgesehen vom Kindheit-Jesu-Verein engagieren sich die katholischen Vereine des 19. Jahrhunderts wenig für die Krippe. Den regelmäßig in den Rheinischen Volksblättern erscheinenden Ankündigungen für die Weihnachtsfeiern des Kölner Gesellen-Hospitiums ist zu entnehmen, daß 1866-1872 der Festsaal zwar mit einem Christbaum, aber nicht mit einer Krippe dekoriert ist; diese wird 1873 erstmalig genannt [337]. Noch 1890 empfiehlt Schaeffer zum Weihnachtsfest im Gesellenverein nicht die Betrachtung einer bildlichen Krippe, sondern die „Zubereitung der Krippe in unsern Seelen" durch Beichte und Kommunion [338].

Der Kölner St.-Agnes-Verein, ein Zusammenschluß junger italienischer Arbeiterinnen, begeht 1905 seine Weihnachtsfeier vor Christbaum und Krippe; der (deutsche) Festredner nimmt die Dekoration als Anspielung auf italienische Heimat (Krippe) und die deutsche Fremde (Christbaum) auf [339]. Noch zehn Jahre später wird den deutschen katholischen Jugendvereinen zur Dekoration ihrer Weihnachtsfeiern ein Christbaum, aber keine Krippe empfohlen [340].

Christbaum und Krippe sind als Festdekoration für die evangelische Sonntagsschule in Nümbrecht belegt. Die Sonntagsschule lädt dort erstmals 1873 zur Weihnachtsfeier ein; den Saal des Vereinshauses schmückt dazu ein Christbaum, „Jesus in der Krippe, Hirten und Tiere"[341].

Den katholischen Lehrern wird schon 1859 angeraten, im Klassenraum während der Weihnachtszeit eine Krippe aufzustellen [342], ein evangelischer Lehrer berichtet 1912 vom Weihnachtsschmuck seiner Schule, bei dem statt des familiären Gabentischs (fast wie ein Lückenfüller) eine Krippe aufgestellt wird [343]. Belege für Schulkrippen aus dem Kölner Raum fehlen jedoch.

3.4.4. Gewerbliche Krippen

Ein Phänomen des 19. Jahrhunderts sind im Kölner Raum die gewerblichen Krippenausstellungen, denen bislang keine Aufmerksamkeit gewidmet wurde. Zu die-

---

336 Otto KAUFMANN: Alte oberbergische Weihnachtsbräuche. In: Romerike Berge. Zeitschrift für Heimatpflege im Bergischen Land. Jg. 10. 1960/61. S. 49-60. - hier: S. 51.
337 Rheinische Volksblätter. Jg. 13. 1866. Nr. 51 v.22.Dez. S. 816; Jg. 15. 1868. Nr. 52 v.26.Dez. S. 828; Jg. 18. 1871. Nr. 51 v.23.Dez. S. 816; Jg. 19. 1872. Nr. 51 v.22.Dez. S. 816; Jg. 20. 1873. Nr. 51 v.20.Dez. S. 816.
338 S. G. SCHAEFFER: Das heil. Weihnachtsfest. In: Rheinische Volksblätter. Jg. 27. 1890. Nr. 51 v.20.Dez. S. 824 f. - hier: S. 824.
339 o.Verf.: Weihnachtsfeier des Vereins der jungen Italienerinnen in Köln. In: Rheinisches Sonntagsblatt. Jg. 35. 1906. Nr. 2 v.13.Jan. S. 13 f.
340 Ludwig WOLKER: Weihnachten im Jugendverein. In: Jugendpflege. Jg. 4. 1916/17. S. 25f.
341 KAUFMANN (wie Anm. 66), o.Pag.
342 o.Verf. (wie Anm. 293), S. 1.392.
343 E. H. WOHLRAB: Die Weihnachtsgeschichte im 3. Schuljahre. In: Die Arbeitsschule. Jg. 26. 1912. Heft 12. S. 353-364. - hier: S. 360.

ser Gattung zählt vermutlich auch das von Niessen in den Zusammenhang der Theatergeschichte gestellte „Weihnachtspanorama", das während der 1830er Jahre in Köln gastierte [344]. In Euskirchen zeigte der Gerbermeister Schmitz während der 1860er Jahre seine große Krippe; zwischen Weihnachten und Lichtmeß war täglich dieser Aufbau zu sehen, der auch mechanische Details besaß (Glokkengeläute der Dorfkirche, laufendes Rad der Wassermühle)[345].

In der Stadt Bonn kommt es gar zu einer Blüte gewerblicher Krippen um die Mitte des 19. Jahrhunderts: Im Bonner Wochenblatt werben 1842 f., 1845-47, 1850-52, 1854-56 und 1860 Krippen um Besucher, in den Jahren 1845, 1847, 1851 f. und 1860 jeweils zwei verschiedene. Einige werben über Jahre hinweg, so Friederike Platz 1843, 45 und 54; sie zeigt eine „große nach römischem Styl mit vielen beweglichen Figuren eingerichtete Krippe"[346], die 1845 „mit mehreren neuen biblischen Gruppen bereichert" wurde [347]. Eine 1850 auf der Maargasse Nr. 404 ausgestellte Krippe soll nach Angabe in der Anzeige über 200 Jahre alt sein [348]. Über das 1856 im Wintergarten des Saals zum Römer ausgestellte Weihnachtspanorama wird notiert: „Die Decorationen sind theils neu, theils stammen sie vom früheren churfürstlichen Hofe her, wohl conservirt und auch für Kunstfreunde von Interesse."[349]

Die Annonce für die große neue Krippe bei Joh. Schiefgen 1846 in Bonn umfaßt eine sehr anschauliche Beschreibung dieses fantastischen Panoramas, das offensichtlich an der Grenze von mechanischer Krippe und mechanischem Krippenspiel liegt: „Auf derselben sind nur Wachsfiguren, die meisten von 18-30 Zoll Größe und alle sehr zierlich gekleidet. Eine große Anzahl der Figuren ist beweglich und drehen sich beim Rückwege von selbst um. Mehrere sieht man zum Stalle gehen. Ein Müller treibt seinen Esel zur und von der Mühle. Besonders bemerkenswerth ist eine Wassermühle, deren Fensterladen sich von selbst öffnen und schließen. Man sieht, wie das Rad derselben von Wasser getrieben wird, welches Wasser sich hierauf in einem Teiche sammelt und einen Springbrunnen treibt. Der Thron, auf welchem Herodes, umgeben von 6 Wächtern sitzt, zeichnet sich durch Eleganz besonders aus. Die Wächter an dem Throne und vor dem Palaste präsentiren. Die Schafe mit natürlicher Wolle nehmen sich sehr gut aus. Auch einige Nebensachen werden ihren guten Eindruck nicht verfehlen."[350]

Die Krippe findet auch als Werbegag gelegentlich Verwendung. Der Bonner Konditor J. W. Zilles produziert 1833 als Weihnachtspräsente religiöse Figurengruppen aus Marzipan, darunter auch eine Muttergottes mit den drei Königen[351]; der

---

344 NIESSEN (wie Anm. 39), S. 158.
345 o.Verf.: E Oeskerche Kreppche. Verzällche von enem Kälker Jong. In: Unsere Heimat im Wandel der Zeit. Beil.z.Euskirchener Volksblatt. Jg. 1. 1924. Nr. 4. S. 32.
346 Bonner Wochenblatt. 1843. Nr. 247 v.17.Dez.; Nr. 254 v.24.Dez.
347 Bonner Wochenblatt. 1845. Nr. 352 v.21.Dez.
348 Bonner Zeitung. 1850. Nr. 302 v.25.Dez.
349 Bonner Zeitung. 1856. Nr. 303 v.25.Dez.
350 Bonner Wochenblatt. 1846. Nr. 355 v.25.Dez.
351 Bonner Wochenblatt. 1833. Nr. 191 v.19.Dez.

Publikums-Magnet für den Weihnachtsbazar der Firma Stollwerck in Köln ist 1868 eine „Krippe zu Bethlehem, ganz in Zucker gefertigt"[352]. Als Attraktion einer entsprechenden Branche erscheint eine Krippe erst 1906 während einer Werbeausstellung der „Oberammergauer Industrie"; diese zeigte 68 geschnitzte Figuren in vier Szenen auf 48 qm [353].

Eine Variante der gewerblichen Krippen sind die Krippenausstellungen, die Spenden für karitative Zwecke einbringen sollen, im Kölner Raum erstmals 1852 in Bonn belegt, wo ein ungenannter Krippenbesitzer sein Objekt zugunsten armer Waisenkinder zeigt [354]. In Bornheim sammelt der katholische Kirchbauverein Beiträge durch eine öffentliche Ausstellung von Christbaum und Krippe, die so gemeinsam in diesem Ort erstmals zu sehen waren [355]; dasselbe versucht der St.-Andreas-Reparatur-Bauverein in Köln 1886 durch Aufstellung seiner Krippe [356].

Besonderes Engagement für die karitative Krippenausstellung bewiesen die katholischen Gesellenvereine (auf deren Vereinsfesten aber die Krippe offenbar wenig Bedeutung hat!). 1854 und 55 lädt man in Köln erstmals zum Besuch der Krippe und zum Opfer zugunsten der Armen ein [357]. Eine neuerstellte Krippe wird 1873 mit demselben Zweck angezeigt, sie ist 1874 f. als bedeutend erweitert angekündigt [358]. Der katholische Gesellenverein in Siegburg zeigt 1876 seine Krippe gegen Eintritt ohne Angabe eines karitativen Zwecks [359]. Wie üblich Krippenarbeit in Gesellenvereinen anscheinend ist, zeigt, daß z. B. das Evangelische Gesellenvereinshaus in Breslau 1868 eine Weihnachtsausstellung mit Krippen zeigt [360].

3.5. Zusammenfassung

Die wenig bilderfreundliche Grundhaltung in den evangelischen Gemeinden des Kölner Raums bleibt im 19. Jahrhundert erhalten; bis zur Jahrhundertmitte bestimmt eine ähnliche Tendenz auch die katholische Seite - in der Stadt Köln existieren zwischen etwa 1815 und 1860 keine katholischen Kirchenkrippen. Die zweite Jahrhunderthälfte charakterisiert ein zunehmender weihnachtlicher Dekorationsbedarf, nicht nur auf der Seite der kommerziellen Veranstaltungen (die sich besonders des Christbaums bedienen), sondern auch auf kirchlicher Seite (Vereinsfeste, Christvespern, Weihnachtsfeiern der Sonntagsschulen), so daß unter

---

352 Kölnische Blätter. 1868. Nr. 347 v.16.Dez.
353 Kölnische Volkszeitung. 1906. Nr. 1.040 v.5.Dez.
354 Bonner Zeitung. 1852. Nr. 301 v.24.Dez.
355 ZERLETT (wie Anm. 315), o.Pag.
356 Kölnische Volkszeitung. 1886. Nr. 355 v.24.Dez.
357 Rheinische Volksblätter. Jg. 1. 1854. Nr. 40 v.30.Dez. S. 624; Jg. 2. 1855. Nr. 51 v.22.Dez. S. 818.
358 Rheinische Volksblätter. Jg. 20. 1873. Nr. 51 v.20.Dez. S. 814; Jg. 21. 1874. Nr. 51 v.19.Dez. S. 816; Jg. 22. 1875. Nr. 52 v.25.Dez. S. 830. -- Kölnische Volkszeitung. 1874. Nr. 354 v.24.Dez.; 1875. Nr. 354 v.24.Dez.
359 Siegburger Zeitung. 1876. Nr. 102 v.23.Dez.
360 LANZ 1981, S. 6.

anderem auch die Krippe im kirchlichen Bereich wahrscheinlicher wird. Zur selben Zeit entdeckt man auf katholischer Seite neue Funktionen für die Krippe: sie wird als Instrument der Kinderbelehrung und jetzt auch als Bild im Zusammenhang mit einem Opferstock verwendet.

Die letztere Funktion entwickelt sich auch außerhalb des Kirchenraums bei den karitativ orientierten Varianten der gewerblichen Krippenausstellungen; treibende Kräfte für den spendenträchtigen Krippenbau sind hier wie dort die neu entstandenen katholischen Vereine, insbesondere die Gesellenvereine und der Kindheit-Jesu-Verein.

Die Daten zur Krippengeschichte spiegeln diese Situation. Bis in die 1860er Jahre ziehen gewerbliche Krippen ihr Publikum an; wären Kirchenkrippen allseits üblich gewesen, hätten sie wenigstens alle mit spektakulären technischen Details o. ä. um Besucher werben müssen. Die zumeist knappen Anzeigentexte lassen eher daran denken, daß die Ausstellung einer schön aufgebauten Krippe zu dieser Zeit ungewöhnlich genug war, um dies mit Blick auf die zu erwartenden Einnahmen aus den Eintrittsgeldern zu tun. Mit dem zunehmenden Interesse für Kirchendekoration und der Entfaltung der nach Opfergaben suchenden Vereine auf katholischer Seite sind dann ab etwa 1860 Daten über katholische Kirchenkrippen zu erhalten, die mehrmals als erste Krippe in dieser Kirche bestimmt werden können. Evangelische Kirchenkrippen sind dagegen nicht nachweisbar - abgesehen von einer Feier der Sonntagsschule, die aber außerhalb des Kirchenraums stattfindet. Hauskrippen werden von derselben Zeit an erwähnt, wobei die konfessionelle Zuordnung weniger bedeutungsvoll ist.

Zu einer weitgreifenden Ausbreitung der Krippe kommt es aber im 19. Jahrhundert noch nicht. Weder sind Krippen zur selbstverständlichen Dekoration aller katholischen Kirchen geworden, noch wird für alle erwähnten Ortschaften festgehalten, daß die Hauskrippe allgemein üblich sei.

3.6. Vergleich mit der Diffusion des Christbaums

Der hier betrachtete Zeitraum ist auch die entscheidende Epoche in der räumlichen und sozialen Diffusion des Christbaums im Kölner Raum; im Unterschied zur Krippe erfährt der Christbaum im 19. Jahrhundert auch seine erste hiesige Aufstellung überhaupt [361]. Beide sind Dekorationselemente in der weihnachtlichen Festgestaltung, die im Kölner Raum beiden großen Konfessionen ohne Vorbehalte zur Verfügung stehen. In den Häusern wie im Kirchenraum können sie gemeinsam auftreten - die Melaten-Kapelle in Köln ist 1904 durch „drei mächtige Tannenbäume, darin zur linken versteckt eine kleine Krippe" geschmückt [362], in den katholischen Kirchen Bonns sollen Tannenbäume 1928 allgemein üblich sein,

---

[361] WALZ (wie Anm. 260), S. 88.
[362] HÖVELER (wie Anm. 316), S. 19.

in den Kirchen der Eifel treten gelegentlich auch die (ungeschmückten) Tannen allein auf [363].

Die bei der Krippenverbreitung engagierten katholischen Vereine benutzen auch den Christbaum als Festrequisit. Auf die anfänglich nur mit Christbäumen dekorierten Weihnachtsfeiern des Kölner Gesellen-Hospitiums (ab 1866) wurde bereits hingewiesen. Unter den erstrebenswerten Elementen der Festgestaltung bei den Gesellen zählt Schaeffer Krippenspiel, Lieder- und Gedichtvorträge und den geschmückten Weihnachtsbaum, nicht aber die Krippe auf [364]. Den familiären Zusammenhalt der von ihrer Heimat getrennten Gesellen im Kolpingswerk soll der Christbaum augenfällig machen, nicht die Krippe [365]. Zur Spendensammlung führt ein örtlicher Kindheit-Jesu-Verein eine „öffentliche Christbaumverloosung" (Lotterie vor einem Baum, der oft die Gewinne trägt) durch [366].

Krippe und Christbaum werden in diesen Vereinen gleichzeitig verwendet, im Kölner Gesellenverein mit unterschiedlichen Funktionen: die Krippe regt Besucher zu Opfergaben an, der Verein selbst feiert im mit dem Christbaum geschmückten Saal.

Die Literatur benennt zur Innovation der beiden Festdekorationen in drei Ortschaften drei verschiedene Wege: in Bornheim treten beide gleichzeitig auf dem Kirchbauvereinsfest auf [367], in Lindlar-Hohkeppel ist die Krippe schon vor dem Christbaum bekannt [368], in Leverkusen-Schlebusch wird der Christbaum um 1900 eingeführt, während die Hauskrippe fast unbekannt ist, die Kirchenkrippe erst um 1910 folgt [369].

Während zwei evangelische Autoren die Krippe zu den Christbaumdekorationen zählen, beide Objekte also zusammen im Hause schätzen [370], ordnen sie katholische Autoren verschiedenen Bereichen zu. In der Mädchenzeitschrift „Der Kranz" wird 1911 der festlich strahlende Baum mit dem familiären Glück des Schenkens, die Darstellung der Geburt Christi in der Krippe mit der Ankunft Christi in der Eucharistie (also mit der kirchlichen Feier) verbunden[371]. Auch Wrede (1914/22) rechnet den Christbaum der häuslichen, die Krippe der kirchlichen Feier zu (mit der Hauskrippe als Ausnahme bei manchen Familien)[372];

---

[363] VIRNICH (wie Anm. 302), S. 34. -- o.Verf.: Weihnachten in Bonn. In: Deutsche Reichs-Zeitung. 1928. Nr. 298 v.27.Dez. S. 5.
[364] SCHAEFFER (wie Anm. 338), S. 824.
[365] o.Verf.: Weihnachten im Gesellenverein. In: Kolpingsblatt. Jg. 12. 1912. Heft 51 v.22.Dez. S. 401 f.
[366] o.Verf.: Ein Weihnachtsfest. In: Jahrbücher des Werks der hl. Kindheit. 1880. Heft 2. S. 26 f.
[367] ZERLETT (wie Anm. 315), o.Pag.
[368] JUX (wie Anm. 330), S. 114.
[369] Heimatbuch, Tl. 3 (wie Anm. 321), S. 181.
[370] vgl. oben, Anm. 333 f.
[371] o.Verf.: Christbaum und Krippe. In: Der Kranz. Jg. 5. 1911. Nr. 24. Dez. S. 197 f. - hier: S. 198.
[372] WREDE 1922, S. 232.

Klersch äußert 1952 die Vermutung, daß die Verbreitung des Christbaums in den Familien eine mögliche Entwicklung der Hauskrippe unterdrückt hätte [373]. Für diese unterschiedliche Zuordnung (katholische Kirchenkrippe, häuslicher Christbaum) bietet die Literatur mehrere Belege, so um 1870 aus dem Eifeler Kylltal[374], 1870/80 aus Ruppichteroth-Winterscheid [375], um 1900 aus Köln-Kriel [376], um 1910/20 aus Köln-Weiden [377].

Die hier abzuleitende These, daß bis zum Ersten Weltkrieg die Krippe im Kölner Raum eher ein Objekt des katholischen Kircheninventars als ein Requisit der häuslichen Feier ist, könnte erklären, warum die Krippe erst spät und nur mäßiges Interesse seitens des Handels findet.

Die erste Zeitungswerbung im Zusammenhang mit dem Christbaum erfolgt in Bonn 1828, in Köln 1829; für die Krippe erst 1852 in Köln, 1861 in Bonn, 1865 in Siegburg. Der jährliche Gesamtumfang der Werbung für Christbaumartikel überschreitet die Menge von 30 Anzeigen in Siegburg zweimal, in Köln siebenmal, in Bonn fünfzehnmal (darunter zwei Werte über hundert). Die Höchstwerte für Krippenwerbung betragen sieben für Siegburg, fünfzehn für Köln, siebzehn für Bonn, wobei Kombinationsanzeigen, die die Krippen zu den Christbaumartikeln rechnen, hier mitzählen. Während die Kaufhäuser und ortsansässigen Produzenten seit den 1870er Jahren Abteilungen und sogar Spezialgeschäfte für Christbaumartikel einrichten (die Konditoren stellen schon 1844 Weihnachtsausstellungen mit Christbaumschmuck zusammen [378]), konzentrieren sich die religiös orientierten Einzelhandelsbranchen erst nach 1890 auf den Krippenverkauf. Und auch dann bleiben die Krippen eine Randerscheinung unter den weihnachtlichen Verkaufsangeboten, für die weder sensationelle Billigangebote noch luxuriöse Ausführungen lohnend anzuzeigen sind.

Und nicht zuletzt: Der für die Popularisierung des Christbaums recht bedeutsame Erste Weltkrieg greift in die Krippengeschichte nicht ein. Eine Durchsicht der vorweihnachtlichen Annoncen im ersten Kriegsjahr zeigt, daß die verschiedensten Luxusgüter (neben Wäsche, warmen Kleidungsstücken und Lebensmitteln) feldpostgerecht vertrieben werden - z. B. Fußwärmer aus Papier und „Feld-Taschenöfchen mit Glühkohle-Heizung"[379], Weinbrand („Eine Wohltat für unsere Krie-

---

373 KLERSCH (wie Anm. 303, 1. Titel), S. 821.
374 Luise SCHULZE-BRÜCK: Weihnachten in meinem Kinderland. In: Kölnische Volkszeitung und Handels-Blatt. 1917. Nr. 1.008 v.25.Dez. (Weihnachtsbeilage). S. 1.
375 SCHMITZ (wie Anm. 60), S. 340.
376 HEIMBACH (wie Anm. 324).
377 LESMEISTER (wie Anm. 318).
378 Bonner Wochenblatt. 1844. Nr. 352 v.21.Dez. -- Kölnische Zeitung. 1844. Nr. 357 v.22.Dez.
379 Anzeigen eines Berliner und eines Kölner Versandhauses: Kölnische Zeitung. 1914. Nr. 1.355 v.15.Dez.

ger!"[380]), Magenbitter („Der beste Likör im Felde!"[381]), Seife samt Kölnisch Wasser („Sehr nützlich und unentbehrlich im Felde!"[382]) und sogar Mundwasser („Auf vielfache Anregung aus dem Felde liefern wir zum Versand als Liebesgabe 1/2 Flasche Odol in einer hübschen Metall-Feld-Dose ..."[383]). Ganz selbstverständlich erscheint auch der Christbaum unter den Spezialangeboten für die Frontsoldaten („im Geiste mit ihren Lieben in der Heimat vereint"[384]). Ein Kölner Schokolade-Hersteller bietet seinen Auftragsdienst im Feldpostversand von „Kriegs-Erfrischungen" an; unter Schokoladen, Keksen und Hustenbonbons (Marke Kriegs-Gold) findet sich ebenfalls ein „Tannenbäumchen mit Kerzen, Marzipan, Schokolade" für 1 Mark 50 [385]. Ein Kölner Großhändler propagiert seine „naturpräparierten" Feldpostbäume als unverzichtbare Requisiten („Sie sollen alle ihren Christbaum haben!"[386]). Auch andere weihnachtliche Objekte haben Anteil am erwachenden Kriegsgeschäft (ein Dresdner Versandhaus verwandelt Christstollen in „Feldstollen"![387]), nur Krippen sind kein Thema für die westdeutschen Anbieter von Feldpost-Produkten.

Ein Erlebnisbericht über das Weihnachtsfest 1914 an der Front in Flandern schildert verwundert, wie man im französischen Unterstand vor der Krippe sitzt [388]; auch die österreichisch-ungarischen Truppen erhalten Papierkrippen ins Feld gesendet - die Deutschen feiern mit einem Christbaum [389]. Ein Frontbericht aus Polen schildert die Mühe, einen Baum neben den Unterstand zu bekommen und ihn zu schmücken; er steht bereits im Advent und wird am Hl. Abend wegen der notwendigen Verdunkelung nur tagsüber angezündet; dennoch verzichtet man nicht auf ihn („Viel Gewalt hat der Krieg, die aber hat er nicht"[390]).

---

[380] Ungenanntes Produkt; Kölnische Zeitung. 1914. Nr. 1.297 v.29.Nov. Der bekannte Asbach Uralt ist ebenfalls in Form eines Feldpostbriefes erhältlich: Kölnische Zeitung. 1914. Nr. 1.309 v.2.Dez.

[381] Angebot von Underberg-Boonekamp als Feldpostflasche: Kölnische Zeitung. 1914. Nr. 1.356 v.15.Dez.

[382] Feldpostgerechtes Angebot der Fa. Ferd. Mühlens, Köln (4711), in: Kölnische Zeitung. 1914. Nr. 1.353 v.14.Dez.

[383] Kölnische Zeitung. 1914. Nr. 1.355 v.15.Dez.

[384] Angebot des Versandhauses Herfeld u.Comp., Neuenrade i.Westf. in: Kölnische Volkszeitung. 1915. Nr. 957 v.22.Nov.

[385] Kölnische Zeitung. 1914. Nr. 1.348 v.12.Dez.

[386] Angebot der Firma Dr. Herzfeld Co., Köln-Sülz: Kölnische Zeitung. 1914. Nr. 1.315 v.4.Dez.

[387] Angebot von Ferdinand Sander, Dresden, in: Kölnische Zeitung. 1914. Nr. 1.350 v.13.Dez.

[388] Fritz MAGON: Tat er recht? Ein Weihnachtserlebnis aus dem Schützengraben v. -. In: Kölnische Volkszeitung und Handels-Blatt. 1915. Nr. 1.052 v.24.Dez. S. 3.

[389] KARASEK-LANGER (wie Anm. 88), S. 46.

[390] Wilhelm Conrad GOMOLL: Der Krieg in Polen: 4. Weihnachten im Felde. Von unserem Kriegsberichterstatter -. In: Kölnische Zeitung. 1914. Nr. 1.399 v.29.Dez.

4. Das Zeitalter der „Bewegungen" zwischen den Weltkriegen

4.1. Kulturelle Veränderungen

4.1.1. Die Festentwicklung

Seit etwa 1900 zeichnet sich eine gravierende Veränderung des Weihnachtsfestes ab, die von der familiären Trennung während des Ersten Weltkriegs erheblich beeinflußt wird.

Die durch ihre spektakulären Christbäume auch innovativ wirkendenden Tanzveranstaltungen des 19. Jahrhunderts nehmen im frühen 20. Jahrhundert rasch an Zahl ab; wenn überhaupt für Bälle zu Weihnachten (und nicht zu Neujahr) inseriert wird, so finden diese grundsätzlich erst am zweiten Feiertag statt. Dadurch wird Weihnachten noch nicht zu einem stillen Fest, da diverse andere Unterhaltungsmöglichkeiten geboten werden, wie eine Durchsicht der Weihnachtsnummern der Bonner Zeitung als Beispiel zeigt. 1902 können die besser gestellten Bonner Bürger folgende Veranstaltungen besuchen [391]: an beiden Festtagen zwei Gala-Vorstellungen des Zirkus Krembser, Militärkonzerte in zwei Lokalen, ein Musikalisches Fest in der Stadthalle; das Stadttheater gibt am ersten Feiertag Preciosa (Schauspiel mit Musik von Carl Maria von Weber), am zweiten zwei Lustspiel-Vorstellungen (Im bunten Rock bzw. 's Nullerl), nur am zweiten Feiertag bieten die Casselsruhe und der Godesberger Kurpark Konzerte an. Das detailliert abgedruckte Programm des Kurparks vermittelt einen guten Eindruck von der bevorzugten Musik: das Militär-Musikkorps spielt Opernmelodien, „ländlich-volkstümlich" überschriebene Stücke, einen Marsch, drei Walzer, eine Polka. Weihnachtliche Musik nach unserer heutigen Vorstellung klingt nur in zwei Potpourris an (ein Charakterstück für Streichinstrumente „In der Christnacht", und ein Tongemälde „Fröhliche Weihnachten"); aber auch darin vermischen sich rührselige und amüsante Stoffe (das Tongemälde stellt nacheinander vor: „Schneefall, Blinder Leiermann vor der Thür, ... Stille Nacht ... Schlittenfahrt, Auf dem Tanzboden, Gute Nacht").

Die Kriegsweihnachten bieten den verbliebenen Bonnern nach wie vor Zerstreuungen an, nur Bälle fehlen ganz. Die Privattheater bieten verschiedene Schwänke, die großen Gaststätten laden zu (Militär-) Konzerten ein, das Victoria-Lichtspiel zeigt 1915 am 25.-27. Dezember einen Wildwestfilm. Auffällig ist, daß ortsansässige Häuser (z. B. das Neue Operetten-Theater Bonn) am Heiligen Abend nicht spielen, während fremde Anbieter auch diesen Termin belegen (z. B. 1916 Prangs

---

[391] Alle Anzeigen in: Bonner Zeitung. 1902. Nr. 303 v.25.Dez.

Lustige Kölner Bühne und das Operetten-Gastspiel im Palast-Theater)[392]. Der Rückzug der Unterhaltungsveranstaltungen vom Heiligen Abend ist 1924 abgeschlossen: Allein das Operettentheater öffnet - für eine nachmittägliche Märchenaufführung (Hänsel und Gretel); Filme und Konzerte werden nur an den Feiertagen angeboten, ein Besuch des Stadttheaters ist nur am zweiten Feiertag möglich [393]. Damit deutet sich eine zunehmende Absonderung des familiären Schenkfestes von der Öffentlichkeit an: Zunächst verändern sich öffentliche Vergnügungsveranstaltungen von aktionsbetonten Bällen, Varietés u. ä. zu Aufführungen vor einem mehr passiven Publikum (Theater, Operette, Kino, Konzert), dann ziehen sich auch diese vom Festtermin zurück, zunächst vom 24. Dezember, später auch vom 25. Dezember. Bezeichnenderweise finden die öffentlichen Fußballspiele des BFV Bonn, die 1908, 1920 und 1921 für den ersten Feiertag angekündigt werden, ab 1926/27 erst am zweiten Feiertag statt.

Die zeitgenössischen Lokalnachrichten sprechen eine noch deutlichere Sprache. Da wird bereits 1903 und 1908 trotz anderslautender Festanzeigen behauptet, daß das Fest im engsten Familienkreis verbracht wurde und öffentliche Fröhlichkeit auf den 26. Dezember beschränkt war [394].

Dieses höchst private Schenkfest wird auch nach dem Krieg gepflegt, wie die Anregungen zur Festgestaltung aus den katholischen Vereinen zeigen: Mütter und Hausfrauen werden angeleitet, „wie man Weihnachten ... zu einem wirklichen Familienfest gestalten kann", die Jungmänner sollen den Christbaum pflegen wegen seines Gehalts an Gemüt und Familiensinn sowie als Träger lieber Erinnerungen der Familie [395]. Den Gesellenvereinen wird vorgehalten, daß Weihnachten das traditionelle Familienfest sei, so daß die Weihnachtsfeier im Verein unbedingt den Charakter einer Familienfeier haben müsse; den älteren Gesellen wird

---

392 vgl.: Bonner Zeitung. 1915. Nr. 355 v.25.Dez.; 1916. Nr. 355 v.24.Dez.; 1917. Nr. 355 v.25.Dez.; 1918. Nr. 352 v.24.Dez.

393 Bonner Zeitung. 1924. Nr. 97 v.24.Dez.

394 „Am ersten Feiertage blieben die meisten Menschen - einer alten Tradition folgend - daheim im engsten Familienkreise, um die Weihe des Christtages in aller Stille zu genießen, oder man benutzte das prächtige Wetter zu einer stillen Wanderung ... Der zweite Feiertag und der gestrige Sonntag waren dem Vergnügen vorbehalten. In zahlreichen Gasthäusern gab es Konzerte und öffentliche Weihnachtsfeiern ... Auf der Straße ging es vor allem am zweiten Festtage lebhaft zu. Man sah nicht nur zahlreiche Landleute, die einen Teil des Weihnachtsfestes in der Stadt feiern wollten, sondern auch sonstige Fremde und unter diesen wieder Angehörige auswärtiger Truppenteile ..." Städtische Nachrichten: Die Weihnachtsfeiertage. In: Bonner Zeitung. 1903. Nr. 305 v.28.Dez. -- „Der Heilige Abend mit seiner Bescherung und zum größten Teile auch der erste Weihnachtstag waren, wie von altersher, hauptsächlich dem Familienleben im engsten Kreise gewidmet." Städtische Nachrichten: Vom Weihnachtsfest. In: Bonner Zeitung. 1908. Nr. 358 v.28.Dez.

395 o.Verf.: Praktische Familienpflege. Eine Anregung für die Winterarbeit. In: Nachrichtenblatt für die Zweigvereine des Katholischen Frauenbundes. Jg. 6. 1922. Nr. 10. Okt. S. 29 f. -- o.Verf.: Unser Christbaum. In: Die Wacht. Jg. 18. 1922/23. Nr. 17/18. Dez. 1922. S. 65.

das Krippenbauen empfohlen, wobei man „von seligem Bubenlachen und leuchtenden Mädchenaugen" der künftigen Familie träumen könne [396].

Die mit der geschlossenen Familienfeier verbundene Weltflucht und nach innen gekehrte Träumerei wird 1920 von der Kölnischen Zeitung vehement verteidigt („Die Flucht in unser Inneres gehört zu dem Wenigen, was unsre Feinde uns noch nicht verboten haben"[397]), während von katholischer Seite erste Kritik am familiären Feiern laut wird. Das Kolpingsblatt kritisiert schon 1915, wie die familiäre Freude an Geschenken, Festessen und Christbaumdekoration den christlichen Gehalt des Feiertages überdeckt [398]; im selben Jahr fordert die renommierte Zeitschrift „Der Katholik" eine Erneuerung der Weihnachtsfeier mit der wichtigen „Aufgabe der Seelsorge, der Veräußerlichung und Entartung der Weihnachtsfeier in Familien und Vereinen entgegenzuwirken"[399].

4.1.2. Kirchliche Bewegungen

Das kirchliche Leben der Zwischenkriegszeit ist entscheidend von den neuen kirchlichen Vereinen geprägt. In den Abschnitten 3.1.1. f. habe ich bereits auf wichtige Vereinsgründungen des 19. Jahrhunderts hingewiesen. Diese Vereine setzen sich für unmittelbar kirchliche Ziele ein (Glaubensverbreitung, Katechese und Seelsorge; z. B. Kindheit-Jesu-Verein, Franziskus-Xaverius-Verein, Bonifatius-Verein; Bibelkreise), aber auch für karitative Aufgaben (Vincenz-Verein, Elisabeth-Verein, Caritas; entsprechend Innere Mission), für besondere soziale Gruppen (Gesellenvereine; Mägdeherbergen) und für die innerkirchliche Bildungsarbeit (Borromäusverein, Volksverein).

1883 entsteht in der Kölner Pfarre St. Aposteln ein Verein junger katholischer Arbeiter. Das erscheint zunächst als Parallele zu den Gesellenvereinen; dieser Pfarrverein leitet jedoch eine Entwicklung ein, die 1895 zur Gründung des „Diözesanverbands der Jünglings- und Jungmännervereine der Erzdiözese Köln" führt[400]. Dieser im folgenden Jahr auch auf Reichsebene gebildete Verband ist die erste der katholischen Standesvereinigungen, die - zumeist in den Pfarreien - die katholischen Angehörigen eines Geschlechts und Lebensalters umfassend organisieren wollen. Die Initiative zu diesen Vereinsgründungen kommt wiederum aus dem Westen, zumeist aus dem Kölner Bistum.

---

396 JOHANNES: Freude. Eine Weihnachtsbetrachtung. In: Kolpingsblatt. Jg. 26. 1926. Nr. 24 v.15.Dez. S. 187 f. - hier: S. 187. -- o.Verf.: Weihnachten im Gesellenverein. In: Der Führer. Jg. 17. 1930. Nr. 12. Dez. S. 148-150. - hier: S. 148 f. -- o.Verf.: Unsere Weihnachtsfeiern. In: Der Führer. Jg. 21. 1934. Heft 4. S. 97-99. - hier: S. 97.

397 o.Verf.: Das Fest des Vergessens. In: Kölnische Zeitung. 1920. Nr. 1.078 v.24.Dez.

398 o.Verf.: Kriegsweihnachten. In: Kolpingsblatt. Jg. 15. 1915. Nr. 52 v.26.Dez. S. 205 f.

399 o.Verf.: Über die Entartung unserer Weihnachtsfeier. In: Der Katholik. Vierte (d.i.: 5.) Folge. Bd. 15 = Jg. 95. 1915. Halbbd. 1. S. 156 f. - hier: S. 157.

400 Hierzu und zu den folgenden Vereinsgründungen vgl.: Wilhelm SPAEL: Das katholische Deutschland im 20. Jahrhundert. Seine Pionier- und Krisenzeiten 1890-1945. Würzburg: Echter, 1964. - insbes. S. 52-55, 85 f., 100 f.

Eine Schlüsselfigur bei der Jungmännerarbeit ist der Düsseldorfer Kaplan und Jugendpräses Carl Mosterts, der 1908 der erste Generalsekretär, 1913 hauptamtlicher Generalpräses der Katholischen Jünglingsvereiningungen Deutschlands wird; sein Sitz bleibt Düsseldorf (heutige Verbandszentrale des BDKJ, Jugendhaus Düsseldorf e.V.).

Die katholischen Jungfrauenvereine gehen auf einen Verein in Bochum zurück, wo 1910 auch der Verband der Jungfrauenvereine im Bistum Paderborn gegründet wurde; 1915 folgt ein solcher für das Erzbistum Köln, Bochum wird Sitz des Zentralverbandes, der aber 1926 nach Düsseldorf zieht (Anlehnung an die Frauen- und Müttervereine). Die Jungfrauen-, Jünglings- und Jungmännervereine werden häufig als katholische Jugendbewegung bezeichnet. Im Gegensatz zu den älteren Jugendorganisationen auf evangelischer Seite übernehmen sie auch das zeitgemäß „bündische" Äußere wie Kluft, Abzeichen, Wimpel und Fahnen, haben aber ansonsten wenig Gemeinsamkeiten mit der deutschen Jugendbewegung (ein Bekenntnis zur Formel vom Hohen Meißner kannten nur die auf Gymnasiasten ausgerichteten Bünde Quickborn und Neudeutschland).

Kirchliche Männerorganisationen sind zunächst ausschließlich Berufsorganisationen (z. B. Arbeitervereine, Kaufmännische Vereinigungen; jetzt auch der Kartellverband der katholischen Beamtenvereine, Köln, 1910). Die Frauen werden jeweils von zwei Organisationen angesprochen. Im Zusammenhang mit der Frauenbewegung stehen zwei „Bünde", der Deutsche Evangelische Frauenbund (von 1899), neben dem seit dem Kölner Katholikentag von 1903 der Katholische Frauenbund steht. Dieser autonome Verband ist der einzige nicht nach Pfarreien, sondern regional gegliederte katholische Standesverein; Sitz seiner Verbandszentrale war und ist Köln. Die zunächst selbständigen Frauenkreise in den Gemeinden schließen sich 1899 zur Evangelischen Frauenhilfe in Deutschland bzw. 1918 in Köln zu einem katholischen Diözesanverband zusammen, dem 1921 674 Pfarrgruppen angehören. 1928 bildet sich der „Gesamtverband der katholischen Frauen- und Müttervereine Deutschlands" mit Sitz in Düsseldorf (heute Katholische Frauengemeinschaft Deutschlands).

Die Entwicklung der Standesvereine geschieht in beiden großen Kirchen weitgehend parallel, obwohl auffällt, daß der Kölner Raum in der katholischen Kirche entscheidenden Einfluß bei diesen Verbandsgründungen hat, während die evangelische Provinzialkirche allenfalls von auswärtigen Bewegungen mit erfaßt bzw. von Aktivitäten der Kirchenleitung beeinflußt wird - der (evangelische) Bund Deutscher Jugendvereine entsteht bereits 1909 in Hamburg, aber erst 1916 richtet die Provinzialkirche ein Jugendpfarramt in Düsseldorf ein, das 1927 die erste jugendpädagogische Zeitschrift der evangelischen Kirche im Rheinland („Rheinlands evangelische Jugend") herausgibt.

Eine weitere kirchliche Neuentwicklung ist die Bewegung zur liturgisch-künstlerischen Erneuerung. Ihre bekannteste Seite ist die sogenannte liturgische Bewegung in der katholischen Kirche, ein lockerer Verband zumeist von Geistlichen, aber mit engem Kontakt zur katholischen Jugendbewegung; als Ausgangspunkt dieser Erneuerungsbewegung wird die Benediktinerabtei Maria Laach bezeichnet

(Osterfeier 1914 von Abt Ildefons Herwegen). Hauptziel ist naturgemäß eine Neufassung der Liturgie mit einer intensiven Benutzung der Landessprache für die Gläubigen während der lateinischen Liturgie (sog. Gemeinschaftsmesse oder deutsche Betsingmesse); am Rande befaßt man sich aber auch mit Fragen der angemessenen Sakralkunst [401].

Das bietet den Berührungspunkt zu der mit Blick auf die Krippenverbreitung mehr interessierenden Bewegung zur Erneuerung der christlichen Kunst, deren Leitgedanken der Kölner Prälat van Acken veröffentlicht. Er fordert die Gestaltung des Kirchenraums nach dem alles umgreifenden Grundsatz der Christozentrik, der die Form des Raums und seiner Ausstattung in ästhetischer, formaler wie thematischer Hinsicht als liturgieorientiertes Gesamtkunstwerk festlegt - zusammengefaßt als „straffe Kristallisierung des Raumes aus der Altarstelle und christozentrische Ordnung der gesamten Ausstattung"[402].

Die bekannteste deutsche Organisation, die sich der Erneuerung der christlichen Kunst annahm, ist die Deutsche Gesellschaft für christliche Kunst (gegründet 1893 in München). Ihre Zielsetzung ist die Aufstellung von Qualitätsmaßstäben für christliche Kunst und der Vergleich mit gegenwärtigen Erzeugnissen. Breite Wirkung dieses Ziels sucht man in Publikationen [403] und Muster-Ausstellungen (u. a. auf den Katholikentagen 1896 in Dortmund, 1904 in Regensburg), das Angebot einer Fachjury aus Künstlern und Geistlichen, die in allen entsprechenden Fragen kostenlos berät, ferner durch finanzielle Förderung einzelner Objekte, die Ausschreibung von Wettbewerben zu einzelnen Themen (z. B. Kommunionandenken, einfache Grabdenkmäler, religiöse Kriegsgedenkzeichen) und seit 1900 durch stetige Wechselausstellungen im eigenen Haus in München [404]. Die Vereinszeitschrift befaßt sich zunächst wenig mit Krippen; in den ersten zwanzig Jahrgängen erscheinen nur vier Artikel zu diesem Thema; 1931 aber werden unter den angebotenen und ausgestellten Devotionalien und anderen religiösen Gegenständen auch ganz ausdrücklich Weihnachtskrippen erwähnt [405].

---

[401] „Die Liturgische Erneuerung darf es wohl für sich in Anspruch nehmen, wenn aus dem neuen Verständnis für den Kult das Bestreben erwuchs, den Kirchenraum mit allem ihm zugehörigen kultischen Gerät in jener Klarheit und Würde zu gestalten, wie sie den altchristlichen Kultbauten eigen ist. Dabei erscheint die Formensprache im einzelnen oft durchaus modern und von der Zeit eingegeben." Theodor BOGLER: Deutschland. In: Liturgische Erneuerung in aller Welt. Ein Sammelbericht, hrsg. v. -. Maria Laach: Ars Liturgica, 1950. S. 15-28. - hier: S. 25.

[402] Johann van ACKEN: Christozentrische Kirchenkunst. Ein Entwurf zum liturgischen Gesamtkunstwerk v. -. Gladbeck: Theben, 1923. - S. 16.

[403] Beispielsammlungen in Fotomappen, besonders aber im Vereinsorgan: Die christliche Kunst. Monatsschrift für alle Gebiete der christlichen Kunst und der Kunstwissenschaft sowie für das gesamte Kunstleben. Jg. 1. 1904/05 ab Oktober 1904.

[404] vgl. zum Maßnahmenkatalog: Sebastian STAUDHAMER: 25 Jahre Deutsche Gesellschaft für christliche Kunst. In: Die christliche Kunst. Jg. 14. 1917/18. Nr. 2. S. 77-136. - hier: S. 80 f., 88-92.

[405] Richard HOFFMANN: Neue Hauskrippenkunst. In: Die christliche Kunst. Jg. 28. 1931/32. S. 39-41. - hier: S. 39.

Im Rheinland entsteht 1920 die „Ars christiana. Westdeutsche Vereinigung für christliche Kunst", die besondere Förderung seitens der Benediktinerabtei in Siegburg erfährt. Die Ars christiana befaßt sich schwerpunktmäßig mit den Devotionalien als „Förderung echt christlicher Kunst gewissermaßen von unten herauf"[406]. Man bemüht sich, Künstler für die Schaffung von Entwürfen zu gewinnen, die dann von der Devotionalienindustrie mit dem Gütesiegel der Ars christiana vervielfältigt werden sollen [407]. Solche Vermittlungsaktionen sind 1922 bereits gelungen: die Katholische Volkskunstanstalt Kevelaer fertigt Figuren nach Entwürfen von Professoren der Düsseldorfer Kunstakademie [408]. Neben einem mißlungenen Versuch, in Nachahmung der Deutschen Gesellschaft mittels eines Künstler-Wettbewerbs (in Zusammenarbeit mit der Firma Kühlen, Mönchengladbach) zu angemessenen Kommunionandenken zu gelangen, interessiert hier besonders der gemeinsam mit der Kunstanstalt Benziger in Köln veranstaltete Künstler-Wettbewerb zur Gestaltung von Weihnachtskrippen [409]. 26 Einsendungen gehen ein, die Preisträger kommen aus Köln und Düsseldorf; im Kunstgewerbemuseum Düsseldorf werden 1921 die Ergebnisse ausgestellt [410].

Wie schon bei den Standesvereinen, so sind auch bei der Liturgischen Erneuerung und der Kunsterneuerung protestantische Parallelen zu beobachten, die aber nicht in den Kölner Raum hineinreichen. Um die Neubesinnung auf die sakramentale Mitte der Liturgie bemühen sich die (lutherische) Hochkirchliche Bewegung (1918 gegründet, seit 1947 „Evangelisch-ökumenische Vereinigung des Augsburgischen Bekenntnisses"), der Berneuchener Kreis (Berneuchen i. d. Neumark, 1923) mit der Michaelsbruderschaft (Marburg, 1931) und die insbesondere mit dem liturgischen Gesang befaßte Alpirsbacher Bewegung (Alpirsbach i. Württ., 1933)[411]. Unabhängig davon entsteht 1928 in Dresden der Kunstdienst, eine Gesellschaft zur Förderung christlicher Kunst. Dieser Verein befaßt sich u. a. auch mit Krippen: er bietet 1936 in Berlin Anschauungsstücke und Beratung zur Beschaffung einer Hauskrippe an, in der Nachkriegszeit etabliert er sich mit einer jährlichen Krippenschau in der Dresdner Kreuzkirche [412]; im Kölner Raum kann ich keine derartigen Aktionen nachweisen.

---

406 Corbinian WIRZ: Christliche Hauskunst und Devotionalien. In: Liturgie und Kunst. Jg. 3. 1922. Nr. 4. S. 117-124. - hier: S. 119.
407 o.Verf.: Ars christiana. Westdeutsche Vereinigung für christliche Kunst. In: Gottesehr. Jg. 2. 1921/22. Heft 3/4. S. 94-97. - hier: S. 95.
408 WIRZ (wie Anm. 406), S. 119.
409 Kölnische Volkszeitung. 1921. Nr. 937 v.23.Dez.
410 Andreas HUPPERTZ: Neue Weihnachtskrippen. In: Gottesehr. Jg. 2. 1921/22. Heft 3/4. S. 130-135. - hier: S. 135.
411 vgl. hierzu: Friedrich HEILER: Die liturgisch-sakramentalen Erneuerungsbestrebungen im Protestantismus. In: Eine heilige Kirche. Zeitschrift für ökumenische Einheit. Jg. 28. 1955/56. Heft 2. S. 32-64. - hier: S. 38-41.
412 KAUTSCH (wie Anm. 96), S. 46. -- RIETSCHEL (wie Anm. 96), S. 166.

4.1.3. Pädagogische Bewegungen

Das beginnende 20. Jahrhundert ist die Epoche der bekanntesten pädagogischen „Bewegungen" schlechthin. Im Zusammenhang mit den Krippen interessieren hier die Arbeits- und die Heimaterziehungsbewegung; diese und ihr Verhältnis zum Religionsunterricht sollen kurz charakterisiert werden.

Der Anfang der organisierten Arbeitserziehungsbewegung liegt noch im 19. Jahrhundert: In Anknüpfung an die schon im frühen 19. Jahrhundert betriebene schulische Ausbildung in hausgewerblichen Techniken formiert sich 1881 nach einer entsprechenden Fachkonferenz in Berlin ein „Deutsches Zentral-Komitee für Handfertigkeits-Unterricht und Hausfleiß"[413]; dieses beschließt auf seinem 6. Kongreß 1886 in Stuttgart die Gründung des „Deutschen Vereins für Knabenhandarbeit", dem überwiegend Lehrer und Schulträger (Kommunalgemeinden) angehören; der Verein eröffnet 1887 seine Lehrerbildungsanstalt in Leipzig und gibt im selben Jahr den ersten Jahrgang des Werkhefts „Die Arbeitsschule" heraus [414].

Die Bestrebungen dieser später in „Deutscher Verein für Knabenhandarbeit und Werkunterricht" umbenannten Organisation dürfen nicht mit dem von Kerschensteiner formulierten Entwurf einer „Arbeitsschule" verwechselt werden. Er entwickelt das Modell einer neuen, zeitgemäßen Schule, die „brauchbare Staatsbürger" zum Erziehungsziel hat; dessen pädagogische Grundlage ist die „vorbereitende Erziehung", eine nicht berufsspezifische Einführung in die Grundlagen des Arbeitens [415]. Der Deutsche Verein hingegen (und mit ihm etliche Delegierte auf der Reichsschulkonferenz von 1920 [416]) setzt sich für einen praktischen Werkunterricht der Jungen - parallel zur Nadelarbeit der Mädchen - ein, als dessen Erziehungsziel zwar die „selbständige Persönlichkeit" genannt, daneben aber auch das Vertrautmachen „mit den Werkzeugen hauswirtschaftlicher und volks-

---

413 Hans DENZER: Deutsche Arbeitserziehung. Hrsg.i.A.d.Deutschen Vereins für werktätige Erziehung zum Abschluß seiner nahezu 60jährigen Tätigkeit v. -. Leipzig: Wunderlich, 1936. - S. 25-27.

414 ebda., S. 31 f., 68.

415 Georg KERSCHENSTEINER: Begriff der Arbeitsschule. 2., verb.u.wesentl.verm.Aufl. Leipzig: Teubner, 1913. (Erstaufl. 1911) - S. 14 f.: „Der Zweck des gegebenen Staates aber ist ein zweifacher: zunächst ... die Fürsorge um den inneren und äußeren Schutz und um die leibliche und geistige Wohlfahrt seiner Staatsangehörigen, dann .. die allmähliche Herbeiführung des Reiches der Humanität in der menschlichen Gesellschaft ... Indem ich dann den Menschen, der dem gegebenen Staat nur im steten Hinblick auf diese doppelte Aufgabe dient, einen brauchbaren Staatsbürger nenne, bezeichne ich in aller Kürze als Zweck der öffentlichen Schule ..., brauchbare Staatsbürger zu erziehen." -- S. 29: „Das Wesen der vorbereitenden Erziehung für den manuellen Beruf liegt indes nicht in der Einführung in die Arbeitsprozesse, Werkzeuge, Maschinen und Materialien ... Hier wie dort liegt das Wesen der vorbereitenden Erziehung in der Gestaltung der Organe, die für die Ausübung des Berufes notwendig sind, in der Gewöhnung an ehrliche Arbeitsmethoden, an immer größere Sorgfalt, Gründlichkeit und Umsicht, und in der Erweckung der rechten Arbeitsfreude."

416 R. SEYFERT: Der Arbeitsunterricht. In: Die Reichsschulkonferenz in ihren Ergebnissen. Hrsg. Zentralinstitut f.Erziehung u.Unterricht, Berlin. Leipzig: Quelle u.Meyer, 1920. S. 99-113. - hier: S. 99.

künstlerischer Technik und ihre Handhabung" durch Selbsttätigkeit hochgeschätzt wird [417]. Diese hinter sehr ähnlichen Begriffen verborgenen unterschiedlichen pädagogischen Interessen sind wohl der Grund für polemische Anspielungen auf die jeweilig andere Anschauung [418].

Der wichtigste Vertreter der Heimaterziehungsbewegung ist Stieglitz - er beansprucht auch die Schöpfung des Begriffs „Heimatschule" für sich [419]. Den geschichtlichen Anlaß, eine Heimaterziehung zu fordern, nimmt Stieglitz beim Verlauf des Ersten Weltkriegs: „Ein Volk, das sein Land weder kennt noch liebt, wird die Heimat nicht lieben und verteidigen wie die Tiroler, die Dietmarser, die Schweizer und unbesiegbar sein."[420]

Das Gesamtziel der Heimaterziehung ist nach Stieglitz die Heranbildung national gesonnener Deutscher, „Heimatmenschen ... mit Eigenart in volkstümlichem, bodenständigem Sinn"; diese soll man „mit rechtem heimatlichem Können fähig und geneigt machen zum Dienste für die Heimatgemeinschaft"[421]. Der Heimatunterricht soll deutsche Treue, deutsche Freiheit, deutsche Kunst, deutsche Größe, deutschen Glauben lehren [422] und damit das ausrotten, was der deutschen Seelenart „nicht schön zu Gesicht steht"[423]. Das oberste Ziel ist die Neuverwurzelung der Deutschen im Heimatboden: dieses Bild eines festen Halts in der Welt benutzt Stieglitz als Gegenentwurf zum befürchteten Zusammenbruch der deutschen Kulturnation [424], während der Volksbildner Pfleiderer auf die allseitig heilsame Wirkung dieser neugewonnenen Wurzeln aufmerksam macht[425]. Von ande-

---

[417] Johannes KÜHNEL in: Die Reichsschulkonferenz 1920. Ihre Vorgeschichte und Vorbereitung und ihre Verhandlungen. Amtlicher Bericht, erstattet v. Reichsministerium des Innern. Leipzig: Quelle u.Meyer, 1921. - S. 161.

[418] Denzer kreidet Kerschensteiner an, weder praktische Unterrichtserfahrungen zu besitzen noch die Leistungen des Deutschen Vereins zu würdigen - DENZER (wie Anm. 413), S. 101; Kerschensteiner kritisiert, daß der Arbeitsunterricht ohne übergeordnetes Erziehungsziel im „sorg- und mühelos spielenden Dilletantismus" des Bastelns stehenbleibe - KERSCHENSTEINER (wie Anm. 415), S. 59 f., 64.

[419] Hans STIEGLITZ: Vom Heimatgrundsatz. Zugl.e.Beitr.z.Erläuterg.d.Jahresprogramms f.d.Fortbildung der Lehrer Bayerns i.d.Jahren 1921 u.1922. 2.Aufl. München: Oldenbourg, 1922. - S. 55.

[420] ebda., S. 7. -- Die hier nur in Grundzügen dargestellte Heimaterziehungsbewegung findet eine ausführliche Behandlung bei Mitzlaff, die „Heimatschulidee" speziell auf S. 861-870 in Bd. 2. Auf diese wohl erst 1986 veröffentlichte Arbeit mit ihrer erdrückenden Materialfülle (1.715 S. engzeiliges Typoskript, allein 113 S. Literaturverzeichnis) wurde ich erst nach Abschluß meines Manuskripts aufmerksam. Hartmut MITZLAFF: Heimatkunde und Sachunterricht. Histor.u.systemat.Studien zur Entwicklg.d.Sachunterrichts - zugl.e.kritische Entwicklungsgeschichte des Heimatideals im dt.Sprachraum. Bd. 1-3. Dortmund: Univ., Abt.12-16, Paed.Diss., 1985.

[421] Hans STIEGLITZ: Methodik der Heimatkunde als Grundlage wahrer Erziehung und Bildung. 2., verm.Aufl. Ansbach: Prögel, o.J. (ca. 1923) (Methodik des Volksschulunterrichts; 3) - S. 17.

[422] STIEGLITZ (wie Anm. 419), S. 71.

[423] ebda., S. 92.

[424] STIEGLITZ befürchtet, daß bei mangelnder Heimatliebe Deutschland im „Völkergetriebe" zermalmt und so „Kulturdünger für andere Nationen" werde: Ebda., S. 13, 68.

[425] „Heimat ist Kraft. Wer Heimat hat, hat in ihr eine Lebenskraft, die sein ganzes Wesen durchdringt. Wer Heimat hat, hat Wurzeln; und wer Wurzeln hat, der hat Gesundheit, der

rer Seite werden weitere Ziele der Heimaterziehung genannt: Sie soll auch die „Eigenart der deutschen Volksstämme" erhalten, pflegen und neu beleben [426] und die derzeitigen Eltern wie die Kinder als künftige Eltern sehnsüchtig nach einem wirklichen Heim machen (gedacht ist an die Pflege der Traditionen und Bräuche sowie des Märchenerzählens)[427].

In der Heimaterziehung durchmischen sich Mittel und Zweck: „Der Lehrer lehrt und erzieht nicht bloß durch die Heimat, sondern zur und für die Heimat."[428] Das Wort Heimat ist bei Stieglitz eine Zauberformel, die in jedem Zusammenhang seiner Pädagogik verwendbar ist [429].

Das Verhältnis von Arbeitsschule und Heimatschule ist nicht genau zu bestimmen. Clemenz beschlagnahmt Elemente der Arbeitsschule wie „Schulgartenunterricht, ... schaffenden Arbeitsunterricht" als typische Formen der Heimaterziehung [430]. Die Stoffauswahl der Arbeitsschule orientiert sich anfangs an der Umwelt des Kindes, die damals auch mit dem Begriff Heimat belegt wird [431]; das nimmt Clemenz ohne tiefere Begründung zum Anlaß, die Heimatschule als Vollendung der Arbeitsschule zu bezeichnen [432].

So wie Arbeitsschule und Werkunterricht verwechselt werden, so wird das Gesamtkonzept der Heimaterziehung als bloßer Heimatkundeunterricht mißverstanden. Heimatkundeunterricht ist in Preußen seit der Allgemeinen Verfügung über Einrichtung, Aufgabe und Ziel der Volksschule (1872) bekannt; dort wird er als Vorstufe der Geographie eingeordnet. Aber auch die Naturkunde orientiert sich vornehmlich an den Erscheinungen der Umwelt der Schüler [433]. Die Einwirkung der Heimaterziehungsbewegung zeigt sich in den preußischen Richtlinien

---

hat Gesundheit, der hat festen Halt in der Erde. Wurzeln verbinden das Lebewesen mit der Allmutter Natur und speisen es mit ihren ewigen Nährkräften." Wolfgang PFLEIDERER: Heimat und Volksbildung. In: Heimat. Beiträge von der zweiten Hohenrodter Tagung. Berlin: Verl.d.Arbeitsgemeinschaft Berlin, 1925. (Volk und Geist. Schriften zur Volksbildung; 8) S. 74-80. - hier: S. 75.

426 Bruno CLEMENZ in: Die Reichsschulkonferenz 1920 (wie Anm. 415), S. 761. -- Robert von ERDBERG: Heimat und Volksbildung. In: Heimat (wie Anm. 425), S. 9-36. - hier: S. 24.

427 Joachim Kurd NIEDLICH: Heimaterziehung im evangelischen Religionsunterricht. In: Handbuch der Heimaterziehung. Hrsg. Walther SCHOENICHEN. Heft 1-6 in 1 Bd. Berlin: Borntraeger, 1924. S. 154-187 = Heft 3, S. 3-37. - hier: S. 168=18.

428 STIEGLITZ (wie Anm. 419), S. 58.

429 „Alle Erkenntnisse und Erfahrungen entsteigen als Eindruck dem heimatlichen Menschen- und Naturleben, zeigen Heimaterlebtes mit heimatlichen Mitteln und Formen und heimatlichem Handeln Veranschaulichtes. All das wird womöglich mit heimatlichem Material in heimatvölkischer Art verarbeitet und dargestellt, ist also heimatbegründete Ausdruckskultur oder muß es werden. Der Endpunkt ist die eigene Lebensgestaltung im gleichen Sinn und Geist ... der Gemeinschaft des Volkes dienend, höchste Werte schaffend im Sinne echter, deutscher Kultur." STIEGLITZ (wie Anm. 421), S. 12.

430 Bruno CLEMENZ in: Die Reichsschulkonferenz 1920 (wie Anm. 417), S. 762.

431 SEYFERT (wie Anm. 416), S. 107.

432 CLEMENZ (wie Anm. 105), S. 95.

433 Abdruck in: Gerhardt GIESE: Quellen zur deutschen Schulgeschichte seit 1800. Göttingen: Musterschmidt, 1961. (Quellensammlg. zur Kulturgeschichte; 15) S. 168-174. - hier: S. 173 f.

zur Aufstellung von Lehrplänen für die Grundschule (1921), die nach der Empfehlung der Selbsttätigkeit der Schüler fordern: „Deshalb hat aller Unterricht die Beziehungen zur heimatlichen Umwelt der Kinder sorgsam zu pflegen ..." - im Fächerkanon führen der heimatkundliche Anschauungsunterricht (Klassen 1+2) und die Heimatkunde (Klassen 3+4) zum Fachunterricht der Oberstufe [434].

Die Heimaterziehungsbewegung hatte sich höhere Ziele gesteckt: die Ausdehnung des Heimatprinzips auf andere Fächer, so daß auch Dialekt, Sagen, Sitten und Bräuche zur Darstellung kommen [435]; die Verwendung heimatlicher Bezüge auch in der Volksschul-Oberstufe und in den weiterführenden Schulen, denn „Heimatwerte aller Art können erst dem heranreifenden Geschlechte voll erschlossen werden"[436].

Der Religionsunterricht erscheint auf den ersten Blick von diesen Bewegungen weitgehend unberührt. Wendel sagt 1928, daß der evangelische Religionsunterricht zur Frömmigkeit erziehen, fromme Seelenpflege betreiben solle [437]. Kittel beklagt noch 1947, daß die Evangelische Unterweisung wenig Sinn für Reformpädagogik, wohl aber besondere Vorlieben für das strenge Dozieren beweise; diese Darstellung wird von Eberhard als einseitig kritisiert - schließlich bestand seit 1925 eine „Gesellschaft für evangelische Pädagogik" mit reformpädagogischer Tendenz [438]. Auf Eberhard selbst geht die Idee einer „evangelischen Schulgemeinde" (1923) zurück, die Gedanken der Arbeitsschulbewegung für die evangelische Konfessionsschule adaptiert [439]. Eine ähnliche Form der Durchdringung allen Unterrichts vom religiösen Standpunkt der Schule entwickelt auch Götzel 1922 als katholische „Lebensschule"[440]. Diese konfessionellen Schulkonzepte sind relevant, da die preußischen Volksschulen im Regelfall nach Bekenntnissen getrennt waren [441].

---

[434] Abdruck ebda., S. 253-257. - hier: S. 253.

[435] Bericht von Ausschuß 8 (Schule und Heimat) an die Vollversammlung der Reichsschulkonferenz; in: Die Reichsschulkonferenz 1920 (wie Anm. 417), S. 896.

[436] Paul WESSNER: Schule und Heimat. In: Die Reichsschulkonferenz ... (wie Anm. 416), S. 94-98. - hier: S. 95.

[437] Adolf WENDEL: Zeitentsprechender evangelischer Religionsunterricht. Darmstadt: Verlagshs. Darmstadt, 1928. (Schul- und Erziehungswesen; 2) - S. 18.

[438] Helmuth KITTEL: Evangelische Unterweisung und Reformpädagogik. Eine Untersuchung zur Methodenlehre evangelischer Unterweisung. Lüneburg: Heliand, 1947. - S. 8, 21. -- Otto EBERHARD: Evangelischer Unterricht und Reformpädagogik. Ein Beitr.zur Geschichte d.Religionspädagogik seit d.Jahrhundertwende v. -. München: Evang.Presseverbd.f.Bayern, 1961. - S. 20 f., 30.

[439] ebda., S. 17.

[440] Gustav GÖTZEL, Josef GÖTTLER u. H. MAYER: Das Arbeitsschulprinzip in seiner Anwendung auf den Religionsunterricht. 2., veränd.Aufl. Kempten: Kösel u.Pustet, 1922. (Religionspädagogische Zeitfragen; 4 : Religion und Leben; 1) - S. 13.

[441] 1901 waren nur 803 von 36.756 preußischen Volksschulen (2,18 %) „paritätisch"; 90,45 % der katholischen Kinder Preußens besuchten eine katholische Volksschule, 2,9 % eine evangelische, 6,65 % eine paritätische. Angaben für die Rheinprovinz fehlen. - Siehe: Das Unterrichtswesen im Deutschen Reich. Hrsg. W. LEXIS. Bd. 1-4. Berlin: Asher, 1904. Bd. 3. Das Volksschulwesen und das Lehrerbildungswesen im Deutschen Reich v. P. v. GIZYCKI u.a. - S. 61.

In beiden Konfessionen rezipiert man zeitgenössische pädagogische Theorien, ohne diese vollständig zu übernehmen. Die Forderung nach einem kindgemäßen Religionsunterricht, der im Anschluß an die Umwelt des Kindes religiöse Bildung vermittelt, erhebt bereits 1912 der ein Jahr zuvor in Jena gegründete evangelische „Bund für Reform des Religionsunterrichtes"[442]. Götzel überträgt Elemente der Arbeitsunterrichts auf den katholischen Religionsunterricht; man begrüßt die Grundsätze der Anschauung und der Selbsttätigkeit, soweit sie nicht einseitig manuell orientiert sind, sondern z. B. beim Basteln religiöse Stoffe leichter erfahrbar machen [443]. Mayer sieht das entscheidende Moment eines zeitgemäßen katholischen Religionsunterrichts in der Anleitung, die Lehre praktisch im sozialen Umgang zu verwirklichen [444].

Die Prinzipien der Heimaterziehung werden ebenfalls auf den Religionsunterricht übertragen; Darstellungen dazu bietet der engere Kreis der Heimaterziehungsbewegung. Niedlich setzt deutliche nationale Akzente im evangelischen Religionsunterricht [445], für den Bibelunterricht der Grundschule rät Preuß, die biblischen Geschichten nach dem Vorbild der deutschen Malerei in einem heimatlich-deutschen Rahmen darzustellen [446].

Zu beachten ist, daß in der Theorie des Religionsunterrichts neben der Orientierung an zeitgenössischen pädagogischen Modellen auch selbständige Vorstellungen entwickelt werden. Der Schlüsselbegriff für den Religionsunterricht des 20. Jahrhunderts lautet Anschauung. Für den evangelischen Unterricht fordert Wendel, daß religiöse Gemälde den Stoff veranschaulichen und die Schüler durch anschaulichen Unterricht zu religiös motiviertem Tatendrang in Frömmigkeit (Mädchen) und sozialer Tat (Jungen) anzuleiten [447].

Für den katholischen Religionsunterricht wird ebenfalls die Anschaulichkeit propagiert; Anlaß dazu nimmt man bei der Forderung, an der naiven Welt des Kindes anzuknüpfen [448], und der damit verbundenen Kritik an der Lebensferne und abge-

---

442 Leitsätze über die Reform des Religionsunterrichtes von der Tagung des Bundes am 9./10.4.1912 in Dresden. Abdruck in: Religionspädagogische Reformbewegung 1900-1933. Ausgewählte Reformdokumente zur evangelischen und katholischen Religionspädagogik, besorgt u.kommentiert v. Werner WIATER. Hildesheim: Olms, 1984. (Documenta Paedagogica; 2) - S. 17 f.

443 GÖTZEL (wie Anm. 440), S. 5 u. 21.

444 Heinrich MAYER: Religionspädagogische Reformbewegung. Paderborn: Schöningh, 1922. (Handbücherei der Erziehungswissenschaft; 4) - S. 23 f.

445 Unterrichtsziel: „Weckung und Entwicklung des religiösen und sittlichen Empfindens, wie es deutscher und christlicher Art gemäß ist, vor allem an der Religion und dem Leben Jesu, in ihrer Erscheinung und Auswirkung insbesondere auf die deutsche Seele, wie sie in der Geschichte und im persönlichen religiös-sittlichen Leben zutage treten." NIEDLICH (wie Anm. 427), S. 154 f.= 4 f.

446 Hans PREUSS: Die Heimatidee in der Grundschule. In: Handbuch der Heimaterziehung (wie Anm. 427), S. 123-152 = Heft 2. S. 19-48. - hier: S. 130=26.

447 WENDEL (wie Anm. 437), S. 37 f., 48.

448 „Stoff und Methode liegen also in der Kindertümlichkeit." CLEMENZ (wie Anm. 105), S. 21.

hobenen Sprache des Katechismus [449]. Das Anschauungsprinzip wird in einer umfassenden katholischen Unterrichts-Methodik festgeschrieben, der sogenannten Münchener Methode. Diese unterscheidet zwei Formen, sich an den Schüler zu wenden: die Wendung an den Geist durch das Wort (sie vermittelt Begriffe, leitet zur höheren Erkenntnis) und die Wendung an die Sinne durch die Anschauung (sie vermittelt durch das beim Schüler entstehende Fantasiebild eine niedere Erkenntnis)[450]. Als Anschauungsobjekte werden von Weber mangels passender Gegenstände Erzählungen benutzt, um den Unterrichtsstoff zu veranschaulichen; die Bedingung, nur eine Erzählung je Stunde, auch für mehrere Stoffe (Katechismusfragen), zu verwenden, erzeugt „anschauliche Einheiten" des Unterrichts [451].

Entsprechend der Forderung, kindertümlich, also anschaulich zu sein, wird die auf Anschaulichkeit bedachte Münchener Methode in den ersten beiden Volksschulklassen im katholischen Religionsunterricht allgemein bevorzugt [452]; daneben beobachtet Mayer 1922 aber auch, daß nach spärlichen Anfängen nunmehr das religiöse Bild als Anschauungsmittel weit verbreitet sei [453].

4.1.4. Restaurative Bewegungen

Eine Parallele zur Heimaterziehungsbewegung ist die Heimatschutzbewegung, nicht nur begrifflich, sondern durch teilweise sich deckende Ziele wie die Förderung der Heimatforschung und des landschaftstypischen Heimatlebens [454]. Der Begriff Heimatschutz geht auf Ernst Rudorff, 1897, zurück [455].

Der bekannteste Theoretiker des Heimatschutzes ist Schultze-Naumburg. Hintergrund seiner Idee ist eine harsche Gesellschaftskritik. Die Schönheit des Landes schwindet nach Schultzes Meinung; Grund dafür ist mangelnde Heimatliebe und die ethische Schlechtigkeit der Deutschen (mit einer rein materialistisch-nutzungsorientierten Betrachtung des Landes)[456]. Aus diesem „allgemeinen Elend"

---

[449] Anton WEBER: Die Münchener katechetische Methode. Kempten: Kösel, 1905. - S. 75, 82.

[450] ebda., S. 3-8.

[451] ebda., S. 9, 133.

[452] BÜRGEL (wie Anm. 233), S. 156.

[453] MAYER (wie Anm. 444), S. 119.

[454] Das stellt Fischer für die Heimatschule heraus: Aloys FISCHER: Psychologisch-ethische Vorfragen der Heimaterziehung. In: Handbuch der Heimaterziehung (wie Anm. 427), S. 27-105 = Heft 1. S. 27-105. - hier: S. 32=32.

[455] Christian F. OTTO: Modern Environment and Historical Continuity. The Heimatschutz Discourse in Germany. In: Art Journal. Jg. 43. 1983. Nr. 2. Summer. S. 148-157. - hier: S. 148. -- Der von Hamann/Hermand geprägte Begriff „Heimatkunstbewegung" wird hier und bei den formalen Vorgaben umgangen, da die hier nebeneinandergestellten „restaurativen Bewegungen" von Hamann/Hermand ohne Begründung zusammengefügt werden; die formale Seite ihrer „Heimatkunst" machen die Autoren vornehmlich an literarischen Beispielen klar. Richard HAMANN u. Jost HERMAND: Deutsche Kunst und Kultur von der Gründerzeit bis zum Expressionismus. Bd. Berlin (DDR): Akademie-Verl. Bd. 4. Stilkunst um 1900. 1967. S. 364-394.

[456] Paul SCHULTZE-NAUMBURG: Entwicklung und Ziele des Heimatschutzes in Deutschland. In: Heimatschutz. Jg. 7. 1911. Nr. 4. S. 131-138. - hier: S. 131.

hilft nach Schultzes Überzeugung nichts anderes heraus als das „Wiederanknüpfen an die Überlieferung der Heimat"[457]. Die regionale Tradition ist für ihn eine Unterrichtung im Schönen, „in klugem Handwerk und Vorbild im konsequenten und doch freien Gestalten", aber auch Anschauung über das eigene Dasein und dessen Verwurzelung in der Natur [458].

Träger des Heimatschutzgedankens ist der Deutsche Heimatschutzbund, der 1904 in Dresden gegründet wird und 1912 im Deutschen Reich 29 Zweigvereine mit 15.000 Mitgliedern hat [459]. Erklärtes Ziel des Heimatschutzbundes ist es, „der Vergewaltigung unserer Heimat entgegenzutreten, oder ... die deutsche Heimat in ihrer natürlich und geschichtlich gewordenen Eigenart zu schützen"[460]. Wilmowski gibt zu, daß es sich beim Heimatschutz „in der Hauptsache um Empfindungen und Gefühlswerte handelt"[461]. Stavenhagen ist in seinem Resümee der Heimatpflege der Meinung, daß bei aller Objektpflege die „eigentlichen Heimatwerte", das subjektive Empfinden des Einzelnen gegenüber diesen Objekten, nicht geschützt, sondern nur durch ein Weiterbestehen der heimatlichen sozialen Gemeinschaft erhalten werden können [462]. Die Aktivitäten des Bundes richten sich dennoch überwiegend auf Objekte. Man fördert den Schutz der bodenständigen Architektur der Heimat (Denkmalpflege) und die Neuschöpfung dazu harmonisierender Gebäude („Heimatschutzstil"), aber auch die Fortentwicklung der „Volkskunst"[463].

Schon bald erhält der Bund Heimatschutz einen Ableger im Rheinland, den Rheinischen Verein für Denkmalpflege und Heimatschutz, der von führenden gesellschaftlichen Persönlichkeiten ins Leben gerufen wird. Zur Gründungsversammlung am 20. Oktober 1906 lädt der Oberpräsident der Rheinprovinz, von Schorlemer-Lieser, ein, in den ersten Vorstand kommt als geborenes Mitglied der Provinzialkonservator Paul Clemen [464]. Clemen propagiert die Denkmalpflege und den Ensembleschutz im Rheinland als Ziel des Heimatschutzes; zugleich regt er die Wiederaufnahme traditioneller Techniken im Blick auf die „grausamen Mißverständnisse der letzten Jahrzehnte" an. Daneben soll aber auch „alle echte und gesunde sachliche neuzeitliche Kunst, wenn sie nur Kunst ist, ihre Stelle und ihr

---

457 Paul SCHULTZE-NAUMBURG: Die Entstellung unseres Landes. 3., verb.Aufl. Meiningen: Bund Heimatschutz, 1909. - S. 70.
458 SCHULTZE-NAUMBURG (wie Anm. 456), S. 133.
459 Freiherr von WILMOWSKI: Wesen und Ziele des Heimatschutzes. In: Heimatschutz. Jg. 8. 1912. Nr. 1. S. 1-7. - hier: S. 4.
460 ebda., S. 4.
461 ebda., S. 3.
462 Kurt STAVENHAGEN: Heimat als Lebenssinn. 2., veränd.Aufl. Göttingen: Vandenhoek u.Ruprecht, 1948. (Erstaufl. 1938). - S. 11.
463 Fritz KOCH: Geschäftsbericht (des Bundes Heimatschutz, Sept.1907). In: Heimatschutz. Jg. 4. 1908. Nr. 1-3. S. 40-46. - hier: S. 40.
464 Josef RULAND: Kleine Chronik des Rheinischen Vereins für Denkmalpflege und Landschaftsschutz. In: Erhalten und gestalten. 75 Jahre Rheinischer Verein für Denkmalpflege und Landschaftsschutz. Mit Beitr.v. J. BENDERMACHER u.a. Neuss: Gesellsch.f.Buchdrukkerei, 1981. S. 13-56. - hier: S. 13.

Recht haben"[465]. Weitere Aufgaben sucht man in der Landschaftspflege, während man der Volkskunstpflege reserviert gegenübersteht[466]. Hierfür engagieren sich andere Zeitgenossen; auch wenn kein entsprechender Verein gegründet wird, so kann doch von einer breiten Volkskunstschutzbewegung gesprochen werden.

Der Begriff Volkskunst taucht erst gegen Ende des 19. Jahrhunderts vermehrt in der Literatur auf [467]. Als Volkskunst werden zu dieser Zeit Objekte betrachtet, in denen „volkliche Artung zum Ausdruck kommt"[468], wobei das Verhältnis von „Rasse und Landschaft" bestimmend ist [469]. Als entscheidende Grundlage wird jeweils die Volksseele bzw. das Volksblut angesehen. Die Volksseele ist das Fundament, die Mutter der Volkskunst, die Geist und Charakter des Volkes spiegelt[470]; der künstlerisch nicht vorgebildete Volkskünstler schafft seine naiven Werke „aus tiefem Gestaltungsdrang" seiner Seele und bringt so die Lebensauffassung des Volkes zum Ausdruck [471]. Die Auffassung von einer natürlichen, reinen Volkskunst, die der Volksseele entspringt, vertreten noch 1938 zwei bekannte Handbücher [472]. Entsprechend dieser Zuordnung zu einer letztlich unfaßbaren Volksseele wird die Persönlichkeit des Schöpfers von Volkskunst kaum beachtet. Volkskunst im damaligen Verständnis beruht auf Traditionswerten des Volkes, nicht auf Künstlerpersönlichkeiten [473]; sie ist eine unpersönliche Kunst [474].

Volkskunst im Rheinland wird dort gesucht, wo die „Kraft der Volksseele" ungebrochen sein soll, im ländlich-bäuerlichen Milieu [475]. Die geringe Entwicklung einer rheinischen Volkskunst schreibt Creutz den vielfältigen Einwirkungen fremder Kulturen und verschiedener geistiger Strömungen zu; wo sie lebt, will er eine fröhliche Leichtigkeit in der Volkskunst beobachtet haben, die er mit der Eigenart der Rheinländer erklärt [476].

---

465 Paul CLEMEN: Was wir wollen. Ziele und Aufgaben. In: Mitteilungen des Rheinischen Vereins für Denkmalpflege und Heimatschutz. Jg. 1. 1907. Heft 1. S. 7-16. - hier: S. 13.

466 A. WIRMINGHAUS: Zukunftsaufgaben des Heimatschutzes. In: Mitteilungen des Rheinischen Vereins für Denkmalpflege und Heimatschutz. Jg. 11. 1917. Heft 1. S. 9-16. - hier: S. 10.

467 Propyläen Kunstgeschichte. Supplementbde. 1-5. Frankfurt a.M.: Propyläen. Bd. 5. Bernward DENEKE: Europäische Volkskunst. 1980. - S. 15.

468 Otto LEHMANN: Deutsches Volkstum in Volkskunst und Volkstracht. Berlin: de Gruyter, 1938. (Deutsches Volkstum; 1) - S. 12.

469 Oswald Ad. ERICH: Volkskunst und Volksindustrie. In: Handbuch der Deutschen Volkskunde. Hrsg. Wilhelm PESSLER. Bd. 1-3. Potsdam: Athenaion, o.J. Bd. 3. S. 17-56. - hier: S. 18.

470 Oskar SCHWINDRAZHEIM: Der Gedanke einer deutschen Volkskunst. In: Der Kunstwart. Jg. 10. 1896/97. Nr. 15. Mai. S. 227-231; Nr. 16. Mai. S. 243-246. - hier: S. 228 f.

471 LAMERS-VORDERMAYER (wie Anm. 270), S. 385.

472 Hans KARLINGER: Deutsche Volkskunst. Berlin: Propyläen, 1938. (d.i.: Erg.-Bd. zur Propyläen-Kunstgeschichte) - S. 9 f. --, LEHMANN (wie Anm. 468), S. 11.

473 Arthur HABERLANDT: Begriff und Wesen der Volkskunst. In: Jahrbuch für historische Volkskunde. Bd. 2. Vom Wesen der Volkskunst. Berlin: Stubenrauch, 1926. S. 20-32. - hier: S. 23 f.

474 LEHMANN (wie Anm. 468), S. 5.

475 Max CREUTZ: Die Rheinlande. Text- u.Bildersammlg.v. -. Unveränd.Nachdr. d.Ausg.v.1924. Frankfurt a.M.: Weidlich, 1981. (Deutsche Volkskunst; 3) - S. 43. -- WREDE 1922, S. 39.

476 CREUTZ (wie Anm. 475), S. 7 u. 44.

Ein Sprachrohr der Volkskunstschutzbewegung ist die Zeitschrift „Der Kunstwart", in der Avenarius schon 1891 eine neue Volkskunst fordert, die Gegenständen des täglichen Gebrauchs „statt falschen Flitters tüchtige Ehrlichkeit giebt"[477]. Öffentliches Aufsehen erregt die Bewegung mit einem vom Völkerbund angeregten Internationalen Kongreß für Volkskunst, 1928 in Prag [478]. Die breitere Wirkung dieser Bewegung beruht darauf, daß die bereits dargestellten zeitgenössischen Bewegungen sich neben ihren eigenen Zielen der Volkskunstförderung annehmen. Die Stellung der Heimatschutzbewegung dazu wurde bereits aufgezeigt; die Heimaterziehungsbewegung betrachtet die Volkskunst als wesentliches Element der Heimateigenart, das es wieder zu erschließen gilt; der Weg dazu ist umstritten: die Lehrer Fischer und Stieglitz akzeptieren auch die vorangehende Suche nach inzwischen untergegangenen Kulturzügen, während die Volksbildner Erdberg und Pfleiderer „volkstümliche" Nachschöpfungen und das Konservieren vergehender Kulturzüge oder vergessenen „Heimatwissens" ablehnen [479]. Auf der Seite der Arbeitsschulbewegung äußert Schmidt, daß die Schaffung neuer Volkskunst im Zeichenunterricht zwar strittig, wenigstens aber die Pflege heimatlicher Kunst im Unterricht wünschenswert sei [480]. Der rheinische Vorreiter der Erneuerungsbewegung der christlichen Kunst, van Acken, fordert die konsequente Entfaltung der religiösen Volkskunst [481]. Eine Gruppe der katholischen Jugendbewegung begründet eine Weihnachtssinge-Aktion damit, daß man „von den vergessenen Volksschätzen soviel wie möglich ausgraben" wolle [482].

4.1.5. Die Krippenbewegung

Eine besonders rührige Variante der Volkskunstschutzbewegung ist die Krippenbewegung. Eine wichtige Anregung dazu geht von der Schmedererschen Krippensammlung in München aus (siehe Abschnitt 1.3.1.), deren Objekte als Volkskunst aufgefaßt werden [483]. Daneben wird die Krippenpflege auch als Teil der Pflege und Wiedererweckung alter Volksbräuche gesehen, der sich u. a. der Katholische Frauenbund 1921 verschreibt [484].

Einen wichtigen Impuls für die Krippenbewegung gibt Weihnachten 1923, das 700-Jahr-Fest der franziskanischen Weihnachtsfeier von Greccio, die gern als Wurzel der Krippe beansprucht wird (siehe Abschnitt 1.3.2.). So regt Odorich

---

[477] Ferdinand AVENARIUS: Rundschau Kunsthandwerk: Die Forderung nach einer Volkskunst. In: Der Kunstwart. Jg. 4. 1890/91. Nr. 14. April 1891. S. 217 f. - hier: S. 217.
[478] LEHMANN (wie Anm. 468), S. 4.
[479] FISCHER (wie Anm. 454), S. 34. -- STIEGLITZ (wie Anm. 421), S. 2 f. -- PFLEIDERER (wie Anm. 425), S. 79 f. -- ERDBERG (wie Anm. 426), S. 27 f.
[480] Walter u. Bruno SCHMIDT: Eine Drehkrippe. In: Die Arbeitsschule. Jg. 45. 1931. Heft 12. S. 553-560. - hier: S. 553.
[481] van ACKEN (wie Anm. 402), S. 29.
[482] o.Verf.: Wie unsere Lobbericher Kreuzfahrer und Neudeutschen Weihnachten feierten. In: Die Wacht. Jg. 20. 1924/25. Heft 12. März 1925. S. 287 f. - hier: S. 287.
[483] vgl. zu dieser Einordnung z.B. die Rezension von HAGER 1902 in: Die Christliche Frau. Jg. 9. 1910/11. Heft 12. S. 77 f.
[484] o.Verf.: Weihnachtlicher Frohsinn. In: Nachrichtenblatt für die Zweigvereine des Katholischen Frauenbundes. Jg. 5. 1921. Nr. 12. Dez. S. 37.

Heinz dazu an, durch die Aufstellung einer Krippe die Feier von Greccio zu erneuern [485]; die Franziskaner-Tertiargemeinden sollen sich insbesondere 1923 für die Verbreitung der Krippe einsetzen [486]. Franziskus wird 1926 als „himmlischer Patron aller Krippenfreunde" bezeichnet [487], im selben Jahr äußert sich der Trierer Bischof Bornewasser erfreut darüber, daß die Krippenvereine die angeblich durch die Aufklärung unterdrückte Tradition von Greccio wiederbelebt hätten [488].

Die Krippenbewegung lebt in Deutschland allerdings bereits vor 1923. Charakteristisch für die Krippenvereine ist die strenge konfessionelle Trennung: 1860 entsteht der erste katholische Verein, der bruderschaftsartige Weihnachtskrippe-Gesellschaftsverein in Wenns (Tirol), der 1909 im Verein der Krippenfreunde Tirols aufgeht [489]; 1894 folgt der erste evangelische Verein, der Krippenverein von Oberwiesenthal im sächsischen Erzgebirge [490]. Treibende Kräfte sind Geistliche: in Tirol ein Prämonstratenserpater in der Pfarrseelsorge, im Erzgebirge der evangelische Pfarrer, gemeinsam mit dem Oberförster. Als weitere Vereinsgründungen seien genannt: die Freunde der Weihnachtskrippe in Salzburg (1916), der Verein der bayerischen Krippenfreunde (1917), der böhmische Verein (1919) und der Verein für Krippenfreunde für Zwittau und Umgebung (1923)[491]. Auf der evangelischen Seite betreiben die Krippenfreunde überwiegend die Verbreitung der Hauskrippen, weniger der Kirchenkrippe. Ein wichtiger Produzent für Hauskrippenbedarf war die Evangelische Brüderanstalt in Züllchow bei Stettin, deren Produkte schon 1868 in Breslau zu sehen sind und die der Gründer des evangelischen Volkskunstbundes, Koch, 1909 zum Kauf empfiehlt; auch die evangelische Jugendfürsorgeanstalt Rauhes Haus in Hamburg beteiligt sich am Krippenmarkt - 1929 wird schon das 23. Modell vorgestellt, eine hölzerne Flachkrippe [492].

Die rheinische Krippenbewegung ist eine ausschließlich katholische Angelegenheit. Die ersten Träger der Bewegung sind auch hier Geistliche; zu nennen wären etwa aus dem Erzbistum Köln die Pfarrer Hecker aus Gürzenich, Lücking aus Bonn-Ippendorf, Strauß aus Essen, ferner Pfarrer Klassen aus Lichtenborn (Bistum Trier). Das Engagement betrifft zunächst die eigene Pfarrei, mit ihrer Kir-

---

485 Odorich HEINZ: Baut Weihnachtskrippen! In: Franziskus-Stimmen. Jg. 7. 1923. Heft 11/12. Nov. S. 185-187. - hier: S. 187.
486 F.V.: Krippenausstellung in Soest. In: Franziskus-Stimmen. Jg. 7. 1923. Heft 11/12. Nov. S. 189 f. - hier: S. 187.
487 Siegfried SCHNEIDER: Die religiöse Erfassung und Vertiefung des Krippengedankens als Grundlage unserer Krippenarbeit. In: Die Weihnachtskrippe. Mitteilungen zum Jahrbuch. Nr. 1. 1926. S. 3-6. - hier: S. 3.
488 Franz Rudolf BORNEWASSER: Ein Bischofswort - Ansprache seiner Gnaden Bischof Dr. - von Trier zur Eröffnung der Krippenwanderschau in Trier am 14.Nov.1926. In: Die Weihnachtskrippe. Mitteilungen zum Jahrbuch. Nr. 1. 1926. S. 2.
489 MANG (wie Anm. 141), S. 88.
490 RIETSCHEL 1902, S. 60.
491 DAXELMÜLLER 1978, S. 92. -- zu Zwittau: LANZ (wie Anm. 20), S. 183.
492 LANZ 1981, S. 6. -- David KOCH: Weihnachtsgruß. In: Christliches Kunstblatt für Kirche, Schule und Haus. Jg. 51. 1909. Nr. 12. S. 353-356. - hier: S. 355. -- Heinrich OTTMANN: Rauhhäusler Weihnachtskrippe Nr. 23. In: Neue Jugend. Jg. 11. 1929. Heft 12. Dez. S. 232.

chenkrippe und der Anleitung zur Krippenarbeit in den Familien. Zu diesem Zweck organisiert Pfarrer Strauß in Essen 1917 eine Krippenausstellung [493]; die Essener Franziskaner nehmen offenbar diesen Gedanken auf, denn an deren Ausstellung inspirieren sich die Initiatoren des Krippenvereins, der 1923 im westfälischen Soest entsteht [494]. Das Eifeldorf Lichtenborn wird wegen der Krippenbegeisterung des Pfarrers zu einem kleinen Mekka der Krippenbegeisterten; Klassen legt auch das erste rheinische Krippenbuch vor [495].

Die Gründung eines regionalen Krippenvereins wird 1923 in einer westfälischen franziskanischen Zeitschrift mit Blick auf die Tertiarengemeinden angeregt. Da man nicht auf eine bestehende Krippentradition zurückgreifen kann, soll der geplante Verein für eine „würdige, andächtige Krippenfeier in den Familien und Vereinen", aber auch in den Kirchen sorgen durch die Vermittlung von Krippen, Weihnachtsspieltexten und weihnachtlicher Literatur [496].

1925 kommt es dann zur Gründung der „Landesgemeinschaft der Krippenfreunde in Rheinland und Westfalen", an der Franziskaner erheblich beteiligt sind (Hugo Dausend, Siegfried Schneider). Die Ziele der Landesgemeinschaft legt § 1 der 1929 veröffentlichten Satzung fest: Sie „hat den Zweck, im katholischen Volke das Verständnis für das Geheimnis der hl. Nacht zu wecken und die in ihm liegenden religiösen Werte zu pflegen". Die zugehörige Geschäftsordnung sagt genauer: „Die Aufgabe der Landesgemeinschaft umfaßt die Erziehung des Volkes zur religiös würdigen und volkskünstlerisch einwandfreien Gestaltung des Christfestes. Zur Erreichung dieser Aufgabe wird die Anleitung und Beeinflussung von Haus- und Kirchenkrippen erstrebt."[497] Die konfessionelle Bindung des Vereins schreibt der § 2 der Satzung vor: „Mitglied kann jeder unbescholtene Katholik werden, der Liebe und Verständnis für die Aufgaben der Gemeinschaft hat und im Sinne derselben mitarbeiten will."[498]

Zum Umkreis der Landesgemeinschaft gehören die 1924 gegründeten Krippenfreunde Euskirchen und die Krippenfreunde Köln-Altstadt von 1925, die der Kolping-Generalpräses Hürth ins Leben ruft und mit einer „Heimatkrippen-Werkstatt" im Kölner Kolpingshaus versorgt [499], sowie der Remscheider Verein „Gloria", der jedenfalls vor 1933 bereits Krippenfreunde versammelt [500].

---

493 Paul ENGELMEIER: 30 Jahre Landesgemeinschaft der Krippenfreunde in Rheinland und Westfalen e.V. In: Die Weihnachtskrippe. Jb. 22. 1955. S. 26-29. - hier: S. 27.

494 F.V. (wie Anm. 486), S. 189.

495 Joseph KLASSEN: Krippenbüchlein. Ein Wort vom Sinn und Segen der Hauskrippe v. -. 2., verm.Aufl. Habelschwerdt: Franke, 1925. (Die schlichte Sammlung)

496 o.Verf.: Vereinigung der Krippenfreunde. In: Franziskus-Stimmen. Jg. 7. 1923. Heft 11/12. Nov. S. 188.

497 Satzung der Landesgemeinschaft der Krippenfreunde in Rheinland und Westfalen e.V. In: Die Weihnachtskrippe. Mitteilungen zum Jahrbuch. Nr. 8. 1929. S. 3-6. - hier: S. 3.

498 ebda., S. 3.

499 Johannes FROMME: Von Krippen und Krippenfreunden. In: Die Weihnachtskrippe. Jb. 1. 1925. S. 69-81. - hier: S. 72, 75.

500 o.Verf.: Remscheider Krippenbau richtungsweisend. In: Kirchenzeitung (Erzbistum Köln). Jg. 18. 1963. Nr. 50 v.15.Dez. S. 16R.

Erste Ortsvereine der Landesgemeinschaft entstehen 1925 auf Anregung von Pfarrer Hecker in Köln-Ehrenfeld, ferner in Elberfeld, wo man bereits auf Aktivitäten der katholischen Jungmänner (Krippenausstellung von 1924) zurückgreifen kann [501], 1926 in Bonn-Kessenich und Bergisch Gladbach-Paffrath [502], 1927 in Barmen, Bergneustadt und Kerpen [503].

Die Geschäftsordnung sieht als Maßnahmen der Landesgemeinschaft einen Aktionskatalog vor, der deutlich an den der Vereine zur Erneuerung der christlichen Kunst angelehnt ist: Krippenausstellungen, vorbildliche Krippenfeiern und Weihnachtsspiele, Vorträge, Bastelkurse, die Verbreitung entsprechender Literatur; ferner die „Einwirkung auf alle katholischen Kreise"[504]. Diese Aufgaben werden mit großem Elan angegangen. Bereits im Gründungsjahr 1925 wird eine Wanderausstellung beispielhafter Krippen zusammengestellt; sie wird in Köln, Bonn, Ahrweiler, Düren, Aachen und Koblenz gezeigt. Die zweite Krippenwanderschau 1926 geht nach Düsseldorf, Trier, Gladbeck, Saarbrücken, Münster und Krefeld [505]. Parallel dazu werden Ausstellungen von Krippen aus Künstlerhand präsentiert, zuerst 1926 in der Bonner Münsterkrypta, 1927 folgt eine Künstlerkrippen-Wanderausstellung, die vom Katholikentag in Dortmund nach Limburg, Mainz, Essen, Recklinghausen und Neuss geht [506]. Auf dem Katholikentag wird die Ausstellung von einem umfangreichen Beiprogramm begleitet; die Vortragsthemen spiegeln das vielseitige Streben der Landesgemeinschaft: „Weihnachtskrippe und Familienleben - Krippeneigenbau der Jugend in der Schule - Die Krippenidee als Bereicherin unseres Pfarr- und Vereinslebens - Die religiösen und künstlerischen Voraussetzungen zur Beschaffung von Kirchenkrippen - Vom Segen der Krippe für die moderne Großstadt"[507].

Die Einwirkung auf kirchliche Kreise geschieht teils direkt, etwa wenn Knapstein selbst die symbolische Adventskrippe für St. Kunibert in Köln entwirft und als Anschauungsobjekt herstellt [508], teils durch Kontakte mit Multiplikatoren in kirchlichen Organisationen - so berät man den Frauenbund Osnabrück 1927 bei der Vorbereitung einer Krippenschau [509]. Den ersten Krippenbaukurs des Katholischen Frauenbundes (1927, Bendorf am Rhein) leitet Friedrich Dücker von der Landesgemeinschaft [510].

---

501 FROMME (wie Anm. 499), S. 69, 75 f.
502 Johannes FROMME: Von Krippen und Krippenfreunden. In: Die Weihnachtskrippe. Jb. 2. 1926. S. 62-77. - hier: S. 65, 76.
503 Johannes FROMME: Von Krippen und Krippenfreunden. In: Die Weihnachtskrippe. Jb. 3. 1927. S. 57-66. - hier: S. 59, 61, 63.
504 Satzung (wie Anm. 497), S. 3 f.
505 FROMME (wie Anm. 503), S. 57.
506 FROMME (wie Anm. 502), S. 65. -- Johannes FROMME: Von Krippen und Krippenfreunden. In: Die Weihnachtskrippe. Jb. 5. 1928. S. 59-76. - hier: S. 61.
507 o.Verf.: Künstlerkrippen-Wanderausstellung 1927. In: Die Weihnachtskrippe. Mitteilungen zum Jahrbuch. Nr. 2. 1927. S. 10.
508 Heinrich KNAPSTEIN: Die Adventskrippe in St. Kunibert in Köln. In: Die Weihnachtskrippe. Jb. 12. 1936. S. 46 f.
509 Theo M. LANDMANN: Krippenschau. In: Nachrichtenblatt für die Zweigvereine des Katholischen Frauenbundes. Jg. 12. 1928. Nr. 9. Sept. S. 67 f.
510 o.Verf.: Vom Krippenbaukurs in Bendorf. In: Frauenland. Jg. 20. 1927. Heft 12. Dez. S. 185f.

Die nationale Wirkung der Landesgemeinschaft ist daran ablesbar, daß die Krippenausstellung im Museum von Neusalz a. d. Oder 1927/28 auch rheinische und westfälische Produkte zeigt [511], ein Werklehrer sich in seinen praktischen Anregungen für „Die Arbeitsschule" auf die Krippenfreunde und ihr Jahrbuch „Die Weihnachtskrippe" bezieht [512] oder daß die erste Krippe der Holzschnitzschule von Bad Warmbrunn in Schlesien (von Lanz auf 1926 datiert) auf Anregung der Landesgemeinschaft entsteht [513].

4.1.6. Neue Formen der Krippenherstellung und des Krippenhandels

Das Beispiel der Warmbrunner Schnitzschule belegt die Veränderung im Anbieterkreis für Weihnachtskrippen. Im Abschnitt 3.1.5. wurde dargestellt, daß erschwingliche Massenprodukte wie Krippenbogen, Gips-, Papiermachéfiguren und billige Erzgebirgsware kennzeichnend für das Angebot im 19. Jahrhundert waren.
Im 20. Jahrhundert entfaltet sich der Markt für kostspieligere Einzelobjekte. Den Hintergrund dazu bilden von staatlicher Seite geförderte Gewerbeschulen, die traditionelle Handwerkszweige im künstlerischen Niveau heben sollen (mit Parallele zur Volkskunstschutzbewegung). Derartige Entwicklungen, die auch die Weihnachtskrippe betreffen, zeigen sich seit den 1870er Jahren in Tirol (Ringler spricht von einem Aufleben Tiroler Krippenkunst durch die Gewerbeschulen) und in Oberammergau (1895 staatliche Anerkennung der Gemeindlichen Zeichen-, Modellier- und Schnitzschule Oberammergau); bekannte, für die Krippe engagierte Schnitzschulen entstehen auch in St. Ulrich im Südtiroler Grödnertal und im schlesischen Bad Warmbrunn. Einen eigenen Weg wählt der Münchener Bildhauer Sebastian Osterrieder (1864-1932): In Nachahmung sizilianischer Barockkrippen stellt er (mit Gehilfen) seit 1912 in Modeln geformte Keramikfiguren her, die mit kaschierten und bemalten Stoffen bekleidet werden; er vermarktet sie als hochpreisige Qualitätsprodukte [514].

Durch „Importe" kann daher das Angebot für gehobene Ansprüche im Rheinland erweitert werden; schon bald aber entdecken rheinische Künstler die Krippe als lohnendes Objekt. Auf den Künstler-Wettbewerb der Ars christiana, zusammen mit der Kunstanstalt Benziger, von 1921 wurde schon hingewiesen. Damals ist der Hintergedanke, durch die Wettbewerbsbeiträge zu künstlerisch hochwertigen Entwürfen für eine geplante Massenanfertigung zu gelangen. Es entstehen aber

---

511 LANZ 1981, S. 115.

512 Heinrich SEMM: Die Aufstellkrippe als Klassenzimmerschmuck. In: Die Arbeitsschule. Jg. 42. 1928. Heft 12. S. 572-580. - hier: S. 574.

513 Cyrillo DELL'ANTONIO: Die Weihnachtskrippen der Holzschnitzschule in Bad Warmbrunn. In: Frauenland. Jg. 25. 1932. Heft 12. Dez. S. 319 f. - hier: S. 319. -- LANZ 1981, S. 114.

514 Friedrich MÜNCH: Die Osterrieder-Krippe zu Schwarzrheindorf. Zur Entstehungsgeschichte einer Gemeindekrippe. In: ders., Norbert TRIPPEN u. Karl KÖNIGS: 1832-1982 Gottesdienst in Schwarzrheindorf. Bonn: Kath.Kirchengde.St.Klemens, 1982. S. 31-42. - hier: S. 34.

auch Unikate; Benziger stellt 1926 in Köln die aufwendige Schneekrippe von Joseph Merbeck „Weihnachten in Altköln" aus [515].

Die größten Erfolge verbuchen allerdings die rheinischen „Krippenwerkstätten", familiäre Handwerksbetriebe, die ihre in größerer Menge und standardisierter Form, aber von Hand gearbeiteten Produkte als hochwertige handgeschnitzte Kunstobjekte vertreiben.

Die erste rheinische Krippenwerkstätte gründet Johanna Lamers-Vordermayer (1870-1945). Ihr Vater war der Oberammergauer Bildhauer Vordermayer; die Tochter, seit 1895 mit dem Kirchenmaler Lamers aus Kleve verheiratet, setzt sich zunächst theoretisch mit den Krippen auseinander: Max Schmederer lädt sie 1912 ein, Führungen in seiner Krippensammlung im Bayerischen Nationalmuseum sowie Vorträge über Krippenkunst abzuhalten; sie veröffentlicht auch kleinere Aufsätze zu entsprechenden Themen. Zur Darstellung der Technik neapolitanischer Gliederfiguren erarbeitet sie Anschauungsstücke. Es folgen eigene Krippenentwürfe, deren hölzerne Ausführung sie als Auftragsarbeit vergibt, sie aber von ihrem Wohnsitz Kleve aus selbst verkauft. Die Arbeit der Mutter setzen nach dem Zweiten Weltkrieg Hans Lamers (geb. 1897) und seine Frau Ilse fort, geben diese Tätigkeit aber 1963 auf [516]. Ein Mitbewerber ist die Krippenwerkstatt von Gerhard Wehling (1899-1961) in Kevelaer, die dessen Witwe noch weiterbetrieben hat [517].

Die weitaus erfolgreichste Krippenwerkstatt führte Lita Mertens-Grüter (Bünde i. Westf. 1879 - 1979 Köln-Rath). Die in Kleve ansässige Familie Mertens hat eine der ersten Hauskrippen von Johanna Lamers-Vordermayer besessen [518]. In Anlehnung an den Lamersschen Stil gestaltet die längst verheiratete und Mutter gewordene Lita Mertens-Grüter nach dem Ersten Weltkrieg Krippen, zunächst in Gips, aber schon bald ausschließlich als hölzerne Gliederfiguren. Das älteste Datum für eine Mertens-Krippe liegt für die Krankenhauskirche Köln-Dellbrück (ab 1930) vor [519].

Der wichtigste Käuferkreis der Krippenwerkstätten sind die Kirchengemeinden, da diese Produkte für die meisten Privatleute unerschwinglich sind. Die dreiviertel-lebensgroßen Gliederfiguren von Lita Mertens kosteten 1935/36 für einem Mohrenknaben 130 Mark, die drei Könige zusammen (einschließlich Bekleidung)

---

515 Laurenz KIESGEN: Die Weihnachtskrippe. In: Kölnische Volkszeitung und Handelsblatt. Jg 67. 1926. Literarischer Weihnachtsanzeiger. Nr. 2 v.15.Dez. S. 2.

516 Heinrich van ACKEREN: Johanna Lamers-Vordermayer, die Begründerin der Klever Krippenkunst. In: Die Weihnachtskrippe. Jb. 23. 1956. S. 5-8. -- o.Verf.: Krippenkünstler im Raum Rheinland-Westfalen. In: Die Weihnachtskrippe. Jb. 22. 1955. S. 31-37. - hier: S. 33. -- Paul ENGELMEIER: Aufstieg und Untergang der rheinischen Krippenwerkstatt Lamers-Vordermayer. In: Die Weihnachtskrippe. Jb. 31. 1964. S. 96-98. - hier: S. 98.

517 o.Verf. (wie Anm. 516), S. 37.

518 van ACKEREN (wie Anm. 516), S. 7.

519 Josef KLERSCH: Kölner Krippen. In: Kirchenzeitung (Erzbistum Köln). Jg. 10. 1955. Nr. 52 v.25.Dez. S. 985; Jg. 11. 1956. Nr. 1 v.1.Jan. S. 13. - hier: S. 13.

757,10 Mark [520]. Seit den 1950er Jahren bewegt sich der Preis je Figur um 1.000 DM.

Preiswertere Varianten für den qualitätsbewußten Privatkunden sind die sogenannten Künstlerkrippen. Gemeint sind die Abgußprodukte aus der Devotionalienindustrie, die auf Entwürfe von Künstlerhand zurückgehen (siehe z. B. Abschnitt 4.1.2. über den Wettbewerb der Ars christiana). Gehobene Erzeugnisse aus diesem Genre ermöglicht die Kopiertechnik, die für die Krippen von Karl Kuolt (1879-1937) erfunden wurde. Es handelt sich um eine Graviermaschine, die den Bronzeabguß einer holzgeschnitzten Figur abtastet und in verschiedenen Maßstäben dreidimensional nachschneidet; die ersten so hergestellten Kuolt-Krippen entstehen in München um 1930 [521]. Die Kuolt-Krippen umgibt durch diese Technik trotz des erschwinglichen Preises der Nimbus des Handgeschnitzten.

Eine größere Nachfrage des Publikums bei Weihnachtskrippen, auch bei Objekten, die nicht zu den Pfennigartikeln zählen, setzt den Zeitungsanzeigen zufolge erst nach dem Ersten Weltkrieg ein. Die Kunstanstalt Benziger bietet 1912 erstmals, 1917 aber in größeren Anzeigen, die auch in Bonn erscheinen, eine Art Luxuskrippe an (die Figuren phosphoreszieren!); 1917 wird zur Beschreibung des Angebots hinzugefügt: „Original-Arbeit, also keine Massenherstellung, die geschmacklos über einen Leisten geschlagen ist"[522]. Der Bonner Einzelhandel entdeckt in den 1920er Jahren die Krippen als lohnenden Artikel: die Firma Schmickler wirbt 1926/27 reißerisch für billige Krippen, die Devotionalienhandlung Commes richtet 1927 eine große Spezial-Abteilung für Krippen ein („zu staunend billigen Preisen"), 1928 beschreibt sich der Konkurrent Leopold als „Erstes Spezialhaus für Krippen"[523]. 1930 werben in Köln zwei große kommerzielle Krippenausstellungen, die neben preiswerten Objekten (Sperrholz, Gußmasse) teure Schnitzereien besonders herausstellen; darunter ist der Direktverkauf eines Oberammergauer Großproduzenten/Großhändlers [524].

Eine breite soziale Diffusion ermöglicht die Propagierung der Eigenherstellung von Krippen. Schon 1919 werden die katholischen Mütter angeregt, mit ihren Kindern Krippen zu basteln [525]. Das Werken befaßt sich zunächst mit der Krippenlandschaft, die man vollständig erarbeiten soll (während die Figuren zugekauft

520 Peter OPLADEN: Die Geschichte der Pfarre Bensberg. Bergisch Gladbach: Heider, 1946. - S. 203.
521 o.Verf.: Karl Kuolt zum Gedächtnis. In: Die Weihnachtskrippe. Jb. 14. 1938. S. 27-30. - hier: S. 29.
522 Kölnische Volkszeitung. 1912. Nr. 1.043 v.29.Nov.; 1917. Nr. 946 v.3.Dez. -- Bonner Zeitung. 1917. Nr. 345 v.15.Dez.
523 Deutsche Reichs-Zeitung. 1926. Nr. 291 v.18.Dez.; 1927. Nr. 289 v.17.Dez. (Schmickler) -- Bonner Zeitung. 1927. Nr. 279 v.1.Dez. (Commes) -- Deutsche Reichs-Zeitung. 1928. Nr. 290 v.15.Dez. (Leopold)
524 Kölnische Volkszeitung. 1930. Nr. 634 v.13.Dez. (Gilde-Buchhandlung); Nr. 635 v.14.Dez. (Gg. Lang sel. Erben, Geschäftslokal Köln)
525 Elise STOFFELS: Mütterabend: Wie bereite ich mich mit meinen Kindern auf das heilige Weihnachtsfest vor? In: Der Mütter-Verein. Jg. 4. 1919. S. 117-126. - hier: S. 120.

werden)[526]. Anregungen zum Figurenbasteln folgen erst später; man verwendet Papierbrei auf Drahtgerippen, Ton, Blei, Gips, Wachs und Holz [527]. Die rheinische Landesgemeinschaft legt 1930 zwei Bastelbücher vor, eins für Landschaft und Stall/Grotte, das andere für Figuren [528].

4.2. Neue Funktionsbestimmungen für die Krippe

4.2.1. Verkündigungs- und Andachtsbild

Die Funktion der Krippe als Verkündigungs- und Andachtsbild wird in der Fachliteratur stets vorausgesetzt. Die verschiedenen weihnachtlichen Schriften berücksichtigen sie erst nach dem Ersten Weltkrieg; soweit sie auch das Rheinland betreffen bzw. dort greifbar sind, erscheint diese Funktionsbestimmung nur in katholischer Literatur, wobei ein großer Teil der Autoren Geistliche sind.

Der Franziskanerpater Gruber betrachtet die Krippe als Nachfolgerin der bethlehemitischen Engel, weil sie wie die Engel damals den Hirten dem Betrachter heute das Festgeheimnis „anschaulich und beredt" vorstelle [529]. Der Priester Rathgeber schätzt die Krippe höher ein als „die schönste Predigt am Sonntag und der herzlichste Bibelunterricht in der Schule"[530].

Als bildliche Verkündigung und Anregung zur Erzählung der biblischen Geschichte wird die Krippe empfohlen für die Frauen- und Müttervereine [531], den Katholischen Frauenbund [532] und für den katholischen Bibelunterricht [533].

Zur Stellung der Krippe in der Liturgie der Weihnachtszeit bezieht man keine einheitliche Position. Der führende Publizist der rheinischen Krippenbewegung, Dücker, ist der Meinung, daß Krippe und Eucharistie so „innig" wie möglich zu verbinden seien (etwa durch eine Hochaltarkrippe)[534], während ein Franziskaner-

---

526 HEINZ (wie Anm. 485), S. 186.

527 Leo WEISMANTEL: Buch der Krippen. Augsburg: Filser, 1930. (Bücherei der Lebensalter : Bücherei der Adventsstube; 3) - S. 107 ff. -- Luise HEINEMANN: Mütter basteln eine Krippe. In: Frauenland. Jg. 24. 1931. Heft 12. Dez. S. 319 f.

528 Friedrich DÜCKER: Figuren für die Weihnachtskrippe (Figurenbastelbuch). Grundsätzliches und Technisches als Ratgeber für Krippenbastler und solche, die es werden wollen v. -. Wiesbaden: Rauch, 1930. -- ders.: Technisches über den Bau des Krippengehäuses (Krippenbastelbuch). Wiesbaden: Rauch, 1930.

529 Daniel GRUBER: Krippe und Freude. Ein Weihnachts-Freudenbüchlein v. -. Graz: Styria, 1924. - S. 5.

530 Alphons Maria RATHGEBER: Im Schatten des Dorfkirchleins. Ein Gang durchs Dorfkirchenjahr (von Nikolaus bis Martini). München: Kösel u.Pustet, 1923. - S. 13.

531 o.Verf.: Zehn Vorrechte der Helferinnen des Müttervereins in der heiligen Weihnachtszeit. In: Vorstandsblätter für kath. Frauen- und Müttervereine. Jg. 1. 1926. Nr. 6. S. 45 f. - hier: S. 45.

532 o.Verf.: Krippenbau-Kursus. In: Nachrichtenblatt für die Zweigvereine des Katholischen Frauenbundes. Jg. 16. 1932. Nr. 9. Sept. S. 41.

533 Franz WEIGL: Heimat und Volkstum in religionspädagogischer Auswertung. Paderborn: Bonifacius, 1934. - S. 169.

534 Friedrich DÜCKER: Kirchenkrippen. Berichte über Neuschöpfungen und zugleich Grundsätzliches. In: Die Weihnachtskrippe. Jb. 10. 1934. S. 14-22. - hier: S. 19.

pater aus der Krippenbewegung die Kirchenkrippe nur als Hinführung zu Hochaltar und Eucharistiefeier duldet [535]. Witte ist der Ansicht, daß der passende Ort für eine Kirchenkrippe eine Seitenkapelle, die Vorhalle oder ein Platz an der Seitenwand sei [536].

Die Vorschläge zur Gestaltung der Weihnachtszeit in der Kirche spiegeln diese reservierte Haltung der Geistlichkeit: Die Krippe findet Wertschätzung eher bei Andachten als bei Meßfeiern. Zum Fest der Unschuldigen Kinder regt Buerschaper an, eine Kinderprozession zur Krippe mit Niederlegung von Opfergaben, eucharistischer Anbetung vor der Krippe und abschließendem Segen zu veranstalten; Berichte aus Düsseldorf, Essen und Köln belegen Nachgestaltungen dieses Entwurfs [537]. Rößler empfiehlt, bei der Aussendungfeier von Sternsingern in der Pfarrkirche die Kinder nach dem Segen zu einem kurzen Gebet vor der Krippe anzuhalten [538]. Eine Segnung der Kinder vor der Krippe zu Maria Lichtmeß soll die „Zeit des Kindes im Kirchenjahr" beschließen [539]; eine Ausnahme in der liturgischen Verwendung der Krippe schlägt Buerschaper vor: zu Lichtmeß soll ein Kommunionkind im weißen Kleid das Jesuskind aus der Krippe in die Kirche tragen und während der Messe vor dem Altar im Arm halten [540].

Weitere Anregungen betrachten die Krippe als ein besonderes Andachtsbild im Kirchenraum: Kinder wie Frauen- und Müttervereine werden ermuntert, bei einer Feierstunde ihrer Gruppen Kerzen zur Krippe zu tragen [541]. Katholische Jungen werden aufgefordert, an der Krippe die Festgeheimnisse der Weihnachtstage (Stephanus, Johannes, Unschuldige Kinder) zu betrachten [542]; im Sinn des

---

535 Hugo DAUSEND: Die Weihnachtskrippe als religiöses Bindemittel für Familie und Gemeinde. In: Werkblatt für die Arbeit am katholischen Kind. Jg. 6. 1935. Heft 6. S. 137-139. - S. 138. -- Diese Meinung formulierte bereits: Paul PFISTER: Macht hoch die Tür, die Tor macht weit. Ein Werkbüchlein zum Advent v. -. Hrsg.i.Verbindg.m.d.Reichsarbeitsgemeinschaft Kinderwohl v. -. Stuttgart: Kepplerhaus, 1932. (Im Kreislauf des Jahres; 3) - S. 34.

536 Robert B. WITTE: Das katholische Gotteshaus. Sein Bau, seine Ausstattung, seine Pflege im Geiste der Liturgie, der Tradition und der Vorschrift der Kirche. 2.Aufl. Mainz: Grünewald, 1951. - S. 170.

537 Kurt BUERSCHAPER: Krippenfeier aller Kinder in der Pfarrei. In: Werkblatt für die Arbeit am katholischen Kind. Jg. 6. 1935. Heft 6. S. 140-142. -- Kurze Notiz über erfolgreiche Nachahmung in ders. Zeitschrift, Jg. 7. 1936. Heft 1. S. 35.

538 Max RÖSSLER: Sternsingen. Wortgestaltung v. -. Tonsatz v. Anton BERSACK. In: Geweihte Gemeinschaft. Jg. 26. 1938. Heft 4. S. 193-195. - hier: S. 194.

539 Eugen A. BEICHERT: Kirche und Kind im Weihnachtsfestkreis. In: Werkblatt für die Arbeit am katholischen Kind. Jg. 6. 1935. Heft 6. S. 133-136. - hier: S. 136.

540 Kurt BUERSCHAPER: Es leuchte euer Licht. Gestaltungsgut für eine Lichtmeß-Feier. Zsgest.v. -. Hrsg. Bischöfl.Hauptarbeitsstelle f.d.kath.Aktion. Düsseldorf: Beratungsstelle f.d.pfarrgemeindl.Arbeit, 1936. - hier: Vortragsskizze „Maria Lichtmeß", S. 2.

541 Das Kind in Familie und Kirche. Handbuch für Kinderseelsorge, hrsg. Kurt BUERSCHAPER. Kevelaer: Bercker, 1936. - S. 470. -- E.K.: Weihnachtsfeierstunde. In: Vorstandsblätter für kath. Frauen- und Müttervereine. Jg. 13. 1938. Nr. 6. S. 60.

542 Ad. BÖCHEL: Drei Sträuße um die Weihnachtskrippe. In: Jung-Wacht. Jg. 4. 1922/23. Nr. 17/18. Dez. S. 65 f. - hier: S. 66.

damaligen Rollenverständnisses pflegen die Jungmänner die (anscheinend unmännliche) Krippenandacht nur, wenn sie unbeobachtet sind [543].

Als Andachtsbild wird die Krippe den katholischen Familien besonders empfohlen: „Im religiösen Familienleben bedeutet die Krippe nicht ein Paradestück, sondern die geheime Mitte, den Altar, ein wichtiges Erziehungsmittel."[544] Die Betrachtung der Hauskrippe soll das liturgische Erlebnis der Weihnacht verstärken [545], wird sogar wie eine Parallele geschildert [546]. Gruber legt der Krippenbewegung ans Herz, die Krippenandacht zu fördern, damit die neue Leidenschaft des Krippenbastelns nicht „in einen Sport ausartet"[547]. Mit der Idee einer häuslichen Lichtmeßprozession, die von der Hauskrippe ausgeht, steht Buerschaper auch hier wieder abseits der üblichen Vorschläge [548].

Üblich bei der Funktionsbeschreibung als Verkündigungs- und Andachtsbild ist die Zuordnung zu den Kindern der Familie: für die Kinder und ihre Eltern wird das Zimmer mit der Krippe zu einem „Kapellchen"[549], das „Hausaltärchen" der Krippe dient als „Lehrkanzel für die Kinder"[550]. Während das Weihnachtsevangelium vor der Bescherung verlesen wird, sollen die Kinder vor der Krippe knien[551]. Als zugehöriges Bild soll die Krippe das Erzählen der Weihnachtsgeschichte unterstützen (obwohl der Pfarrer Weigert fürchtet, daß die Mütter „weder fromm noch gescheit genug" zum Erzählen sind)[552].

4.2.2. Signal des Christseins

Das aufkommende Krippenbasteln ruft neue Funktionsbestimmungen hervor, die sich an die Herstellung der Krippe binden. Krippen werden nun auch aufgefaßt

---

543 Franz STEBER: Schaffende Hände im Advent. In: Die Wacht der Landjugend. Jg. 24. 1928. Heft 12. Dez. S. 356-357. - hier: S. 356.

544 Ottilie MOSSHAMER: Werkbuch der religiösen Mädchenführung in drei Teilen. 4.Aufl. Bd. 1-3. Freiburg: Herder, 1940. Bd. 3. Ziel aller Wege und alles Lebens. - S. 87.

545 Hermann Josef SCHMITT: Wir basteln eine Weihnachtskrippe. In: Geweihte Gemeinschaft. Jg. 25. 1937. Heft 1. S. 24-30. - hier: S. 25.

546 „... ein stiller Gottesdienst ..., eine stete Gewissenserforschung, ein Hilfsmittel zu innigem Gebet und Betrachtung für unsere flügellahme Seele" Hans SAUERLAND (d.i.: Hans HÜMMELER): Vom frohen Krippenbauen. Geist und Praxis der Weihnachtskrippe. Mit Krippenentwürfen v. Karl STEINER. Wiesbaden: Rauch, 1927. - S. 10.

547 GRUBER (wie Anm. 529), S. 52.

548 BUERSCHAPER (wie Anm. 540), S. 1.

549 Felix SCHREINER: Etwas von der Weihnachtskrippe und dem Krippenbau. In: Jung-Wacht. Jg. 7. 1925/26. Nr. 9. Dez. 1925. S. 138-140. - hier: S. 139.

550 KLASSEN (wie Anm. 495), S. 16.

551 A.H.: Weihnacht in der Familie. In: Vorstandsblätter für kath. Frauen- und Müttervereine. Jg. 2. 1927. Nr. 6. S. 46 f. - hier: S. 46.

552 Joseph WEIGERT: Bauernpredigten in Entwürfen v. -. 2.u.3., verm.Aufl. Freiburg i.Br.: Herder, 1925. - S. 93. -- „In jede moderne katholische Familie mit Kindern gehört zum Weihnachtsfest eine Krippe und sei sie auch noch so bescheiden. Ohne sie können sich zumal die Kleinen gar nicht wirklich lebendig in die Wunder der Heiligen Nacht versetzen. Die katholische Familie, die die Beschaffung einer Krippe unterläßt, stellt sich somit abseits der sog. Krippenbewegung, die auf der wachsenden Einsicht in die religöse und pädagogische Bedeutung der Weihnachtskrippe beruht ..." Friedrich SCHNEIDER: Katholische Familienerziehung. 2., durchges.Aufl. Freiburg i.Br.: Herder, 1936. - S. 90.

als Spiegel der religiösen Ergriffenheit, aus der heraus auch der Laie sein „inneres Bild" von der Christgeburt schafft [553]. Damit verbunden ist die Funktion, den religiös-seelischen Zustand des Erbauers augenfällig zu machen: Die „rechte Krippe ist uns das Gebild schöpferischen Glaubens, offenbart uns die Geschichte einer christlichen Seele"[554], zeigt, ob die krippenbastelnden Kolpingssöhne gläubig auf das Fest hingearbeitet haben [555], ob die Familie auch „im Herzen der Kleinen" die Krippe bereitet hat [556]. Dieses katholische Gedankengut präsentiert ein Kölner Werklehrer auch in „Die Arbeitsschule"[557]. Eine Fortentwicklung der Funktion als Seelenspiegel bietet der Krippenfreund Hümmeler mit der Versicherung, daß Gott das gläubige Krippenbauen als „Opfergabe deines Herzens" annehmen und mit besonderen Gnaden vergelten werde [558].

Diese besondere Beachtung der Krippenherstellung verleiht auch den gekauften Krippen diese spiegelnde Funktion, die eine zusätzliche Wertung des Produkts ermöglicht. Die Krippenbewegung akzeptiert nur Krippen, die von wahren Künstlern geschaffen wurden; diese sind „wirkliche Christen ..., die das Krippengeheimnis lieben, die sich selber dem Krippengeheimnis mit ganzer Seele hingeben und es sich und uns wirklich nahezubringen verstehen"[559]. Daß die Gläubigkeit des Künstlers Voraussetzung für religiöse Kunst sein muß, weil man sie im Kunstwerk zu spüren meint, ist eine Auffassung, die auch für die Produktion religiöser Schulbilder gepflegt wurde [560] und die die Fuldaer Bischofskonferenz 1932 mit der Eingrenzung auf katholische Gläubigkeit festschreibt [561].

Die Darstellung des Christseins durch die Aufstellung oder Herstellung der Krippe bleibt in der Zwischenkriegszeit vorerst eine sehr geschätzte, aber nicht über alles gehobene Funktion der Krippe, auch wenn in Verbindung damit polemische Angriffe gegen den vorgeblich unchristlichen Christbaum laut werden, wie sie bereits Alban Stolz 1855 formulierte [562].

---

553 DAUSEND (wie Anm. 535), S. 138. -- PFISTER (wie Anm. 535), S. 31.
554 PFISTER (ebda.), S. 27.
555 HECKER: Der Geselle an der Krippe. In: Kolpingsblatt. Jg. 25. 1925. Nr. 24 v.15.Dez. S. 194.
556 Hermann KLENS: Wie bereiten wir in der Familie das Weihnachtsfest vor? In: Vorträge für Präsides für Müttervereine. Beil. zu: Frauenart und Frauenleben. Jg. 8. 1930. S. 21 f.
557 „Wir Werklehrer aber wollen für uns und unsere Werkschüler etwas Ganzes. Wir wollen jeder die Krippe formen, die aus den tiefsten Tiefen unserer Seele herauswächst als Ausdruck unseres Glaubens ..." Willy ILLIGEN: Die Weihnachtskrippe. In: Die Arbeitsschule. Jg. 49. 1935. Heft 12. S. 337-346. - hier: S. 346.
558 SAUERLAND (wie Anm. 546), S. 197.
559 Hugo DAUSEND: Hochaltarkrippe. In: Die Weihnachtskrippe. Jb. 13. 1937. S. 7-9. - hier: S. 9.
560 MAYER (wie Anm. 444), S. 126.
561 „Dem gesunden religiösen Empfinden der katholischen Volksseele werden durchweg nur solche Künstler entsprechen können, die mit Geist und Übung des katholischen Gottesdienstes vertraut sind. Kirchliche Kunst verlangt katholische Künstler, die seelenverwandt sind mit katholischem religiösem Empfinden ..." Abdruck bei WITTE (wie Anm. 536), S. 6.
562 Alban STOLZ: Gesammelte Werke v. -. Volksausg. Bd. 1- . Freiburg i.Br.: Herder, 1899. Bd. 6. Besuch bei Sem, Cham und Japhet oder: Reise in das Heilige Land. 7.Aufl. - S. 265.

Kreitmaier bezeichnet den Christbaum 1920 als einen gefährlichen „Nebenbuhler", Rathgeber 1923 sogar als Feind der Krippe, der bis zum Sieg gegen sie kämpft[563]. Die Hochschätzung der Krippe in katholischen Kreisen beruht darauf, daß der Konkurrent Christbaum enger mit dem familiären Schenkfest verbunden erscheint. Wenn der christliche Festcharakter betont wird, wächst die Bedeutung der Krippe und verdrängt den durch den Baum vertretenen „Weltgeist"[564]. Die katholischen Vereine bemühen sich darum durch die Akzentuierung der Krippe, auch wenn sie zusammen mit dem Baum auftritt [565]; der Frauenbund empfiehlt, das Schenkfest (mit Gabentisch und Christbaum) und die häusliche Weihnachtsfeier (mit Krippe) durch zwei Weihnachtszimmer voneinander zu trennen [566].

Die katholische Polemik richtet sich zunächst gegen die Sozialisten, die z. B. der Franziskanerpater Schneider als Förderer der „neuheidnischen" Entwicklung des bürgerlichen Schenkfestes anprangert [567]. Mit der Verbreitung nationalsozialistischer Julfestlichkeiten verschärft sich das Engagement katholischer Kreise für eine Verchristlichung des Weihnachtsfestes. Die „Weihnachtsstube ist für den katholischen Christen ein Bekenntnis zur Kirche; wer immer hereintritt, dem muß katholische Geistigkeit in edler Form entgegentreten"[568]. Die Festdekoration erhält damit die Funktion eines sichtbaren Glaubensbekenntnisses zugesprochen. Die Krippe ist bei dieser Signalisation eigenen Christseins offenbar unverzichtbar; ihre Verwendung wird den Jungmännern wie Jungfrauen dringend empfohlen [569], Krippen finden sich wie selbstverständlich neben den Muster-Gabentischen auf der Ausstellung „Christliche Familienweihnacht", die der Frauenbund 1936 in Köln, Brühl, Münster, Essen und München zeigt [570].

Während die Katholiken die Krippe gegen die heidnische Jultanne setzen, erhalten die evangelischen Jugendlichen im Rheinland erstmals die Anregung, eine Krippe unter den Baum zu stellen; bei Peuckert ist sie „für ein christliches Haus nötiger als ein Christbaum"[571]. Ein evangelischer Schullehrer aus dem Schwarzwald

---

563 Josef KREITMAIER: Krippe oder Christbaum? In: Stimmen der Zeit. Bd. 98. 1920. S. 238-240. - hier: S. 238. -- RATHGEBER (wie Anm. 530), S. 13.

564 Albert NOBEL: Von Weihnacht und Krippenspiel. In: Volkskunst. Jg. 13. 1925. Heft 11. S. 481-487. - hier: S. 482.

565 SCHEUFFGEN: Weihnachtskrippenbau im Jugendheim. Theorie und Praxis. In: Jugendführung. Zeitschrift für Jugendpflege und Jugendbildung. Jg. 14. 1927. Heft 12. S. 290-294. - hier: S. 291. -- Jakob CLEMENS: Weihnachten in der Familie. Vortrag für die Monatsversammlung (der kath. Jungmänner). In: Jugendführung. Werkblatt für Präsides. Jg. 32. 1928. S. 191-194. - hier: S. 193. -- o.Verf.: Unsere Weihnachtsfeiern. In: Der Führer. Jg. 21. 1934. Heft 4. S. 97-99. - hier: S. 98.

566 o.Verf.: Weihnachten, das hohe Fest der Hausfrau. In: Frauenland. Jg. 26. 1933. Heft 12. Dez. S. 327-329.

567 SCHNEIDER (wie Anm. 487), S. 4 f.

568 o.Verf.: Advent in der Familie. In: Frau und Mutter. Jg. 28. 1937. Heft 12. S. 141 f. - hier: S. 142.

569 o.Verf.: Weihnachten und Wintersport. In: Jungführer. Jg. 25. 1934. S. 280 f. -- MOSSHAMER (wie Anm. 544), S. 86.

570 Antonie HOPMANN: Von einer Schau „Christliche Familienweihnacht". In: Die Christliche Frau. Jg. 35. 1937. Heft 1. Jan. S. 28-30.

571 o.Verf.: Die Krippe. In: Evangelische Jugend. Jg. 7. 1934. Nr. 6. Sept. S. 165-169. -- PEUCKERT (wie Anm. 91), S. 24.

berichtet, daß er nach 1935 für seine Familie eine Krippe beschafft habe als Gegenpol zur Jultanne und zur „Hohen Nacht der klaren Sterne" - eine deutliche Parallele zu den Bemühungen der Katholiken um christliche Festzeichen [572].

Diese Bestrebungen beziehen auch den Christbaum ein, so daß die Funktion, Christsein zu signalisieren, nicht nur der Krippe zugewiesen wird. Man bastelt christliche Symbolzeichen [573], kleine Kelche, Kreuze und Dornenkronen als Baumschmuck [574], die traditionellen Glaskugeln werden mit liturgischen Texten auf Spruchbändern in das christliche Schmuckkonzept einbezogen [575].

4.2.3. Erziehungsmittel

Schon im 19. Jahrhundert entdeckte der Kindheit-Jesu-Verein die Krippe als Hilfsmittel bei der Spendensammlung. Nun benutzen auch katholische Geistliche außerhalb dieser Vereinstätigkeit die Krippe für Kollektenzwecke. Einzelne Aspekte der Krippendarstellung werden dabei herangezogen, um die jeweilige Zielgruppe zu Opfergaben aufzufordern. Die armselige Stallszene soll Kinder zu einem Opfer für hungernde Kinder veranlassen, während die Anbetungsszene der (heidnischen) Könige die Aufstellung einer Missionssammelbüchse auch vor der Hauskrippe rechtfertigt [576]. Die Betrachtung der Verkündigung an die Hirten soll die Gläubigen zu einer Gabe für Missionare bewegen [577]. Beichert empfiehlt, die Kinder während der Weihnachtszeit zu zwei Opfergängen anzuhalten: an Weihnachten wie die Hirten zur Krippe (wegen der armseligen Geburtsszene zugunsten der Armen), am 6. Januar wie die Könige zum Altar (mit Blick auf die Göttlichkeit Jesu; zugunsten der Mission)[578].

Die katholischen Kinder werden während der Advents- und Weihnachtszeit nicht nur zu finanziellen, sondern auch zu persönlichen Opfern angehalten; in beiden Zusammenhängen dient die Krippe als Erziehungshilfe. Für die Bildung persönlicher Opferbereitschaft wird das Hälmchensammeln gefördert; die erste Anregung dazu fand ich 1910 in einer Zeitschrift des Frauenbundes [579]. Als erwünschte freiwillige Opfer der Kinder gelten z. B. „williger Gehorsam, ein kleiner Verzicht,

---

[572] Jörg ERB: Die Weihnachtsbotschaft in der Schule. In: Evangel. Jahresbriefe. Jg. 15. 1950/51. S. 18-21. - hier: S. 19 f.

[573] Käthe RHEINDORF: Krippe und Christbaumschmuck. In: Der Kranz. Jg. 31. 1937. Heft 12. S. 310-312. - hier: S. 311.

[574] Paul PFISTER u. Bernhard BERGMANN: Laßt uns das Kindlein grüßen. Ein Werkbüchlein für Weihnachten und Dreikönig v. -. Hrsg. Reichsarbeitsgemeinschaft Kinderwohl. Stuttgart: Kepplerhaus, 1932. (Im Kreislauf des Jahres; 4) - S. 12.

[575] o.Verf.: Werkarbeit als Vorbereitung auf eine christliche Familien-Weihnacht. In: Nachrichtenblatt für die Zweigvereine des Katholischen Frauenbundes. Jg. 20. 1936. Nr. 11/12. Nov./Dez. S. 35 f.

[576] Daniel GRUBER: Die Weihnachtskrippe im Dienste der christlichen Erziehung, der Caritas und der Glaubensverbreitung. Bochum: Potthoff, 1920. - S. 17 u. 25 f.

[577] Gregor BUSL: Predigten auf die Sonn- und Festtage des Kirchenjahres. Hrsg. Karl NEUMANN. Bd. 1-2. Regensburg: Habbel. Bd. 2. Festtagspredigten. 5., verb.Aufl. 1927. - S. 67.

[578] BEICHERT (wie Anm. 539), S. 133-136.

[579] o.Verf.: Wie Frau Immergut in ihrem Hause die Weihnachtskrippe herrichtete. In: Der Katholische Frauenbund. Jg. 5. 1910/11. Nr. 3. S. 9.

ein andächtiges Gebet, ein schnelles Aufstehen, eine sorgfältige Schularbeit"[580]; in der katholischen Grundschule sollen sich alle Kinder eine gute Tat als Hausaufgabe vornehmen [581]. Für jedes dieser Opfer dürfen die Kinder während der Adventszeit einen Strohhalm oder einen Wollfaden in den noch leeren Futtertrog der Weihnachtskrippe legen, verbunden mit der Mahnung: „Seid ihr eifrig und bringt täglich Opfer, wird um Weihnachten die Krippe gefüllt sein. ... das Jesuskind ... ruht ganz weich und warm auf den guten Werken eurer opferfrohen Liebe."[582]

Das Hälmchensammeln kennt Wrede aus „niederrheinischen Klosterschulen", es sei aber seit dem Ersten Weltkrieg als Zeichen für Gaben an Notleidende üblich geworden [583]. Für eine große Beliebtheit dieses lehrreichen Brauchs sprechen die Erinnerungen, daß das Hälmchensammeln in Köln [584], Oberschwaben und in einer deutschen Gemeinde in Ungarn [585] geläufig war.

Daß diese anschauliche Form moralischer Erziehung der katholischen Reformpädagogik willkommen war, ist einleuchtend. Das Krippenbasteln und andere manuelle Tätigkeiten als solche werden dagegen auch als Unterstützung des katholischen Religionsunterrichts anerkannt, aber nicht immer sonderlich hoch eingeschätzt [586]. Clemenz pflegt eine recht vordergründige Freude an der Eignung der Weihnachtsgeschichte „zur motorischen Betätigung"[587]. Raab hebt die Belehrung durch Natur, Heimat, kurz: durch das Leben über alles; ersatzweise bedient er sich der künstlerischen Selbsttätigkeit, bei der ihm die Krippe als „herrliche Arbeits- und Freudenquelle" besonders geeignet erscheint [588].

Der ästhetischen Bildung durch die Krippenarbeit wird ebenfalls nur wenig Bedeutung beigemessen. In der katholischen Jugendbewegung betont nur der Jugendkaplan Scheuffgen, daß Krippenbasteln auch den „künstlerischen Sinn" und das „ästhetische Fühlen" der Jugend hebe [589].

---

580 STOFFELS (wie Anm. 525), S. 119 f.

581 Johanna HUBER u. Karl RAAB: Das Arbeitsprinzip im Religionsunterricht der Grundschule. Kempten: Kösel u.Pustet, 1923. (Religionspädagogische Zeitfragen; 9 : Religion und Leben; 4) - S. 26.

582 o.Verf.: Des Christkindes leere Krippe. In: Frohmut. Jg. 3. 1930. Nr. 26. Dez. S. 201.

583 Adam WREDE: Weihnachten im Glauben und Brauch des rheinischen Volkes. In: Die Weihnachtskrippe. Jb. 2. 1926. S. 9-15. - hier: S. 10.

584 Max-Leo SCHWERING: Glöcksillig Kreßkind! In: Kirchenzeitung (Erzbistum Köln). Jg. 15. 1960. Nr. 51 v.18.Dez. S. 16 St.

585 Paul LÖCHER: Wie's einstens war zur Weihnachtszeit. Ein Buch der Erinnerungen. Ostfildern: Schwaben, 1979. - S. 95 f.

586 „Auch der Handbetätigung im Sinne des Arbeitsprinzips ist innerhalb der Grenzen angeraten, die ... durch die Würde und Weihe des Religionsunterrichtes und die Eigenart des religiösen Lehrgutes gezogen sind." (Nachfolgend die Begründung des Krippenbastelns aus „Heimat und Brauchtum" heraus, nicht aus religionspädagogischer Notwendigkeit) WEIGL (wie Anm. 533), S. 39.

587 CLEMENZ (wie Anm. 105), S. 90.

588 RAAB in: HUBER (wie Anm. 581), S. 74.

589 SCHEUFFGEN (wie Anm. 565), S. 292.

Mehr Beachtung schenken die Werklehrer dem Krippenbasteln. Für Illigen vermittelt diese Tätigkeit „allerlei technische Notwendigkeiten", verbunden mit der Erfahrung, wie man kitschige Darstellungen vermeidet; Semm schätzt die Krippenarbeit als steten Ansporn des Werkunterrichts, da die alljährliche Aufstellung der Krippe „immer wertvollere und gediegenere Arbeit" fordert [590]. Die geringsten pädagogischen Werte der Krippenarbeit genügen dem Werklehrer Stiehler: die mehr zufällige Entdeckung der Erzgebirgspyramiden veranlaßt ihn zum Basteln einer „Drehkrippe" in der Schule, begründet mit dem „Bestreben, Spielzeug für Kinderhand unter den gesunden Grundsatz weitgehender Selbsttätigkeit zu stellen"[591].

Der Zeit weit voraus sind die Funktionsvorgaben, wie sie 1932 im Katholischen Frauenbund formuliert werden. Die Krippe wird vorgestellt als „praktische Gestaltungsaufgabe zur Weckung und Pflege der bildnerischen Kräfte", insbesondere unter Berücksichtigung der „lähmenden und abstumpfenden Einflüsse langer Arbeitslosigkeit, zur Überwindung der zersetzenden Wirkungen des mechanisierten Arbeitsprozesses", womit die Kreativitätserziehung der Nachkriegszeit vorweggenommen wird [592].

4.2.4. Volksgeistträger

Viel zeittypischer als diese an sozialen Mißständen orientierte Funktionsbestimmung der Krippe ist die Auffassung, daß die Krippe die Volksseele verkörpere[593]. Die Ausstrahlung von Volks- und Heimatgeist durch die Krippe schätzte bereits die Heimaterziehungsbewegung [594], Auftrieb erhält diese Betrachtung aber durch die nationalsozialistische Machtergreifung: Seitens der Werkerziehung ist nun zu hören, daß die volkstümlichen Krippen bei dem aktuellen Problem der „Volkwerdung" erhöhte Beachtung verdienen [595], daß man nicht mehr einfach Basteln und Laubsägen könne, sondern aus heimatlichen Materialien, „aus unserem eigenen Geist, aus unserem eigenen Blut" schaffen müsse [596]. Auch der katholische Reli-

---

[590] ILLIGEN (wie Anm. 557), S. 338. -- SEMM (wie Anm. 512), S. 579.

[591] Georg STIEHLER: Zusammenstellbare Drehkrippe. In: Die Arbeitsschule. Jg. 32. 1918. Heft 12. S. 194-199. - hier: S. 196.

[592] o.Verf.: Krippenbau-Kursus (wie Anm. 532), S. 41.

[593] „Die Masse der deutschen Krippen waren (so!) seit jeher und sind auch heute noch echte Volkskrippen. In ihnen verkörpert sich die deutsche Seele in ihrer rührenden Naivität am reinsten." RINGLER (wie Anm. 18), S. 12.

[594] „Es läßt sich kaum eine lieblichere Szene für die Weihnachtszeit denken, als wenn sich die Jugend ... mit den Erwachsenen um die Hauskrippe sammelt ... Dann ist wirklich Weihnachten im christlichen Heim, und das Menschenherz, das der Kampf des Lebens so oft mit hartem Schlage trifft, wirft für Stunden die Last und Schwere hinweg und gibt sich ungetrübter Freude hin bei den frohen Liedern und dem Tannengrün der Heimat, zusammen mit den Lieben, wo im heimatlichen Herde das Feuer knistert und draußen unzählige Schneeflocken wie weiße Vöglein zur Erde fliegen. Ein unvergeßliches Stück gemütvollen Heimatlebens und Heimatfriedens." Joseph BRÖGGER: Heimatkunde und Heimatschutz im katholischen Religionsunterricht. In: Handbuch der Heimaterziehung (wie Anm. 427), S. 188-222 = Heft 3. S. 38-72. - hier: S. 192 f.= 42 f.

[595] ILLIGEN (wie Anm. 557), S. 338.

[596] Josef BAUER: Krippenbau des fünften Schülerjahrganges einer rheinischen Volksschule. In: Die Arbeitsschule. Jg. 49. 1935. Heft 12. S. 346 f. - hier: S. 347.

gionspädagoge Weigl macht sich dieses Gedankengut zu eigen, wenn er die Meinung vertritt, daß der Niedergang der Bräuche auf einer zunehmenden Trennung sozialer Schichten im 19. Jahrhundert beruhe, so daß eine neue Blüte durch den neuen Gemeinschaftsgeist nach 1933 hervortreten könne [597].

4.2.5. Stütze des sozialen Gefüges

Der Krippenfreund Hümmeler prägte das Wort, die Krippe sei „eine soziale Versöhnerin"[598]. Er denkt dabei an die katholischen Familien; es ist seinerzeit die verbreitete Meinung, daß die Krippe zerrissene Familien wieder zusammenführen könne [599], schon durch ihren bildlichen Eindruck der Harmonie der Heiligen Familie [600]. Die Krippe soll den familiären Zusammenhalt dadurch fördern, daß sie alle Familienmitglieder zur allabendlichen Andacht einlädt [601] und sie zuvor im Advent durch das Krippenbasteln zusammenführt [602]. Der Werklehrer Marx hofft, durch die Pflege des Krippenbastelns in der Schule der niedergehenden „werktätigen Familiengemeinschaft" (d. i. das gemeinsame Werken der Familie in der Freizeit) wieder aufzuhelfen [603]. In Analogie zur Familie wird auch den katholischen Vereinen die Krippenarbeit zur Förderung des Gemeinschaftssinns angeraten [604].

Eine verbreitete Sorge der Zeit in katholischen Kreisen gilt den traditionslosen Familien. Mit Blick auf die zunehmende Bevölkerungswanderung, die modernen Arbeitsplätze in der Industrie und das überwiegende Wohnen im verdichteten Stadtbereich (Mietskasernen) befürchtet man eine Entwurzelung der jungen Familien aus der bodenständig-ländlich gedachten Tradition von Heimat und Vorfahren. Dem soll die Krippe als gemeinsam geschaffenes und alljährlich gepflegtes Objekt, damit als familiärer Erinnerungsträger, entgegenwirken [605].

Entsprechend der Zuordnung der Krippe zu den Familien mit Kindern (siehe auch Abschnitt 4.2.1.) wird die Krippe von älteren Menschen als Träger wehmütiger Erinnerungen an die eigene Kindheit dargestellt [606]; der Gründer des evangeli-

---

597 WEIGL (wie Anm. 533), S. 11.
598 SAUERLAND (wie Anm. 546), S. 10.
599 J. HATZFELD: Musik an der Krippe. In: Die Weihnachtskrippe. Jb. 1. 1925. S. 37-41. - hier: S. 37.
600 SCHMITT (wie Anm. 545), S. 25.
601 SAUERLAND (wie Anm. 546), S. 196.
602 KLASSEN (wie Anm. 495), S. 18. -- SCHEUFFGEN (wie Anm. 565), S. 292. -- DAUSEND (wie Anm. 535), S. 137.
603 Hans MARX: Weihnachtskrippenbau im Werkunterricht. In: Der Werklehrer. Monatsschrift für Werkunterricht in der Arbeitserziehung. Jg. 1. 1929. S. 130-134. - hier: S. 130.
604 Felix SCHREINER: Die Weihnachtskrippe und der Krippenbau im Dienste der Jugendseelsorge. In: Korrespondenz-Blatt für kath. Jugendpräsides. Jg. 29. 1925. Heft 9/10. S. 181-186. - hier: S. 183.
605 Siegfried SCHNEIDER: Zurück zur Weihnachtskrippe! In: Die Weihnachtskrippe. Jb. 1. 1925. S. 53-55. - hier: S. 53. -- Hermann Josef SCHMITT: Krippe und Familie. In: Die Weihnachtskrippe. Jb. 2. 1926. S. 7-9. - hier: S. 8.
606 Karl WITZEL: Die Weihnachtskrippe. In: Kölnische Volkszeitung und Handelsblatt. Jg. 64. 1923. Nr. 934 v.23.Dez. S. 4. -- o.Verf.: Vom Krippenbauen. In: Frauenland. Jg. 17. 1924. Heft 3. Dez. S. 45 f. - hier: S. 45.

schen Volkskunstbundes kennt diese Betrachtungsweise der Krippe ebenfalls, empfiehlt er doch der Jugend den Krippenbau, da sie sich an diesen einmal als „die seligsten Dämmerstunden" ihrer Jugend zurückerinnern werden [607].

Für die einzelnen Familienmitglieder benutzen insbesondere katholische Priester die Krippenbetrachtung wie das Krippenbasteln als Gelegenheit, Genügsamkeit mit der sozialen Stellung und Einübung in die soziale Rolle zu lehren.

Der Blick auf die Hirtenfiguren an der Krippe ist der Anlaß, die Kinder zu Frömmigkeit, Andächtigkeit und häufigem Besuch der Kirche zu mahnen [608]; das Krippenbasteln wird geschätzt, weil es die Heranwachsenden vor Müßiggang und sittlicher Gefährdung bewahrt - hält die häusliche Bastelei doch die Jugend mit „goldenen Fesseln" daheim [609].

Die katholischen Jungfrauen bekommen durch die Krippe eine „Schule echter, feiner, vornehmer Frauenart"[610]. Darin vereinigen sich Motive aus der Betrachtung des Marienlebens, z. B. mütterliche Herzensgüte, Treue, Opferwille, Selbstlosigkeit; für die Jungfrauen wird aber besonders die Keuschheit herausgestrichen[611].

Bei der Jugendarbeit wird das Krippenbasteln auch zur Prägung erwünschten Rollenverhaltens benutzt. Der Werklehrer Semm meint, daß sich ältere Schülerinnen besonders zur Krippenarbeit eignen, da sie ein „natürliches religiös-mütterliches Gefühl" hätten [612]. Katholische Erzieher trennen die Arbeiten genauer nach Geschlechtern: Jungen arbeiten die Krippe, Mädchen winden Adventskränze oder, wenn die Jungen Skelettfiguren herstellen, sorgen sie für die Gewänder [613]; Mädchen formen Gesichter für Krippenfiguren, nähen deren Gewänder, biegen allenfalls Drahtskelette, während die „Männer" für den Bau von Stall und Landschaft zuständig sind [614]. Diese härteren Arbeiten geben den Jungmännern einen Vorgeschmack auf die Sorgen des Lebens, wie Rückriem ihnen angesichts des Josefs aus der Krippe verdeutlicht: „Ein Mann der Arbeit. Ein Kämpfer wie

---

607 KOCH (wie Anm. 492), S. 356.

608 Franz FAHNENBRUCH: Kinderpredigten für die Zeiten und Feste des Kirchenjahres. Freiburg i.Br.: Herder, 1923. - S. 12.

609 SCHREINER (wie Anm. 604), S. 183. -- SCHEUFFGEN (wie Anm. 565), S. 291.

610 Ernst BREIT: Die Jungfrau an der Krippe. In: Vorträge für Präsides. Beil.zu: Blätter für Frauenseelsorge. 1925. Nr. 6. S. 29 f. - hier: S. 30.

611 „Aber das Mädchen, das seine Jungfräulichkeit nicht achtet, verliert sicht selbst, nimmt die edelsten Kräfte aus seiner Seele heraus, wirft sein Bestes, sein Heiligstes in den Schmutz. Es tritt die geheimnisvolle Krone mit Füßen, die Gott ihm gab, und wird dadurch zur Sklavin der Begierden und Launen des Mannes." Ernst BREIT: Was sagt dir die Krippe? In: Vorträge für die Präsides. Beil.zu: Der Jungfrauenverein. 1922. Nr. 6. S. 18 f. - hier: S. 19.

612 Heinrich SEMM: Krippengestaltung. In: Die Arbeitsschule. Jg. 43. 1929. Heft 12. S. 534-540. - hier: S. 536.

613 WEIGL (Wie Anm. 533), S. 80. -- Aloys RITTER: Was treiben wir diesen Winter? In: Die Wacht. Jg. 20. 1924/25. Heft 6. Sept. 1924. S. 141.

614 Agnes BROHL-GRAEF: Unsere Weihnachtskrippe. In: Knospen. Jg. 16. 1937. Heft 12. S. 311 f. - hier: S. 312. -- RHEINDORF (wie Anm. 573).

wir alle. ... Er weiß mir den Sinn des Lebens zu deuten: Kampf, Opfer, ohne Kampf kein Leben."[615]

Die Erwachsenen lehrt die Krippenbetrachtung ebenfalls das in den Augen der Geistlichkeit angemessene Verhalten: Die Hirtenfiguren werden als Vorbild verwendet von andächtigem Gottesdienstbesuch, freudigem Mitsingen im Kirchenchor [616], die ganze Krippe wird bei andächtiger Betrachtung „zur Lehrkanzel, zur Tugendschule, die Krippe schafft Zufriedenheit und Opfersinn, himmlischen Sinn und Ergebenheit, echte Freude und Frohsinn, Kraft und Mut, sie schafft innerliche Menschen"[617]. Ähnlich wie die Jungfrauen werden auch die katholischen Mütter aufgefordert, von der Muttergottes an der Krippe „Ehrfurcht vor dem Kinde ... unerschütterliche Pflichttreue und echte, tiefe Herzensgüte" zu lernen[618].

Den Erwachsenen allgemein wird das Basteln und Aufstellen der Krippe sehr angeraten, da sie die erwünschten Lebenshaltungen eines Katholiken unterstützen soll. Eine Randerscheinung dabei ist die Idee des Jesuiten Muckermann, die Bilder der Hirten und Könige an der Krippe als Aufruf zur Völkerverständigung („Geburtsstunde des Völkerbundes") zu verwenden [619]. Häufiger klingt kontrastierendes Denken wie bei Kreitmaier an - demnach gibt die Krippe der „Seele reinere und nachhaltigere Befriedigung als Kino und Tanzmusik, die nur das Tier im Menschen kitzeln, den Sinn für Höheres ... aushungern"[620]. Der Rückblick auf die Krippenfreude der „moralisch gesünder" gedachten Vorfahren [621] und die gegenwärtige Betrachtung von Bildern armer Hirten mitten „in unseren Tagen der zügellosen Vergnügungssucht"[622] verleiten z. B. den Krippenfreund Schreiner zu der Hoffnung, daß es keine bösen Menschen mehr gäbe, wenn erst einmal jede Familie eine Krippe hätte [623].

Derartige Gedanken über gesellschaftliche Konsequenzen der Krippenaufstellung werden zumeist nicht in einem verbessernden Sinn wie bei Schreiner, sondern

---

[615] Albert RÜCKRIEM: Meine Krippenhillgen. In: Die Wacht. Jg. 25. 1929. Heft 12. Dez. S. 362-364. - hier: S. 364.
[616] Valentin KUNTZ: Die Hirten als Lehrer. In: Predigten auf die Feste des Herrn Weihnachten, Beschneidung und Epiphanie. Hrsg. Ludwig NAGEL u. Jakob NIST. 2.Aufl. Paderborn: Schöningh. 1914. (Nists Predigtkollektion; 1) S. 19-26. - hier: S. 26.
[617] Felix SCHREINER: Wie kommen wir zu einer würdigen Weihnachtskrippe? In: Die Weihnachtskrippe. Jb. 2. 1926. S. 46-49. - hier: S. 46.
[618] Ernst BREIT: Die Mutter an der Krippe. In: Vorträge für Präsides. Beil.zu: Blätter für Frauenseelsorge. 1925. Nr. 6. S. 33 f. - hier: S. 34. -- Ganz entsprechend der Absatz „Die Krippe spricht zur katholischen Mutter" bei M. SCHUMACHER-KÖHL: Die religiöse Mutterschule. Ein Hausbuch für die religiöse Unterweisung und Führung des Kindes in der katholischen Familie im Anschluß an das Kirchenjahr. Kevelaer: Thum, 1937. – S. 73 f.
[619] Friedrich MUCKERMANN: Das Fest der neuen Menschheit. Weihnachtsgedanken v. -. In: Deutsche Reichs-Zeitung. 1924. Nr. 301 v.24.Dez. S. 1.
[620] KREITMAIER (wie Anm. 563), S. 240.
[621] ebda., S. 239.
[622] Matthias von BREMSCHEID: Kurze Festtagspredigten für das ganze katholische Kirchenjahr. 2.Zyklus. 3.Aufl. Mainz: Kirchheim, 1918. - S. 10-16, Zitat von S. 16.
[623] SCHREINER (wie Anm. 549), S. 139.

in einem stabilisierenden Sinn vorgestellt. Leid und Armut nach dem Ersten Weltkrieg möchte Kreitmaier weniger materiell als geistig gelindert sehen (die Krippe soll „uns Blumen streuen auf den dornigen Lebensweg"[624]). Diese von Kreitmaier möglicherweise als tröstend gedachte Funktion der Krippe wird von Gruber eindeutig als sozial stabilisierend dargestellt: die armselige Krippenszene predigt nach Gruber „Genügsamkeit selbst bei größter Armut" und hebt so die Zufriedenheit der Armen mit ihrer sozialen Notlage [625] (was der Überschrift des Bändchens zufolge der Beitrag der Krippe zur Caritas ist!). Der bewährte Hinweis auf den angeblich unchristlichen Christbaum dient Gruber hier zu einer Bestimmung der sozialen Funktion der weihnachtlichen Requisiten. In der ersten seiner „Zwei Christbaumfeiern" repräsentiert ein riesiger, unvorstellbar reichlich dekorierter Christbaum im Salon des Fabrikanten (mit dem absichtlich unchristlichen Namen Goldstein) dessen hohen sozialen Status, der auf materiellem Reichtum begründet ist, was der Baum auch zeigt - christliche Zeichen sind da fehl am Platz [626]. Dagegen hält das dürre Bäumchen in der Arbeiterwohnung den Kindern die eigene Armut vor Augen, hier spendet aber das Krippchen darunter Trost - hatte das Jesuskind damals doch noch nicht einmal ein Christbäumchen. Entschädigung für die ungerechte Verteilung der materiellen Güter verspricht die Krippe im Himmelreich, aber auch schon durch mehr Liebe Christi zu seinen Gläubigen auf Erden [627].

4.3. Formale Vorgaben für die Krippengestaltung

4.3.1. Religiöse Ausdruckskraft

In der Zwischenkriegszeit wachsen nicht nur die Funktionsvorgaben für die Krippe, sondern die Literatur präsentiert nun auch umfangreiche formale Vorstellungen über die Art der Krippengestaltung. Die Verwendung der Krippe als Verkündigungs- und Andachtsbild zieht auch formale Bestimmungen nach sich. Die zeitgenössische Formel lautet „religiöse Ausdruckskraft". Für eine Kirchenkrippe heißt das nach Meinung der Krippenbewegung zunächst, daß sie Beziehung zum Gottesdienstraum haben muß, in ihrem Aufbau eine durchgehende Kompositionsidee zeigen und beim Betrachter „gläubige Freude wecken" sollte [628]. Die Bewegung zur Erneuerung der christlichen Kunst fordert naturgemäß, daß die Krippe christozentrisch gestaltet werden müsse, daß also das Christusbild nicht zur Staffage einer Landschaft werden dürfe [629]. Die weitere Figurenauswahl möchte Heising im Hinblick auf die Kinder vor der Krippe von der erzieherischen

---

[624] Josef KREITMAIER: Die Weihnachtskrippe. Ein Weckruf zur Freude v. -. München: Allgem.Vereinigg.f.christl.Kunst, 1919. (Die Kunst dem Volke; 38) - S. 36.
[625] GRUBER (wie Anm. 576), S. 22.
[626] GRUBER (wie Anm. 529), S. 73 f.
[627] ebda., S. 75.
[628] Heinrich KNAPSTEIN: Neue Kirchenkrippen aus religiöser Schau. In: Die Weihnachtskrippe. Jb. 24. 1957. S. 4-6. - hier: S. 5 f.
[629] van ACKEN (wie Anm. 402), S. 61.

Wirkung der einzelnen Gruppen bestimmt wissen (sie bevorzugt Hirtenkinder und Engelchen)[630].

Die entscheidende Bestimmung dieser religiösen Ausdruckskraft auf katholischer und krippenbewegter Seite bezieht sich aber nicht auf das Objekt Krippe, sondern auf dessen Schöpfer. So wie das Endprodukt das Christsein des Erzeugers augenfällig machen soll, muß auch der Schaffensprozeß von Glaubenserfahrungen geprägt sein. Krippenbau gelingt nicht durch künstlerische Fähigkeiten, sondern durch innere Haltung [631], die man im Glaubensleben erwirbt: „Wenn wir also unseren Geist und unser Herz bereitet haben und wenn wir wieder neu wissen, daß die sinnfällige Arbeit am Krippenbau ... mitten aus dem Herzen wächst, und daß sie mit der Besinnung beginnt, dann können wir auch ans Werk gehen."[632]

Dieses ausdrucksvolle Schaffen aus vorheriger Meditation wird sowohl der krippenbastelnden Jugend empfohlen wie auch von einem Krippenkünstler erwartet; ob das geschehen ist, will Dücker am fertigen Objekt erkennen können (er kritisiert 1929 die technische Leistung statt hinreichender religiöser Triebkraft bei Krippenarbeiten aus den Kölner Werkschulen)[633].

Die Krippenbewegung ist es auch, die die Höherwertigkeit einer symbolischen Krippendarstellung propagiert; das Herauswachsen aus der kindlichen Darstellung in eine symbolische Gestaltung begrüßt Dücker „vom Standpunkt des Religiösen her"[634]. Die symbolische Grundlinie der Kirchenkrippe sucht die Krippenbewegung in der Beziehung zwischen Krippe, Hochaltar und Eucharistie (Tabernakel)[635].

Außerhalb der Krippenbewegung wird eine mehr symbolische (katholische) Kirchenkrippe ebenfalls begrüßt [636], für andere Krippen werden aber auch andere Ausdrucksformen bevorzugt, so die poetisch-kindliche [637] oder naiv-einfältige Form [638].

---

[630] Marie-Theres HEISING: Von der stillen Freude des Krippenbauens. In: Die Weihnachtskrippe. Jb. 1. 1925. S. 58 f. - hier: S. 59.
[631] Georg THURMAIR: Der Krippenbauer. Eine weihnachtl.Skizze v. -. In: Die Wacht. Jg. 33. 1937. Heft 12. Dez. S. 9-11.
[632] Käthe RHEINDORF: Wir bauen eine Krippe. In: Zum Dienste ausgesandt. Jg. 27. 1937. Nr. 6. S. 117 f. - hier: S. 118. -- Ganz entsprechend: Albert RÜCKRIEM: Meine Krippenhillgen. In: Die Wacht der Landjugend. Jg. 25. 1929. Heft 12. Dez. S. 356-358. - hier: S. 358.
[633] Friedrich DÜCKER: Einige kritische Gedanken als Nachwort zur Krippenschau in Köln. In: Die Weihnachtskrippe. Jb. 6. 1930. S. 29-34. - hier: S. 31.
[634] Friedrich DÜCKER: Die praktische Gestaltung der Kirchenkrippe. In: Die Weihnachtskrippe. Jb. 12. 1936. S. 43-46. - hier: S. 45.
[635] ebda., S. 44. -- DAUSEND (wie Anm. 559), S. 9. -- Friedrich DÜCKER: Kirchenkrippen. In: Die Weihnachtskrippe. Jb. 14. 1938. S. 43-47. - hier: S. 43 f.
[636] Gregor HEXGES: Ausstattungskunst im Gotteshaus. Berlin: Bauwelt, 1934. - S. 107.
[637] JOHANNES (wie Anm. 396), S. 187.
[638] Georg STIEHLER: Eine Aufstell-Krippe für Schule und Haus. In: Die Arbeitsschule. Jg. 38. 1924. Heft 12. S. 411-417. - hier: S. 413.

4.3.2. Szenische Breite

Die formalen Vorstellungen von Ausdruckskraft bestimmen auch die zugelassenen Nebenszenen in der Krippe. Die Befürworter der Symbolkrippe pochen auf Christozentrik, die sich auf alle vorhandenen Gruppen erstrecken muß [639], und klagen darüber, daß Nebensachen oder gar „mechanische Spielereien" sich in den Vordergrund drängen und das Zentrum verdecken [640], wie auch der „Krippenpfarrer" Klassen die Szenerie beschränken möchte, damit nicht „das Zuviel die heilige Ruhe stört, die über dem Ganzen liegen soll"[641]. Der katholische Priester Rathgeber dagegen empfiehlt 1923, mit „Brunnen, Stegen, Bächlein, Hirtenfeuer und sonstigen Beigaben Abwechslung zu schaffen"[642].

Diese uneinheitliche Haltung gegenüber der szenischen Ausbreitung kennzeichnet auch die zeitgenössischen Stellungnahmen zur christlichen Kunst: Bürgel akzeptiert die Aufnahme einiger Nebenszenen in das biblische Schulbild, wenn sie die Hauptszene weiter ausführen und sachlich dazugehören; Damrich schwärmt generell von der märchenhaften Poesie des Christgeburtsberichts und den darauf beruhenden bildlichen Gestaltungen [643].

Der biblischen Erzählung werden weniger Beschränkungen auferlegt, erzählerische Ausmalungen sind besonders in der Unterstufe erwünscht - „Etwas vom Zauber des Märchens muß auch um die biblischen Erzählungen spielen."[644] Clemenz wünscht sich ein breit geschildertes „anschauliches Gemälde der Geburt Christi", das nach Hubers Meinung wie ein ganzes Krippenspiel ausgestaltet werden müsse [645]. Ein eindrucksvolles Beispiel für eine derartige biblische Erzählung im Unterricht bietet Bauer, der ausführliche wörtliche Reden ebenso gestaltet wie bittere Kälte und hohen Schnee in der Landschaft [646].

4.3.3. Zeitgemäße Schlichtheit

Dieselben Kreise, die keine einheitliche Position gegenüber der Entfaltung von Nebenszenen beziehen, pochen gemeinsam auf eine schlichte und zeitgemäße Darstellung. Schlichtheit wird unmittelbar als zeitgemäß betrachtet, weil nur einfache Krippendarstellungen „in unsere dürftige Zeit" passen [647]. Unter schlichten Krippen versteht man „keinen bunten Krippenkram"[648]; Weismantel vermutet

---

639 DÜCKER, Figurenbastelbuch (wie Anm. 528), S. 40.
640 HEXGES (wie Anm. 636), S. 105 f. -- Friedrich DÜCKER: Heimatliche Krippenmotive und deren Verarbeitung. In: Die Weihnachtskrippe. Jb. 5. 1929. S. 49-54. - hier: S. 51.
641 KLASSEN (wie Anm. 495), S. 88.
642 RATHGEBER (wie Anm. 530), S. 16.
643 BÜRGEL (wie Anm. 233), S. 355. -- Joh. DAMRICH: Weihnachten in der Malerei v. -. München: Allgem.Vereinigg.f.christl.Kunst, 1910. (Die Kunst dem Volke; 3) - S. 5.
644 MAYER (wie Anm. 444), S. 87.
645 CLEMENZ (wie Anm. 105), S. 89. -- HUBER (wie Anm. 581), S. 30.
646 Josef BAUER: Gestaltung der Weihnachtsgeschichte in einem zweiten Schuljahre einer Zechenkolonie. In: Die Arbeitsschule. Jg. 45. 1931. Heft 12. S. 529-553.
647 Odorich HEINZ: Weihnachtsfeier 1923. In: Volkskunst. Jg. 11. 1923. Heft 10-12. S. 100 f. - hier: S. 100.
648 CLEMENS (wie Anm. 565), S. 193.

hinter äußerem Prunk wie grellen Farben und theatralischer Haltung der Figuren eine mangelnde Geistigkeit im Sinne religiöser Ausdruckskraft [649].

Die Forderung nach Schlichtheit entspricht den ästhetischen Vorstellungen der verschiedenen Bewegungen der damaligen Zeit. Der Vorkämpfer der Christozentrik will „jegliche Weichlichkeit und süßliche Sentimentalität und andererseits alle verzerrende Leidenschaftlichkeit" aus dem Kirchenraum verbannen [650]. Für die biblischen Schulbilder fordert die katholische Religionspädagogik „edle Einfachheit"[651] und Verständlichkeit, die durch Einfachheit „in der Komposition, in Linienführung, Licht und Farbe" erreicht werden soll [652]. Der von der Heimatschutzbewegung bevorzugte Stil soll schlicht und ehrlich im Ausdruck, einfach und wahr in der Form sein [653].

Diese zeitgemäße Schlichtheit verträgt sich nicht mit historischem Krippengut; italienische Objekte des 18., Tiroler Krippen des 19. Jahrhunderts [654] oder auch Führichs Papierkrippen [655] werden als unzeitgemäß abgelehnt.

Die zeitgenössische Avantgarde kommt aber auch nicht in Betracht, da die Krippenfreunde weder ein Verhältnis zur Gegenwartskunst haben noch erklären, was für sie „moderne Kunst" überhaupt ist. Für die Illustration von katholischen Schulbüchern befindet Bürgel, daß statt eines „modern-realistischen" ein „idealistisch-populärer" Stil zu finden sei; Mayer wünscht die Weiterentwicklung bestehender künstlerischer Traditionen auf diesem Gebiet statt expressionistischer Bibelbilder [656]. Kreitmaier meint, daß das Volk die „modernsten Kunstformen" niemals verstehen werde, weshalb diese nichts in der Krippendarstellung zu suchen hätten [657]. Van Acken glaubt an die Existenz einer „gesunden Gegenwartskunst" von deutscher Art, die auch christozentrisch sein könne durch ihre angeblich traditionelle Bevorzugung des Aufwärtsstrebenden, des Charakter- und Seelenvollen; er warnt aber: „Die freie Malerei und Plastik ist ja heute größtenteils international, wie der Atheismus und Sozialismus, seine anderen aus dem schrankenlosen Individualismus geborenen Kinder."[658] Auf evangelischer Seite mag man sich ebenfalls nicht für „übertrieben stilisiert Modernes, Neusachliches" erwärmen, weil man sonst noch nicht einmal Menschengesichter erkennen könne[659].

---

649 WEISMANTEL (wie Anm. 527), S. 30.
650 van ACKEN (wie Anm. 402), S. 16.
651 BÜRGEL (wie Anm. 233), S. 356.
652 MAYER (wie Anm. 444), S. 123.
653 SCHULTZE-NAUMBURG (wie Anm. 457), S. 71. -- WIRMINGHAUS (wie Anm. 466), S. 13.
654 Philipp HUPPERT: Moderne Weihnachtskrippen. In: Volkskunst. Jg. 14. 1926. Heft 12. S. 513-517. - hier: S. 514.
655 WEISMANTEL (wie Anm. 527), S. 171.
656 BÜRGEL (wie Anm. 233), S. 174. -- MAYER (wie Anm. 444), S. 125.
657 KREITMAIER (wie Anm. 624), S. 4.
658 van ACKEN (wie Anm. 402), S. 30.
659 o.Verf.: Die Krippe. In: Evangelische Jugend. Jg. 7. 1934. Nr. 6. Sept. S. 165-169. - hier: S. 165.

Das Verhältnis der Krippenbewegung zur Kunst der Zwischenkriegszeit machen die Reaktionen auf die Krippe von St. Michael in Köln augenfällig. Dieses umfangreichste Gesamtkunstwerk einer Altarkrippe im Kölner Raum (Hermann Inhetvin, 1928), das die größte Nähe einer hiesigen Krippe zum Expressionismus zeigt, wird kritisiert, weil es den Hochaltar mit dem Tabernakel verbaut (zum Aufbau gehört ein eigener Altartisch) und die Monstranz bei ihrer Exposition den Blick auf das Kind in der Krippe versperrt [660]. Die künstlerischen Qualitäten und die Aussagekraft des Werks werden nur mit der Anbindung an mittelalterliche Schnitzaltäre (mit Hintergedanken an Inhetvins niederrheinische Heimat, also Kalkar) genossen [661].

4.3.4. Würdigkeit

Die beliebteste Formel katholischer Kreise für die Gestaltung christlicher Kunst heißt Würdigkeit und Wahrheit; sie wird auch auf die Krippengestaltung übertragen und von Rathgeber in einen Merksatz aufgenommen: „Der echte Krippenfreund kann nur den Standpunkt billigen: lieber keine Krippe als eine unwürdige!"[662] Weismantel mahnt, daß man „Wert von Unwert unterscheiden lernen" müsse [663]. Die Inhalte dieser Begriffspaare bleiben dabei meist unbestimmt.

Im Hinblick auf die Form der Krippe wird die Würdigkeit als Synonym verwendet für die religiöse Ausdruckskraft der Darstellung [664] und die vorherige Besinnung des gläubigen Künstlers, die zu einer „feinen" Krippe führt [665]. Das gewählte Landschaftsmotiv mit der jeweiligen Gestalt von Stall oder Grotte bezeichnet Dücker dann als würdig, wenn es sakralen Charakter (kirchliches Gebäudemotiv, Objekt aus der Kirchengeschichte - sein Beispiel ist das Kölner Dreikönigenpförtchen) oder heimatgeschichtliche Bedeutung hat; heimatliche Motive können auch als ortstypische Gebäude unwürdig genannt werden, wenn sie „minderen profanen Zwecken" (Warenhaus, Tanzsaal) dienen [666].

Im Bezug auf den Hersteller der Krippe pflegt man die Meinung, die Scherg schon 1916 formulierte: „Die wahre Krippe ist Handarbeit, individuelle Schöpfung, persönliches Erzeugnis, umflossen von Arbeitsfreude und durchströmt von Her-

---

660 Friedrich DÜCKER: Krippen-Hongart über eine Kölner Kirchen-Krippen-Fahrt. In: Die Weihnachtskrippe. Jb. 7. 1931. S. 24-31. - hier: S. 28 f. -- Wiederholung noch 1957: Heinrich KNAPSTEIN: Neue Kirchenkrippen aus religiöser Schau. In: Die Weihnachtskrippe. Jb. 24. 1957. S. 4-6. - hier: S. 4. -- Abbildung des Gesamtaufbaus (nach Kriegszerstörung nur teilweise erhalten): SCHWERING 1984, S. 27.

661 DÜCKER (wie Anm. 660), S. 27.

662 RATHGEBER (wie Anm. 530), S. 16.

663 WEISMANTEL (wie Anm. 527), S. 29.

664 „Wir würden uns schuldig machen, wenn durch unschöne Darstellung ein Ungläubiger durch unser Werk zum Spott über dieses religiöse Geheimnis käme. Es mag also unsere Arbeit schlicht und einfach sein, aber sie darf nie das Geheimnis entwürdigen oder dem Spott aussetzen." Friedrich DÜCKER: Bereitet den Weg des Herrn. Anleitung zum Bau einer Weihnachtskrippe. In: Erbe und Aufgabe. Jg. 36. 1949. Heft 4. Nov. S. 5-31. - hier: S. 28.

665 Paul RADEMACHER: Krippenbau! In: Jungwacht. Jg. 14. 1932. S. 336 f. - hier: S. 337.

666 DÜCKER, Krippenbastelbuch (wie Anm. 528), S. 17. -- Friedrich DÜCKER: Das kleine Bastelbuch zum Krippenbau. Bonn: Schwippert, 1946. - S. 11.

zenswärme."[667] Aus dieser Vorgabe wird abgeleitet, daß „für die Beschaffung einer Kirchenkrippe ... nur ein Künstler in Frage kommen" könne [668] und auch für den privaten Krippenfreund Krippenfiguren von Künstlerhand, möglichst holzgeschnitzt, erstrebenswert seien [669], während fürs erste Papierkrippen nach künstlerischen Entwürfen weiterhelfen [670]. (Werklehrer sind da ganz anderer Meinung, da sie die selbständige Gestaltungstätigkeit des Schülers auch hierbei fördern wollen [671].)

Auch beim Material der Krippe(nfiguren) wird zwischen wert und unwert unterschieden, denn „kann dir aus seelenlos kalten, ohne persönliche Liebe maschinell hergestellten Fabrikfiguren das Weihnachtsgeheimnis ... erstrahlen? Niemals. Darum lege alles daran, gute und wenn möglich holzgeschnitzte Originalfiguren von tüchtigen Krippenkünstlern zu erwerben."[672] Die Wertschätzung der künstlerischen Arbeit wird also auf die dabei bevorzugten Materialien übertragen. Stoffe, die üblicherweise bei Massenproduktionen verwendet werden, erträgt man nur als Notlösung, wie die Beurteilung von Gips zeigt: bei der großen Nachfrage nach religiöser Kunst für den Hausgebrauch erscheint der Ars christiana die Anwendung des Gipsgußverfahrens unumgänglich [673], für die Kirchenausstattung akzeptiert van Acken solche Notbehelfe, bis daß genug für ein „gediegenes Kunstwerk" angespart ist [674].

4.3.5. Deutsch-heimatliche Volkstümlichkeit

Ohne die Forderung nach Würdigkeit der Darstellung außer acht zu lassen, propagiert die katholische Krippenbewegung die heimatlich-volkstümliche Krippengestaltung: „Baut und pflegt die Weihnachtskrippen, würdig und volkstümlich, Gott zu Ehren, der Familie zum Segen."[675]

Eine volkstümliche Form fordert schon 1921 die Ars christiana bei ihrem Krippen-Wettbewerb als eine der drei Güteanforderungen (künstlerisch, religiös aus-

---

667 Th. J. SCHERG: Christbaum und Weihnachtskrippe. In: Die christliche Kunst. Jg. 13. 1916/17. S. 130-134. - hier: S. 133 f. -- Die Ablehnung serieller Erzeugnisse („Todeswunde der christlichen Kunst") wird auch für die sakrale Kunst allgemein formuliert; vgl.: Alexander CINGRIA: Der Verfall der kirchlichen Kunst. Aus d.Franz. Mit e.Vorw.v. Paul CLAUDEL u.e.Einl.v. Linus BIRCHLER. Augsburg: Filser, 1927. (Erstaufl.: Lausanne 1917) - S. 72f.

668 Friedrich DÜCKER: Die Pfarrkrippe, ihr Charakter, ihre Beschaffung und Aufstellung. In: Die Weihnachtskrippe. Jb. 6. 1930. S. 42-49. - hier: S. 42 f.

669 Sebastian STAUDHAMER: Zur Anschaffung von Weihnachtskrippen. In: Die christliche Kunst. Jg. 16. 1919/20. Nr. 1. Beiblatt. S. 1 f. - hier: S. 1. -- Elisabeth THOMAS: Heiliger Abend. In: Frauenland. Jg. 18. 1925. Heft 12. Dez. S. 184 f. - hier: S. 185.

670 Robert RYZEK: Erfahrungen beim Krippenbau. In: Jungwacht. Jg. 10. 1928. S. 344 f. - hier: S. 345. -- Hubert GÖBELS: Uns kommt ein Schiff geladen. Ein Werkbuch zum Advent v. -. Kevelaer: Bercker, 1935. (Das Jahr des Kindes. Werkhefte für Pfarrei, Schule und Elternhaus; 1) - S. 16 f.

671 MARX (wie Anm. 603), S. 131.

672 SAUERLAND (wie Anm. 546), S. 72.

673 HUPPERTZ (wie Anm. 410), S. 131.

674 van ACKEN (wie Anm. 402), S. 29.

675 HEINZ (wie Anm. 485), S. 186.

sagekräftig und volkstümlich), wobei unter Volkstümlichkeit die „Wirkung auf weiteste Volkskreise" zu verstehen ist [676].

Von der volkstümlichen Wirkung ist die volkskünstlerische Herstellung zu unterscheiden, die - in Anlehnung an die zeitgenössische Volkskunstschutzbewegung - in beiden Konfessionen ebenfalls hochgeschätzt wird, weil sie sich nach Kreitmaier wohltuend ursprünglich von der „gelehrten Formweisheit ... des Großstadtmenschen" abhebt [677].

Volkstümliche Wirkung verspricht man sich insbesondere durch die Einbindung der „Stimmungen und Bilder aus der heimatlichen Landschaft und Kultus" in die Darstellung der historischen Tatsachen der Christgeburt [678]. Diese heimatlichen Motive sind - auch bei Beachtung ihrer Würdigkeit [679] - nicht frei wählbar. Die Empfehlung der „frommgläubigen Auffassung in den Schöpfungen unserer Vorfahren"[680] verweist auf einen romantisierenden Stil, der bei trivialen Objekten der Gegenwart altdeutsch genannt wird.

Zu dieser altdeutschen Heimatlichkeit gehört ein dörflich-ländliches Ambiente, z. B. ein altertümlicher Stall als Krippengebäude [681]; der Religionspädagoge Mayer akzeptiert die Christgeburtsszenen in „altdeutschen" Dörfern bei Cranach und Schiestl, lehnt aber moderne Städte als Kulisse ab [682]. Dörflichkeit ist auch bei evangelischen Krippenfreunden angesagt: die Jugend wird aufgefordert, endlich keine Hirten in Schaffellkleidung mehr darzustellen, weil die Hirten „ja gute deutsche Bauernburschen" seien [683]; die evangelische Pfarrkirche von Hohenstein i. Ts. erhält um 1920 als Krippengebäude „ein regelrechtes niederdeutsches Bauernhaus ... mit Stroh gedeckt ... am First die üblichen Pferdeköpfe, unter dem Giebel ein Taubenschlag"[684]. Ein katholischer Krippenfreund schlägt eine ganze Palette romantischer Heimatlichkeit für die Krippenlandschaft vor, so z. B. „Naturgrotten, ... wildbewachsene Schluchten und Höhlen, alte romantische Burgwinkel mit Torbogen und malerischen Durchblicken in die Heimatlandschaft, Ruinen, alte vorbildliche Hausformen, verträumte Waldwinkel"[685]. Als Materialien für die Krippenlandschaft empfehlen sich „Moosstückchen ... Reiser und braune Zapfen und all das Heimelige, was ein deutscher Winterwald bereithält, um unsere Krippe traut und warm zu gestalten"[686].

---

676 HUPPERTZ (wie Anm. 410), S. 131.
677 KREITMAIER (wie Anm. 624), S. 12. -- PEUCKERT (wie Anm. 91), S. 25.
678 MARX (wie Anm. 603), S. 131.
679 vgl. die Grundsätze von DÜCKER (siehe Anm. 666).
680 M. HEIL: Der Krippenbau, eine Volkskunstbewegung. In: Kolpingsblatt. Jg. 36. 1936. Nr. 23/24 v.1.Dez. S. 227 f. - hier: S. 227. -- Zweitveröff.i.ders.Zts., Jg. 37. 1937. Nr. 12. Dez. S. 207.
681 GÖBELS (wie Anm. 670), S. 19.
682 MAYER (wie Anm. 444), S. 88 f.
683 o.Verf.: Die Krippe (wie Anm. 659), S. 167.
684 SCHREINER (wie Anm. 149), S. 504.
685 VIRNICH (wie Anm. 302), S. 34.
686 Gertrud EYERMANN: Beim Krippenbasteln. In: Frauenland. Jg. 30. 1937. Heft 12. Dez. S. 284 f. - hier: S. 284.

Die Bevorzugung der Heimatlichkeit bewirkt eine Abwertung der im 19. Jahrhundert gepflegten „orientalischen" Krippendarstellung. Diese auf eine historisch korrekte Szenerie zielenden Krippen erscheinen dem Werklehrer Stiehler als der „naiven" Weihnachtsgeschichte unangemessen, Dücker empfindet sie als unglaubwürdig, da sie nur arabische Gegenwartsszenen zeigen, niemals aber das Jahr Null rekonstruieren können [687].

Auch in diesen Gestaltungsvorstellungen zeigt sich die Nähe der katholischen Krippenbewegung zu den ästhetischen Vorstellungen, wie sie von der Heimaterziehungs- und Arbeitsschulbewegung sowie in der katholischen Religionspädagogik gepflegt werden. Heimatliche Motive sollen den Kindern biblische Stoffe nahebringen durch ihren besonderen kindlich-poetischen Reiz [688], Volksschulkinder sollen sich „in Sprache, Geste oder Werk" volkstümlich ausdrücken [689]. Daß die Heimaterziehungsbewegung die deutsche Kunst hochhält, versteht sich von selbst; Stieglitz bedauert, die Mehrzahl der deutschen Künstler sei „dem verrückten Hirngespinst der romanischen Kunstanschauung verfallen, seit Winckelmann ihr Prophet geworden ist"[690] - aber nach Fischer ist „der Erdgeruch des Heimischen ... keine Entschuldigung für Kitsch und Trivialität"[691].

4.4. Verbreitung der Krippe

4.4.1. Kirchenkrippen

Die Zwischenkriegszeit ist gekennzeichnet von einer lebhaften Krippentätigkeit in den Pfarrgemeinden, die auch die Orte erfaßt, aus denen zuvor nichts über eine Krippe zu erfahren war; das Vorhandensein einer Krippe hindert die übrigen Gemeinden nicht daran, über eine Neubeschaffung nachzudenken. Der „Krippenpfarrer" Klassen klagt noch 1925, daß einem Weihnachtsfest in der Kirche ohne Krippe doch etwas fehle [692], während Schell 1924 angibt, daß im Bergischen Land die katholische Kirchenkrippe allgemein üblich sei [693] und Knapstein die „süßliche, fabrikmäßig hergestellte Dutzendware", die die Kölner Kirchenkrippen um 1930 bestimmt, rügt [694].

Daß nun das Interesse von krippenlosen Kirchen an einer Krippe wächst, zeigt auch die Bettelanzeige des Rheinbacher Strafanstaltspfarrers Heinz, der eine Kirchenkrippe geschenkt erhalten möchte [695]. Als Vorbild für die Krippenbeschaf-

---

687 DÜCKER, Krippenbastelbuch (wie Anm. 528), S. 42 f. -- STIEHLER (wie Anm. 638), S. 413.
688 MAYER (wie Anm. 444), S. 124. -- WEIGL (wie Anm. 533), S. 27.
689 Max NITSCHE: Der Weihnachtsberg - eine bildende Werkaufgabe. In: Die Arbeitsschule. Jg. 44. 1930. Heft 11. S. 531-535. - hier: S. 531.
690 STIEGLITZ (wie Anm. 419), S. 39 f.
691 FISCHER (wie Anm. 454), S. 34=34.
692 KLASSEN (wie Anm. 495), S. 27.
693 O(tto) SCHELL: Bergische Volkskunde. Elberfeld: Martini u.Grüttefien, 1924. - S. 106.
694 KNAPSTEIN (wie Anm. 660), S. 4.
695 Kölnische Volkszeitung. 1925. Nr. 902 v.5.Dez.

fung dienen aber nicht (wie man meinen könnte) die bestangesehensten und vermögenden Kirchen der Städte. Dem Bonner Münster genügt bis 1930 die besondere Heraushebung eines als „Krippenaltar" bezeichneten Seitenaltars durch zwei stille Messen am ersten Weihnachtstag [696], im Kölner Dom werden 1930 als Festdekoration große, kerzengeschmückte Tannen im Hochchor aufgestellt, aber keine Krippe [697]. Dagegen besitzen z. B. die Düsseldorfer Franziskanerkirche 1922 [698] und 1923 auch der simultan genutzte (!) Altenberger Dom bereits eine vielbeachtete Krippe [699].

Die Literatur liefert für die Zwischenkriegszeit erstmalig eine größere Menge von Anschaffungsdaten einzelner Kirchenkrippen. Mehrfach ist dabei von einer „neuen" Krippe die Rede, wobei aber nicht gesagt wird, ob diese die erste oder nur eine andere, die ältere ersetzende Krippe ist; nur für das Bonner Münster wird 1931 ausdrücklich erwähnt, daß diese Krippe die erste sei [700], was aber z. B., wie gezeigt, auch für den Kölner Dom gilt. Allen genannten Neuanschaffungen ist gemeinsam, daß es sich um Produkte professioneller Künstler handelt; Ausnahmen bilden nur einige Krippen, die der örtliche Gesellenverein oder die katholische Jugend erstellte.

Die folgende Tabelle stellt alle in der Literatur verfügbaren Daten über die Neuanschaffung einer katholischen Kirchenkrippe im Kölner Raum während der Zwischenkriegszeit samt den Namen der Künstler (soweit angegeben) zusammen [701].

Jahr	*Ort, Kirchenname*	*Name, Ort des Künstlers*
1924–26	Bonn-Ippendorf	Wilhelm Göhring, Moosach bei München
1925	GL-Bensberg, Nikolaus	Johanna Lamers-Vordermayer, Kleve [702]
1926–31	Bonn-Schwarzrheindorf	Sebastian Osterrieder, München
1926	Euskirchen, Martin (?)	Oberammergau (?) [703]
1926	Köln, Minoritenkirche	Gesellenverein Köln [704]

696 entspr. Ankündigung z.B. in: Deutsche Reichs-Zeitung. 1907. Nr. 617 v.24.Dez.
697 Kölnische Volkszeitung. 1930. Nr. 656 v.27.Dez.
698 STROICK (wie Anm. 76), S. 177.
699 August KIERSPEL: Weihnachten in Altenberg. In: Bergischer Kalender für das Jahr 1924. Ein Heimatjahrbuch für das bergische Haus und die bergische Schule. Hrsg. - u. Anton JUX. Bergisch Gladbach: Kierspel, o.J. S. 46-49. - hier: S. 48.
700 o.Verf.: Eine Krippe in der Münsterkrypta. In: Deutsche Reichs-Zeitung. 1931. Nr. 298 v. 24. Dez. S. 3.
701 Soweit nicht anders angegeben, sind die Daten zu Kirchen im Gebiet der Stadt Köln aus SCHWERING 1984 (siehe dort, alphabetischer Katalog der Kirchenkrippen) entnommen, für die Stadt Bonn aus: Markus WALZ: Krippen in Bonner Kirchen. Bonn: Kath.Bildungswerk, 1986 (siehe dort, nach Stadtbezirken getrennter alphabetischer Katalog der Kirchenkrippen).
702 OPLADEN (wie Anm. 520), S. 195.
703 FROMME (wie Anm. 502), S. 70.
704 ebda., S. 73.

Jahr	*Ort, Kirchenname*	*Name, Ort des Künstlers*
1926	Köln-Bayenthal	unbek., München
1928	Köln, Michael	Hermann Inhetvin, Berlin
1928	Königswinter, Remigius	Ruth Schaumann, München[705]
1928	Sankt Augustin-Menden	Gesellenverein[706]
1928	Wuppertal-Langerfeld	unbek.[707]
ca. 1930	Köln, Kunibert	unbek.
ca. 1930	Köln-Nippes, Bonifatius	unbek.
1930	Lohmar, Johannes Enth.	unbek.[708]
1931	Bonn, Münsterkirche	Bernhard Gauer, Düsseldorf[709]
1931	Köln, Dom	Hermann Paul Simon, Bonn
1932	Köln, Gereon	Lambert Schmithausen, Köln
1935	Köln-Bickendorf, Rochus	J. Lamers-Vordermayer
1935	Troisdorf-Bergheim	kath. Jugend[710]
1930er J.	Köln-Ehrenfeld, Anna	J. Lamers-Vordermayer
1930er J.	Köln-Poll, Joseph	Lita Mertens-Grüter
ca. 1935	Köln-Sülz, Nikolaus	Anton Antweiler, Köln[711]
1938f.	Köln-Klettenberg, Bruno	J. Lamers-Vordermayer
1938–40	Köln-Porz-Heumar	Lita Mertens-Grüter
1940	Bonn-Beuel, Joseph	kath. Jugend
1940–43	Troisdorf, Hippolytus	„Wiener Kunstgewerbe-Atelier Lilli", Berlin[712]
1942	Köln, Pantaleon	Sr. Franziska Wüsten, Essen
1942	Köln-Kalk, Marien	Lita Mertens-Grüter
1943	Köln-Humboldt, Engelbert	Ambrosius Beucker, Moosburg/Inn[713]
1943–45	Bonn-Küdinghoven	J. Lamers-Vordermayer

Die Auflistung der Krippenhersteller liest sich wie ein Katalog der bekanntesten Vertreter dieses Fachs. Neben den führenden Werkstätten des Rheinlandes (Johanna Lamers-Vordermayer, Kleve; Lita Mertens-Grüter, Köln-Rath) finden sich einzelne bekannte Bildhauer, die sich zumeist nicht mit der Krippenherstellung beschäftigten (Anton Antweiler, Kölner Werkschulen; Hermann Inhetvin,

---

705 Winfried BIESING: 1780-1980. 200 Jahre St.-Remigius-Kirche in Königswinter. Königswinter: Kath.Pfarrgde.St.Remigius, o.J. - S. 152.
706 FROMME (wie Anm. 506), S. 75.
707 ebda., S. 65.
708 Siegburger Zeitung. 1930. Nr. 299 v.24.Dez.
709 o.Verf.: Eine Krippe ... (wie Anm. 700).
710 Albert SCHULTE: Kirchen und Schulen in der Gemeinde Sieglar. Sieglar: Gemeinde Sieglar, 1968. (Beiträge zur Geschichte von Sieglar; 2) - S. 261.
711 Mitteilung des derzeitigen Besitzers (Kath. Pfarrgemeinde St. Augustinus, Bonn-Duisdorf).
712 Hildegard KUTTENKEULER: Zur Geschichte unserer Krippe. In: Informationen aus dem Pfarrbereich St. Hippolytus Troisdorf. 1986. Nr. 18. Dez.1986-Feb.1987. - S. 9 f.
713 Josef KLERSCH: Köln und die Krippe. In: Die Weihnachtskrippe. Jb. 20. 1953. S. 36-40. - hier: S. 38.

Berlin), aber auch die Werkstätten anderer Regionen. Es ist keine Frage der Beliebtheit der Krippe in bestimmten Landschaften, sondern ein Zeichen der konfessionellen Bindung der Krippenvereine sowie der innerkirchlichen Kontakte, daß Krippenlieferungen von außerhalb des Rheinlandes fast ausnahmslos aus Bayern kommen.

Die wenigen Ausführungen in den oben verwendeten Texten über die Gestaltung der jeweiligen Krippe belegen, daß die bereits vorgestellten formalen Vorgaben auch befolgt werden: der Kölner Gesellenverein will für die Minoritenkirche eine „rheinische Heimatkrippe" schaffen; die neue Beueler Krippe wurde gebaut, weil die Vorgängerin „nicht die geringsten Spuren künstlerischer Anstrengungen oder Zeichen echt empfundener Volkskunst" aufgewiesen habe [714]; die neue Krippe in Euskirchen bezeichnet Fromme als „wirklich künstlerisch". Die Tätigkeit der Landesgemeinschaft der Krippenfreunde ist direkt nachweisbar als Anregung zum Krippenneubau durch einen Krippen-Vortrag in Wuppertal-Langerfeld; die Gemeinde der Bonner Stiftskirche wird 1928 von der Landesgemeinschaft bei der Umgestaltung der vorhandenen Krippe beraten [715].

Die regelmäßige Fortentwicklung der Krippenerneuerung auch nach 1939 verdeutlicht, wie drängend der Wunsch nach einer neuen, formal genügenden Krippe gewesen sein muß: bis in das letzte Kriegsjahr werden Kirchenkrippen beschafft. Das „Wiener Kunstgewerbe-Atelier Lilli", Berlin, kann schon 1941 der Troisdorfer Pfarre nur noch liefern, nachdem der Pfarrer zuvor Kleiderspenden zur Bekleidung der Figuren zusammengebettelt und nach Berlin geschickt hat.

Über evangelische Kirchenkrippen im Kölner Raum war der Literatur nichts zu entnehmen. Hinweise auf deren Verbreitungsgrad gibt aber der „Atlas der deutschen Volkskunde" (ADV), in dessen 1932 ausgesendetem Fragenkomplex auch weihnachtliche Bräuche berücksichtigt werden. Die Frage 118c lautet: „Werden um die gleiche Zeit auch in den Kirchen Krippen aufgestellt? protestant./ kathol." Eine vollständige Auswertung der hierzu erstellten Antwortmanuskripte fehlt; mir ist nur eine regionale Auswertung bekannt, die den Kölner Raum nicht betrifft und zudem methodisch völlig ungenügend ist [716].

Die Antwortmanuskripte aus dem Kölner Raum (wie einleitend vereinbart, hier verstanden als Erzbistum Köln in den Grenzen von 1958) habe ich ausgewertet und in einem Ausschnitt der üblichen ADV-Rasterkarten dargestellt (die zuge-

---

714 BÜCHER (wie Anm. 317), S. 98.
715 FROMME (wie Anm. 506), S. 66.
716 LANZ 1981, S. 4. Lanz bildet eine Karte Schlesiens ab, die wie eine ADV-Auswertung wirkt (Untertitel: „Verbreitung der Weihnachtskrippe"). Für diese Karte wirft Lanz jedoch die Daten mehrerer ADV-Fragen unkritisch zusammen - 118a (Hauskrippen), 118c (Kirchenkrippen, nach Konfessionen getrennt!) und 118d (sonstige öffentliche Krippen) - und „ergänzt" sie ohne besondere Kennzeichnung mit Daten aus anderen Quellen (eigenes Wissen, eigene Befragungen), ohne den möglichen Zeitunterschied zwischen diesen heterogenen Daten zu beobachten. Der Aussagewert dieser Darstellung ist dementsprechend recht gering.

hörigen Grundkarten der Belegorte und ihrer Konfessionsverteilung sind im Anhang beigefügt).

Zur Qualität dieser ADV-Daten ist grundsätzlich anzumerken, daß die Belegdichte und die regelmäßige Streuung der Belege zwar auch im Kölner Raum gut ist (für die Frage 118c existieren 294 Belege), aber die Belegorte fast ausnahmslos ländliche Ortschaften oder kleinere Landstädte sind. Städtische Belege sind selten und meist recht allgemein abgefaßt (z. B. Barmen oder Köln statt eines konkreten Stadtteils), die Berichterstatter sind hier teils Personen mit erheblichen volkskundlichen Vorkenntnissen (z. B. antwortet der auch in der Krippenforschung aktive Joseph Klersch für Köln), so daß diese Antworten eher deren Forschungsstand als in der Realität überprüftes Wissen spiegeln.

Betreffs der Frage nach den Kirchenkrippen (118c) ist vorauszuschicken, daß die ADV-Belegorte zumeist Schulorte sind; besonders bei der Streusiedlungsweise im Bergischen Land fallen Schulort und Kirchdorf nicht immer zusammen, so daß einzelne benachbarte Angaben sich entweder auf dieselbe Kirche oder auf Filialkapellen im jeweiligen Ort beziehen können. Da die Berichterstatter diesen Sachverhalt nicht angemerkt haben, und der Arbeitsaufwand der Eliminierung möglicher Dubletten durch den Abgleich der damaligen Schul- und Pfarrbezirke in keinem Verhältnis zur Genauigkeit des Auswertungsergebnisses steht, werden die Belege für Kirchenkrippen unkritisch an den Belegorten dargestellt.

Höchste Genauigkeit ist von einer Auswertung der Frage 118 ohnehin nicht zu erwarten, da im ADV nicht gesagt wird, was unter einer Krippe exakt zu verstehen ist; in Frage 118a heißt es nur „Krippen mit der Darstellung der Geburt Jesu". Einzelne Berichterstatter geben daher möglicherweise unrichtige Antworten, wie z. B. der scheinbar positive Beleg aus Solingen-Höhscheid zeigt [717].

Für die katholischen Kirchen entsteht trotz aller Einschränkungen ein geschlossenes Bild. Von den 263 Belegen, die sich auf katholische Kirchen beziehen, sind 260 positiv, nur drei negativ. Die drei negativen Belege kommen aus mehrheitlich evangelischen Orten in der Umgebung von Solingen (Solingen-Höhscheid, Solingen-Ohligs, Wuppertal-Küllenhahn [718]); unter ihnen hat Ohligs mit 30 % den höchsten Katholikenanteil in der Bevölkerung. Demnach ist 1932 im ländlichen Kölner Raum die Diffusion der katholischen Kirchenkrippe abgesehen von Diasporagemeinden abgeschlossen (siehe hierzu und zum folgenden Grafik 7).

Die Belegverteilung für evangelische Kirchen ist anders: von den 86 Belegen sind nur 21 positiv (24 %), 65 negativ. Zwei der positiven Belege (Honrath und Michelbach/Ww. [719]) machen durch entsprechende Zusatzangaben darauf aufmerksam, daß unter den positiven Belegen auch Belege für Krippen in Form eines zweidimensionalen Transparentbildes sind.

---

[717] ADV-Beleg 109 29 7 ao, Frage 118c: „in der Regel stellen die Erwachsenen selbst dar" - gedacht ist also an ein Krippenspiel!

[718] ADV-Belege 109 23 9 b, 109 29 1 al und 109 29 7 ao.

[719] ADV-Belege 123 12 3 cr und 124 21 16 cl.

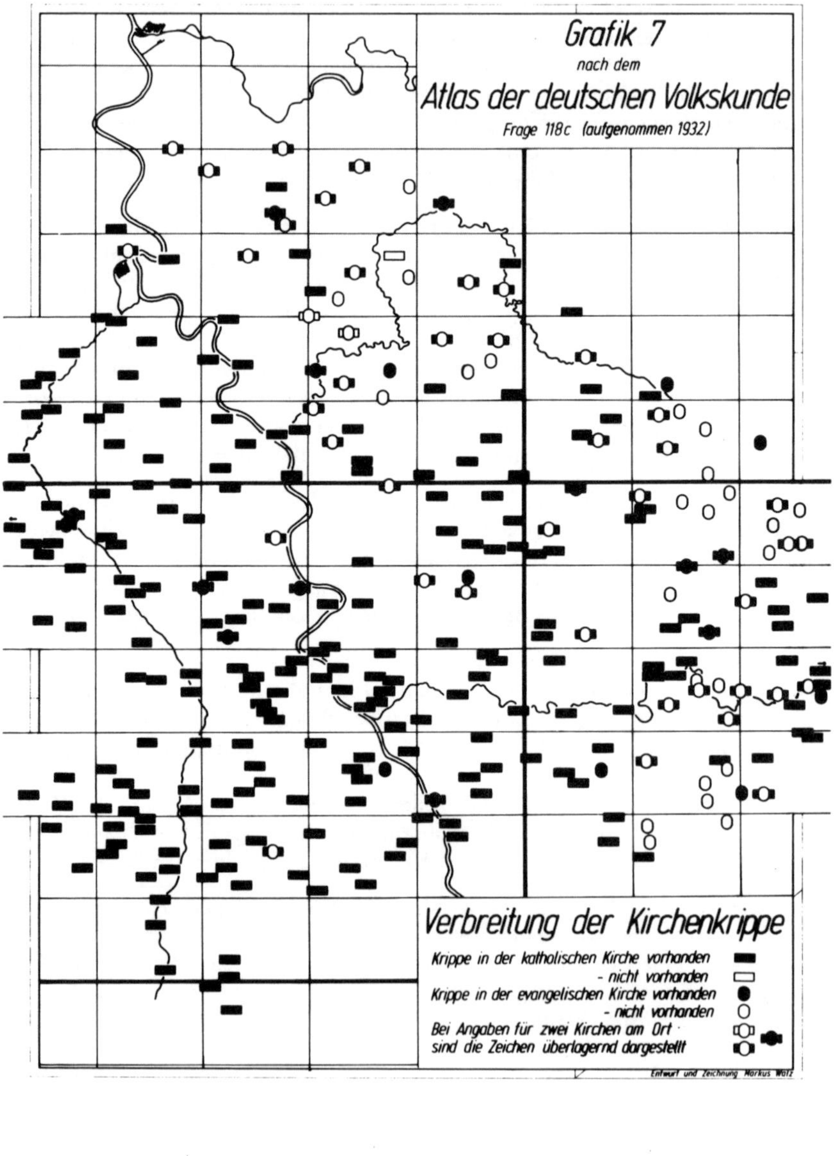
Grafik 7
nach dem
Atlas der deutschen Volkskunde
Frage 118c (aufgenommen 1932)
Verbreitung der Kirchenkrippe
Krippe in der katholischen Kirche vorhanden
- nicht vorhanden
Krippe in der evangelischen Kirche vorhanden
- nicht vorhanden
Bei Angaben für zwei Kirchen am Ort
sind die Zeichen überlagernd dargestellt
Entwurf und Zeichnung Markus Walz

Die regionale Verteilung der Belege ist uneinheitlich, die Zuordnung zu kleineren Gebietsausschnitten (z. B. linksrheinisches Gebiet, Oberberg, Raum Wuppertal-Solingen-Remscheid oder nördlicher Westerwald) ergibt keine Bestimmung krippenfreundlicherer und krippenfeindlicherer Kleinräume - abgesehen von der Feststellung, daß im Linksrheinischen 6 von 9 Belegen positiv sind (66 %).

Diese hohe Prozentzahl (die auch von der geringen Belegzahl, in der noch eine Dublette enthalten ist, abhängen kann) weist meines Erachtens weniger auf einen regionalen, als auf einen konfessionellen Zusammenhang, denn das Linksrheinische ist ein traditionell katholischer Landstrich. Ein Vergleich mit der Konfessionsverteilung (siehe Grafik 13) ist aufschlußreich, wenn man voraussetzt, daß die Konfessionsverteilung im Belegort der des Pfarrbezirks in etwa entspricht [720]. Aus Orten mit weniger als 5 % Protestanten wird verständlicherweise nicht über evangelische Kirchen berichtet. Aus den Ortschaften mit weniger als 50 % Protestanten sind 27 entsprechende Belege verfügbar, davon sind 10 positiv (37 %); aus Ortschaften mit 50 und mehr Prozent Protestanten sind 11 von 58 Belegen (19 %) positiv. Die Tendenz wird noch deutlicher, wenn man nur die beiden Extreme vergleicht. Bei Ortschaften mit 5-29,9 % Protestanten sind 9 von 20 Belegen (45 %) positiv, bei Orten mit 95-100 % Protestanten nur 3 von 22 (14 %).

Diese Vergleichswerte lassen die Vermutung zu, daß die Aufstellung eines wie auch immer gearteten Christgeburtsbildes den evangelischen Diasporagemeinden erheblich leichter fällt als ihren Schwestergemeinden in mehrheitlich evangelischen Gegenden. Die Anregung dazu geht wohl nicht unmittelbar auf die jeweilige katholische Kirchengemeinde zurück, obschon keine evangelischen Kirchenkrippen genannt werden, wo eine katholische noch fehlt; aber ökumenische Kontakte oder gar gegenseitige Kirchenbesuche sind in der Zwischenkriegszeit unüblich. Verbindungen sind eher im schulischen und privaten Bereich zu suchen, wo verschiedene katholische Vereine sich in dieser Zeit für die Verbreitung der Krippe einsetzen und diese dadurch mittelbar (auch der nicht aus anderen Landschaften zugewanderten) evangelischen Bevölkerung bekannt machen.

4.4.2. Hauskrippen

Die Verbreitung der Hauskrippe ist eine beständige Aufgabenstellung der katholischen Vereine in der Zwischenkriegszeit. Der „Krippenpfarrer" Klassen meint 1925, daß eine schöne Kirchenkrippe der Hauskrippe „den Weg bereiten helfen" könne [721] - also ist die katholische Hauskrippe nicht allgemein üblich. Besonders die katholischen Jugendorganisationen werden für die Krippenverbreitung aktiviert; die Mädchen können z. B. lesen „Aber die Krippe darf nicht fehlen! Sonst ist kein Weihnachten"[722], während die Pfarrer Jugendgruppen und Erwachsenen-

---

720 Es wird ein ADV-Belegort dabei nicht berücksichtigt, da keine Daten zur Konfessionsverteilung vorliegen (Hahn, ADV-Beleg 124 3 8 d).
721 KLASSEN (wie Anm. 495), S. 28.
722 o.Verf.: Wie wir uns auf Weihnachten vorbereiten. In: Die Knospen. Jg. 9. 1930. Heft 11. S. 292-294. - hier: S. 294.

vereinen „Keine Familie ohne Krippe!"[723] predigen sollen; wer bereits eine Krippe besitzt, soll dennoch eine neue basteln, denn überzählige Krippen können im Kinderzimmer oder als Geschenke an Bekannte, Arme oder Kranke sinnvoll eingesetzt werden [724]. Daß derartige Aufforderungen nicht ungehört verhallen, zeigt der Bericht, daß sich „neuerdings" in der Eifel Pfarrer, Jugendführer, Lehrer und Erzieher für die Verbreitung der Krippe einsetzen [725].

Der Literatur ist über die Verbreitung der Hauskrippe nur wenig zu entnehmen, wenn man pauschale Aussagen, daß die Krippe überall im Bergischen Land unter dem Baum stehe [726], übersieht. Öffentliches Interesse gewinnen nur die Ausstellungen besonderer Objekte, so 1924 die Hauskrippe des Siegburger Sanitätsrats Dr. Forsbach, die von 1720-50 stammen soll [727], oder die weihnachtliche Sensation im Burscheid der 1920er Jahre, eine Hauskrippe, die ein ganzes Zimmer füllt und zahlreich, auch von Krippenvereinen, besucht wird [728].

Mit Blick auf ganz Deutschland wird mehrfach von einer zunehmenden Verbreitung der evangelischen Hauskrippe seit dem Ersten Weltkrieg gesprochen, Kautsch meint sogar, daß sich die Krippe besonders in den evangelischen Familien durchsetze [729]. Aus dem Rheinland ist wenig zu erfahren. Nach 1932 verfügt der evangelische Pfarrer Schreiner in Düsseldorf über eine Hauskrippe [730], aber noch 1934 ist in einem Band des (rheinischen) Evgl. Jugenddienstes zu lesen, daß die Krippe „in manchen Gegenden (besonders katholischen)", also wohl nicht im evangelischen Rheinland, bekannt sei [731].

Der ADV vermittelt hierzu ein genaueres Bild der räumlichen Verbreitung. Auf die Frage 118a [732] geben 310 Belegorte im Kölner Raum eine Antwort. Wahrscheinlich wegen der seinerzeit gepflegten Meinung, daß die Krippe zumindest in katholischen Landschaften ein jahrhundertealter Brauch sei, wird im ADV leider nicht nachgefragt, wann sie eingeführt wurde (für den Christbaum wird dazu Frage 112f gestellt!). Daher ist man auf die wenigen Zusatzangaben der Berichterstatter angewiesen; immerhin merken noch zwölf von ihnen (4 %) an, daß die Krippe erst in den letzten Jahren bekannt wurde. Als Innovatoren werden

---

723 o.Verf.: Aktives Leben im Pfarrheim. In: Werkblatt für die katholische Pfarrgemeinde. Jg. 1. 1934. Heft 4. S. 119-122. - hier: S. 121.
724 o.Verf.: Werkarbeit als Vorbereitung auf eine christliche Familien-Weihnacht. In: Nachrichtenblatt für die Zweigvereine des Katholischen Frauenbundes. Jg. 20. 1936. Nr. 11/12. Nov./Dez. S. 35 f. - hier: S. 36. -- DAUSEND (wie Anm. 535), S. 137.
725 VIRNICH (wie Anm. 302), S. 34.
726 SCHELL (wie Anm. 693), S. 106.
727 Siegburger Kreisblatt. 1924. Nr. 282 v.3.Dez.
728 Grete NICKEL-FORST: Eine Burscheider Weihnachtskrippe. In: Land an Wupper und Rhein. Heimatkalender 1970. Opladen: Rhein-Wupper-Kreis, o.J. S. 188-191.
729 Evangelische Weihnacht (wie Anm. 147), S. 45. -- KAUTSCH (wie Anm. 96), S. 42.
730 SCHREINER (wie Anm. 149), S. 504.
731 Gerhard KLEY, Kurt STORCK u. Friedrich VALLDORF: Advent und Weihnachten. Düsseldorf: Landesjugendpfarramt Rheinland, 1934. (Evgl. Jugenddienst; 5) - S. 5.
732 „Ist es üblich, um die Weihnachtszeit in den Häusern Krippen mit der Darstellung der Geburt Christi aufzustellen und wie nennt man sie?"

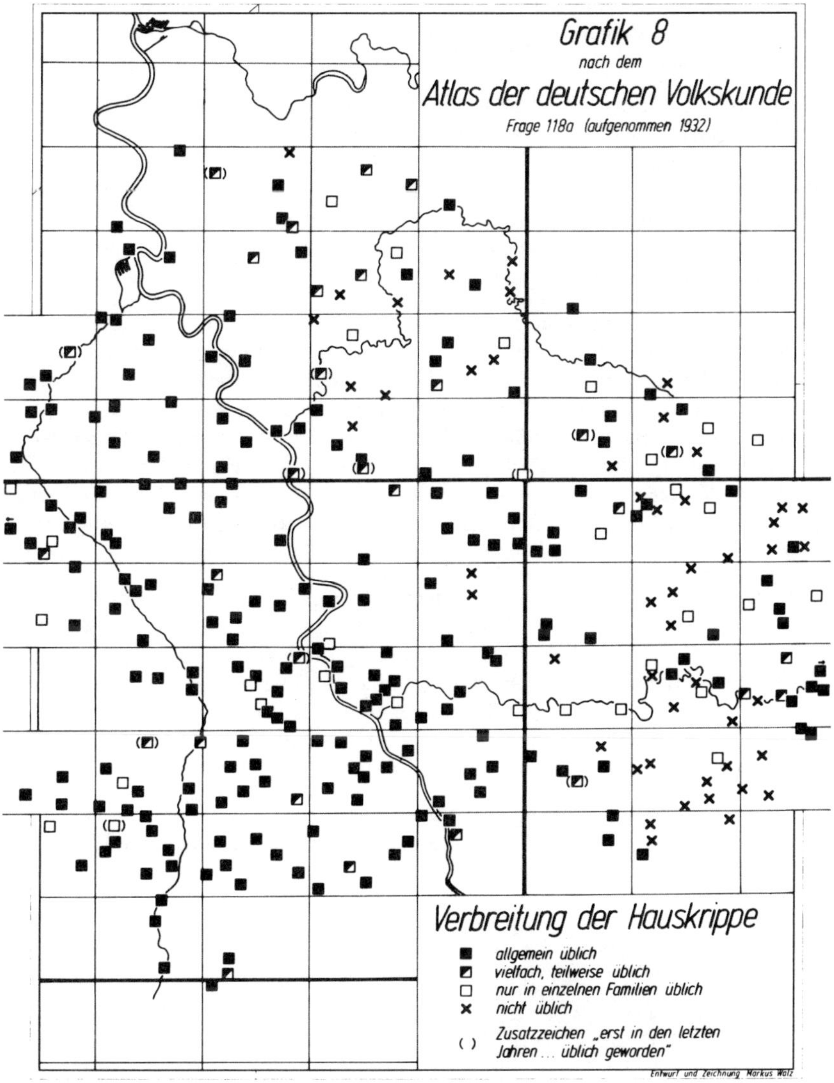
Grafik 8
nach dem
Atlas der deutschen Volkskunde
Frage 118a (aufgenommen 1932)
Verbreitung der Hauskrippe
allgemein üblich
vielfach, teilweise üblich
nur in einzelnen Familien üblich
nicht üblich
( ) Zusatzzeichen „erst in den letzten Jahren ... üblich geworden"
Entwurf und Zeichnung Markus Walz

genannt: ein Krippenbaukurs im Ort [733], der katholische Jünglingsverein [734], die „besseren Häuser"[735] und zweimal die Schule [736].

Die Angaben über den Zustand von 1932 ergeben deutliche räumliche Unterschiede (siehe Grafik 8). Im Linksrheinischen findet sich kein negativer Beleg, während diese gehäuft im Oberbergischen und im nördlichen Westerwald auftreten. Die Aussage, daß die Krippe nur in einzelnen Familien üblich sei, wird 32mal gemacht, davon nur neunmal in linksrheinischen Orten (28 % dieser Belege).

Ein Vergleich mit der örtlichen Konfessionsverteilung gibt die Begründung für diese unterschiedliche Verbreitung. Schon die spontanen Zusatzangaben der Berichterstatter weisen in diese Richtung: fünfmal wird der Brauch ausdrücklich den katholischen Einwohnern zugewiesen [737], zweimal als bei Katholiken üblich, bei Evangelischen nur sehr selten bezeichnet [738]; nur einmal heißt es, daß die Krippe in beiden Konfessionen verbreitet sei [739]. Außer Wissen/Sieg sind alle diese Belegorte mehrheitlich evangelisch.

Die Zusammenstellung aller Belege zur Hauskrippenverbreitung mit der örtlichen Konfessionsverteilung zeigt, daß in geschlossenen Gebieten mit katholischer Mehrheit (das Linksrheinische, das Rheinisch-Bergische und das untere Siegtal mit dem Siebengebirge) die Krippe allgemein oder doch weitgehend üblich ist. Mehrheitlich evangelische Räume (Niederberg mit Wuppertal-Solingen-Remscheid, Oberberg und der nördliche Westerwald) zeigen ein ungleiches Bild: der nördliche Westerwald kennt in den überwiegend evangelischen Orten die Krippe fast ausnahmslos nicht; im Bergischen dagegen mischen sich mehrheitlich evangelische Orte ohne, teils mit und allgemein mit Hauskrippen (siehe Grafik 9).

Die prozentuale Verteilung der extremen Belege gelangt zu einer ähnlichen Aussage. In den 216 Orten mit 70 und mehr Prozent Katholiken wird die Krippe nur viermal (2 %) als unbekannt bezeichnet [740]; diese vier Orte liegen alle rechtsrheinisch und (außer Winterscheid) in Randlage zu Diasporagebieten. In 175 dieser Orte (81 %) ist die Krippe allgemeiner Brauch. Dagegen ist bei den 62 Orten mit 70 und mehr Prozent Protestanten die Hauskrippe nur in 13 Orten (25 %) allgemein, in 11 Orten (18 %) zum Teil üblich.

Ein Vergleich der Verbreitung von Haus- und Kirchenkrippe weist noch einmal in diese Richtung (siehe Grafik 10). Aus 255 Belegorten wird über Haus- und

---

733 Leichlingen; ADV-Beleg 109 29 16 co.
734 Katterbach; ADV-Beleg 109 35 23 ac.
735 Bad Honnef; ADV-Beleg 123 30 7 bl.
736 Frielingsdorf; ADV-Beleg 110 31 13 ab. -- Oberscheid; ADV-Beleg 124 19 18 ao.
737 Mettmann; ADV-Beleg 109 16 24 dc. -- Neviges; ADV-Beleg 109 17 8 a. -- Dönberg; ADV-Beleg 109 17 15 a. -- Gräfrath; ADV-Beleg 109 23 12 bu. -- Opperzau; ADV-Beleg 124 15 11 cu.
738 Haan; ADV-Beleg 109 23 16 c. -- Wissen/Sieg; ADV-Beleg 124 15 17 bo.
739 Gummersbach; ADV-Beleg 110 32 17 b.
740 Steinbüchel; ADV-Beleg 109 35 7 do. -- Winterscheid; ADV-Beleg 124 13 2 c. -- Hoppengarten; ADV-Beleg 124 14 6 d. -- Mühleip; ADV-Beleg 124 19 9 ao.

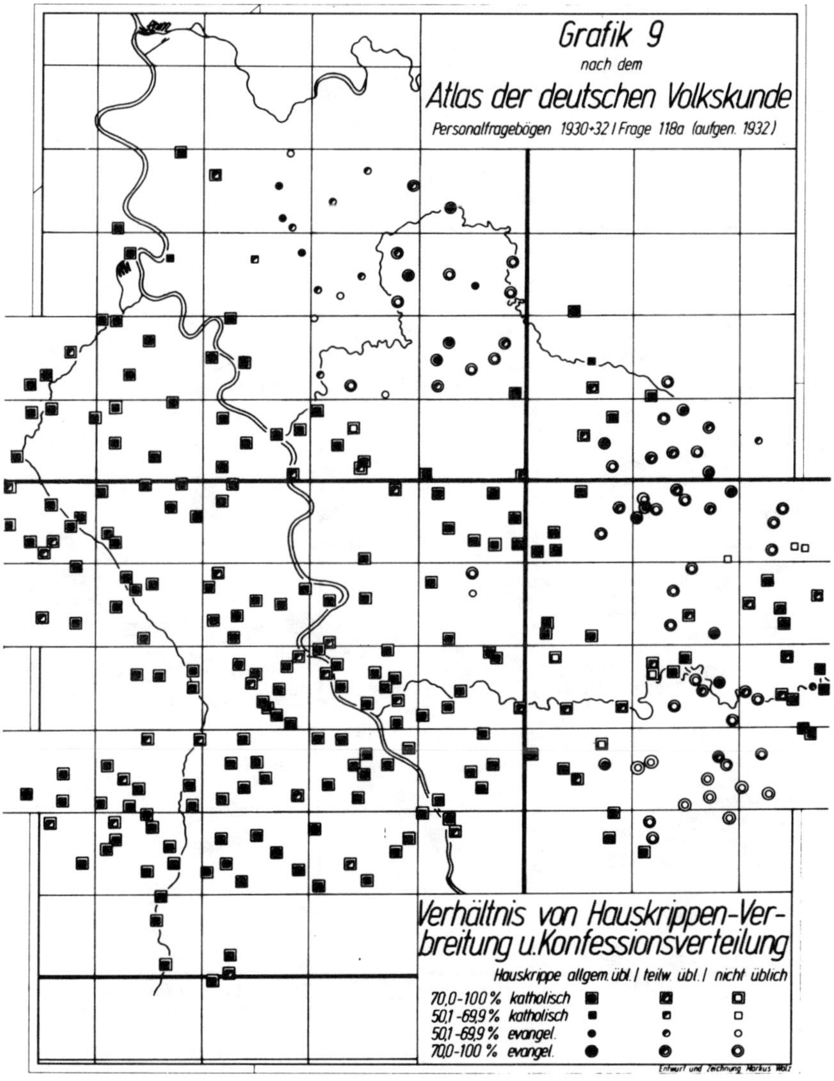
Grafik 9
nach dem
Atlas der deutschen Volkskunde
Personalfragebögen 1930+32 / Frage 118a (aufgen. 1932)
Verhältnis von Hauskrippen-Verbreitung u. Konfessionsverteilung
Hauskrippe allgem. übl. / teilw. übl. / nicht üblich
70,0-100 % katholisch
50,1-69,9 % katholisch
50,1-69,9 % evangel.
70,0-100 % evangel.
Entwurf und Zeichnung Markus Wölz

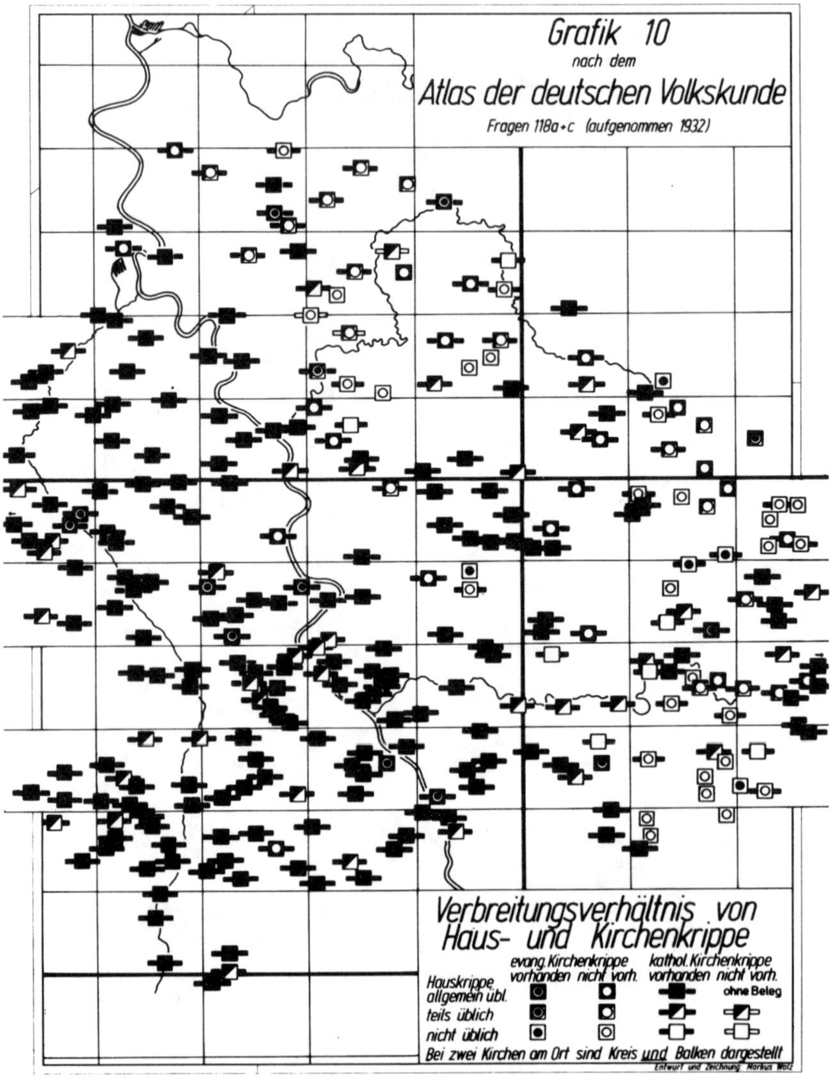
Grafik 10
nach dem
Atlas der deutschen Volkskunde
Fragen 118a+c (aufgenommen 1932)
Verbreitungsverhältnis von Haus- und Kirchenkrippe
evang. Kirchenkrippe vorhanden nicht vorh.
kathol. Kirchenkrippe vorhanden nicht vorh.
Hauskrippe allgemein übl.
ohne Beleg
teils üblich
nicht üblich
Bei zwei Kirchen am Ort sind Kreis und Balken dargestellt
Entwurf und Zeichnung: Markus Walz

katholische Kirchenkrippen berichtet, darunter nur zwei Orte ohne katholische Kirchenkrippe. Bei 183 dieser Orte (72 %) sind Kirchen- und Hauskrippe allgemein, bei 50 (19 %) ist die Hauskrippe nur teilweise üblich. In 20 Orten (8 %) ist trotz katholischer Kirchenkrippe die Hauskrippe unbekannt; der umgekehrte Fall kommt nicht vor. Die überraschend hohe Zahl der Orte mit katholischer Kirchenkrippe, aber ohne oder mit nur teilweise bekannter Hauskrippe erklärt ein Blick auf die Konfessionsverteilung. Von diesen 70 Orten sind 27 mehrheitlich evangelisch (39 %), unter den 20 Orten mit katholischer Kirchenkrippe, aber ohne Hauskrippe sind 15 Diasporagemeinden (75 %). So betrachtet, könnte die Antwort „teilweise" konfessionstrennend verstanden werden; die Schwierigkeit für katholische Vereine, die Hauskrippe auch in Diasporagemeinden allgemein zu verbreiten, ist verständlich.

Anders bei den 84 Orten mit Angaben über evangelische Kirchen: in 14 von ihnen (17 %) ist neben der Kirchenkrippe die Hauskrippe allgemein oder teilweise bekannt, aber auch die Orte ohne evangelische Kirchenkrippe kennen die Hauskrippe allgemein (19, also 23 %) oder teilweise (17, also 20 %). Das Vorhandensein einer evangelischen Kirchenkrippe macht dennoch die Verbreitung der Hauskrippe wahrscheinlicher: 4 von 18 Orten mit evangelischer Kirchenkrippe (22 %) kennen keine Hauskrippe, bei den 66 Orten ohne Kirchenkrippe sind es 30 (45 %).

Aus diesen Zusammenhängen läßt sich ableiten, daß die Hauskrippe zwar in einigen Ortschaften als konfessionsspezifisch verstanden wird und im überwiegend evangelischen nördlichen Westerwald unbekannt ist, sie aber in Familien beider Konfessionen auftreten kann. Im konfessionell gemischten Bergischen Land ist sie in Orten verschiedener Konfessionsmehrheit geläufig, wird aber tendenziell in Ortschaften mit überwiegend evangelischer Bevölkerung weniger gepflegt als in den katholischen, soweit nicht das Vorbild einer evangelischen Kirchenkrippe anregend wirkt. Die vehementen Bemühungen katholischer Kreise für eine Verbreitung der Hauskrippe haben im Kölner Raum bis 1932 die meisten katholischen Gemeinden erreicht, wenn auch einige erst in den letzten Jahren. Daß - allerdings in geringerem Umfang - die Hauskrippe in überwiegend evangelischen Orten verbreitet ist, belegt eine Krippenpflege außerhalb der katholischen Kirche und wohl unbeachtet von der ihr zugehörenden Krippenbewegung.

Wieweit die Begeisterung der Zwischenkriegszeit für das Krippenbasteln in den Familien greift, führen die Antworten auf die ADV-Frage 118b vor Augen. Leider ist die Fragestellung nach Eigenarbeit an der Krippe wenig präzise [741], so daß meist unklar bleibt, was im Einzelnen (Stall, Landschaft, Figuren oder nur das Aufstellen) selbst getan wird. Als Grundtendenz ist aber festzuhalten, daß Krippen nur selten vollständig gekauft werden: unter 261 Angaben wird nur 18mal auf 118b mit nein geantwortet (7 %). Die restlichen 243 Antworten sind sehr unterschiedlich, oft werden nur ja, meistens, ganz, teils teils, verschieden und ähnlich allgemeine Begriffe gegeben. Bei 24 dieser Belege (10 %) erfolgt der direkte (z. B. „außer Figuren") oder indirekte („nur der Stall") Hinweis, daß sich das Basteln

[741] „Werden diese Krippen in den Familien ganz oder zum Teil selbst hergestellt?"

nicht auf die Krippenfiguren erstreckt. Zweimal wird angemerkt, daß die Eigenarbeit erst in den letzten Jahren üblich geworden ist [742], bei drei (überwiegend katholischen) Orten heißt es, daß sich Kinder oder Jünglinge damit beschäftigen[743].

4.4.3. Schulkrippen

Das größte Engagement für die Schulkrippenarbeit bringt die Arbeitsschulbewegung auf, darin insbesondere die Werklehrer und ihre Zeitschriften „Die Arbeitsschule" und „Der Werklehrer"; Werkanleitungen aus diesen Blättern wurden bereits mehrfach zitiert. Typisch für diese Anregungen ist ein unmittelbares Interesse an der Schaffung von Krippen, weniger die Verwendung dieses Themas für ein besonderes Kapitel der Werkerziehung; als Beispiel hierzu dienen die Anregungen zu besonders einfach zu erarbeitenden Krippen [744] und das Engagement von Semm für das Krippenarbeiten, obwohl man auf keine regionale Tradition zurückgreifen kann und die Schüler ihre Arbeiten zuhause nicht gern aufstellen[745].

Die Krippenkünstlerin Lamers-Vordermayer wünscht sich Schulkrippen als vorbildliche Objekte in den oberen Volksschulklassen [746]. Bei aller Wertschätzung der Anschauungsmaterialien durch die zeitgenössischen Religionspädagogen aber weisen die Lehrpläne zum katholischen Religionsunterricht nicht auf das wertvolle Unterrichtsmittel Krippe hin. Nur im Zusammenhang mit dem erklärenden Besuch der Pfarrkirche im 2. Schuljahr wird auch der „Besuch der Krippe" empfohlen [747]. In der Oberstufe (5.-8. Schuljahr) sollen die Schüler alljährlich im Advent in Abtötungen „zur Ehre des Christkindleins" angeleitet werden, ohne daß diese Übungen mit einer Krippe (z. B. durch Hälmchensammeln) verbunden würden [748].

Der Literatur ist über die Krippenarbeit der Schulen nur wenig zu entnehmen. Nach dem Ersten Weltkrieg soll das schulische Krippenbasteln im Bonner Raum einsetzen [749], die Landesgemeinschaft der Krippenfreunde unterstützt 1927 die höheren Mädchenschulen, das Beethovengymnasium und die Schulgruppen von Neudeutschland, alle in Bonn, bei ihren Bastelkursen [750].

---

742 Mettmann; ADV-Beleg 109 16 24 dc. -- Iversheim; ADV-Beleg 123 33 3 b.
743 Küdinghoven; ADV-Beleg 123 23 10 a. -- Lengsdorf; ADV-Beleg 123 23 12 b. -- Iversheim; ADV-Beleg 123 33 3 b.
744 Karl SCHLOTTER: Weihnachtsarbeiten einer Mittelschule. In: Die Arbeitsschule. Jg. 44. 1930. Heft 11. S. 523-530.
745 SEMM (wie Anm. 612), S. 535 u. 538.
746 Johanna LAMERS-VORDERMAYER: Krippenkunst. In: Volkskunst. Jg. 9. 1920/21. Heft 3/4. S. 49-55. - hier: S. 54.
747 Lehrpläne für den katholischen Religionsunterricht in den Volksschulen der Erzdiözese Köln. Mit Ergänzungen für die Erzdiözese Köln. Köln: Bachem, o.J. - darin: Lehrplan Grundschule (1925), S. 13.
748 ebda., darin: Lehrplan obere Jahrgänge (1925), S. 13, 18 u. 24.
749 DIETZ (wie Anm. 54), S. 46.
750 FROMME (wie Anm. 503), S. 60.

Wenn man die Aufstellung einer Schulkrippe als öffentlich deutet, so sind diese Krippen im Kölner Raum wenig verbreitet, wie die Antworten auf die ADV-Frage 118d zeigen [751]: nur 42 Belegorte berichten in regionaler Streuung über Krippen in der Schule (obwohl die Mehrzahl der Berichterstatter Lehrer sind, also das Schulhaus genau kennen). Für einige Orte wird ausgeführt, daß in der Schule erst seit Neuestem eine Krippe aufgestellt wird und zwar seit 1921 [752], 1922[753] oder 1929 [754]. Daß sich katholische Lehrer mehr für die schulische Krippenarbeit engagieren, zeigt die Konfessionsverteilung in den 42 Belegorten: nur drei von ihnen sind mehrheitlich evangelisch (was nicht heißt, daß der krippenschaffende Lehrer dies auch ist)[755].

Andere öffentliche Krippen, soweit sie nicht kirchlichen Vereinen gehören, spielen gar keine Rolle, abgesehen von einer Gasthauskrippe als örtliche Kuriosität vor 1931 in (Wesseling-) Keldenich [756] und der Mitteilung, daß auch in Königswinterer Wirtshäusern Krippen zu sehen waren [757].

4.4.4. Vereinskrippen

Unter den Förderern der Krippenverbreitung tun sich in der Zwischenkriegszeit besonders die neuentstandenen katholischen Standesvereine bzw. die katholische Jugendbewegung hervor. Die Durchsicht der vielfältigen Leiter- und Mitgliederzeitschriften der einzelnen Verbände macht aber darauf aufmerksam, daß die Krippenarbeit zunächst kein zentrales Thema dieser Gruppen ist. Die sozial engagierten Vereine aus dem 19. Jahrhundert zeigen in diesen Jahren kaum Interesse für die Krippe. Am ehesten, aber auch nur schwach, das Kolpingswerk (obwohl man sich früher sehr um Spenden sammelnde Krippen bemühte!); der Volksverein zeigt keine Regung, abgesehen von den Aufsätzen einzelner Krippenfreunde, die die Zeitschriften anderer Vereine als willkommene zusätzliche Verbreitungsmöglichkeit benutzen [758].

Wegen der großen Zahl und unterschiedlichen Lebensdauer der einzelnen Blätter werden diese für den vorliegenden Zweck nach Zielgruppen zusammengeschaut; die zunächst vom Volksverein publizierten Jugendzeitschriften (z. B. Kranz, Wacht) werden ganz den sie später herausgebenden Verbänden zugerechnet (eine

---

751 „Werden Krippen auch an anderen Stellen im Ort (z.B. in Schulen, Versammlungssälen) öffentlich aufgestellt?"
752 Oberscheid; ADV-Beleg 124 19 18 ao.
753 Elsdorf; ADV-Beleg 123 2 17 d. -- Kleinbüllesheim; ADV-Beleg 123 21 25 c.
754 Katterbach; ADV-Beleg 109 35 23 ac.
755 Derschlag; ADV-Beleg 110 32 24 co. -- Bielstein; ADV-Beleg 124 2 11 a. -- Etzbach/Sieg: ADV-Beleg 124 15 16 bl.
756 ADV-Beleg 123 16 9 b.
757 ADV-Beleg 123 24 21 b.
758 Ein gutes Beispiel ist der Schriftleiter des Bayerischen Krippenfreunds, Pater Odorich HEINZ, der kleine Aufsätzchen zur Krippenverbreitung u.a. in der Volksvereinszeitschrift „Volkskunst" (Jg. 7. 1918/19. Heft 6. S. 257 f. -- Jg. 10. 1921/22. Heft 11/12. S. 201-204), im Organ des Neudeutschland (Die Burg. Jg. 7. 1918/19. Heft 11-13. S. 160-166) oder in dem der Deutschen Gesellschaft für christliche Kunst (Die christliche Kunst. Jg. 15. 1918/19. Heft 2. Beiblatt. S. 18) unterbringt.

Grafik 11:
Zeitschriften katholischer Verbände über Dekorationen des Weihnachtsfests

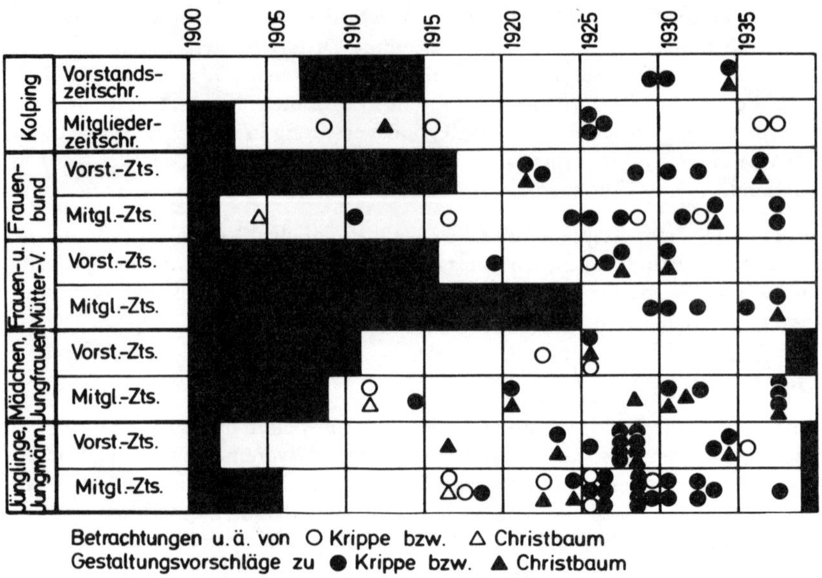

vollständige Übersicht dieser Zeitschriften und der erreichbaren Jahrgänge im Anhang). Zunächst fällt auf, wie wenig weihnachtliche Festdekorationen vor 1920 in diesen Blättern Beachtung finden; Gestaltungsvorschläge sind gegenüber Betrachtungen in der Minderheit (40 %), ein Drittel der Artikel befaßt sich mit dem Christbaum, nicht mit der Krippe. In den Frauenzeitschriften finden sich seit den 1920er Jahren regelmäßig Anregungen zur Eigenarbeit, für Mädchen und Jungfrauen erscheinen erst in den 1930er Jahren mehrere entsprechende Artikel. Die Jünglinge und Jungmänner werden dagegen zwischen 1925 und 1930 regelrecht mit Empfehlungen zum Krippenbasteln überschüttet (siehe Grafik 11). Die

Begründung dieser auffälligen Entwicklung gibt einerseits die dargestellte Zuordnung der Krippenarbeit zu den männlichen Tätigkeiten (siehe Abschnitt 4.2.5.), andererseits die Entwicklung der Krippenbewegung: im für die kirchlichen Verbände prägenden Kölner Raum wird die Landesgemeinschaft der Krippenfreunde erst 1925 gegründet; greifbares Zeichen der beabsichtigten Einwirkung auf kirchliche Kreise ist der Beitritt des Generalvorstands der katholischen Jugend- und Jungmännervereine, Düsseldorf, zur Landesgemeinschaft 1927 [759].

Wiederkehrende Themen in diesen Gestaltungsanregungen sollen nachfolgend noch näher beleuchtet werden. Ein gemeinsamer Schwerpunkt der Vereinsarbeit

---

759 FROMME (wie Anm. 503), S. 61.

ist die Pflege außergottesdienstlicher, aber dennoch betont katholischer Feiern zu den kirchlichen Festen; Henrich spricht in diesem Zusammenhang von der „Wiederentdeckung des Kirchenjahres"[760]. Weihnachtsfeiern innerhalb des Vereins sind daher eine Selbstverständlichkeit.

Anregungen zur Gestaltung derartiger Feiern schlagen zumeist auch die Aufstellung einer Krippe im Festsaal vor. Das gilt für die Kindergruppen und Jungscharen [761], die katholischen Jungfrauen [762], Jungmänner [763] und Gesellen [764] wie auch für die Frauen, sowohl in den Frauen- und Müttervereinen [765] wie im Frauenbund; letzterer verwendet die Saaldekoration (Christbaum, Krippe, Muster-Gabentisch) ausdrücklich als Vorbild-Gestaltung für die familiäre Feier [766].

In der Literatur finden diese Krippen bei Vereinsfeiern verständlicherweise wenig Niederschlag. Eher zufällig erfährt man von der Krippe bei der Weihnachtsfeier des Katholischen Gesellenvereins Köln-Nippes [767] und von der Krippe, die die Jugendgruppe des Dritten Franziskaner-Ordens in Köln baute [768]. Auf die ADV-Frage 118d treffen sieben Angaben über Krippen „im Jugendheim" oder „bei Vereinsfestlichkeiten" ein.

Einen größeren Effekt für die Krippenverbreitung hat das Krippenbasteln der Vereine; immer wieder werden die Jugendlichen zu der „katholischen Tat" des Krippenbastelns [769], zur rechtzeitigen Eröffnung ihrer „Himmelswerkstätte" aufgefordert [770]. Die Wirkung dieser Aufforderungen zeigt ein Bericht für 1927 aus Elberfeld, wo die katholischen Jungen mit großer Selbstverständlichkeit im Advent Krippen basteln [771]; ein früher Bericht über das Krippenwerken von 50 Jungen kommt 1924 aus Ahrweiler (Bistum Trier)[772].

---

760 Franz HENRICHS: Die Bünde katholischer Jugendbewegung. Ihre Bedeutung für die liturgische und eucharistische Erneuerung. München: Kösel, 1968. - S. 114.
761 H. HORSTMANN: Wir bereiten die Jungscharstunde an der Krippe vor. In: Am Scheidewege. Jg. 19. 1933/34. Nr. 17. Dez. S. 258-260. - hier: S. 258. -- STRAHBERGER: Unsere Vereinsfeste. In: Die junge Tat. Jg. 2. 1923. Nr. 10-12. Okt.-Dez. S. 108-110. - hier: S. 109.
762 o.Verf.: Wie wir in unsern Gruppen Weihnachten feiern können. In: Vorstandsblätter für katholische Jungfrauenvereine. Jg. 15. 1925. Nr. 6. S. 53 f.
763 Ludwig WOLKER u. Georg THURMAIR: Siehe ich verkünde euch eine große Freude! Zur Feier der Weihnacht im Verein. In: Jugendführung. Werkblatt für Jungführer. Jg. 19. 1928. Heft 12. S. 174-179. - hier: S. 175.
764 o.Verf.: Weihnacht in der Kolpingsfamilie. In: Der Führer. Jg. 16. 1929. Nr. 11/12. Nov./Dez. S. 123 f. -- o.Verf.: Unsere Weihnachtsfeiern. In: Der Führer. Jg. 21. 1934. Heft 4. S. 97-99. - hier: S. 98.
765 E.K.: Weihnachtsfeierstunde. In: Vorstandsblätter für kath. Frauen- und Müttervereine. Jg. 13. 1938. Nr. 6. S. 60.
766 o.Verf.: Praktische Familienpflege. Eine Anregung für die Winterarbeit. In: Nachrichtenblatt für die Zweigvereine des Katholischen Frauenbundes. Jg. 6. 1922. Nr. 10. Okt. S. 29f.
767 o.Verf.: Programme und Einladungen. In: Der Führer. Jg. 12. 1925. Nr. 10-12. Okt.-Dez. S. 69-72. - hier: S. 70.
768 FROMME (wie Anm. 502), S. 72.
769 RITTER (wie Anm. 613), S. 141.
770 STEBER (wie Anm. 543), S. 356.
771 RYZEK (wie Anm. 670), S. 344 f.
772 SCHREINER (wie Anm. 549), S. 138.

Eine breitere Wirkung als die des Werkens für die Familien verspricht man sich von Ausstellungen. Ein Prototyp ist die Weihnachtsaktion 1920 in der alten Kirche von Essen-Stoppenberg (damals Erzbistum Köln). Der „Katholische Bücher- und Bildungsverein Stoppenberg" gestaltet dort Weihnachtsfeiern für insgesamt vierzehn andere katholische Vereine, u. a. für den Jugendbund Quickborn. Vor einer „mustergültigen Krippe" spricht dabei ein Franziskanerpater zu dem Thema „Die Schönheit des Weihnachtsfestes und der häuslichen Krippenfeier"[773]. Diese Aktion wird 1922 von der Düsseldorfer Jugend nachgeahmt [774].

Die übliche Form der Ausstellungen sind weniger aufwendige Präsentationen der Ergebnisse der vereinsinternen Krippenarbeit; die Objekte sind vorwiegend zum Verkauf (d. h.: zur Verbreitung der Krippe) bestimmt. Greifbare Belege für dieses Engagement sind: die (zusammen mit den Weihnachtsausstellungen des Borromäusvereins) stattfindenden Krippenschauen der katholischen Jugend in und um Bornheim, mehrfach nach 1922 [775], die Ausstellung des Siegburger Gesellenvereins, die 1924 Eigenbauten und Produkte einer Kunstanstalt zeigt (begleitet von der Weihnachts-Buchwoche und Puppenspiel-Aufführungen)[776], die Präsentation selbstgebastelter Krippen der Jünglingskongregation von Heilig Geist 1926 in Düsseldorf-Pempelfort [777], eine große Krippenschau 1929 in der Kölner Messehalle, veranstaltet vom Katholischen Frauenbund in Verbindung mit katholischen Schulen und den Kölner Werkschulen [778], die mehrfach vor 1932 von den katholischen Jungmännern in Niederpleis durchgeführten Ausstellungen selbstgemachter Krippen [779] und eine gleiche Veranstaltung von den Jungmännern 1933 in Poppelsdorf [780].

Die Anregungen in den Verbandszeitschriften empfehlen auch, den Familien durch Unterstützung von deren Krippenfeiern zu dienen (die Jugendgruppe soll Flötenspiel, klampfenbegleiteten Gesang, Choral und „Führerwort" beitragen[781]), Arme und Kranke zu besuchen und mit selbstgebastelten Krippen zu beschenken (als „Christkindswerkleute" bezeichnet [782], aber auch als Rundgang mit Geschenken ohne Krippen beschrieben [783]) und - mit dem ungewöhnlichen

---

[773] Hugo DAUSEND: Krippenfeier in Essen. In: Franziskus-Stimmen. Jg. 7. 1923. Heft 11/12. Nov. S. 188 f. - hier: S. 189.
[774] Hugo DAUSEND: Jubiläum einer Krippenfeier. In: Kölnische Volkszeitung und Handelsblatt. 1923. Nr. 934 v.23.Dez. S. 4.
[775] Rheinisches Volkskundearchiv, Slg. Zerlett - R 18.
[776] Siegburger Kreisblatt. 1924. Nr. 280 v.30.Nov.; Nr. 282 v.3.Dez.
[777] FROMME (wie Anm. 502), S. 68 f.
[778] DÜCKER (wie Anm. 633).
[779] ADV-Beleg 123 18 17 c zu Frage 118d.
[780] Deutsche Reichs-Zeitung. 1933. Nr. 295 v.23.Dez.
[781] o.Verf.: Wir denken an Weihnachten. In: Jungführer. Jg. 26. 1935. Heft 4-6. Nov./Dez. S. 310-313.
[782] Joseph DIEWALD: Himmelswerkstatt. In: Jungwacht. Jg. 12. 1930. S. 356-358. - hier: S. 358. -- ders.: Krippenbau! Noch einige Anregungen. In: Jungwacht. Jg. 14. 1932. S. 337. -- o.Verf.: Christgang und Christkindwerkstatt. In: Jungführer. Jg. 25. 1934. S. 284-286. - hier: S. 286.
[783] Christel KÖHLER: Was machen wir Weihnachten? In: Die Wacht. Jg. 20. 1924/25. Heft 9. Dez. 1924. S. 214 f. - hier: S. 215. -- E.Ro.: Auf Christkindwegen. In: Der Kranz. Jg. 28. 1934. Heft 11. Nov. S. 346 f.; Heft 12. Dez. S. 363 f. - hier: S. 346.

Weitblick des Frauenbundes - die Anleitung zum Selbstbasteln von Krippen in der Erwerbslosenfürsorge sinnvoll einzusetzen [784]. Ein Nachweis solcher Aktivitäten im Kölner Raum ist anhand der Literatur nicht möglich.

Diese vielfältigen und wiederholten Anregungen, Krippen im Verein selbst zu verwenden, aber auch solche zu bauen und auf verschiedene Weise zu verbreiten, haben offensichtlich allseitig Nachahmung gefunden, auch wenn nicht immer der Beleg dafür zu finden ist. Pfister meint 1932, daß in kaum einer deutschen Stadt Bastelkurse und Krippenausstellungen der Jugend fehlen [785], die „Katernberger Krippenfreunde", wohl eine katholische Jugendgruppe, meinen, daß 1927 „in jedem Jugendverein, der nicht gar zu sehr nachhinkt, Krippenbau, Krippenausstellung und Krippenfeier eine Pflegestätte gefunden haben"[786]. Im Rückblick aber schätzt ein wichtiger Vertreter der katholischen Jugendbewegung die Ausstrahlung dieser Bemühungen nicht sehr hoch ein („nie so recht in die Breite gewachsen"[787]).

4.5. Zusammenfassung

Die Zwischenkriegszeit ist die entscheidende Epoche der Diffusion der Krippe im Kölner Raum. Die rasante Ausbreitung ermöglichen bedeutende Bewegungen und Vereine in der katholischen Kirche. Die Erneuerungsbewegung für christliche Kunst (ab 1920 mit dem rheinischen Verein Ars christiana auch regional präsent) und die katholische Krippenbewegung (Landesgemeinschaft ab 1925) werben für die Krippenaufstellung, auch wenn man sich nicht über den Aufstellungsort der Kirchenkrippe einig wird.

Die katholische Kirchenkrippe, um 1920 noch nicht allgemein üblich, hat sich 1932 bis auf einige Diasporagemeinden allgemein durchgesetzt. Kirchen, die bereits eine Krippe besaßen, befassen sich mit einer Neuanschaffung, da die Krippenbewegung umfassende Formvorschriften entwickelt hat, denen die älteren Objekte nicht mehr entsprechen. Die Schlagworte dazu lauten würdig und wahr, schlicht und ohne breite Nebenszenerien, religiös aussagekräftig und von der Hand eines gläubigen Künstlers. Den Forderungen nach würdigen Künstlerkrippen entsprechen fast alle nachweisbaren Neuanschaffungen der Zeit.

Diese neuen Kirchenkrippen können vorbildlich auf die private Festgestaltung wirken, insbesondere weil das sich in der Zeit des Ersten Weltkrieges zunehmend absondernde Schenkfest einen größeren Bedarf an häuslicher Festdekoration hat. Die Krippenbewegung setzt sich selbstverständlich auch für die Verbreitung der Hauskrippe ein. Die wichtigsten Anstöße erfolgen allerdings mittelbar.

---

[784] o.Verf.: Krippenbau-Kursus (wie Anm. 532), S. 41.
[785] PFISTER (wie Anm. 535), S. 26.
[786] Katernberger Krippenfreunde: Krippenbau und Krippenausstellungen der Pfarrjugend. In: Die junge Tat. Jg. 6. 1927. Heft 12. Dez. S. 289-294. - hier: S. 289.
[787] THURMAIR in: THURMAIR u.a. (wie Anm. 126), S. 150.

Die aus der Trivialisierung des Arbeitsschulgedankens entsprungene Bastelbegeisterung, die auch in der religionspädagogischen Literatur ihren Niederschlag findet, erfaßt in den 1920er Jahren auch die Schulen im Kölner Raum, führt aber nicht zu einer allgemeinen Krippenbegeisterung, am ehesten noch in überwiegend katholischen Orten. Die neuen katholischen Standesvereine, besonders die katholische Jugendbewegung, nehmen nach 1925 den Krippengedanken und die Verbreitungsmethoden der Krippenbewegung (Veröffentlichung von Bastelanregungen, Krippenbaukurse, Bastelgruppen, Krippenausstellungen) begeistert auf. Die Landesgemeinschaft der Krippenfreunde unterstützt das nach Kräften (zahlreiche Veröffentlichungen von Krippenfreunden in Verbandszeitschriften, Krippenbaukurse; Mitgliedschaft katholischer Vereine in der Landesgemeinschaft), gleiches tut aber auch sicherlich die katholische Geistlichkeit. Das beruht darauf, daß aus der Krippenbewegung zahlreiche neue Funktionsbestimmungen für die Krippe kommen, die aus heutiger Sicht zwar reichlich aufgesetzt wirken und kaum von den Laien damals verstanden wurden; sie beziehen sich aber auf die wesentlichen Standpunkte des damaligen Klerus: die Krippe wird propagiert als häusliches Andachtsbild, als christliches Zeichen im verweltlichten Schenkfest, als einfaches Anschauungsmittel für die moralische Kindererziehung (Hälmchensammeln) oder als Gelegenheit zu gemeinsamem Schaffen in der Familie. Dem Bestreben der Geistlichkeit dieser Zeit, die Gläubigen gegen alle als ungut empfundenen Einwirkungen der Welt abzuschirmen, entspricht die Verwendung der Krippenarbeit in der Festigung traditioneller Geschlechterrollen, in der Erziehung zur Genügsamkeit, auch bei Armut, und im Kampf gegen unsittliche Vergnügungen, besonders der Jugend (Krippenbasteln als „goldene Fessel").

Das Ergebnis dieser allseitigen kirchlichen Bemühungen ist, daß 1932 die Diffusion der Hauskrippe in den Ortschaften mit katholischer Mehrheit weitgehend abgeschlossen ist, wenn auch öfters erst seit wenigen Jahren. Negative Belege kommen am ehesten aus Diasporagemeinden oder aus Orten in Randlage zur Diaspora.

Im evangelischen Bereich ist die Entwicklung uneinheitlich und erheblich schwächer. Ein fast krippenloses Gebiet mit evangelischer Mehrheit ist aber nur der nördliche Westerwald, in den übrigen Landstrichen mit evangelischem Bevölkerungsanteil treten verschiedene Belege auf. Die deutliche konfessionelle Abgrenzung mit der Festlegung der Krippe als rein katholisches Festrequisit ist aber relativ selten. Statt dessen ist zu beobachten, daß in Orten mit katholischer Mehrheit die evangelischen Krippen häufiger sind als in streng evangelischen Orten; das Vorhandensein einer evangelischen Kirchenkrippe trifft auch eher mit Angaben über Hauskrippen zusammen. Der konfessionelle Gegensatz sollte nicht überschätzt werden (so daß gegenseitige Anregungen im privaten Bereich durchaus denkbar sind), aber auch nicht unterschätzt werden (eine katholische Kirchenkrippe hat zu dieser Zeit vermutlich keine Wirkung in den Kirchenraum der benachbarten evangelischen Gemeinde hinein). Die schwächere Ausbreitung der Krippe im evangelischen Milieu ist darin begründet, daß ein evangelischer Krippenverein im Rheinland fehlt und daß die Standesvereine nicht wie in der katholischen Kirche als zentralistisches Sprachrohr der leitenden Geistlichkeit verwendet werden können; in den evangelischen Verbänden mangelt es auch an einer vergleichbar vielfältigen Verbandspresse, die etwaige Krippeninteressen (unter wichtigere Themen gemischt) hätte in die Ortsvereine oder gar in die Häuser der Mitglieder tragen können.

5. Kontinuität und Wandel in der Nachkriegszeit

5.1. Kulturelle Gegebenheiten

5.1.1. Kontinuität des familiären Schenkfestes

Der bisher an erster Stelle stehende Abschnitt zu den kulturellen Veränderungen der betreffenden Epoche erscheint, vordergründig betrachtet, für die Nachkriegszeit entbehrlich, denn das familiäre Schenkfest Weihnachten rettet sich offenbar unangetastet über den Zweiten Weltkrieg hinweg.

Daß auch die zerstreut wohnenden Familienmitglieder sich an Weihnachten zuhause versammeln, wird 1977 als „alter Brauch" bezeichnet [788]. Gerade angesichts des zunehmend hektischen Alltags soll man „eine Herz und Gemüt ergreifende häusliche Weihnachtsfeier ganz besonders pflegen"[789]. Die fröhliche Festgestaltung der Großeltern ist fast undenkbar geworden: „Weihnachten ist ein stilles, heimliches und häusliches Fest. Es wäre ein Faustschlag in das christliche Empfinden, wollte man diesen Abend als Anlaß zum Tanz oder sonstigen geräuschvollen Unterhaltungen nehmen. ... Überhaupt soll man am Heiligen Abend allen Lärm möglichst vermeiden."[790] Dieselbe Auffassung bezüglich der Gestaltung des Familienfestes wird auch auf evangelischer Seite vertreten [791].

Diese familiäre Schenkfeier wird zunächst nicht als ein säkularisiertes Fest gedeutet. An eine Abschaffung des Fests wird weder auf evangelischer noch auf katholischer Seite gedacht; Pauquet meint, daß die Mehrheit Weihnachten wirklich als Christfest begehe [792]. Die „Katholische Bundesarbeitsgemeinschaft Jugendschutz" fordert 1963 zu einer betonter christlichen Weihnachtsfeier auf [793], was auf der Kritik von Sentimentalität und Kommerzialisierung beruht, die familiäre Schenkfeier als solche aber nicht angreift - gleiches propagiert die Kirchenzeitung schon 1960 [794].

---

[788] Maria-Luise THURMAIR: Wie Weihnachten richtig feiern? Überlegungen und praktische Anregungen. München: Rex, 1977. - S. 31.
[789] WIRTZ (wie Anm. 103), S. 150.
[790] Michael HORATCZUK: Von den Manieren und vom Reiche Gottes. München: Herold, 1961. - S. 161 f.
[791] o.Verf.: Weihnachtsfeier mit Verlosung und Tanz? In: Der Weg. Jg. 6. 1951. Nr. 26 v.16.Dez. S. 4.
[792] Peter Paul PAUQUET: Wird Weihnachten ent-rummelt? In: Kirchenzeitung (Erzbistum Köln). Jg. 12. 1957. Nr. 51/52 v.22.Dez. S. 6. -- Wolfgang SUCKER: Abschaffung des Weihnachtsfestes? In: Der Bote für die evangelische Frau. Jg. 65. 1968. Nr. 12. Dez. S. 3.
[793] Schützt das christliche Weihnachtsfest! Aufruf der Katholischen Bundesarbeitsgemeinschaft Jugendschutz, Hamm i.W. In: Kirchenzeitung (Erzbistum Köln). Jg. 18. 1963. Nr. 49 v.8.Dez. S. 22.
[794] o.Verf.: Keine sentimentale Weihnachtsfassade! In: Kirchenzeitung (Erzbistum Köln). Jg. 15. 1960. Nr. 51 v.18.Dez. S. 7.

Die kirchliche Seite der Familienfeier wird unterschiedlich gewertet: der zahlreiche Gottesdienstbesuch an den Feiertagen wird als Beweis für den christlichen Festcharakter genommen [795], es wird aber auch ein erheblicher Rückgang der Besuchszahlen, damit der christlichen Festgestaltung, beobachtet [796].

5.1.2. Fortleben der Traditionspflege

Die restaurativen Bewegungen der Zwischenkriegszeit führen ihre Bemühungen auch nach 1945 fort. Die Landesgemeinschaft der Krippenfreunde versucht an ihren Erfolg beim Dortmunder Katholikentag (1927) anzuknüpfen und beim Katholikentag 1956 in Köln wieder eine Krippenausstellung zu zeigen; der Plan wird allerdings nicht realisiert [797].

Die Heimatschutzbewegung bemüht sich um ungebrochene Kontinuität ihrer Arbeit; am 23. Juli 1947 wird der Rheinische Heimatbund neugegründet, der als übergreifender Dachverband alle dem Heimatschutz verbundenen Aktivitäten und Organisationen koordinieren soll. Die von Karl Meisen formulierten Zielvorstellungen zeigen keinerlei Einsicht für die nach 1945 völlig veränderte Situation von Heimatgefühl und Verwurzeltsein am Wohnort [798]. Klersch verkündet 1960 eine sehr ähnliche Aufgabenbeschreibung der Heimatpflege; er greift noch über Meisens Wünsche hinaus, wenn er nicht nur lebende Bräuche wachsen lassen will, sondern auch untergegangene Bräuche „in zeitgemäßer Form wieder seine Auferstehung feiern" läßt, soweit der Sinn der Handlung noch gegeben ist [799].

Auf katholischer Seite werden altbekannte Meinungen wiederholt. Zahlreiche vergessene Adventsbräuche sollen „durch die Kinder neu geweckt werden" (ein Beispiel ist das Hälmchensammeln)[800], die Krippe soll in allen Familien „wiedereingeführt" werden [801], denn angeblich wurde sie „erst in den letzten Jahrzehnten

---

[795] o.Verf.: „Schafft Weihnachten ab!" In: Kirchenzeitung (Erzbistum Köln). Jg. 26. 1971. Nr. 50 v.10.Dez. S. 7.
[796] Michael RASKE: Weihnachten 1980: Die Nacht des Widerspruchs. Gottes Initiative und ihre Zeichen. In: Publik-Forum. Jg. 9. 1980. Nr. 25/26 v.19.Dez. S. 3-5. - hier: S. 3.
[797] ENGELMEIER (wie Anm. 493), S. 29.
[798] „Von neuem muß unser Volk verwurzelt werden in seiner Heimat, in dem angestammten Boden der Väter und der Kultur, die sie geschaffen und uns, ihren Nachfahren, vererbt haben ... die Landschaft, in die der Mensch hineingeboren wird, ... soll ihm wieder die wahre Heimat werden, wo er bewußt und mit Stolz an dem Erbe der Väter weiterbaut, wo er im Kreise von Gleichgesinnten und Gleichstrebenden darauf bedacht ist, das Landschafts- und Naturbild, die aus der Vergangenheit stammenden Denkmäler ..., das angestammte Volkstum ..., das Wissen um die Vergangenheit überhaupt zu erhalten und möglichst unverfälscht an kommende Generationen weiterzugeben." Karl MEISEN: Rheinische Heimat - Rheinisches Volkstum. Organisation, Ziele und Aufgaben der Heimat- und Volkstumspflege im Rheinlande. In: Rheinische Vierteljahrsblätter. Jg. 13. 1948. S. 147-159. - hier: S. 148.
[799] Joseph KLERSCH: Die Aufgaben der Heimatpflege. In: Deutscher Heimatbund. Jahrbuch 1960/61. Neuss: Dt.Heimatbund, o.J. S. 118-128. - hier: S. 125 f.
[800] DIEWALD: Vom rechten Feiern in der Familie. In: THURMAIR u.a. (wie Anm. 126), S. 123-125. - hier: S. 124.
[801] Georg THURMAIR: Stern und Kern im Lichterkranz. ebda., S. 150.

... sehr zu Unrecht vom Christbaum verdrängt"(!)[802]. Neben den anderen Festrequisiten wird auch die Krippe als notwendig oder selbstverständlich erklärt [803], ihr frühzeitiges Verschwinden (statt der Aufstellung bis zum 2. Februar) wird noch 1977 beklagt [804].

5.1.3. Veränderungen in der evangelischen Kirche

Die erheblichen Umschichtungen der Wohnbevölkerung durch Flüchtlinge und Vertriebene bereitet in der katholischen Kirche organisatorische, aber weniger kulturelle Probleme, auch nicht in bezug auf die weihnachtliche Festdekoration, denn diejenigen Ostdeutschen, die ihre Weihnachskrippe im Fluchtgepäck mitbringen [805], gelangen in eine Landschaft, in der zumindest auf katholischer Seite die Krippe nichts Ungewöhnliches ist.

Die Zuwanderung aus Mittel- und Ostdeutschland stellt die evangelischen Traditionsgemeinden vor erheblich größere Probleme, da diese neuen Gemeindemitglieder aus lutherischen Landeskirchen oder aus sehr liturgiefreundlichen Gebieten (z. B. Ostpreußen) kommen. Eingaben von Neubürgern betreffs einer reicheren Liturgiegestaltung und größeren Betonung der Abendmahlsfeier werden in der evangelisch-lutherischen Gemeinde Wuppertal-Wupperfeld mit dem Hinweis auf die bergische Tradition zunächst grundsätzlich abgelehnt [806].

Im Lauf der Zeit nähern sich die Gegensätze jedoch an. Die vereinigt-evangelische Gemeinde Wuppertal-Unterbarmen übernimmt 1953 endlich die rheinische Agende samt der vorgesehenen Liedverse, streicht aber noch die Salutatio. 1962 wird dann eine reichere Variante der Unions-Agende einschließlich der Salutatio eingeführt; man orientiert sich dabei an den lutherischen Gemeinden Wichlinghausen und Wupperfeld, die also dieselbe Entwicklung bereits vollzogen haben[807].

Anläßlich der Teilung der evangelisch-lutherischen Gemeinde Wupperfeld kommt es in den 1970er Jahren zu einer neuen Diskussion über den konfessionellen Gegensatz unter den evangelischen Gemeinden. Mit Blick auf die bereits vereinigten lutherischen und reformierten Gemeinden im benachbarten Wichlinghausen beschließen drei der vier Bezirkspresbyterien, die Bezeichnung luthe-

---

[802] Maria Luise MUMELTER: Weihnachtsbräuche in deutschen Landschaften. Von den heidnischen Festen zur christlichen Feier. Ebda., S. 162-167. - hier: S. 165.
[803] Bernhard BERGMANN: Christus im Heim. Hausbüchlein der christlichen Familie. 3.Aufl. Siegburg: Haus Michaelsberg, 1949. - S. 156. -- Ottilie MOSSHAMER: Werkbuch der katholischen Mädchenbildung in zwei Bänden. 6.(stark bearb.) Aufl. Bd. 1-2. Freiburg i.Br.: Herder, 1951. Bd. 1. Leben in der Zeit. - S. 259. -- THURMAIR (wie Anm. 788), S. 28.
[804] THURMAIR (wie Anm. 788), S. 39.
[805] Nach LANZ 1981, S. 1, bei Sudetendeutschen und Schlesiern häufig der Fall.
[806] KÖLLMANN (wie Anm. 221), S. 203.
[807] Peter HERKENRATH: 140 Jahre Geschichte der vereinigt-evangelischen Gemeinde Unterbarmen 1822-1962. Mit e.Vorw.v. Hans STÖVER u.e.Nachw.v. J. SCHLINGENSIEPEN. Wuppertal: o.Verl., 1963. - S. 233 f.

risch zu streichen. Im Stadtkeren entsteht gemeinsam mit der evangelisch-reformierten Gemeinde Gemarke eine vereinigt-evangelische Gemeinde Barmen [808].

Anzeichen einer Aufweichung der traditionellen Bilderfeindlichkeit in weiten Kreisen der hiesigen evangelischen Kirche finden sich ebenfalls. Im Zusammenhang der Krippengeschichte ist dabei erwähnenswert, daß nun ein deutscher evangelischer Verein nicht nur Krippen verbreitet, sondern dazu Entwürfe aus Westfalen bezieht [809]; die neue Satzung der Landesgemeinschaft der Krippenfreunde (1952) erlaubt jetzt, wenn auch etwas zögernd, die Mitgliedschaft eines Nicht-Katholiken [810].

5.1.4. Neue Ergebnisse der Bibelwissenschaft

Während die Veränderungen in der evangelischen Landeskirche eine weitere Verbreitung der Krippe möglich machen, stellt die Fortentwicklung der Bibelwissenschaft eigentlich die herkömmliche Krippengestaltung in Frage. Der evangelische Hagiograph Nigg bezeichnet die Bibelwissenschaft sogar als schlimmen Feind des Weihnachtsfestes [811].

Die unmittelbare Nachkriegszeit hat noch wenig bibelwissenschaftliche Probleme; 1949 erscheint die Übersetzung einer 1928 in Französisch veröffentlichten umfangreichen Evangelienharmonie, die ganz im Sinne der Theologie des 19. Jahrhunderts auch chronologische Probleme der Kindheitsgeschichte löst [812]. Aber 1968 heißt es schon, daß es gar nicht *die* Kindheitsgeschichte gebe, da dieser „Erinnerungskomplex" nur ein Produkt der Harmonisierung sei [813].

---

808 Heinrich LÜCKE: Episoden, Bilder, Gestalten aus 200 Jahren Geschichte der Evangelisch-lutherischen Kirchengemeinde Wupperfeld in Wuppertal-Barmen v. -. I.Zsarb.m. Gerhard BIRKER u.a. Wuppertal-Barmen: Verband der evang. Kirchengemeinden, 1978. - S. 170.

809 Drei Papierkrippen im Angebot der Evangelischen Frauenhilfe in Deutschland e.V. nach Entwürfen der Werkkunstschule Münster; vgl.: Erika PEITER: Ein Abend in der Adventszeit. In: Der Bote für die evangelische Frau. Jg. 56. 1959. S. 3 f.

810 Zur Vorkriegssituation siehe Abschnitt 4.1.5.; die Zulassung nicht-katholischer Mitglieder gestattet nun eine kurze Einschiebung: „Mitglied kann jeder unbescholtene Katholik und jeder, der an die Gottheit Christi glaubt, werden, der Liebe und Verständnis für die Aufgaben der Gemeinschaft hat und im Sinne derselben mitarbeiten will." Satzung der Landesgemeinschaft der Krippenfreunde in Rheinland und Westfalen e.V. in der geänderten Fassung, beschlossen auf der Mitgliederversammlung am 6.Jan.1952 in Köln. In: Die Weihnachtskrippe. Mitteilungen zum Jahrbuch. Nr. 31. 1952. S. 7. 2.

811 „Die gegenwärtige Bibelkritik leistet radikale Arbeit. Unter ihrer Holzfällertätigkeit ist das ganze Weihnachtsfest in Gefahr, abgetragen zu werden. ... Eine zügellos gehandhabte Bibelkritik richtet im exegetischen Bereich nur Verwüstung an, verwirrt die Menschen ... und übrig bleibt ein Scherbenhaufen." Walter NIGG: Bedrohtes Weihnachtsfest. In: Kirchenzeitung (Erzbistum Köln). Jg. 23. 1968. Nr. 51/52 v.20.Dez. S. 3 f. - hier: S. 3.

812 Marie-Josèphe LAGRANGE: Das Evangelium von Jesus Christus. Aus d.Franz. Heidelberg: Kerle, 1949.

813 Heinz SCHÜRMANN: Aufbau, Eigenart und Geschichtswert der Vorgeschichte Lk 1-2. In: ders.: Traditionsgeschichtliche Untersuchungen zu den synoptischen Evangelien. Bd. 1-2. Düsseldorf: Patmos. Bd. 1. 1968. S. 198-208. - hier: S. 198.

Zunächst wird die Diskussion über die Geschichtlichkeit einzelner Details fortgeführt, ohne zu einem einheitlichen Standpunkt zu gelangen. Umstritten ist nach wie vor der wirkliche Ablauf der bei Lukas angeführten Schätzung des Augustus; in beiden Konfessionen werden noch Argumente für eine bestimmte Datierung, die Rolle des Herodes und die Notwendigkeit der Reise in die Stadt der Väter veröffentlicht [814]. Ebenso wird auf beiden Seiten gelegentlich versucht den Stern der Magier mit einem bekannten astronomischen Ereignis (Jupiterkonjunktion, 7 v.Chr.) zu erklären [815]; der Katholik Gaechter sammelt mit Akribie Begründungen für das reale Geschehen einzelner Details, z. B. der möglichen Reise einer Schwangeren, der Niederkunft in einem Stall statt in einem Haus [816] und der durch die Harmonisierung von Lukas und Matthäus notwendigen Forderung eines Wohnortwechsels; als Quelle des Evangelisten beansprucht er Josef persönlich, da er als einziger Zeuge in Mt 2, 4-12 genannt wird [817].

Zeitgenossen ziehen diese mühsam gestützten Angaben immer wieder in Frage. So ist nach Craveri eine römische Schätzung außerhalb des Wohnorts unwahrscheinlich, bzw. die Angabe beruht auf einem redaktionellen Fehler des Evangelisten [818]. Die biblischen Angaben über den Stern der Magier werden eher als Wunderbericht oder Motiv aus der Schriftdeutung (Vergleich zu anderen Wundersternen im Alten Testament) denn als historischer Bericht über eine Himmelserscheinung gewertet [819].

Die Ergebnisse der modernen Bibelwissenschaft sind aber viel grundsätzlicher als diese Infragestellung einzelner Fakten. Vögtle stellt 1977 fest, daß die Kindheitsgeschichten der Evangelien keine Erlebnisberichte sind [820], so daß sich nun erstmalig die Frage nach der Textgattung stellt.

Auf evangelischer Seite entsteht bereits in der Zwischenkriegszeit die biblische Formgeschichte, die sich mit der Gattungsbestimmung der biblischen Texte

---

[814] William BARCLAY: Lukasevangelium, ausgelegt v. -. Aus d.Engl. Wuppertal: Aussaat, 1968. - S. 31. -- Henri DANIEL-ROPS: Jesus. Der Heiland in seiner Zeit. Aus d.Franz. Freiburg i.Br.: Abendländ. Verlagsanstalt, 1950. - S. 124. -- Regensburger Neues Testament. Neubearb. Hrsg. Otto KUSS. Bd. 1- . Regensburg: Pustet. Bd. 3. Josef ERNST: Das Evangelium nach Lukas. Übers.u.erkl.v. -. 1977. - S. 103.

[815] Paul GAECHTER: Das Matthäus-Evangelium. Ein Kommentar v. -. Innsbruck: Tyrolia, 1964. - S. 65. -- Theologischer Handkommentar zum Neuen Testament. In neuer Bearb.unt. Mitw.v. Günther BAUMBACH u.a.hrsg.v. Erich FASCHER. Bd. 1- . Berlin: Evang.Verlagsanstalt. Bd. 1. Walter GRUNDMANN: Das Evangelium nach Matthäus. 1968. - S. 80.

[816] Paul GAECHTER: Maria im Erdenleben. Neutestamentliche Marienstudien v. -. 3., durchges.Aufl. Innsbruck: Tyrolia, 1955. (Erstaufl. 1953) - S. 127 f. u. 129 f.

[817] GAECHTEER (wie Anm. 815), S. 67 f.

[818] Marcello CRAVERI: Das Leben des Jesus von Nazareth. Aus d.Ital. Stuttgart: Klett, 1970. - S. 41.

[819] Ernst NELLESSEN: Das Kind und seine Mutter. Struktur und Verkündigung des 2. Kapitels im Matthäusevangelium. Stuttgart: Kath. Bibelwerk, 1969. (Stuttgarter Bibelstudien; 39) - S. 118 f. -- Johannes RIEDL: Die Vorgeschichte Jesu. Die Heilsbotschaft von Mt 1-2 und Lk 1-2. Stuttgart: Kath.Bibelwerk, 1968. (Biblisches Forum; 3) - S. 35 f.

[820] Anton VÖGTLE: Was Weihnachten bedeutet. Meditation zu Lk 2, 1-20. Freiburg i.Br.: Herder, 1977. - S. 77.

befaßt; so hebt Dibelius 1933 heraus, daß die Magiergeschichte bei Matthäus eine „echte Personallegende" sei und daß die Kindheitsgeschichte bei Lukas aus „vier selbständigen Legenden" bestehe [821]. Die Tätigkeit des Evangelisten bezieht sich demnach überwiegend auf die Bearbeitung und Zusammenführung dieser Legendenstoffe; zur Flucht nach Ägypten meint Dibelius, es „scheint fast, als sei nur ein Schema in die Biographie Jesu übertragen und mit Engelworten variiert worden"[822]. Der „kritische Radikalismus" der Formgeschichtler, der der streng historiographischen Betrachtung der Evangelien entgegensteht, stößt zunächst auf Ablehnung, setzt sich aber im Lauf der Zeit durch [823].

Die katholische Bibelwissenschaft der Nachkriegszeit setzt leicht veränderte Akzente als die Formgeschichte, die insbesondere die Art und Herkunft der einzelnen Textbestandteile, weniger aber den Anteil des Evangelisten herausgehoben hat. Nun rückt auch die Konzeption, Textbearbeitung und Stoffauswahl durch den Evangelisten in das Blickfeld (redaktionsgeschichtliche Methode)[824]. Die Kindheitsgeschichten, ob Legende oder nicht, werden nun in ihrer Eigenart als nachösterliche Verkündigungserzählungen dargestellt. Den Unterschied zu einem einfachen historischen Bericht sieht Nellessen so: „Matthäus und Lukas geben auf die Frage, wer Jesus ist, und auf die damit zusammenhängenden Fragen eine von mehreren möglichen Antworten, nämlich die, die der Situation ihrer Zeit und Gemeinden entspricht. Dabei greifen sie vom Zentralereignis des Todes und der Auferstehung Jesu ... zurück ..."[825] Motive dieser Verkündigungserzählungen dienen zunächst diesem Zweck, weniger der historischen Beschreibung [826].

Redaktionsgeschichtliche Aspekte betrachtet u. a. Laurentin. Hinter einfachen historischen Aussagen stehen nach seiner Analyse Andeutungen und Reflexionen, die sich auf theologische Fragen der Zeitgenossen beziehen und Antworten vor allem in Anspielungen auf prophetische Texte des Alten Testamentes suchen [827]. In dieselbe Richtung zielt die Darstellung der Jesus-Moses-Analogie in Mt 2 bei Vögtle [828]. Zur Bestimmung der Textgattung der Kindheitsgeschichten zieht Laurentin deshalb den Begriff Midrasch heran [829].

---

821 Martin DIBELIUS: Die Formgeschichte des Evangeliums. 3., durchges.Aufl.m.e.Nachtr.v. Gerhard IBER, hrsg. Günther BORNKAMM. Tübingen: Mohr, 1959. (Erstaufl. 1933) - S. 120, 125 f.
822 ebda., S. 127.
823 KÜMMEL (wie Anm. 240), S. 433.
824 Heinrich ZIMMERMANN: Neutestamentliche Methodenlehre. Darstellung der historisch-kritischen Methode. 6., neu bearb.Aufl. Stuttgart: Katholisches Bibelwerk, 1978. - S. 221.
825 NELLESSEN (wie Anm. 819), S. 16.
826 ebda., S. 120. -- VÖGTLE (wie Anm. 820), S. 105.
827 René LAURENTIN: Struktur und Theologie der lukanischen Kindheitsgeschichte. Aus d.Franz. Geleitw.v. Karl Hermann SCHELKE. Nachtr.v. Josef GEWIESS. Stuttgart: Kath. Bibelwerk, 1967. (Stuttgarter biblische Beiträge; 1) - S. 102 u. 135.
828 Anton VÖGTLE: Messias und Gottessohn. Herkunft und Sinn der matthäischen Geburts- und Kindheitsgeschichte. Düsseldorf: Patmos, 1971. (Theologische Perspektiven; 6) - S. 53 u. 58 f.
829 LAURENTIN (wie Anm. 827), S. 106.

Diese Erkenntnisse der Bibelwissenschaft rütteln nicht, wie Nigg glauben machte, an den Grundfesten des Glaubens, weil die Richtigkeit der wesentlichen Tatsachen auch bei der Bezeichnung als Legende, Verkündigungserzählung oder Midrasch nicht angezweifelt werden. Als sichere Fakten nennt Schürmann die Geburt aus Maria, die mit Josef verlobt ist, die Davidssohnschaft und Jungfrauengeburt, Nazareth als Wohn- und Bethlehem als Geburtsort Jesu [830]. Die Bibelwissenschaft stellt also nicht die Christgeburt in Frage, sondern warnt nur vor einem wortwörtlichen Verständnis der Evangelientexte, durch das die Kindheitsgeschichte „für ein Kindermärchen oder fromme Phantasie" gehalten werden könnte [831] - genau das ist die Gefahr realistischer Krippendarstellungen.

5.1.5. Neue pädagogische Entwicklungen

Die Auswirkungen dieser wissenschaftlichen Bemühungen auf die Religionspädagogik sind eher spärlich. Die direkte Anwendung neuer Erkenntnisse auf die Darbietung der Weihnachtsgeschichte ist die völlige Ausnahme. Steinwede bietet dazu bereits 1974 eine Lösung in der Form eines Kindersachbuchs an [832], Quadflieg warnt Grundschullehrer dringend vor Evangelienharmonien („Kindheit Jesu aus einem Häppchen Lukas hier, einem Häppchen Mattäus da, oft sogar aus einem Häppchen Apokryphen"[833]), zwei Religionspädagoginnen erarbeiten Erzählvorschläge für den Kindergarten bzw. die Grundschule, in denen auch die Evangelienentstehung vereinfacht dargestellt wird [834].

Zumeist lebt die Auffassung, in den Evangelien exakte Geschichtsschreibung vor sich zu haben, in der katechetischen Literatur fort, wie es Meinecke und Ort für den Religionsunterricht beider Konfessionen herausstellen [835]. Gründe für dieses wörtliche Verständnis gerade der Kindheitsgeschichte sucht Vögtle in der scheinbaren Anschaulichkeit des armseligen Stalls [836]. Das wörtlich nehmende, aber dennoch ausschmückende Erzählen der Kindheitsgeschichte wird auch in der Nach-

---

[830] SCHÜRMANN (wie Anm. 813), S. 207. -- Ähnlich äußern sich NELLESSEN (wie Anm. 819), S. 21 u. 117, und VÖGTLE (wie Anm. 828), S. 29.
[831] Rudolf SCHNACKENBURG: Geburt Christi - ohne Legende und Mythus. In: Publik. Jg. 1. 1968. Nr. 13 v.20.Dez. S. 25 f. - hier: S. 25.
[832] Dietrich STEINWEDE: Weihnachten mit Lukas. Ein Sachbilderbuch v. -. Lahr: Kaufmann; Düsseldorf: Patmos, 1974.
[833] Josef QUADFLIEG: Lehrerhandbuch zum Religionsbuch für die 1. Jahrgangsstufe „Ich bin da". Unt.Mitarb.v. Andreas BAUR. Mit Beitr.v. Karl-Otto RENTMEISTER. Donauwörth: Auer, 1976. - S. 296.
[834] Hermine KÖNIG: Uns leuchtet ein helles Licht. Bausteine für die Gestaltung der Adventszeit..In: Religion im Kindergarten. Ges.Beitr.f.d.Praxis. Hrsg. -. München: Kösel, 1980. S. 158-169. - hier: S. 165. -- Christine REENTS: Religionsunterricht im 1. Schuljahr. Stuttgart: Kohlhammer, 1985. (Religionsunterricht in der Grundschule; 2) - S. 109.
[835] Ursula MEINECKE: Religionsunterricht im Spiegel seiner Lehrbücher. Der evangelische Religionsunterricht der Gegenwart, untersucht am Religionsbuch der Volksschule 1945-1967. Hannover: Schroedel, 1969. (Empirische Forschungen zu aktuellen pädagogischen Fragen und Aufgaben) - S. 256. -- ORT (wie Anm. 237), S. 238.
[836] VÖGTLE (wie Anm. 820), S. 104.

kriegszeit noch gepflegt [837], am aufdringlichsten von Wiesheu, noch ganz den Anschaulichkeitsbemühungen der Zwischenkriegszeit verhaftet [838].

Wenigstens bei den katholischen Kinderbibeln zeigt sich ein Effekt der Bibelwissenschaft. Die beiden verbreitetsten Kinderbibeln der Nachkriegszeit bieten freie Nacherzählungen der Bibeltexte in der traditionellen Evangelienharmonie, verbunden mit den üblichen chronologischen Problemen [839], während 1979 die Deutsche Bischofskonferenz eine neue, im Neuen Testament nach Evangelien getrennte Auswahlbibel vorlegt, in der eine Überschrift z. B. lautet: „Wie der Evangelist Lukas Jesus als den verheißenen Messias verkündigt. Von der Geburt und Kindheit Jesu"[840].

Abgesehen von dieser zögernden Rezeption bibelwissenschaftlicher Erkenntnisse unterscheidet sich die Religions-Didaktik der Nachkriegszeit grundlegend von der der Zwischenkriegszeit. Die unterschiedlich starke Annäherung an die Reformpädagogik schwächt schon vor dem Zweiten Weltkrieg ein neuer didaktischer Akzent ab; Schlüsselbegriffe sind „Evangelische Unterweisung" und „materialkerygmatischer Religionsunterricht". In beiden großen Konfessionen tritt damit die glaubensverkündende Funktion des Religionsunterrichts in den Vordergrund, die zwar auch bildliche Anschauungsmittel benutzt [841], aber das Lernen durch Anschauung und Selbsttätigkeit nicht mehr fördert. Nach 1945 sind diese religionspädagogischen Modelle allgemein vorherrschend, werden aber seit

---

837 z.B.: Karl Heinrich BARTELS, Dietrich STEINWEDE u. Renate ZIEGLER: Werkbuch biblische Geschichte für Kindergottesdienst und Schule. Bd. 1-3. Göttingen: Vandenhoek u.Ruprecht. Bd. 1. 1968. - S. 50 f., 62-65.

838 „Um die Heilignacht-Stimmung zu schaffen, erzähle man, wie Joseph trotz Müdigkeit das arme Lager bereitete, das Lasttier besorgte, zu einem Brunnen um Wasser ging, wie Maria nach der Reisetasche sich umsah, die Tüchlein ausbreitete. Und dann, während in der Stadt die Lichter erloschen, es immer stiller ward, alles zur Ruhe ging, erwarteten sie betend die Mitternacht. In dieser heiligen Nacht ward ihnen Gottes Sohn als Kind gegeben, und sie waren die ersten, die ihm dienen durften." Johannes WIESHEU: Der Bibelunterricht. Handbuch für obere Volksschulklassen und höhere Lehranstalten. 2.Aufl. Bd. 1-2. München: Hueber. Bd. 2. Das Neue Testament. 1950. (Erstaufl. 1949) - S. 14.

839 Augustin-Maurice COCAGNAC: Patmos-Bibel. Neues Testament. Für die Jugend erzählt v. - u. Hans HOFFMANN. Düsseldorf: Patmos, 1968. - S. 16-18. -- Anne de VRIES: Die Bibel unserer Kinder. Die Worte der Heiligen Schrift v. - für die Kinder erzählt. Aus d.Niederl. Stuttgart: Kath. Bibelwerk, 1964. - S. 150-160.

840 Bibel für die Grundschule, hrsg.v.d.Dt.Bischofskonferenz.Kevelaer: Butzon u. Bercker, 1979. - hier: S. 133. -- Die katholische Religionspädagogik folgt damit unbewußt einer grundlegenden Forderung, die für den evangelischen Religionsunterricht schon 50 Jahre zuvor aufgestellt wurde: „Es ist sehr zu empfehlen, eins der drei ersten Evangelien zur Grundlage zu machen und im wesentlichen vollständig zu behandeln und an geeigneter Stelle die anderen Evangelien heranzuziehen." Lehrplan für den Religionsunterricht in den evangelischen Volksschulen der Rheinprovinz. 2., durchges.Aufl. Neuwied: Meincke, 1931. - S. 6.

841 Entsprechende Empfehlungen in: Lehrplan für Evangelische Unterweisung an den Volksschulen. Bearb.v. Ilse PETERS i.A.d.Evang.Kirche i.Rheinland. Essen: Gemeinwohl, 1950. - S. 4. -- Richtlinien und Stoffpläne für die Volksschule. Ratingen: Henn, 1963. (Die Schule in Nordrhein-Westfalen; 7) - S. 10 (katholischer Religionsunterricht), 12 (Evangelische Unterweisung).

der Mitte der 1960er Jahre durch verschiedene alternative Konzepte ergänzt oder ersetzt. Diese Entwicklung verläuft in beiden großen Konfessionen annähernd parallel [842] und hebt so z. B. die Möglichkeit auf, allgemein zutreffende Aussagen über das Engagement des Religionsunterrichtes für häusliche Festbräuche zu formulieren.

Neben dem Religionsunterricht ist auch die Heimatkunde betrachtenswert, da ihre didaktischen Hintergründe sich in der Nachkriegszeit gründlich verändern. In der Zwischenkriegszeit diente dieses Fach als wichtigstes Entfaltungsgebiet der Heimaterziehung, die in ihrer national-restaurativen Gesinnung viel Elan für die Brauchpflege aufbrachte. Ein Lehrplan aus der britischen Besatzungszeit scheint die Tradition des Fachs unverändert fortzuschreiben, auch wenn volkskundliche Themen nur kurz erwähnt werden [843].

Ein Wandel im Verständnis des Fachs wird zunächst in der fachdidaktischen Literatur faßbar: Kopp betrachtet die Heimat noch als ein geschlossenes Bild des Wahren, Guten, Schönen und Heiligen, getragen von Tradition, auch wenn ihre Wirkung durch Industrialisierung, Migration und Ostvertreibung sehr eingeschränkt wurde; Gärtner dagegen erscheint dieses ganzheitliche Heimatbild, wie er es bei Spranger findet, fragwürdig, zumindest nicht auf die Volksschule übersetzbar [844]. Heimatkunde ist für Gärtner eine „Verdeutlichung der Umwelt", besonders der technischen Umwelt, die in konzentrischen Kreisen (Elternhaus, Schule, Ort, Umgebung) erschlossen werden soll; diese Anschauung vertritt auch Fiege [845].

Stoffe der traditionellen Volkskunde erscheinen den Didaktikern zunehmend fragwürdig: Kopp zieht Themen des gegenwärtigen Alltags der „guten alten Zeit" vor und akzeptiert Bräuche im Unterricht nur, wenn sie noch bestehen („Was tot ist, wird durch keine Schule wieder zum Leben erweckt"); historische Sitten

---

842 „Jahrzehnt des religionspädagogischen Umbruchs (1965-1974), in dem ein Konzept das andere jagte" Ulrich HEMEL: Religionspädagogik im Kontext von Theologie und Kirche. Düsseldorf: Patmos, 1986. - S. 22. -- „Seit der zweiten Hälfte der 60er Jahre konkurrieren ältere und neuere methodische Konzepte des Religionsunterrichtes miteinander, die sich teils gegenseitig überschneiden, teils nur durch Betonung unterschiedlicher Akzente voneinander abheben" Dieter STOODT: Arbeitsbuch zur Geschichte des evangelischen Religionsunterrichts in Deutschland. Münster i.W.: Comenius-Institut, 1985. - S. 217.

843 Lehrplan für die Schulen des Siegkreises. Tl. 1. Grundschule. Siegburg: Schulämter Sieg I und II, 1945. - Zu weihnachtlichen Bräuchen erscheint aber nur die Anregung, einige Objekte (Wunschzettel, Adventskranz, Tannenzweig, Christbaum, Stern, Krippe) in den ersten beiden Schuljahren malen zu lassen; vgl. S. 25 u. 42. -- Auf eine offenbar ungebrochene Tradition der Heimaterziehung weist auch Art. 7, Abs. 2 der Verfassung für das Land Nordrhein-Westfalen (1950) hin, der unter den Generalzielen der Erziehung eine solche „in Liebe zu Volk und Heimat" aufführt.

844 Ferdinand KOPP: Methodik des Heimatkundeunterrichts. München: Kösel, 1952. (Die Bildungsarbeit der Volksschule. Methodik ihrer Stufen und Fächer) - S. 14 f., 17. -- Friedrich GÄRTNER: Neuzeitliche Heimatkunde. Der ungefächerte Sachunterricht der Volksschulunterstufe. 3.Aufl. München: Ehrenwirth, 1963. (Erstaufl. 1958) - S. 13.

845 GÄRTNER (wie Anm. 844), S. 15 f., 19 f. -- Hartwig FIEGE: Der Heimatkundeunterricht. Bad Heilbrunn: Klinkhardt, 1967. (Didaktische Grundrisse) - S. 25.

und Bräuche („antiquarische Volkskunde") sind für Fiege durchweg lebensfremd[846].

Diese schrittweise Abkehr von der heimaterzieherischen Ausrichtung der Heimatkunde und ihrer theoretischen Grundlage („Erziehung durch die Heimat für die Heimat") zeigt zeitversetzt auch die Entwicklung der Volksschul-Lehrpläne. 1963 heißt es noch, daß die Volksschule eine Heimatschule sei, die dem Kind helfe, „sich vom Wurzelboden der Heimat aus die Welt zu erschließen", deren Grundprinzip daher die „Heimatbezogenheit" sei [847]; die konkrete Bestimmung solcher Heimatbezüge für den Heimatkunde-Unterricht wird aber der Schule am Ort überlassen - ein verbindlicher Stoffplan, geschweige denn die Auflistung bestimmter volkskundlicher Themen fehlt [848]. Mit der Neugliederung des Schulsystems erfolgt auch die Umbenennung der Heimatkunde in Sachunterricht, in dessen Rahmenplan „Inhalte aus der Umwelt der Kinder entlehnt und von ihr bestimmt werden"; zu dieser Umwelt (statt Heimat!) gehören keine volkskundlichen oder regionalgeschichtlichen Themen mehr, wie bereits die Überschriften signalisieren: Soziale Studien (das sind Themen aus Haushalt und Wirtschaft), Geographie, Physik, Chemie, Wetterkunde, Technisches Werken, Biologie, Sexualkunde und Verkehrserziehung [849]. Ein wie zufällig überlebendes Brauchthema ist der Christbaum, der aber nur als Aufhänger für die Darstellung der Nadelbaumarten verwendet wird [850].

Eine Neuentwicklung im pädagogischen Umfeld der Krippengeschichte ist das auf Kontakten zur Landesgemeinschaft der Krippenfreunde beruhende Engagement der „Rheinischen Arbeitsgemeinschaft für Puppenspiel im Bezirk Köln e.V." für die Weihnachtskrippe: Diese vom Sozialministerium bezuschußte Organisation verbreitet seit Anfang der 1970er Jahre in Krippenbaulehrgängen [851] sowie u. a. durch eine Vitrine der Ausstellung „Krippana" in Monschau-Höfen (siehe Abschnitt 5.1.8.) Arbeitsanleitungen für einfache Krippen-Gliederfiguren. Der Wirkungsgrad dieses Einsatzes ist bislang schwer abschätzbar.

5.1.6. Kritik am Fest

Der erste Anlaß zur Kritik am Weihnachtsfest ist die mit dem ersten Aufleben des Handels von neuem blühende Kommerzialisierung des Schenkfestes. Aus

---

846 KOPP (wie Anm. 844), S. 50, 58 u. 61 (dort auch das wörtliche Zitat). -- FIEGE (wie Anm. 845), S. 100.
847 Richtlinien (wie Anm. 841), S. 18.
848 ebda., S. 47.
849 Richtlinien und Lehrpläne für die Grundschule. Schulversuch in Nordrhein-Westfalen. Ratingen: Henn, 1969. (Die Schule in Nordrhein-Westfalen; 40) - S. 247 f., das wörtliche Zitat von S. 248. -- Ganz entsprechend: Richtlinien und Lehrpläne für die Grundschule in Nordrhein-Westfalen. Sachunterricht. Ratingen: Henn, o.J. (ca. 1973).
850 Richtlinien 1969 (wie 849), S. 333.
851 1982 fand schon der 25. Krippenbaulehrgang der Arbeitsgemeinschaft mit 30 Teilnehmern statt; vgl.: Petra PLUWATSCH: Maria und Josef zwischen bäuerlichem Barock und Jeans-Kultur: Das Krippenbasteln lebt. In: Kölner Stadt-Anzeiger. 1982. Nr. 287 v. 11./12.Dez.

kirchlichen Kreisen kommen schon bald bittere Polemiken gegen die „Weihnachtsverbrecher", die aus den adventlichen Einkaufsstraßen einen „Rummelplatz mythologischer Gestalten" oder „eine Art überdimensionierter Gespensterbahn machen, wo man in jedem Schaufenster und an jeder Warenhausfassade mit Pappdeckel-Weihnachtsmännern, motorisierten Engelscharen und illuminierten Riesenchristkindlein in Weiß und Gold erschreckt wird"; im Kolpingsblatt erscheint 1953 eine Satire auf den angeblich stillen Advent, den diverse Engel, schnapsnasige Weihnachtsmänner und Stille-Nacht-Beschallungen stören [852]. Anderenorts ist von den weihnachtlichen Narkotika der Reklame-Industrie [853] und von Weihnachten als „bürgerlicher Weinkeller des Gemüts" zu lesen [854]. Die stetige kirchliche Kritik am Weihnachtskommerz wird 1971 bereits als „eine Art Mode" bezeichnet [855].

Diese Mode hält von den 50er bis in die 70er Jahre an, sowohl in den Zeitschriften für evangelische Jugendliche, Frauen oder Männer [856], immer wieder in der katholischen Kirchenzeitung [857], aber auch in Zeitschriften für katholische Jungen und Kolpingsfamilien [858]. Als Kuriosa meldet die evangelische Presse auch den „Feldzug für Verinnerlichung des Weihnachtsfestes" 1949 in 150.000 evangelischen Kirchengemeinden der USA [859] und das „frappierendste Rettungsunternehmen" für Weihnachten: die lutherische Gemeinde in Littleton (Colorado) feiert ab 1972 ihr Weihnachtsfest mit Christbäumen an einem kommerzarmen Tag im Juli [860].

Auch ohne entsprechende Anregung aus den katholischen Verbänden ist um 1970 der Jugendprotest gegen „sinnlosen Geschenkerummel, die Konsumorgien und die privatistische Rührseligkeit" weit verbreitet [861]. Die Krippenaufstellung be-

---

852 Kurt HENNIG: „In unser armes Fleisch und Blut ..." In: Jungenwacht. Jg. 13. 1953. Nr. 12. Dez. S. 1. -- Kurt WURTHMANN: Weihnachtliche Schaufenster? aber nicht so! In: Kolpingsblatt. Jg. 53. 1953. Nr. 12. Dez. S. 181.

853 Peter Paul PAUQUET: Weihnachtliches und Unweihnachtliches. In: Kirchenzeitung (Erzbistum Köln). Jg. 11. 1956. Nr. 52/53 v.25.Dez. S. 965.

854 Hans-Eckehard BAHR: In dulci jubilo. Alle Jahre wieder im Fernsehen und in der Presse. In: Kirche und Mann. Jg. 20. 1967. Nr. 12. Dez. S. 4.

855 o.Verf.: Schafft ... (wie Anm. 794).

856 BAHR (wie Anm. 854). -- HENNIG (wie Anm. 852). -- Käthe SEYFERTH: Die totgefeierte Weihnacht. In: Der Bote für die evangelische Frau. Jg. 48. 1951. Nr. 12. Dez. S. 8.

857 Peter Paul PAUQUET: Wo ist denn da die große Freude? In: Kirchenzeitung (Erzbistum Köln). Jg. 8. 1953. Nr. 51/52 v.25.Dez. S. 824 f. -- ders. (wie Anm. 853). -- ders. (wie Anm. 792). -- o.Verf.: Schafft ... (wie Anm. 794).

858 o.Verf.: Rund um Weihnachten. In: Am Scheidewege. 1954. Heft 12. Dez. S. 5. -- Winfried HANSMEIER: Süßer die Glocken nie klingen. Überlegungen zu einer Gruppenstunde in der Weihnachtszeit und über die Methode des Rollenspiels. In: Idee und Tat. Jg. 59. 1972. Heft 4. Okt.-Dez. S. 239-241. -- WURTHMANN (wie Anm. 852).

859 o.Verf.: Weihnachten mit Truthähnen. In: Kirche und Mann. Jg. 2. 1949. Nr. 12. Dez. S. 5.

860 Alex FUNKE: Gerettet? In: Der Weg. Jg. 29. 1974. Nr. 50 v.15.Dez. S. 5.

861 Bernhard GROM: Weihnachten feiern. Zwischen kritischem Engagement und neuem „Ja zum Feiern". In: Stimmen der Zeit. Bd. 194. 1976. S. 847-852. - hier: S. 847. -- Vgl. zur grundsätzlichen Situation auch: H. L. COX u. Max MATTER: Das Weihnachtsfest als Indikator für soziale Veränderungen in der gegenwärtigen Gesellschaft. Eine Pilotstudie zur Erfassung der Einstellung Bonner Volkskundestudenten zum Weihnachtsfest 1976. In: Rheinisch-westfälische Zeitschrift für Volkskunde. Jg. 24. 1978. S. 96-117. - hier: S. 110.

trifft diese allseitige Kritik am Kommerzfest aber nur mittelbar, weil die Bundesarbeitsgemeinschaft Einzelhandel schon 1953 empfiehlt, die Krippe nicht in der Geschäftsdekoration einzusetzen, auch wenn man andere Festrequisiten (Christbaum, Adventskranz) verwendet [862]. Ganz ähnlich rät 1986 die Hauptgemeinschaft des Deutschen Einzelhandels, Köln, „Mißverständnisse einer geschmackvollen Weihnachtswerbung" zu vermeiden; hierzu rechnet man die kommerzielle Verwendung christlicher Festelemente wie Krippe, Nikolaus, Christkind, Engel, Glockenläuten oder Weihnachtschoräle [863]; Hintergrund dieser mahnenden Worte ist der harsche Protest der Deutschen Bischofskonferenz gegen die Neuheit eines großen Bonner Süßwarenproduzenten, eine preiswerte Krippe mit der Heiligen Familie aus farbigem Fruchtgummi [864].

Relevanter für die Krippe ist die in den 1960er Jahren aufkommende Kritik an der privaten Schenkfeier der Familie: „Allenthalben taucht die Frage auf, wie sich etwas gegen die Geistlosigkeit dieses Weihnachtsfeierns im Familienkreis tun lasse, der sich ... zu erkennen gibt ... im gespannten Fiebern auf die Geschenke, auf die Stimmung vor Christbaum und Krippe und im allgemeinen Gerührtsein."[865] Wachsame Zeitgenossen mahnen, die Jugend über die Falschheit der heilen „Scheinwelt von Bratäpfeln und Nüssen" aufzuklären [866]. Der Mißbrauch der Festgottesdienste und Festdekorationen als pure Staffage für die Zelebration „trauter Häuslichkeit" wird ebenfalls angeprangert [867].

Die Kritik an der Familienweihnacht ist beständiges Thema der kirchlichen Presse in den 1970er Jahren, sowohl auf evangelischer Seite [868], in der Kölner Kirchenzeitung [869] wie bei den katholischen Verbänden Frauengemeinschaft, Frauenbund und Kolping [870].

---

862 Herbert SCHMIDT: Christus und die Christbäume. In: Kirche und Mann. Jg. 6. 1953. Nr. 12. Dez. S. 1 f. - hier: S. 1.

863 o.Verf.: Vorsicht mit dem Christkind. In: Kölner Stadt-Anzeiger. 1986. Nr. 246 v. 22. Okt.

864 Heike JUNGBLUTH: Süßer die Kassen nie klingeln. In: Weltbild. 1986. Nr. 23 v.7.Nov. S. 7. -- Als historischer Querverweis sei angemerkt, daß im 19. Jahrhundert (vor der weitgehenden Verbreitung der Weihnachtskrippe) bereits eßbare Krippen im Kölner Süßwarenangebot vorkommen, zu denen mir keinerlei kirchliche Stellungnahmen bekannt sind (siehe Abschnitt 3.1.5.).

865 Wilhelm HÖCK: Die Krisis der weihnachtlichen Familie. In: Publik. Jg. 1. 1968. Nr. 13 v.20.Dez. S. 15.

866 Theo DAHLHOFF: Nun weihnachtet es wieder. In: Prisma der Frau. Jg. 55. 1972. Heft 11/12. Nov./Dez. S. 114.

867 Kurt-Paul KAMPENFELD: Weihnachten - oder: Ist Frieden unerträglich? In: Idee und Tat. Jg. 61. 1974. Heft 4. Okt.-Dez. S. 613-615. - hier: S. 613.

868 o.Verf.: Weihnachtskater. In: Der Bote für die evangelische Frau. Jg. 68. 1971. Nr. 12. Dez. S. 4. -- Peter KARNER: Mehr als ein Familienfest: Weihnachten gilt allen Menschen. In: Der Weg. Jg. 35. 1980. Nr. 50 v.14.Dez. S. 6.

869 Hans Bernhard MEYER: Haben nur Christen einen Anspruch auf das Weihnachtsfest? In: Kirchenzeitung (Erzbistum Köln). Jg. 27. 1972. Nr. 48 v.1.Dez. S. 9. -- Hans PILLE: Wir sind nicht Bethlehem. In: Kirchenzeitung (Erzbistum Köln). Jg. 34. 1979. Nr. 51/52 v.21.Dez. S. 34.

870 o.Verf.: Stellst du noch eine Krippe auf? In. Die Mitarbeiterin. Jg. 24. 1972/73. Heft 2. S. 50 f. -- DAHLHOFF (wie Anm. 866). -- KAMPENFELD (wie Anm. 867).

Die Aufforderung, sich auf den christlichen Kern des Festes zu besinnen, faßt das bekannte Kölner Politische Nachtgebet 1969 in zwei Formeln innerhalb seiner Imperative für ein neues Weihnachten: „Klammern Sie sich nicht an entbehrliche Weihnachtsbräuche wie ein Ertrinkender an den Strohhalm. Ein Tannenbaum ist keine Garantie für ein christliches Weihnachtsfest. ... Haben Sie Mut, aus Weihnachten etwas anderes zu machen als eine Erinnerung an die eigene Kindheit."[871]

Eine neue Erscheinung der 1980er Jahre ist das Angebot alternativer Weihnachtsfeiern. Damit ist nicht der zunehmende Sonnen- oder Wintersporturlaub zur Weihnachtszeit gemeint, denn Urlaubshotels bieten wohl durchweg weihnachtliche Dekorationen; die familiäre Bescherung kann auch auf einem Termin vor der Abreise fortleben. Nun nimmt aber die Zahl derer zu, die den Heiligen Abend nicht mehr oder nicht nur mit der stillen Bescherung daheim verbringen, wie die Zeitungsartikel der ersten Nachweihnachtsausgaben andeuten: Stereotype Themen der ersten Lokalseite sind die Heiligabendveranstaltungen karitativer Organisationen für soziale Außenseiter, ein hoher Besuch für Diensttuende (Polizei, Feuerwehr, Rettungsdienste) und überraschende Störungen der Ruhe durch Unfälle und Unglücke. Darunter berichtet die Kölner Presse 1985 überrascht vom Andrang des jugendlichen Publikums am 24. Dezember in der Musikkneipe Luxor in Köln [872], 1986 berichtet man von der zunehmenden Zahl der Lokale und Diskotheken, die an Heiligabend öffnen [873].

Daß hier ein neuer Bedarf des Publikums an veränderter Gestaltung des Heiligabends erwacht, belegt schon der Hinweis, daß Heiligabend nie zu den „stillen Feiertagen" mit entsprechenden Einschränkungen für Gastronomie und Unterhaltungsstätten zählte, dennoch diese Lokale stets geschlossen waren. Auch 1986 blieben die Städtischen Bühnen in Köln und Bonn an Heiligabend geschlossen, während die privaten Theater Kölns einen für sie neuen Termin entdecken, wie eine Durchsicht der Terminspalten der Bonner und Kölner Zeitungen nachweist. Die ersten Theaterangebote sind noch traditionell im Sinn des Schenkfestes [874]. Das Theater am Dom lädt 1984 zu einem Musical, 1985 und 1986 zu einer Komödie; das Senftöpfchen bietet 1985 und 1986 erstmals eine Travestie-Show an Heiligabend, das Theater in der Filmdose kündigt 1984 und 1986 für den

[871] Weihnacht, Weihnacht über alles! Politisches Nachtgebet zu Weihnachten. Antoniterkirche, Schildergasse. Köln: Ökumenischer Arbeitskreis Politisches Nachtgebet, 1969. - S. 15 f.

[872] Kölner Stadt-Anzeiger. 1985. Nr. 299 v.27.Dez.

[873] Claudia MEYER: Für viele war die Nacht nicht still. In: Kölner Stadt-Anzeiger. 1986. Nr. 300 v.27./28.Dez. -- Die Regionalausgabe „Rhein-Sieg-Anzeiger" vom selben Tag berichtet in der Notiz „Reklame wies Weg an Heiligabend" von mehr als einem Dutzend Gaststätten, Kinos, Diskotheken oder Spielhallen in Troisdorf, Siegburg und Hennef zusammengenommen, die Heiligabend öffneten.

[874] Die Kleine Komödie in Köln bietet 1982-1984 am Nachmittag des Heiligabends ein Märchenspiel für Kinder an, das sich sowohl als Geschenk an die Kinder wie als gute Beschäftigung der Kinder während der Vorbereitung der Bescherung einplanen läßt.

24.-26. Dezember eine Weihnachtsrevue an, während man 1985 „Die Geierwally" zeigt. In Bonn fehlen bis 1986 noch derartige Angebote, abgesehen von einer Piano-Darbietung „Schöne Bescherung" 1983 im Club Populaire.

Aus der alternativen Kulturszene kommen Einladungen zu einem Live-Rockkonzert 1984 in der Stollwerck-Maschinenhalle, wo man 500 Besucher zählte [875], im selben Jahr „Lauter die Glocken nie dröhnen ... Ein Rockmusik-Abend für Leute mit Tannenbaumallergie" in der Bonner Blumenhalle [876]; die Nachfolgerin bietet 1986 vom 24. bis 27. Dezember eine Disco („Die Weihnachtstage in der Biskuithalle") an [877].

5.1.7. Kritik an der Krippe

Die Welle der Weihnachts-Kritik macht auch vor Gottesdienst und Krippe nicht halt. Erste Gedanken dazu werden in der evangelischen Presse laut. Die Grundfrage stellt Schmidt schon 1953: „Wie feiern wir Weihnachten so, daß die Welt unser weihnachtliches Handeln nicht mehr mit dem ihren verwechseln kann?"[878] Nun wird auch gefragt, ob stimmungsvolle Bräuche noch eine christliche Berechtigung haben, wenn sie kommerziell mißbraucht werden (die Antwort lautet jein, weil oft die pure Stimmung den eigentlichen Sinn verdrängt hat)[879], und sogar, ob ein Gottesdienstbesuch am Weihnachtsfest noch ratsam sei („Der Schmuck der Kirche kann fragwürdig sein. Es gibt kitschige Krippen. Die feiernde Gemeinde kann unerträglich sentimental sein ..."[880]).

Die Fragwürdigkeit sakralen Kitsches veranlaßt einen evangelischen Pfarrer, die Aufstellung von Krippen ganz abzulehnen, weil sie als rührseliges Bild das wirkliche Elend der Gegenwart aus dem Blickfeld nehmen und Glaubensdogmen „durch eine sentimentale und kitschige Vorstellungswelt von Weihnachten", durch Märchenfiguren ersetzt [881].

In etwas gemäßigter Form schallt die Krippenkritik auch aus der katholischen Kirche. Die linkskatholische Zeitung Publik bzw. Publik-Forum empfiehlt, von der häuslichen Feier wieder zum universalen Charakter der Christgeburtsfeier zurückzukehren; Raske schlägt dort zeitgemäße Varianten der altvertrauten Bräuche vor (Besuch der Armen statt Krippenbetrachtung, Weihnachtskarten nicht an Verwandte, sondern mit Friedensappellen an die Politiker, statt über

---

[875] Kölner Stadt-Anzeiger. 1984. Nr. 300 v.27.Dez.
[876] General-Anzeiger (Bonn). 1984. Nr. 28.867 v.24.Dez.
[877] An Heiligabend beginnt die Veranstaltung zur karnevalistischen Zeit 22.22 Uhr und wird mit preiswerten Getränken angekündigt (Bier 99 Pf.): Rhein-Sieg-Anzeiger. 1986. Nr. 299 v.24.Dez.
[878] SCHMIDT (wie Anm. 862), S. 2.
[879] Friedrich SCHWANECKE: Stimmung verboten? In: Der Weg. Jg. 23. 1968. Nr. 49 v.8.Dez. S. 1.
[880] ROMMEL (wie Anm. 81), S. 103.
[881] Günter JACOB: Die Feste der Christenheit. Betrachtungen für einen kritischen Zeitgenossen. Stuttgart: Radius, 1983. (Radius-Bücher) - S. 27, 29.

Herodes und die Unschuldigen Kinder nachzudenken, lieber sich gegen die Aufrüstung einsetzen)[882].

Die Krippe wird plötzlich als verzichtbar eingestuft [883], wegen ihrer bunten Oberflächlichkeit abgelehnt [884] oder in den Vorschlägen zur angemessenen Festgestaltung (mit der Aufweitung der Familienfeier durch Einladung anderer oder einem offenen weihnachtlichen Glaubensgespräch) schlichtweg übergangen [885]. Es heißt 1972, daß „in vielen Familien gerade die herangewachsenen Kinder ... Opposition machen gegen die Krippe, die sie als sentimentalen Weihnachtskitsch empfinden und völlig unpassend zu der harten Tatsache der Geburt Christi"[886].

Die gemischten Gefühle der Katholiken der 1970er Jahre gegenüber der Krippe formuliert Dirks besonders prägnant: „Natürlich ist Weihnachten nicht umzubringen. Der Wirbel und der Plunder sind dauerhaft ... Wie steht es mit dem Poetischen? Die richtig Ungläubigen verachten es, die richtig Gläubigen beginnen mißtrauisch zu werden; die übrigen Zeitgenossen hegen die Krippenpoesie ebenso pietätvoll wie den Plunder."[887]

5.1.8. Neue Krippenliebe

Die zunehmende Distanz gegenüber dem Schenk- und Kommerzfest braucht die Verbreitung der Krippe nicht zu beeinflussen, wohl aber die dargestellte Kritik an unpassender Festdekoration und oberflächlichen Krippendarstellungen. Um so überraschender ist, daß der innerkirchlichen Krippenkritik eine neue Begeisterung für die Krippe folgt.

Der Widerwille eines Dauer-Weihnachts-Kritikers gegen die alljährliche „Weihnachtskrise", der in die Wiederaufstellung allen Weihnachtsflimmers samt Krippe mündet [888], ist zwar ein Einzelfall, aber signifikant. Der bekannte Fernsehpfarrer Sommerauer meint 1976, die „gegenwärtig wachsende Liebe zu Krippen" beobachten zu können [889]. Anknüpfungspunkte sucht man bei der Schlichtheit der vor-

---

[882] HÖCK (wie Anm. 865). -- RASKE (wie Anm. 796), S. 4 f.

[883] „Wir dürfen uns nicht für Weihnachten aus dem Heilsgeschehen ein liebliches Bilderbuch zusammenstellen - nur die sanften, die schönen, die rührenden Bilder. ... Klammern wir uns also nicht an die häusliche Krippe, nicht an den frommen Reiz der Weihnachtsmette ..." Waltraud SCHMITZ-BUNSE: Weihnachten - ein Familienfest? In: Weihnachten heute. Das Weihnachtsfest in der pluralistischen Gesellschaft. Ges. Aufsätze, hrsg. Theodor BOGLER. Maria Laach: Ars Liturgica, 1966. (Liturgie und Mönchtum. Laacher Hefte; 39) S. 16-20. - hier: S. 19.

[884] Josef GRIESBECK u. Hans LANG: Experiment Weihnachten. Themen, Texte, Happenings. München: Don Bosco, 1972. - S. 73. -- H.-Peter JARHOFER: Sind Krippen noch zeitgemäß? In: Frau und Mutter. Jg. 57. 1974. Heft 12. S. 356 f. - hier: S. 356.

[885] GROM (wie Anm. 861), S. 848, 850.

[886] o.Verf.: Stellst ... (wie Anm. 870), S. 51.

[887] Walter DIRKS: Weihnachts-Konsequenzen. München: Kaiser, 1974. (Kaiser Traktate; 13) - S. 23.

[888] Kurt MEHL: Die Weihnachtskrise findet nicht statt. In: Evangelisches Monatsblatt. Jg. 33. 1980. Nr. 12. Dez. S. 7.

[889] Adolf SOMMERAUER: Krippe, Briefe, Singen. In: Der Weg. Jg. 31. 1976. Nr. 49 v.5.Dez. S. 7.

geblichen „Urkrippe" des Franziskus in Greccio [890] oder auch bei einer scheinbar alten regionalen Tradition [891]. Der Kölner Erzbischof bekundet, es „wäre schade, wenn das Christfest kahlgeschlagen würde. Kerzen und Christbaum, Kinderlachen und Geschenke, Hirtenlieder und Krippe, frohes Mahl und Freude im Familienkreis sind kostbare Formen, ein christliches Fest zu begehen."[892]

Ein wachsendes Krippeninteresse belegt eine Liste von Krippenliteratur der 1980er Jahre, die auch die ersten Titel aus dem Kölner Raum bietet [893], von den zahlreichen „Hausbüchern" zur Weihnachtszeit ganz zu schweigen. Die Krippenfahrten, von den Krippenfreunden im Köln der frühen Nachkriegszeit entwickelt [894], entdeckt 1977 das Verkehrsamt der Stadt Köln für sich; dieser organisierte Krippentourismus ist 1983 erstmals schon vor Beginn der einzelnen Fahrten (mit bis zu 100 Personen) ausverkauft und beförderte in der Weihnachtszeit 1984/85 5.000 Teilnehmer [895]. Das 1985 ausgerufene „Jahr der romanischen Kirchen" in Köln ist der Anlaß für mehrere Veröffentlichungen über „Krippen in den romanischen Kirchen", obwohl weder eine romanische Krippe existieren kann noch alle zwölf romanischen Kirchen Krippen besitzen [896]. Auch weit außerhalb der Städte entfaltet sich ein reger Reiseverkehr zu ungewöhnlichen Krippengestaltungen; das einsam gelegene Kreuzherrenkloster Liebfrauenthal in Neustadt/Wied-Ehrenstein zählte 1980 über 8.000 Krippenbesucher. Auch in den vorangegangenen Jahren herrschte im Krippenraum „oft ein regelrechtes Gedränge"; schon im ersten Jahr der Krippe, 1973/74, mußte sich das Kloster vor zahlreichen Rückfragen nach Abbruch der Krippe schützen mit einem Schild „Die heilige Familie ist bereits auf der Flucht"[897].

---

[890] DIRKS (wie Anm. 887), S. 64. -- Friedrich HEER: Weihnachten 1979: Der nackte Mensch, der nackte Gott. Oder: Was mit der Menschwerdung Gottes begonnen hat. In: Publik-Forum. Jg. 8. 1979. Nr. 25/26 v.14.Dez. S. 3-6. - hier: S. 3.

[891] MÜNCH (wie Anm. 136), S. 19.

[892] Joseph HÖFFNER: Das Kind heißt „Gott hilft". Zweitveröff. des Textes nach mir unbekannter, gedruckter Vorlage in: Pfarrbrief St. Nikolaus, Kürten-Dürscheid. Jg. 5. 1983. Nr. 3. Dez. S. 2.

[893] BRÜES (wie Anm. 111). -- Max-Leo SCHWERING: Krippenkunst in Köln. Köln: Kath. Bildungswerk, 1980. -- BOGNER (wie Anm. 130). -- LANZ 1981. -- MÜNCH (wie Anm. 136). -- SCHWERING 1984. -- o.Verf.: Rodenkirchener Krippenfahrt. In der Altgemeinde gibt es sehenswerte Weihnachtskrippen. In: Kölner Bilder-Bogen. Nr. 322. Jan.1986. S. 3-5. -- WALZ (wie Anm. 701).

[894] Margarete HOEVEL-BROICHER: Krippenfahrt durch Köln. In: Kirchenzeitung (Erzbistum Köln). Jg. 13. 1958. Nr. 49 v.7.Dez. S. 16; Nr. 50 v.14.Dez. S. 26-28. - hier: S. 16.

[895] Kölner Stadt-Anzeiger. 1983. Nr. 300 v.28.Dez. -- Kölner Stadt-Anzeiger. 1985. Nr. 7 v.9.Jan.

[896] o.Verf.: Krippen in den romanischen Kirchen. Köln: Presseamt des Erzbistums Köln, 1985. (farbiges Faltblatt) -- Ralf HUTTANUS u. Malte WITTWER: Wo die Weihnachtsgeschichte vom kölschen Leben erzählt. Krippen romanischer Kirchen bieten ungewöhnliche Eindrücke. In: Kölner Stadt-Anzeiger. 1985. Verlagsbeilage „Romanische Kirchen in Köln". 17.Dez. S. 3-8. -- Gabriele MARKUS: Kirchenkrippen haben Zulauf wie noch nie: „Lasset uns nun gehen nach Bethlehem ..." In: Prisma. Wochenmagazin zur Zeitung. 1985. Nr. 51. S. 4 f. (stellt nur Kölner Krippen vor)

[897] Werner KETTNER: Ehrensteiner Krippengeschichten. Ehrenstein: Kreuzherrenkloster Liebfrauenthal, o.J. (ca. 1981). o.Pag.

Bei der alljährlichen Krippenausstellung der Landesgemeinschaft der Krippenfreunde im Heimathaus Telgte wird seit 1969 der Ehrenpreis des Bischofs von Münster (heute Heinrich-Tenhumberg-Preis) für neue Krippenschöpfungen verliehen; die Ausstellung in der Weihnachtszeit 1985/86 besuchten etwa 37.000 Personen. Ein Zweigverein der Landesgemeinschaft, die Krippenfreunde Aachen, veranstaltet 1978 die erste „Krippana" in Monschau-Höfen, eine sommerliche Großausstellung von Haus- und Kirchenkrippen des In- und Auslands. Diese Schau findet bis 1986 alljährlich von Mai bis Oktober statt, ist auch im Kölner Raum bestens bekannt durch entsprechende Plakataktionen und die regelmäßige Präsentation auch von Objekten aus dem Kölner Raum; in den Jahren bis 1985 zählte man jährlich etwa 130.000 Besucher [898]. Die Sommerausstellung ergänzt 1985/86 eine „Krippana in der Weihnachtszeit" (Dezember-Februar), die neben Krippen auch mit Weihnachtsmarkt, Krippenspiel und einem Geschenke verteilenden Nikolaus Besucher anziehen soll.

5.2. Funktionsbestimmungen für die Krippe

5.2.1. Fortschreibung bisheriger Funktionsvorgaben

Besonders die in der Zwischenkriegszeit entwickelten Funktionsvorgaben für die Krippe werden in der Nachkriegszeit wiederholt, wenn auch teils mit moderneren Begriffen („Visualisation für den modernen Augenmenschen" statt Veranschaulichung des Festgeheimnisses [899]). Eine Kirchenkrippe wird als „Bilderbibel unserer Tage" bezeichnet, die in unkomplizierter Form dem Betrachter das Evangelium verkünden soll [900], eine andere soll denjenigen, der „sich ein kindliches Gemüt bewahrt hat", zur Andacht bewegen [901]. In diesem Sinne rechtfertigt man die naive Darstellung der Krippe mehrfach als besonders für die Kinder gedacht[902]. Eine Verbindung dieser auf Kinder beschränkten Funktion als Verkündigungsbild mit einem Nachklang der Verwendung als Volksgeistträger formuliert der Pfarrer von St. Kunibert in Köln [903]; in unverbindlicherer Formulierung erklärt nun auch ein evangelischer Pfarrer die Zielsetzung seiner Krippenarbeit mit solcher populären Wirkung [904]. Das private Krippenbasteln wird mit der

---

898 Die Zahlenangaben zu beiden Ausstellungen nach Mitteilungen des Aufsichtspersonals.

899 JARHOFER (wie Anm. 884), S. 356. -- Weihnachten entdecken. Eine Spiel- und Arbeitsmappe für Kindergarten, Grundschule und Kindergottesdienst. Hrsg. Wolfgang LONGART unt.Mitarb.v. Urd RUST u.a. Freiburg i.Br.: Christophorus; Lahr: Kaufmann, 1982. - Arbeitsheft, S. 16.

900 Hubert HANISCH: Die Krippe in St. Theodor. Köln-Vingst: o.J. (ca. 1983) (vervielf.Maschinenschrift, o.Pag.)

901 Text des Pfarramts Salvator, Köln-Weidenpesch, in: Kölner Weihnachts-Krippen. Köln: Kath.Bildungswerk, 1977. - S. 17.

902 so die Pfarrämter St. Paul, Köln; St. Rochus, Köln-Bickendorf; Filialkirche St. Markus, Köln-Seeberg; in: ebda., S. 8, 9, 18.

903 „Die Krippendarstellung verzichtet auf Abstraktionen und versucht den biblischen Text bildhaft darzustellen, wie es für Kinder mit deutschem Gemüt und kölschem Herz faßbar ist." Veröff. ebda., S. 5.

904 „Unser Vorhaben hatte zum Anliegen, in wissenschaftlich genauer Kenntnis des jahrhundertealten Krippenbrauchtums eine volkstümliche Krippe für den Menschen von heute

damit zusammenhängenden Meditation über die Weihnachtsgeschichte begründet [905].

In die Anschaulichkeit der Krippe werden neue Themen hineingetragen, um sie so als „aktuelles" Verkündigungsbild benutzen zu können. Es wird angeregt, daß Gastarbeiterkinder im Kindergottesdienst typische Weihnachtsbräuche vorstellen (wobei Italienerkinder die Krippe präsentieren sollen im Bezug auf Greccio)[906], ein in der Meßvorbereitung gebastelter Riesen-Strohstern symbolisiert die Gemeinschaft der Pfarrei (nicht nur bei Aufhängung über der Krippe!)[907], zu den gleichnishaften Erzählungen einer adventlichen Kinderpredigtreihe könnten Figuren entstehen, die dann Weihnachten mit in das vertraute Bild der Kirchenkrippe kämen [908], ein einfaches Vexierbild mit lachenden und weinenden Gesichtern um die Krippe soll das Gespräch mit Kindern anregen [909].

Welch marginale Funktion die Krippe in diesen Modellen erfüllt, veranschaulicht das pastorale Konzept „Wi(e)der die Steinzeit". Dieser von den Paderborner Franziskanern entwickelte Gesamtentwurf für die Gestaltung der Adventzeit bezieht erst nach einer zufällig entdeckten Idee auch die Krippengestaltung kurzfristig mit ein [910]. Nachahmungen dieses Krippenbildes habe ich vorgefunden 1982/83 in Dormagen-Hackenbroich, 1983/84 in Düsseldorf-Flingern (Liebfrauen), Frechen (Maria Königin), Köln (Severin), Pulheim-Geyen, Siegburg (Benediktiner-Abteikirche), Velbert-Langenberg und Wuppertal-Barmen (Marien), 1984/85 in Neuss-Holzheim.

Die Werbung für Missionsopfer durch die Krippe, ein Erbe des 19. Jahrhunderts, lebt zunächst unbehelligt weiter. Die beliebten Opferstöcke („Nicknegerchen") werden weiter ausgeliefert, später von modernen Formen ergänzt (eine Groschenleiter, die Glockenspieltöne erzeugt; die Steyler Missionare verbreiten kleine Weltkugeln, die bei Geldeinwurf rotieren). Auch evangelische Kirchenkrippen werden nun mit Opferstöcken verbunden [911]. In der katholischen Kirche tritt aber 1970 eine wesentliche Neuerung ein. Das Päpstliche Missionswerk der Kinder verteilt neue Opferkästchen; als Vorbild dienen die erfolgreichen Faltschachteln des Bonifatiuswerks der Kinder für die Fastenzeit. Dafür hatte man seit einigen Jahren mitteldeutsche Kirchen als Motive verwendet. Das Päpstliche Missions-

---

zu schaffen. ... Dieses Ziel, so auch der Allgemeinheit unserer Stadt eine bleibende Weihnachtsfreude zu schenken, war von Anfang an mitgedacht." Helmuth HOFMANN: Die große Eichenholz-Weihnachtskrippe in der Mehlemer Evangelischen Heilandkirche zu Bonn-Bad Godesberg (Geschnitzt von Albert Nadolle). Bonn: Götzky, 1986. - S. 8 f.

905 o.Verf.: Wir bauen eine Krippe. In: Frau und Mutter. Jg. 58. 1975. Heft 12. S. 361.

906 Kinder- und Familiengottesdienst (wie Anm. 85), Bd. 1. S. 60.

907 Beate NARASCHEWSKI: Schöpferische Gemeinschaftsarbeiten im Kirchenjahr. 30 Modelle für Gemeinde und Schule. München: DonBosco, 1980. - S. 36.

908 Michael DÖMER: Zur Krippe wollen wir gehen. Vorbereitung auf Weihnachten mit Kindern. Düsseldorf: Patmos, 1982.

909 Weihnachten (wie Anm. 899), Arbeitsheft, S. 15.

910 Wi(e)der die Steinzeit. Modelle für die Predigt, Gemeindearbeit und Katechese v. Heribert ARENS u.a. München: Pfeiffer, 1981. - S. 61.

911 z.B. Spendensammlung für die hungernden Menschen in Äthiopien an der Krippe der evangelischen Andreaskirche, Bergisch Gladbach-Schildgen, 1984.

werk läßt seit 1970 Krippenhäuschen malen, vor denen meist Kinder verschiedener Erdteile das Jesuskind verehren. Opferstock und Andachtsbild vereinigen sich so und lösen sich sogar vom eigentlichen Festtermin [912]. Daneben werden die Kirchenkrippen aber im Regelfall weiter mit Opferstöcken verbunden, deren Zweck meist nicht genau angegeben ist (oft „Für die Krippe", „Krippenopfer"; in Neuss-Uedesheim 1983/84 „Jede Gabe noch so klein / schenke sie dem Jesulein"); aus der Verwendung der alten Nicknegerchen, der aktuellen Sammeldose des Päpstlichen Missionswerks (fünf Kinder, die an einem gemeinsamen Tisch - mit Geldeinwurf - ein Brot teilen) und aus der gelegentlichen Benutzung von gedruckten Opferstock-Steckkarten des Missionswerks ist aber zu schließen, daß diese Organisation nunmehr durch Opferkrippchen und auch an der Kirchenkrippe Spenden sammelt.

Die Empfehlung der Krippe als häusliches Andachtsbild erscheint nur noch gelegentlich [913], aber auch aus der evangelischen Kirche und der Christengemeinschaft (als bevorzugtes Festrequisit) [914]. Eine Krippenfreundin rechtfertigt ihre Hauskrippe als persönlichen Erinnerungsträger [915], was nach Meinung eines Wuppertaler Krippenhändlers auch beim Kauf eine große Rolle spielt (Krippe als Kindheitserinnerung)[916].

Die Funktion der Krippe als Träger heimatlicher Identifikation und Erinnerung wird im zerstörten Köln der frühen Nachkriegszeit neu entdeckt: die Kirche St. Johann Baptist erhält eine Krippenkulisse, die alte Bürgerhäuser und die Pfarrkirche selbst in alter Zeit zeigt [917], die Volksschule Friesenstraße bekommt 1948/49 eine Krippe, die „Haustypen des alten Köln", das (inzwischen kriegszerstörte) Erzbischöfliche Palais und die frühere Pfarrkirche St. Christoph (schon 1806 abgebrochen!) als Szenerie verwendet [918].

Im Umfeld der häuslichen Festfeier überleben auch einige andere Funktionsvorgaben der Vergangenheit. Die Krippendarstellung soll Eltern noch 1982 zu einer ausmalenden Erzählung der Kindheitsgeschichte anregen (u. a. die „Mühen der

---

[912] „Versteht ihr nun, warum oben in dem Opferkästchen ein schwarzer Schlitz ist? Das Kästchen will bis Weihnachten gefüllt werden." o.Verf., o.Titel. In: Sternsinger. 1970. Heft 4. Rücks. -- „Mit diesem Heft 4/74 erhaltet ihr die Faltschachtel für den Advent. Aufgestellt ist sie eine richtige Krippe mit hl. Familie ... Im Advent beten wir für sie (Missionskinder) täglich und stecken unser kleines Opfer in den Schlitz auf dem Dach des Krippenstalles." o.Verf., o.Titel. In: Sternsinger. 1974. Heft 4. S. 95.

[913] HORATCZUK (wie Anm. 790), S. 168. -- Symphrosa HEINZELMANN: Denn ihrer ist das Himmelreich. Ein Handbuch für die religiöse Führung des Kleinkindes. Kevelaer: Butzon u.Bercker, 1960. - S. 65.

[914] Brigitte BARZ: Feiern der Jahresfeste mit Kindern. Für Eltern dargest.v. -. Stuttgart: Urachhaus, 1984. - S. 41 f. -- Christa BOLZ: Heiligabend ohne Geschenke? In: Der Bote für die evangelische Frau. Jg. 66. 1969. Nr. 12. Dez. S. 8 f. - hier: S. 9.

[915] o.Verf.: Stellst (wie Anm. 870), S. 51.

[916] o.Verf.: Krippen im Bergischen Land. In: Kirchenzeitung (Erzbistum Köln). Jg. 18. 1963. Nr. 50 v.15.Dez. S. 17 A.

[917] Abb. in: Alt Köln. Heimatblätter für die Stadt Köln. Jg. 4. 1950. Nr. 1. S. 7.

[918] Erich JANSEN: Wie eine Kölner Altstadtschule zu ihrer Krippe kam. In: Die Weihnachtskrippe. Jb. 23. 1956. S. 14 f.

Wanderer auf dem Weg von Morgenland nach Betlehem")[919], Kleinkinder benutzen die Krippenfiguren zu einem freien, weit ausgestaltenden Spiel der einzelnen Szenen [920]. Der moralisierende Brauch des Hälmchensammelns wird auf katholischer Seite noch zweimal erwähnt [921], nun aber auch von einer evangelischen Autorin beschrieben, in einem evangelischen Hausbuch 1985 vorgestellt und umgekehrt (Krippenstroh aus der Kirche als Erinnerung an den christlichen Festcharakter) für den Kindergottesdienst empfohlen [922]. Aus dem Berneuchener Kreis wird die Krippe als Erziehungsinstrument für die Kinder empfohlen (Führung zu Freudigkeit und Friedfertigkeit im Alltagsleben)[923].

5.2.2. Die Krippe als letztes Festrequisit

Bei zunehmender Fest- und Feierkritik wird gelegentlich auch die Frage nach der Berechtigung der Krippe gestellt; dabei wird teils der Standpunkt bezogen, daß die Krippe(narbeit) allein übrig geblieben sei zur meditativen Vorbereitung auf das Fest [924] oder daß zur „besseren Charakterisierung des Festes als Tag der Offenbarung des Gottessohnes" unter den Festzeichen nur noch eine einfache Krippe (ein Bild von Mutter und Kind) akzeptabel, der Christbaum samt Gabentisch aber verzichtbar sei [925].

5.2.3. Beliebigkeit der Funktion

In der Nachkriegszeit ist eine Neuentwicklung in der Funktionszuweisung zu beobachten. Die voraufgegangene Epoche ist von einer Funktions-Überfrachtung der Krippe bestimmt, nun mehren sich die Anregungen zur Krippenaufstellung und zum Krippenbasteln ohne jeden Hinweis auf mögliche Funktionen.

Typisch für diese Haltung ist der Abschluß einer umfangreichen Publikation zur „Kultur- und Sozialgeschichte der Weihnachtszeit". Nach einer Reflexion der sozialen Rahmenbedingungen der Festgestaltung in der Gegenwart (worunter auch die „spontane Gestaltungsfreude" im Advent erscheint) heißt es: „Ein weites

---

919 Durch das Jahr - durch das Leben. Hausbuch der christlichen Familie, verf.v. Hermann GARRITZMANN u.a. München: Kösel, 1982. - S. 315.

920 Birgit STRIEPENS: Eine „lebendige" Weihnachtskrippe. In: Frau und Mutter. Jg. 55. 1971/72. Heft 3. S. 78 f.

921 HEINZELMANN (wie Anm. 913), S. 47. -- SCHMITZ-BUNSE (wie Anm. 883), S. 6.

922 Johanna WOLF: Christkinds Bettstroh. In: Wir wandern zur Krippe. Ein weihnachtliches Hausbuch. Hrsg. Maria RATHMANN. 3.Aufl. Berlin: Evang.Verlagsanstalt, 1962. S. 33 f. - hier: S. 33. -- Vom Himmel hoch ... Lieder, Texte und Bilder zu Advent, Weihnachten, Dreikönig. Hrsg. Wilhelm BÖHM. Offenbach: Burckhardthaus/Laetare, 1985. - S. 17. -- Wolfgang GERTS, Klaus STOLZMANN u. Bernd WIPPERFÜRTH: Auf dem Weg nach Betlehem. Advent und Weihnachten erleben, feiern, spielen. Gütersloh: Mohn, 1982. (GTB; 644 : GTB Kindergottesdienst) - S. 82.

923 Walter UHSADEL: Das Weihnachtsmysterium in der Erziehung. In: Evangelische Jahresbriefe. Jg. 13. 1948/49. S. 23-26. - hier: S. 26.

924 Johannes SCHNACKENBURG: Vom Krippenbauen. In: Der Jungführer. Jg. 13. 1960/61. Heft 3. Dez. S. 10 f. - hier: S. 10.

925 Walter DIRKS: Das Baby im Stall. Weihnachten anders feiern? In: Publik-Forum. Jg. 1. 1972. Nr. 22 v.15.Dez. S. 1.

Feld von Bräuchen, dekorativen Gütern und freundlichen Requisiten hat die Familie der Vergangenheit für diese Festzeit kultiviert, vor allem das anmutige Symbol des Weihnachtsbaums. Wie vieles läßt sich aus alle dem entwickeln! Und darum plädiere ich für das Weihnachtfest als einem glücklichen und fröhlichen Termin der menschlichen Begegnung."[926]

Genügt auch für die Krippe die Funktion als „freundliches Requisit"? Sauermann äußert 1976 die Vermutung, daß die Krippe mit ihrem Übergang in die familiäre Festfeier die besondere „Bedeutung als weihnachtliches Stimulans, als Mittel, um die Harmonie des Familienlebens zu verdeutlichen", gewonnen habe [927]. Die katholische Kirchenzeitung befürchtet bereits 1961, daß das Dekorationsobjekt Krippe „zu einer Frage des sozialen Prestiges" absteigt, weil die Höhe des Preises bei der Kaufentscheidung offenbar eine große Rolle spielt [928]. Für das Krippenbasteln im Kindergarten wird ein Lehrzielplan aufgestellt, der sich auf beliebige andere Themen übertragen läßt: Auseinandersetzung mit der Bildsprache, Gemeinschaftsarbeit als Gestaltungs-, Kommunikations- und Verbalisationstraining, Erarbeiten der Artikulation und Prägnanz von Bildzeichen, Bewältigung technischer Probleme und letztlich Freude am Gestalten [929].

Dieser Spaß an eigener Kreativität scheint auch die einzig erkennbare Begründung für Bastelanregungen der letzten Jahre zu sein. Die Mehrzahl der Werkanleitungen erscheint inzwischen nicht mehr in pädagogischen oder innerkirchlichen Schriften, sondern in allgemein zugänglichen Veröffentlichungen, die (auch bei anderen Objekten) auf Begründungen und Funktionsbestimmungen verzichten. Ganz deutlich ist das bei den entsprechenden Artikeln in den auf weibliche Handarbeit und Basteln spezialisierten Zeitschriften, die (neben anderen Themen) in ihren vorweihnachtlichen Heften auch Anregungen zum Krippenbasteln veröffentlichen: Die Leserinnen erfahren nur die Herstellungsweise und bekommen anschauliche Hinweise, wie bestimmte Bastelmoden (z. B. Rupfenpuppen, Salzteigarbeiten) auf die Krippenarbeit übertragen werden können [930]. Gleiches gilt auch für moderne Kinder-Bastelbücher [931] wie für die populäre Bastelliteratur seit

---

926 WEBER-KELLERMANN (wie Anm. 82), S. 220.

927 SAUERMANN (wie Anm. 148), S. 37.

928 o.Verf.: Bergische Krippenausstellung in Wuppertal. In: Kirchenzeitung (Erzbistum Köln). Jg. 16. 1961. Nr. 50 v.10.Dez. S. 17 A.

929 Knut PHILIPPS: Die Weihnachtskrippe. In: Religion im Kindergarten. Ges.Beitr.f.d.Praxis. Hrsg. Hermine KÖNIG. München: Kösel, 1980. - S. 183-188. - hier: S. 185 f.

930 z.B.: o.Verf.: Viel Freude beim Basteln - viel Freude beim Anschauen. Bastelanleitung zur Krippe. In: burda-moden. 1981. Heft 11. Nov. S. 158-161, 164 f. -- o.Verf.: Weihnachtskrippen mal so - mal so. In: Bastel-Boutique. Jg. 5. 1984. Heft 4. Nov. S. 8-10. -- o.Verf.: Krippenfiguren - gegossen und bemalt. ebda., S. 12 f. -- o.Verf.: So eine Krippe gab's noch nie. In: burda-moden. 1984. Heft 11. Nov. S. 100 u. Beil., S. 26. -- GERHARD: Krippenfiguren aus Fimo. Durch Kneten und Formen. In: Bastel-Boutique. Jg. 6. 1985. Heft 4. Nov. S. 18 f. -- o.Verf.: Krippenfiguren und Baumschmuck aus Salzteig. In: Bastel-Boutique. Jg. 7. 1986. Heft 4. Nov. S. 24-26.

931 Das große Ravensburger Buch der Kinderbeschäftigungen. Hrsg. Bertrun JEITNER. Verf.v. Helga BRAEMER u.a. Ravensburg: O.Maier, 1976. - S. 204. -- Jutta LAMMÈR: Ravensburger Kinder-Handwerkerbuch. Sägen, Bohren, Nageln, Schrauben, Leimen, Schnitzen, Bauen, Montieren für Kinder ab 6 Jahren. Ravensburg: O.Maier, 1977. - S. 38 f.

den 1950er Jahren (mit den damaligen Vorlieben für Papierbrei-, Modellierwachsarbeiten, Naturstroh- und Metallfolienbasteleien) [932]. Daß sich die Krippe erst spät unter den zahllosen Möglichkeiten kreativen Arbeitens einreiht, belegt der bekannte Longseller von Ruth Zechlin, der erst nach dem Kriege das Krippenbasteln berücksichtigt [933].

Eine besondere Gattung sind die zahlreichen Sachbücher zur weihnachtlichen Festgestaltung in der Familie, deren Inhalt ein Untertitel gut charakterisiert: „Basteln, Backen, Kochen, Schenken, Feiern". Einige Autoren schicken den Bastelanleitungen eine kurze historische Abhandlung voraus, die aber oft von mangelhafter Qualität ist; über den Sinn einer Krippenaufstellung heute erfährt man dagegen nichts [934]; während der Christbaum stets bedacht wird, kommen mehrere Autoren sogar ganz ohne Weihnachtskrippen aus [935].

---

932 Hildegard FOCHS: Gestaltende Hände. Ein Werkbuch für Mädchen. 35.-44.Tsd. Stuttgart: Union, 1950. - S. 246-248. -- Wir werken. Hrsg. Fritz WALTER. Bd. 1- . Wolfenbüttel: Kallmeyer. - Bd. 2. Fritz u. Hanspeter WALTER: Papier- und Papparbeiten. 1954. S. 111. - Bd. 4. Mit Metall, Ton, Leder und anderen Werkstoffen. 1960. - S. 118, 163. -- Günther VOSS: Knaurs Bastelbuch. München: Droemer-Knaur, 1959. - S. 270-276. -- Karl NILS: Werkbuch für die Familie. Ravensburg: O.Maier, 1965. - S. 127. -- Hanspeter WALTER: Frohe Stunden durch Basteln und Werken. Anregungen und Ratschläge für Jungen und Mädchen, Eltern, Lehrer, Jugendleiter und alle Freunde echter Werkarbeit. Hrsg. Franz BAUER. (Bd. 1-2). Nürnberg: Sebaldus, 1967. - (Bd. 1.) Unterstufe. S. 166 f., 170-175. - (Bd. 2.) Oberstufe. S. 162-165. -- Milli von SOCHER: Kempers Großes Stroh-Arbeitsbuch. Heidelberg: Kemper, 1968. - S. 128.

933 Ohne Erwähnung der Krippe: Ruth ZECHLIN: Werkbuch für Mädchen, zugleich auch für Mütter, Kindergärtnerinnen und Lehrerinnen v. -. 11.Aufl. Ravensburg: O.Maier, 1939. -- dies.: Werkbuch für Freizeit und Genesung v. -. Ravensburg: O.Maier, 1944. -- Mit eigenem Abschnitt über Weihnachtskrippen (S. 342-344): dies.: Werkbuch für Mädchen und für alle, die Freude am Werken haben v. -. 27.Aufl. Ravensburg: O.Maier, 1963.

934 z.B.: Das Bunte Bastelbuch. Bd. 1- . Freiburg i.Br.: Christophorus. Bd. 4. Zur Weihnachtszeit. 1980. - S. 49-79. -- Gerhard BURKART u. Walter PILS: Feiern - Spielen - Selbermachen. Das große Familien-Werkbuch v. -. Freiburg i.Br.: Herder, 1966. - S. 78 f. -- Durch das Jahr (wie Anm. 919), S. 315 f. -- Elisabeth und Willi FÄHRMANN: Kinderfeste im Kirchenjahr. Würzburg: Echter, 1973. - S. 16. -- KOLB (wie Anm. 85), S. 38 f. -- Lene MAYER-SKUMANZ, Gottfried VANONI u. Renate LÜDESCHER: Auf dem Weg zur Krippe. Geschichten, Lieder, Spiele, Bastelanleitungen für Advent und Weihnachten. Freiburg i.Br.: Herder, 1984. - S. 59. -- Ingrid MEESE: Advent und Weihnachten planen und feiern. München: Humboldt, 1985. (humboldt-taschenbücher; 511) - S. 36-39. -- Neues Hausbuch zur Advents- und Weihnachtszeit. Freiburg i.Br.: Christophorus, 1977. - S. 78 f. -- Kurt ROMMEL: Das habt zum Zeichen. Ein Weihnachtsbuch für die Familie. Stuttgart: Quell, 1982. - S. 76. -- SCHÖNFELDT (wie Anm. 108), S. 200. -- Sei uns willkommen, schöner Christ. Ein Weihnachtsbuch zum Erzählen, Vorlesen und Singen für Familien mit Kindern. Hrsg. Gertrud MIELITZ. 4., neu bearb.Aufl. Lahr: Kaufmann, 1976. - S. 209-211, 213. -- Vom Himmel (wie Anm. 922), S. 69.

935 Karin ARNDT: Winterzeit, Familienzeit. De Meyster Weihnachtsbuch. München: Meyster, 1978. -- o.Verf.: Wunderschöne Weihnachtszeit. Die schönsten Lieder, Gedichte, Reime, Geschichten, Rezepte und Basteleien zur Weihnachtszeit. Köln: Lingen, 1983. -- Ilse DÖRING: Das große bunte Weihnachtsbuch. München: Mosaik; Hamburg: Gruner u.Jahr, 1986. (Ein Brigitte-Buch) -- Ganz entsprechend eine vorwiegend der Sachinformation dienende, sehr an Weber-Kellermann orientierte Publikation: Rüdiger VOSSEN: Weihnachtsbräuche in aller Welt. Weihnachtszeit - Wendezeit. Martini bis Lichtmeß. Mit Beitr.v. Karla VOSSEN u. Gertrud SCHIER. Hamburg: Christians 1985. (Wegweiser zur Völkerkunde; 33)

Die Einschätzung der Weihnachtskrippe in der katholischen Kirche ist ablesbar an einigen Faltblättern, die während der 1980er Jahre auch in vielen Pfarreien des Kölner Erzbistums gratis verteilt wurden. Zwei sich ähnelnde Faltblätter [936] enthalten einen Ablaufplan für den Heiligen Abend in der Familie, darin u. a. das Weihnachtsevangelium, Gebete und Lieder, einschließlich Stille Nacht. Die Illumination des Adventskranzes und später des Christbaumes wird besonders herausgehoben, sogar auf „festliche Kleider" wird ausdrücklich hingewiesen. Von einer Krippe ist nicht die Rede, auch nicht im Zusammenhang mit dem Evangelium oder dem gemeinsamen Gebet - die Weihnachtskrippe scheint ein verzichtbares Festrequisit geworden zu sein.

Eine Broschüre in der Form eines Wandkalenders soll laut ihrem Geleitwort von 1985 den Familien helfen, den Sinn des Advents zu entdecken und Vorfreude auf Weihnachten zu schöpfen [937]. Neben vielfältigen Anregungen zum gemeinsamen Spielen (z. B. 1985 das süddeutsche Frauentragen und ein schwedisches Luziaspiel, 1986 ein Nikolausspiel sowie am 21. Dezember ein Würfelspiel, das die Beschwerden der Flucht nach Ägypten ausmalt) werden als dekorative Elemente Transparentsterne, der Adventskranz, Barbarazweige, Weihnachtskerzen, Christbaumschmuck sowie Krippen vorgestellt; für letztere gibt es 1985 und 1986 Basteltips. Auf dem Blatt zum 24. Dezember („Ohne Vorbereitung kein Fest!") wird die Krippe noch einmal kurz erwähnt.

5.3. Formale Vorgaben für die Krippengestaltung

5.3.1. Fortschreibung bisheriger Vorgaben

Wie einzelne Funktionsbestimmungen, so retten sich auch einige Formvorschriften in die Nachkriegszeit hinüber. In den 1950er Jahren wird noch auf das Krippenschaffen aus dem gläubigen Herzen, aus liebevoller Hingabe an das Festgeheimnis hingewiesen [938]; in einer evangelischen Zeitschrift wird als Vorbild zur Wiederbelebung des Krippenschaffens anstelle der Barockkrippen „die primitivere, aber auch abstraktere elementare Volkskunst Sachsens, die sich in einigen Gebirgstälern bis heute bei einigen Schnitzern erhalten hat", empfohlen. Dieses Anknüpfen an „Volkskunst" wird mit der „echten Einfalt" und Freude der kleinen und großen Kinder beim Krippenbasteln begründet [939]. Auch auf katho-

---

[936] Heiliger Abend in der Familie. Abensberg: Josef Kral, o.J. -- Holt Christus in die Weihnacht zurück! o.O.: action 365 international / Aktion Pater Leppich, o.J.

[937] Wir sagen euch an: Advent. Ein Kalender für die Advents- und Weihnachtszeit. Vom 30.Nov.1985 bis 6.Jan.1986. Vorschläge und Anregungen, wie Kinder und Eltern in diesen Wochen miteinander leben, feiern und glauben können. Essen: Dezernat für pastorale Dienste des Bistums Essen, 1985. -- unter gleichem Titel, vom selben Herausgeber 1986. (auch im Erzbistum Köln verbreitet)

[938] o.Verf.: Wo gibt's billige, stilvolle Krippen? In: Der Jungführer. Jg. 2. 1951. Heft 6. S. 412 f. - hier: S. 413. -- Anneliese TRILLER: Weihnachtsbrauchtum in deutscher Heimat. In: Die Mitarbeiterin. Jg. 3. 1952. Heft 6. S. 174-177. - hier: S. 177.

[939] RIETSCHEL (wie Anm. 96), S. 167 f.

lischer Seite wird der „echte Ausdruck kindlicher Einfalt" weiterhin hochgeschätzt [940].

Das formale Kriterium der Würdigkeit wird in Einengung auf das würdige Material aufrechterhalten. „Die üblichen, billigen Massefiguren taugen nicht zur Darstellung des Geheimnisses."[941] Der bekannte Kampf gegen den billigen und zu bunt bemalten Gips geht in einzelnen katholischen Publikationen weiter [942]. Als neuen Gegenpol dazu vertritt ein katholischer Geistlicher aus Heinsberg, u. a. Textautor des Sacro-Pop-Musicals „Ave Eva", in einem Gedicht die Meinung, daß Gipskrippen die totale Erniedrigung der Menschwerdung Gottes augenfällig machen [943].

Den Kirchengemeinden wird erneut angeraten, Krippen von Künstlerhand zu erwerben, wobei Klersch „im heimischen Volkstum wurzelnde Künstler" bevorzugt [944]. Im Vergleich zu mangelhafter Massenware wird wieder das eigene Basteln empfohlen [945]. Daß hieran auch ein sehr ernsthaftes Interesse besteht, belegt das Neuerscheinen eines richtigen Krippenbastelbuchs, das sich nicht nur in den dargestellten Arbeiten (z. B. Bevorzugung der Heimatkrippen), sondern auch in formalen Vorstellungen (Pochen auf Maßstäblichkeit, natürliche Materialien, keine seriellen Figuren) erstaunlich eng an seine Vorbilder aus den 1930er Jahren hält [946].

Für die Aufstellung von katholischen Kirchenkrippen wiederholt der Jesuit Schade noch einmal in leicht abgeschwächter Form die Maßgabe, daß Krippen - wie jedes andere Andachtsbild - nicht „die Aufmerksamkeit der Gläubigen vom Vollzug der heiligen Geheimnisse abziehen" dürfen; das soll aber offenbar nicht zu einer Abdrängung an einen unbedeutenden Platz führen [947].

5.3.2. Neue Formulierungen

Außerhalb dieses Bereichs sehr engagierter Krippentätigkeit wird die Eigentätigkeit ebenfalls gepflegt; im Zusammenhang mit der Funktion, Kreativität zu fördern oder auch nur ein beliebiger Anlaß zum eigenen Basteln zu sein, habe ich bereits auf die gängige Festgestaltungs- und Handarbeitsliteratur hingewiesen. Diese diffuse Funktion läßt sich auch in eine formale Vorstellung übersetzen, wenn es heißt, daß eine selbstgemachte Krippe „viel schöner" als eine gekaufte

---

940 o.Verf.: Wie die Weihnachtskrippe entstand. In: Kirchenzeitung (Erzbistum Köln). Jg. 6. 1951. Nr. 48 v.16.Dez. S. 756.
941 DIEWALD in: THURMAIR u.a. (wie Anm. 126), S. 124.
942 BOGLER (wie Anm. 93), S. 117. -- Gerhard BURKART u. Walter PILS: Feiern - Spielen - Selbermachen. Das große Familien-Werkbuch v. -. Freiburg i.Br.: Herder, 1966. - S. 78.
943 Wilhelm WILLMS: Weihnacht '77: Welterobernde Zärtlichkeit. Bethlehem: Poetische Gedanken zur Menschwerdung Gottes. In: Publik-Forum. Jg. 6. 1977. Nr. 26 v.23.Dez. S. 3-5. - hier: insbes. S. 4.
944 Josef KLERSCH: Krippe und Volkstum. In: Die Weihnachtskrippe. Jb. 21. 1954. S. 19-21. - hier: S. 20.
945 o.Verf.: Wo (wie Anm. 938), S. 413. -- THURMAIR (wie Anm. 788), S. 28.
946 MERHART (wie Anm. 120).
947 Herbert SCHADE: Unsere Weihnachtskrippe. In: Stimmen der Zeit. Bd. 159. 1956/57. S. 168-176. - hier: S. 169.

sei oder daß man keine Kunstwerke nachahmen, sondern den einmaligen Wert eigener Handarbeit erkennen solle [948].

Der technische Fortschritt ermöglicht in neuester Zeit auch die Vereinigung bisheriger Gegensätze. Schon in der Zwischenkriegszeit wurde Eigenarbeit sehr empfohlen, aber aus formalen Gründen oft auf die Landschaft eingeschränkt. Die Lösung war bislang der Erwerb vervielfältigter Figuren nach künstlerischen Entwürfen, möglichst in „würdigem Material". Eine Lörracher Firma vertreibt nun Figurenmodeln aus Silikon, in denen Hauskrippenfiguren wahlweise aus „Relo-Porcelin" oder dem edleren Werkstoff Zinn zu gießen sind; die Porzellanmasse kann mit Acrylfarben bemalt werden [949]. Damit sind jetzt formal identische Erzeugnisse möglich, die trotzdem Produkte der eigenen „Kreativität" sind, sich bei traditioneller Form durch ihr Material aktuellen Moden anpassen (Zinn-Zierrat im Eichen-Wohnzimmer!) und außerdem dem Hersteller von Guß-Figuren noch erhebliche Lohnkosten (Gießprozeß, Bemalung von Hand) ersparen.
Der Gedanke an eine mehr symbolische Krippengestaltung wird in einzelnen Fällen wieder aufgegriffen, nicht ohne Anklänge an die zeitgenössischen kritischen Fragen: Kammler will die Hauskrippe durch einen thronenden Christus ergänzen, um damit den Akzent der biblischen Kindheitserzählung zu verdeutlichen; Eltern wird anempfohlen, durch die Hinführung der Kinder zu Kirchenkrippe, Altarkreuz und Adveniat-Poster die unverbindliche Weihnachts-Sentimentalität aufzubrechen [950].

5.4. Verbreitung der Krippe

5.4.1. Kirchenkrippen

Im Verhalten der katholischen Kirchengemeinden ist kein Bruch der Tradition mit 1945 festzustellen. So wie die Beschaffung neuer Krippen auch während des Zweiten Weltkrieges unbeirrt fortgesetzt wurde (siehe Abschnitt 4.4.1.), so hält diese Bemühungen auch das Kriegsende nicht auf. Geldmangel ist kein Hinderungsgrund, fordert doch der Generalpräses Ridder die Kolpingssöhne 1949 auf, die Pfarrgemeinden in ihren Anstrengungen, neue Krippen zu beschaffen oder überkommene zu verbessern, nach Kräften zu unterstützen [951]. Finanzprobleme scheinen auch weniger zu bestehen: Der Pfarrer der kriegsbeschädigten St.-Karl-Borromäus-Kirche in Köln-Sülz schafft Weihnachten 1945 eine Lita-Mertens-Krippe an, obwohl die Künstlerin Probleme mit der Beischaffung der Figuren

---

948 SCHLISSKE (wie Anm. 172), S. 40. -- Irene MEBES: Unsere Weihnachtskrippe. In: Die Mitarbeiterin. Jg. 29. 1978. Heft 6. S. 183-185. - hier: S. 183.
949 Produkte der Firma Reif-Hobby-Technik, 7850 Lörrach. Besprechung und Bastelanleitung in: burda-moden. 1985. Heft 12. Dez. S. 60 u. 99.
950 David Michael KAMMLER: Ein neues Weihnachtsrezept. In: Frau und Mutter. Jg. 56. 1972/73. Heft 15. Dez. 1973. S. 450-452. - hier: S. 450. -- Heute Weihnachten feiern? Hrsg. Generalvikariat Münster, Hauptabt. Schule und Erziehung. Hildesheim: Bernward, 1973. (Schüler - Eltern - Lehrer. Arbeitshilfen; 1) - S. 11, 28.
951 Bernhard RIDDER: o.Titel (Vorwort). In: Erbe und Aufgabe. Jg. 36. 1949. Heft 4. Nov. S. 3 f. - hier: S. 4.

hat und die alte Krippe, ein empfindliches Gipsrelief, den Krieg unversehrt überstanden hat![952]

Die anhand der Literatur datierbaren Neuanschaffungen der Nachkriegszeit in katholischen Kirchen werden in folgender Tabelle zusammengefaßt [953]:

Jahr	*Ort, Kirchenname*	*Name, Ort des Künstlers*
1945	Köln-Sülz, Karl Borromäus	Lita Mertens, Köln
1946–48	Köln, Georg	dies.
1947–48	Köln, Robert Bellarmin	P. Eduard Syndikus, Köln
ca. 1948	Köln-Worringen	Lita Mertens, Köln
1949	Köln-Buchheim, Mauritius	unbek., Bad Münstereifel
1950	Köln-Buchforst	Rudolf Höfle, Morbach/Hunsrück
ca. 1950	Alfter	Hans u. Ilse Lamers, Kleve[954]
ca. 1950	Köln-Flittard, Hubertus	Lita Mertens, Köln
1951	Köln-Lindenthal, Stephan	Resi Paffenholz
1952	Bonn-Lannesdorf	Wagner, Königswinter
1952	Köln-Bickendorf, Dreikönige	Lita Mertens, Köln
1952	Köln-Zollstock, Hl. Geist	Josef Sieben
1952–54	Köln, Andreas	P. Adolf Guttenbacher
1952–60	Bonn-Bad Godesberg, Augustinus	Gertrud Koch, Godesberg
1952–63	Leverkusen-Schlebusch, Andreas	Max Pohl, Leverkusen[955]
1953	Bonn, Elisabeth	Otto Jasper
1953	Düsseldorf-Derendorf, Dreifaltigkeit	unbek., Oberammergau[956]
1953	Köln-Grengel	Lita Mertens, Köln
1953	Köln-Stegerwaldsiedlung	Fa. Wefers, Köln
1954	Bonn-Holzlar	unbek.
1954–58	Köln-Höhenberg	Heinrich Peters, Köln
1955	Köln-Rodenkirchen, Josef	unbek., Oberammergau
1955–	Düsseldorf, Lambertus	Paul Hable, Düsseldorf[956]
1956	Bonn-Muffendorf	Wagner, Königswinter
1957	Bonn-Poppelsdorf	Wilhelm Matthäi, Kleve

---

952 L. HOCHMANN: Die Krippe in der Pfarrkirche St. Karl Borromaeus, Köln-Sülz. In: Die Weihnachtskrippe. Jb. 23. 1956. S. 8-10.

953 Soweit kein besonderer Nachweis gegeben wird, sind die Daten wiederum SCHWERING 1984 (für Köln) entnommen bzw. WALZ (wie Anm. 701, für Bonn).

954 o.Verf.: Krippenkünstler im Raum Rheinland-Westfalen. In: Die Weihnachtskrippe. Jb. 22. 1955. S. 31-37. - hier: S. 33.

955 o.Verf.: Krippen in Leverkusen-Schlebusch. In: Land an Wupper und Rhein. Heimatkalender 1973. Opladen: Kreisverwaltg., o.J. - S. 191.

956 Angaben in: Pfarrbrief Pfarrgde.St.Dreifaltigkeit, Düsseldorf-Derendorf. 1983. Dez. S. 2. -- Lambertus-Bote. Pfarrgde.d.Basilika St.Lambertus, Düsseldorf-Altstadt. Sondernummer: „Weihnachtskrippe in der Basilika St.Lambertus". o.J. (ca.1987). o.Pag.

Jahr	*Ort, Kirchenname*	*Name, Ort des Künstlers*
1957–	Köln-Mülheim, Br. Klaus	Dorothea Klein, Bonn
1958–60	Bonn-Auerberg	unbek.
1958–59	Bonn-Geislar	unbek.
1959	Köln-Nippes, Heinrich und Kunigund	unbek., Oberammergau
1959	Köln-Weidenpesch, Salvator	Bernd Hartmann-Lintel, Wiedenbrück i. Westf.
1960	Köln, Maria im Kapitol	M. Schmitz-Steinkrüger, Köln
ca. 1960	Bonn-Tannenbusch, Paulus	Wagner, Königswinter
ca. 1960	Bonn-Venusberg	Lita Mertens, Köln
ca. 1960	Köln, Agnes	dies.
ca. 1960	Köln, Aposteln	dies.
1960–62	Köln, Severin	dies.
1961	Bonn, Franziskus	Luise Weißenfeld, Bonn
1961	Köln-Ostheim, Hll. Engel	unbek.
1961	Köln-Thenhoven	Lita Mertens, Köln
1962	Bonn, Remigius	Sörger, Westerburg
1962	Köln-Lindenthal, Laurentius	unbek. Kleve
1963	Köln-Porz-Wahn	Willi Müller, Köln
1963	Remscheid-Bergisch Born	Jugendgruppe[957]
1963	Wuppertal-Beyenburg	unbek., Oberammergau[958]
1964	Köln-Godorf	Sr. Eberharda, Bad Honnef
1965	Bonn-Bad Godesberg, Hl. Kreuz	unbek., Oberammergau
1965	Bonn-Röttgen	Wagner, Königswinter
1965–68	Köln-Seeberg	Hellersberg, Berlin
1966	Köln-Niehl, Christophorus	Hein Carmans, Mönchengladbach
1967–	Köln-Höhenhaus, Hedwig	Maria Biesenbach, Köln
1969	Köln, Peter	Eva Burgeff, Köln
1969	Köln-Niehl, Katharina	Heinrich Jordan, Mönchengladbach
1970–	Köln, Gertrud	Lita Mertens, Köln
1970–83	Bonn-Duisdorf, Rochus	Carl Ludwig, München
1971	Köln-Bocklemünd-Mengenich, Christi Geburt	unbek., Südtirol
1972	Köln-Melaten	Hans Klucker, Oberammergau
1972	Köln-Niehl, Clemens	Sörger, Westerburg i. Ww.
1974	Köln, Johann Baptist	unbek., Oberammergau
1974	Köln, Ursula	Wehling, Kevelaer
1975–77	Köln-Mauenheim	M. Schmitz-Steinkrüger, Köln

[957] o.Verf.: Ein Geschenk für die Pfarrgemeinde: Katholische Jugend Bergisch Born baut eine Weihnachtskrippe. In: Kirchenzeitung (Erzbistum Köln). Jg. 18. 1963. Nr. 51/52 v.22.Dez. S. 30 R.

[958] o.Verf.: Krippen (wie Anm. 916).

Jahr	*Ort, Kirchenname*	*Name, Ort des Künstlers*
1976	Bonn-Beuel, Joseph	Johannes Neuhalfen, Bonn
1976	BN-Bad Godesberg, Marien	unbek.
1978	Köln-Heimersdorf	Rosemarie Peters, Köln
1979–81	Bonn-Limperich	unbek., Oberammergau
1981–	Köln-Sürth	Theo Heiermann, Köln
1981–	Köln-Pesch	unbek.
1982	Bonn-Mehlem	Franz Riedel, St. Wolfgang am See
1983	Bonn-Buschdorf	unbek., Oberammergau
1983–	Köln, Maria in Lyskirchen	Heinz Kuhle, Köln
1984–86	Bonn-Dottendorf	Inge Forster u.a.
1984–86	Köln-Vogelsang, Viktor	Hans Klucker, Oberammergau

Die Künstlerspalte dieser Tabelle liest sich, ähnlich der der Zwischenkriegszeit, wie eine Liste professioneller Krippenproduzenten, unter die sich nur sehr gelegentlich begabte Pfarrmitglieder mischen. Krippen kaufen die katholischen Kirchengemeinden also während der Nachkriegsjahre vorwiegend bei spezialisierten Herstellern ein. Die mittelbar auf Angaben der Pfarrämter beruhende Tabelle spiegelt zugleich den Kenntnisstand über Alter und Hersteller der Kirchenkrippe wider: In vielen Gemeinden sind diese Daten unbekannt, auch wenn sie nur wenige Jahre zurückliegen. Unter den Herstellerangaben finden sich bestimmte Qualitätsbegriffe: der Name Lita Mertens und der Herstellungsort Oberammergau oder „Südtirol" (Grödnertal) werden bei den verschiedenen Krippen gut erinnert, die Namen des jeweiligen Schnitzers in Oberammergau oder im Grödnertal jedoch zumeist nicht. Die Forderung einer würdigen Künstler-Qualitäts-Krippe aus der Zwischenkriegszeit wird also bei den Neuanschaffungen der Nachkriegszeit immer noch befolgt; die Häufigkeit dieser „Krippengattung" in den Krippen des Kölner Raums wird bei der Darstellung des gegenwärtigen Bestandes noch besonders herausgearbeitet.

Die in der Zwischenkriegszeit auch für die Verbesserung der Kirchenkrippe engagierten Jugendgruppen sind - der Literatur zufolge - in der Nachkriegszeit weniger aktiv. Unter den Stiftern der Beyenburger Krippe sind einige Erwachsenenvereine (Schützen, Kolping), auch „Schulkinder", aber keine Jugendgruppe; wohl ist die neue Kirchenkrippe von Bergisch Born das gemeinsame Produkt von Jungmännern (Fachwerkkulisse) und Mädchen (Knetmassefiguren).

Die Neuanschaffungen werden gelegentlich im Hinblick auf gegenwärtige Zustände besonders motiviert. Durch die Antiquitätenliebe des ersten Pfarrers gelangt die Neubaupfarre St. Hildegard in der Au, Köln-Nippes, während der 1960er Jahre an eine wertvolle Krippe, die aus barocken Figuren unterschiedlicher, aber durchweg italienischer Herkunft besteht. Der Pfarrer erntet harsche Kritik von verschiedensten Seiten. Er berichtet, daß Gläubige mit jugendbewegter Vergangenheit an der glänzend-prunkvollen, ganz und gar nicht schlicht-strengen Gestaltung Anstoß nehmen; man wirft ihm „klerikale Eitelkeit" vor. „Intellektuelle", denen die neuen Erkenntnisse der Bibelwissenschaft geläufig sind, lehnen diese konkrete Anschaulichkeit der Barockkrippe als Verfestigung falscher Bildvorstellungen ab. Neben der Argumentation für sein Lieblingsstück entschließt sich Pesch 1968 zu einer Abstimmung der Gemeinde über den Verbleib der Krippe: 93 % stimmten für die Barockkrippe [959].

Der Uniformität der Kirchenkrippen versucht der Kölner Pfarrer Kirsch durch völlig neuentwickelte Unikate zu begegnen. In seiner Pfarre Köln-Porz-Wahn regt er 1963 die Gestaltung einer inzwischen zur touristischen Sensation gediehenen „Hänneschen-Krippe" an, die die Szene der Christgeburt in einen Wahner Hof verlegt, wo ein Kölsch sprechender Engel keine Hirten, sondern die bekanntesten Charakterfiguren des Kölner Puppentheaters herbeiruft. Diese ungewöhnlichen Typen sollen dem Betrachter eine unmittelbarere Identifikation ermöglichen [960]. In seiner neuen Pfarre, St. Maria in Lyskirchen, Köln, ersetzt Kirsch ab 1983 eine traditionelle Krippe durch eine winterliche Hinterhofszene des Viertels, in der typische Personen aus dem Gemeindegebiet der 1930er Jahre zur Krippe eilen; Kirsch möchte damit die Bedeutung der Christgeburt auch für arme, sündige oder unterprivilegierte Menschen augenfällig machen [961].

Aber auch sehr traditionell erscheinende Krippengestaltungen werden neu geschaffen und neu begründet. Eine eher naiv erzählende Krippe mit Oberammergauer Figuren und ausladender Heimatlandschaft in Vingst wird so erklärt: „Mit Farbenfreude und Leben in der Szene wird Front gemacht gegen eine gefühlskarge, intellektualistisch-trockene Religiosität, wie sie gelegentlich in falscher Auffassung des Zweiten Vatikanischen Konzils alles Bildhafte zu verdrängen suchte. Bewußt wird hier auch auf schwierige Symbolik verzichtet."[962] Die gleiche Haltung bestimmt auch die Krippengestaltung in der Filialkirche St. Viktor, Köln-Vogelsang. Die erste Krippe, eine strenge Bildhauerarbeit, die nur auf Podesten ohne jede Dekoration aufgestellt wurde, wird 1984 durch eine neue Krippe ergänzt, 1985 ganz durch diese ersetzt. Zu dieser ganz in der Tradition der Heimatkrippen (einschließlich „Tracht"!) gestalteten Schaukrippe heißt es: „Aber in unserer heutigen, schnellebigen, materialistischen, nüchternen Zeit ist wieder Gemüt gefragt, und es bedarf etwas besonders Schönem, um das Geburtsfest Christi gebührend zu feiern."[963]

Finanzielle Sorgen halten auch in der Nachkriegszeit niemand von der Krippenbeschaffung ab. Die teils sozialschwache Gemeinde in Vingst treibt mit Kollekten Geld auf, für die ungewöhnliche Krippe in der kleinen Gemeinde Lyskirchen

---

959 Christian PESCH: Eine neapolitianische Rokoko-Krippe für Köln. In: Die Weihnachtskrippe. Jb. 37. 1970. S. 56-62. - hier: S. 60-62.
960 vgl.: Kölner Weihnachtskrippen. Köln: Kath.Bildungswerk, 1977. - S. 23. -- o.Verf.: Das ganze Kölner Puppenspiel, versammelt vor der Krippe in Wahn. In: Die Weihnachtskrippe. Jb. 47. 1978. S. 78 f.
961 o.Verf.: Unsere neue Weihnachtskrippe. Köln: Kath.Kirchengde.St.Maria in Lyskirchen, 1983. (Handzettel)
962 HANISCH (wie Anm. 900).
963 Erich WIENANDS: Unsere Krippe in St. Viktor. In: Pfarrbrief d.Pfarrgde.St.Konrad, Köln-Vogelsang. Jg. 21. 1985. Nr. 3. Okt. S. 6 f. - hier: S. 6.

(unter 1.000 Katholiken) leistet der Verein der Freunde und Förderer des Kölnischen Volkstums eine Beihilfe, die zahlreichen Besucher werden um ein Opfer (nicht für die Mission, sondern für die Unkosten der Krippe) gebeten. In Vogelsang hilft man sich mit Eigenarbeit (Gewänder) und Spenden - zwei Kölner Banken stiften je ein Figurenskelett, das immerhin je 1.000 DM kostet [964].

Über evangelische Kirchenkrippen ist der Literatur immer noch fast nichts zu entnehmen, obwohl 1979 eine Küster-Zeitschrift die Kirchenkrippe als durchaus geläufige Weihnachtsdekoration beschreibt [965]. In den Jahren nach 1945 ist aber mehrmals in der evangelischen Kirche von Nümbrecht eine „große Krippe mit vielen Figuren" aufgestellt worden [966].

5.4.2. *Hauskrippen*

Die Empfehlung der Hauskrippe ist in der evangelischen Kirchenzeitung des Rheinlands seit der Nachkriegszeit durchaus üblich, Kaiser bezeichnet sie sogar als wichtigstes Festzeichen [967]. Dasselbe Blatt veröffentlicht auch zwei Erinnerungen an die eigene Hauskrippe während der Nachkriegszeit [968]. Der evangelische Pfarrer von Bonn-Mehlem hofft, daß seine neue Kirchenkrippe zur Anschaffung einer Hauskrippe anregt [969].

Die Begeisterung der katholischen Jugend für Krippenbasteln und Krippenausstellungen ist erloschen, auch wenn noch eine Anregung dazu erscheint (Krippen als Geschenk für Ostvertriebene, die keine Krippe mehr besitzen [970]). Dafür soll die Erfindung eines „Adventsgärtchens" im Evangelischen Fröbel-Seminar, Kassel, von vielen Kindergärten nachgeahmt worden sein; Dubletten der dafür gebastelteten Figuren der Heiligen Familie werden jeweils für die Familien als Hauskrippen mitgegeben [971]. Bei der Offenen Weihnachtsfeier der evangelischen Hei-

---

[964] Erich WIENANDS: Der Ausbau unserer Krippe in St. Viktor. In: Pfarrbrief d.Pfarrgde. St.Konrad, Köln-Vogelsang. Jg. 21. 1985. Nr. 4. Dez. S. 3. -- Kölner Stadt-Anzeiger. 1984. Nr. 295 v.19.Dez.

[965] o.Verf.: Weihnachten. In: Der Küster. Jg. 28. 1979. Nr. 110. S. 98 f. - hier: S. 98.

[966] KAUFMANN (wie Anm. 336), S. 51.

[967] KAISER: Das Wunder der Krippe. In: Der Weg. Jg. 8. 1953. Nr. 32/33 v.20.Dez. S. 1. -- o.Verf.: Wenn es auf Weihnachten geht ... In: Der Weg. Jg. 14. 1959. Nr. 50/51 v.13.Dez. S. 4. -- o.Verf.: Joachim und Christine bauen am Ersten Advent die Krippe auf. In: Der Weg. Jg. 28. 1973. Nr. 48 v.2.Dez. S. 16.

[968] Wilma KLEVINGHAUS: Unsere Krippe ist mir die liebste. In: Der Weg. Jg. 16. 1961. Nr. 49 v.3.Dez. S. 5. -- Fritz KÜPPERS: „Vor 30 Jahren war Weihnachten ganz anders ..." Erinnerungen eines Pfarrerehepaares an Weihnachten nach dem Kriege in Gerresheim. In: Der Weg. Jg. 32. 1977. Nr. 52 v.25.Dez. Beil. „Das evangelische Düsseldorf". o.Pag.

[969] Helmuth HOFMANN: Die große Eichenholz-Weihnachtskrippe in der Mehlemer evangelischen Heilandkirche zu Bonn-Bad Godesberg. Bonn-Bad Godesberg: Selbstverl., 1984. - S. 6.

[970] Rudolf BECKER: Wastl baut Krippen. In: Am Scheidewege. 1953. Heft 12. Dez. S. 8 f. - hier: S. 8.

[971] Klara STOEVESANDT u. Lisel SCHÄFER: Feste und Festzeiten im Kindergarten. Lahr: Kaufmann, 1969. - S. 35 f.

lig-Geist-Gemeinde in Bergisch Gladbach wird eine zuvor gebastelte Krippe unter den Besuchern verlost [972].

Die Hauskrippe ist demnach in beiden Konfessionen bekannt. Wie bereits im Abschnitt 5.2.3. gezeigt, schlägt die Bastelliteratur der Nachkriegszeit meist auch das Krippenbasteln in der Familie vor, aber dennoch ist die Krippe keine verpflichtende Festdekoration: Wenn man demoskopische Daten als Hinweise auf bestimmte Zustände verstehen will, dann ist nach einer Erhebung von 1964 der Christbaum das verpflichtende Festrequisit in Deutschland [973]; unter einer bunten Mischung von Festelementen wird gleich zweimal der Baum am häufigsten, die Krippe nur selten als unverzichtbar erklärt [974].

5.4.3. Die Krippe im Unterricht

Da ein heimatlicher Unterricht im Sinn der Heimaterziehungsbewegung wie auch der Werkunterricht (zumindest außerhalb der Hauptschule) in der weiteren Nachkriegszeit nicht mehr gepflegt wird, bleibt als letztes Unterrichtfach, das noch näher mit der Krippe befaßt sein könnte, der Religionsunterricht übrig.

Die Kölner katholischen Lehrpläne der frühen Nachkriegszeit erwähnen die Krippe teils am Rande (Besprechung kirchlicher und familiärer Festbräuche im 1. Schuljahr [975]), teils gar nicht (zu den Festen werden nur meßliturgische Themen behandelt [976]). Der deutsche Rahmenplan von 1967 dagegen sieht für das 1. Schuljahr eine katechetische Weihnachtsfeier vor; nach der Schriftlesung sollen die Kinder Krippenfiguren zusammentragen und aufstellen [977]. In den höheren Schulen soll auch religiöses Brauchtum besprochen bzw. gepflegt werden; konkrete Hinweise zur Weihnachtszeit erfolgen jedoch nicht [978].

---

972 Waltraud WEBER: Heiligabend in der Gemeinde. In: Der Bote für die evangelische Frau. Jg. 80. 1983. Nr. 12. Dez. S. 9.

973 89 % der Befragten, gleich welcher Konfession, stellen ihn auf; ebenfalls 89 % feiern das Fest im Familienkreis. Siehe: Jahrbuch der öffentlichen Meinung. 1965-1967. Hrsg. Elisabeth NOELLE u. Erich Peter NEUMANN. Allensbach: Verl.f.Demoskopie, 1967. - S. 72.

974 Der Christbaum ist 1974 für 63 % der Befragten unverzichtbar, 1978 für 68 %; hinter Festessen, Kirchgang und Geschenken erreicht die Krippe nur 12 % (1974) bzw. 16 % (1978). Siehe: Allensbacher Jahrbuch für Demoskopie. Bd. VI. 1974-1976. Hrsg. Elisabeth NOELLE-NEUMANN. München: Molden, 1976. - S. 40. -- Allensbacher Jahrbuch für Demoskopie. Bd. VIII. 1978-1983. Hrsg. Elisabeth NOELLE-NEUMANN u. Edgar PIEL. München: Saur, 1983. - S. 61.

975 Lehrplan für den katholischen Religionsunterricht in der Volksschule (Erzbistum Köln). Hrsg.i.A.d.Erzbischofs von Köln. 1948. 2.Aufl. Köln: Luthe, 1954. - S. 12.

976 Lehrplan für die katholische Religionslehre an Volksschulen in der Erzdiözese Köln. Hrsg. Erzbischöfliches Generalvikariat. Köln: Bachem, 1962.

977 Der Adventskranz wird dagegen auch im 2. u. 3. Schuljahr (S. 26, 33), Adventsbrauchtum im 4. u. 5. Schuljahr (S. 36 u. 47) behandelt! - Rahmenplan für die Glaubensunterweisung, mit Plänen für das 1.-10. Schuljahr. Hrsg. Katholische Bischöfe Deutschlands. München: Dt.Katecheten-Verein, 1967. - S. 22.

978 Richtlinien für den Unterricht in katholischer Religion an Gymnasien im Lande Nordrhein-Westfalen. Düsseldorf: Bagel, 1952. - S. 9. -- Richtlinien für den Unterricht in der Höheren Schule. Tl. a- . Ratingen: Henn. (Die Schule in Nordrhein-Westfalen; 8) Tl. b. Katholische Religionslehre. 1963. - S. 11.

Nach der Neugliederung des Schulsystems gehen die Nennungen der Krippe weiter zurück. In diese Zeit fällt auch das Unbehagen von Religionspädagogen, daß die (generell positiv gesehene) Verwendung religiöser Bräuche für den Unterricht auch vom Ziel ablenken könne [979]. Die Versuchsgrundschulen und der Schulversuch Vorklasse bearbeiten auch die Festfeiern, halten sich aber nicht an äußeren Formen auf [980]. Für die Grundschule wird im Themenfeld „Der Geburtstag Jesu" (1. Schuljahr) des Zielfelderplans als ein thematischer Hinweis unter anderen auch das Modellieren einer Krippe aus Knetmasse aufgezählt [981], während die neueren Richtlinien größeren Wert auf Sinnbezüge (Weihnacht - Christgeburt) und Kritikansätze (Christkind - Weihnachtsmann) bereits im 1. Schuljahr legen [982]. In der Schule für Lernbehinderte ist das Krippenbasteln als Ergänzungsthema für das 3. Schuljahr vorgesehen [983]. Im 5. Schuljahr der Hauptschule ist u. a. „Weihnachtsbrauchtum in kritischer Wertung" vorgesehen, wobei unter den Anschauungsmitteln sogar der Krippenbau erwähnt ist [984]. In den Richtlinien für die Realschule erscheint zunächst nichts Weihnachtliches, 1978 wird als ein Ergänzungsthema im 5.-6. Schuljahr „Religiöses Brauchtum" vorgeschlagen, jedoch ohne nähere Ausführungen [985], während der Zielfelderplan für die Sekundarstufe I Brauchtum als Fundamentalstoff einbezieht („Unterrichtsziel: Formen katholischen Brauchtums interpretieren können. Fehlformen von adäquaten Formen unterscheiden können."), ohne aber die Krippe unter den Beispielen zu nen-

---

979 Hinweis am Beispiel des Dreikönigssingens, daß in den Kindern falsche bildliche Vorstellungen bzgl. der Magierperikope verfestigt; vgl.: Franz TRAUTMANN: Das Weihnachtsfest als religionspädagogisches Problem. Analyse didaktischer Grundschulmaterialien und Aufarbeitung fachwissenschaftlicher Inhalte (1967-1980). Köln: Benziger, 1981. (Studien zur Praktischen Theologie; 22) Zugl.: Würzburg, Univ., Kath.-Theol.Fak., Diss., 1980. - S. 68.

980 Erfahrung und Glaube. Lehrplan für den katholischen Religionsunterricht an den Versuchsgrundschulen des Landes Nordrhein-Westfalen. In: Erfahrung und Glaube. Handreichung zu einem Lehrplan für den katholischen Religionsunterricht an Grundschulen. Hrsg. Peter JANSEN. Köln: Benziger; Hannover: Schroedel, 1971. S. 37-80. - hier: S. 43. -- Schulversuch „Vorklasse". Vorläufiger Bildungsplan für Vorklassen. Ausg. Mai 1972. Ratingen: Henn, 1972. (Die Schule in Nordrhein-Westfalen; 45) - S. 31 f.

981 Zielfelderplan für den katholischen Religionsunterricht in der Grundschule. Hrsg. Zentralstelle Bildung d.Dt.Bischofskonferenz. Bd. 1-5. München: Dt.Katecheten-Verein. Bd. 2, 1. 1978. - S. 133.

982 Richtlinien und Lehrpläne für die Grundschule in Nordrhein-Westfalen. - Katholische Religionslehre. Köln: Greven, 1980. (Die Schule in Nordrhein-Westfalen; 42 h) - S. 24-27.

983 Richtlinien und Lehrpläne für die Schule für Lernbehinderte (Sonderschule) in Nordrhein-Westfalen. o.O., o. Verl.-Ang., ca. 1972. darin: Lehrplan Katholische Religion. S. 689-729. - hier: S. 696.

984 Grundsätze, Richtlinien, Lehrpläne für die Hauptschule in Nordrhein-Westfalen. Wuppertal: Henn, o.J. (Die Schule in Nordrhein-Westfalen; 30) - Abschn. B 1, S. 14.

985 Richtlinien für den Unterricht in der Realschule. Tl. a- . Ratingen: Henn. (Die Schule in Nordrhein-Westfalen; 27) Tl. a. Evangelische Unterweisung und Katholische Religionslehre. 1967. -- Richtlinien und Lehrpläne für die Realschule in Nordrhein-Westfalen. - Katholische Religionslehre. Köln: Greven, 1978. (Die Schule in Nordrhein-Westfalen; 3306) - S. 37 f.

nen (dagegen werden erwähnt: Adventskranz, Christbaum, Dreikönigssingen!)[986].

Im evangelischen Religionsunterricht haben weihnachtliche Bräuche keinen hohen Stellenwert, obwohl die biblischen Kindheitsgeschichten im ersten bis vierten Schuljahr stets wiederholt und ausgeweitet werden sollen [987]. Ein Handbuch der frühen Nachkriegszeit empfiehlt, die Kindheitsgeschichten im 1. und 4. Schuljahr durch eine einfache symbolische Tafelzeichnung zusammenzufassen (der Lehrplan von 1950 rät dagegen eher zu „guten Bildern" von Künstlerhand!) [988], das 7. Schuljahr soll Weihnachtsbräuche nennen, kennenlernen, bewerten und neue Vorschläge erarbeiten [989]. An den höheren Schulen werden Bräuche gar nicht bearbeitet [990].

Im neugegliederten Schulsystem möchte der evangelische Religionsunterricht in der versuchsweisen Vorklasse bei Weihnachten und Ostern einen „Abbau von Fehlvorstellungen" betreiben, was aber die Krippe wohl gar nicht berührt [991]. In dem umfangreichen Planraster für die Grundschule erscheint diese Intention noch einmal (mit Blick auf den glitzernden Christbaum und die Krippe!)[992], in einem Unterrichtsversuch bei einem 1. Schuljahr wird eine einfache Bastelkrippe als gute Hilfe empfohlen [993], als eine Methode im 3. Schuljahr der Lernbehinderten zum „Kennenlernen der unterschiedlichen Formen, das Weihnachtsfest zu feiern" wird der Unterrichtsgang zu einer (Kirchen-)Krippe vorgeschlagen [994]. Die Grundsätze für die Hauptschule berühren das Thema Krippe nicht [995], das 5. Realschuljahr kann das Ergänzungsthema „Das Christfest in Haus und Gemeinde. Advents- und Weihnachtssitten und -bräuche" bearbeiten [996].

Von einer besonderen Wertschätzung der Weihnachtskrippe als Veranschaulichungsmittel im Bibelunterricht oder gar als Anregung des Religionsunterrichts

---

[986] Zielfelderplan für den katholischen Religionsunterricht der Schuljahre 5-10 (Sekundarstufe I). Erarb.i.Zsarb.m.d.Bischöfl.Hauptstelle f.Schule u.Erziehung. Bd. 1-4. München: Dt.Katecheten-Verein. Bd. 2. 1974. S. 65.

[987] Lehrplan (wie Anm. 841), S. 7, 10, 13, 20.

[988] Die Evangelische Unterweisung an der Volksschule. Ein Vorbereitungswerk im Anschluß an den Lehrplan für die Evang. Unterweisung an der Volksschule im Gebiet der Evang. Kirche im Rheinland, der Evang. Kirche von Westfalen u.d. Lippischen Landeskirche. Hrsg. Kurt FRÖR. Bearb.v. Arthur BACH u.a. Bd. 1-8. Dortmund: Crüwell. Bd. 1. 1955. S. 66; Bd. 4. 1956. S. 90.

[989] ebda., Bd. 7. 1958. S. 326.

[990] Richtlinien für den Unterricht in der Höheren Schule. Tl. a- . Ratingen: Henn. (Die Schule in Nordrhein-Westfalen; 8) Tl. a. Evangelische Religionslehre. 1963.

[991] Schulversuch (wie Anm. 980), S. 28.

[992] Richtlinien und Lehrpläne für die Grundschule in Nordrhein-Westfalen. - Evangelische Religionslehre. Ratingen: Henn, ca. 1974.

[993] Albrecht SCHMIDT-BRÜCKEN: Unterrichtsversuch, 1. Schuljahr: Weihnachten - der Geburtstag Jesu. In: Zeitschrift für Religionspädagogik. Jg. 30. 1975. S. 327-331. - hier: S. 329 f.

[994] Richtlinien 1972 (wie Anm. 983), darin: Lehrplan Evangelische Religionslehre. S. 645-688. - hier: S. 649.

[995] Grundsätze (wie Anm. 984), Abschn. B 2.

[996] Richtlinien 1967 (wie Anm. 985), S. 11 f.

für die Familienfeier kann also in der Nachkriegszeit in beiden Konfessionen keine Rede mehr sein; der einst so geliebten naiv-gläubigen Krippendarstellung tritt sogar der kritikorientierte Unterricht der jüngsten Zeit zumindest mittelbar entgegen - Hemel bezeichnet die „überlieferungskritische Dynamik" als besonderes Charakteristikum der Gegenwarts-Orientierung in der neuen „Korrelationsdidaktik" des katholischen Religionsunterrichts [997].

Eine Art schulisches Refugium der Weihnachtskrippe bildet der katholische Religionsunterricht der ersten Grundschuljahre. Trotz des geringen Krippeninteresses der entsprechenden Richtlinien und Lehrpläne nehmen die meisten Lehrbücher die Krippe als Thema auf, sei es wertungsfrei [998], als Anschauungsobjekt für die künstlerischen Möglichkeiten in der Gestaltung des Themas [999] oder zum kritischen Vergleich mit der biblischen Erzählung [1000]. Ein Schulbuch regt das 2. Schuljahr zum Krippenbasteln an [1001], ein anderes bietet einen Ausschneidebogen an, in dem laut Lehrerhandbuch „bewußt alle außerbiblischen Traditionen weggelassen" wurden (wie schwierig das ist, zeigt der gemeinsame Abdruck von Hirten und drei - gekrönten! - Königen sowie eines Sterns, der fest mit dem Stall verbunden ist)[1002].

5.5. Zusammenfassung

Das abgeschiedene Familienfest an Weihnachten lebt in der Nachkriegszeit fort, auch wenn es wachsender Kritik an seiner Kommerzialisierung und der familiären Stimmungsseligkeit ausgesetzt ist und seit den 1980er Jahren das Bedürfnis nach fröhlich-geselliger Festlichkeit auch an Heiligabend befriedigt werden kann. Die Festkritik mündet in den 1970er Jahren in eine intellektuelle Abwertung der Weihnachtskrippe, die als pures Dekorationsrequisit mit sentimentaler Belastung für verzichtbar erklärt wird. Parallel dazu bröckelt die schulische Stützung traditioneller Werte ab durch den Wandel der Heimatkunde zum Sachunterricht und durch die im Religionsunterricht (zumindest außerhalb der ersten beiden Grundschuljahre) nunmehr betonte Erziehung zur Kritikfähigkeit.

---

997 HEMEL (wie Anm. 842), S. 24.

998 Gerhard A. RUMMEL: Advent und Weihnachten. In: Religionsunterricht im 1. Schuljahr. Didaktische Hilfen zur Religionsfibel „Unterwegs zu Dir 1". Hrsg. Alfred ASSEL u.a.i.Zsarb.m. Ingomar KERN u.a. Freiburg i.Br.: Herder, 1982. S. 172-196. - hier: S. 187.

999 Johanna Maria FONGER, Karl Heinz GRENNER u. Hildegard KÖLKER: Unter dem Regenbogen. Religion 1/2. Lehrerkommentar. Zürich, Köln: Benziger, 1981. - S. 273.

1000 Exodus. Religionsunterricht. Lehrerkommentar, erarb.v. Theodor EGGERS u.a. Bd. 1-4. München: Kösel; Düsseldorf: Patmos. Bd. 2. 2. Schuljahr. 1978. - S. 145.

1001 Religionsbuch 2. Ich bin da. Erarb.v. Andreas BAUR u.a. Gestaltet v. Annegert FUCHSHUBER. Donauwörth: Auer, 1975. - S. 89. -- Lehrerhandbuch zum Religionsbuch für die 2. Jahrgangsstufe. Ich bin da. Erarb.v. Carina AUTH u.a. Hrsg. Andreas BAUR. Donauwörth: Auer, 1979. - S. 197 f.

1002 Hermann-Josef FRISCH, Wilhelm PLÖGER u. Jochen WILLERSCHEID: Die Welt ist unsere Aufgabe. Ein katholischer Religionskurs für Grund- und Sonderschulen. 1/2. Sonderband. Handreichung für Religionslehrer. Düsseldorf: Bagel; Essen: Ludgerus, 1979. - S. 102. -- Die Welt ist unsere Aufgabe. Religionskurs. Werkmappe. Hrsg. Hermann-Josef FRISCH u.a. Düsseldorf: Bagel; Essen: Ludgerus, 1978. - Bl. C 3.

Auch eine zunehmende Hauskrippen-Freundlichkeit der evangelischen Kirche kann daher wohl nicht zu einer abschließend allseitigen Verbreitung der Hauskrippe im Kölner Raum führen. Verpflichtendes Festrequisit in Deutschland ist der Christbaum; möglicherweise ergänzt durch die Krippe, deren wichtigste Funktion seit der Zeit der Fest- und Krippenkritik nur der recht beliebige Anlaß zu persönlicher Kreativitäts-Entfaltung ist.

Das beständigste Arbeitsfeld der durch mangelndes Interesse der katholischen Verbände schwächer gewordenen, aber weiterarbeitenden Krippenbewegung sind (abgesehen von den Kontakten durch die Rheinische Arbeitsgemeinschaft für Puppenspiel) die katholischen Kirchen, die die inzwischen traditionell gewordene Kirchenkrippe weiterpflegen bzw. nach den Kriterien der Zwischenkriegszeit neu gestalten, obwohl der innerkirchliche Rückhalt dünn geworden ist: das pastoraltheologische Interesse an besonderen Krippengestaltungen ist eher schwach; die moderne Bibelwissenschaft führt zu der drängenden Frage nach der Berechtigung höchst konkreter Abbildungen nicht historiographisch gedachter Evangelientexte; die alte Funktion, Missionsopfergaben anzuregen, wird jetzt von besonders dafür geschaffenen Objekten übernommen. Die Kirchenkrippe wird zum Traditionsobjekt, das auch mit einem gewissen Trotz gegen intellektuelle Fragen, moderne Auffassungen und harsche Kritik noch aufgestellt wird, wenn auch gelegentlich im Rückzug auf nur begrenzte Rechtfertigungen (z. B. als Anschauungsgegenstand für Kinder).

6. Kirchenkrippen der 1980er Jahre

6.1. Erfassungsmethode

Zur Erfassung des gegenwärtigen Krippenbestandes in den Gottesdienststätten des Kölner Raums wurde von der Methode der schriftlichen Befragung abgesehen, obwohl diese offenbar in Franken erfolgreich angewendet wurde [1003]. Die Begründung bei den Vorüberlegungen war die zunehmende Zahl priesterloser katholischer Gemeinden, so daß die Ansprechpartner fehlen, sowie die Befürchtung, daß einerseits positive Belege zu Gegenständen einträfen, die keine Weihnachtskrippen im Sinn dieser Arbeit sind [1004], andererseits negative Belege aus evangelischen Kirchen, die zweidimensionale Objekte (z. B. Transparentbilder) zeigen, diese aber nicht als Krippen verstehen. Im nachhinein ist noch auf die schlechte und einseitige Rückmeldungsquote aus schriftlichen Befragungen zum Thema hinzuweisen: nach einem 1984 allgemein um Fotos und Herstellerangaben zu den Kirchenkrippen bittenden Schreiben an die 141 katholischen Pfarrgemeinden in Köln erhielt der Bachem-Verlag 55 Antworten (39 %), überwiegend aus Gemeinden, die ihre Krippe als besonders wertvoll oder aussagekräftig einschätzen [1005]. Das Katholische Bildungswerk Bonn versandte im Januar 1986 einfache Fragebögen an die 52 katholischen Pfarrämter Bonns [1006] und erhielt (als kirchliche Dienststelle!) trotz mehrfacher telefonischer Erinnerung und Nachsendung von weiteren Bögen 41 Antworten (78,8 %), darunter etliche, die außer der Aufstellungszeit nur „unbekannt" angaben.

Statt dessen wurde die Erfassung durch persönliche Besichtigung während der Aufstellungszeit mit Anfertigung von Fotos gewählt. Damit ist eine exakte ikonografische Analyse möglich, die aus Zeit- und Beleuchtungsgründen anhand der Fotos und nicht vor Ort durchgeführt wurde. Es fehlen Hintergrundinformationen zu Alter, Herkunft, Hersteller der Krippenbestandteile; nach meiner Erfahrung sind verläßliche Angaben zumindest über Vorkriegsobjekte auch durch Befragung der Pfarrer oder Küster nur selten zu erzielen. Um annähernd die Gleichzeitigkeit des Materials zu erhalten, die die schriftliche Befragung bietet,

---

1003 vgl. DAXELMÜLLER 1978.

1004 So lautet z.B. der vom kath. Pfarramt St. Alban, Köln, eingereichte Text zum ersten Kölner Krippenführer so: „Die Krippe in der Krypta ist ein Mosaikbild. Es ist fest in die Ziegelwand eingelassen. ... Krippe und Engel wurden in den Jahren 1959 und 1960 von Frau Elisabeth Hoffmann-Lacher, München, konzipiert und angefertigt." o.Verf.: Kölner Weihnachtskrippen. Köln: Kath.Bildungswerk, 1977. - S. 3.

1005 Schreiben des Bachem-Verlags, Köln, vom 2.Jan.1984 auf Veranlassung von Dr. Max-Leo Schwering in Zusammenhang mit der Publikation SCHWERING 1984.

1006 Vorbereitung meiner Broschüre: Krippen in Bonner Kirchen. Bonn: Kath.Bildungswerk, 1986. - Die nicht-römisch-katholischen Kirchen mit Krippen (was zuvor durch Augenschein überprüft war!) konnten wegen der geringen Zahl und dank der Unterstützung durch die Evangelische Erwachsenenbildung vollständig erfaßt werden.

wurde der Besuch römisch-katholischer Kirchen auf die Weihnachtszeiten 1982/83 und 1983/84 begrenzt, für die übrigen Konfessionen auf 1984/85 und 1985/86.

Grundvoraussetzung dieser Erfassungsmethode ist die Zugänglichkeit der Kirchen, da die Suche nach den Zuständigen zur Besichtigung verschlossener Kirchen sehr zeitaufwendig, tageszeitgebunden (Mittagspausen) und daher nur im Einzelfall möglich ist. Demnach konnten nicht-römisch-katholische Kirchen nur stichprobenweise erfaßt werden. Ein vollständiges Aufsuchen ist hierbei ohnehin unmöglich, da nur die römisch-katholische Kirche öffentlich zugängliche Verzeichnisse aller Gottesdienststätten kennt [1007]. Als Grundgesamtheit der römisch-katholischen Kirchen wurden alle Pfarr-, Rektoratspfarr-, Filialbezirks- und Expositur-Kirchen bestimmt [1008]. Von diesen 833 Kirchen konnten 754 besichtigt werden (90,5 %) [1009]. Eine höhere Zahl ist undenkbar angesichts der kurzen Zeit, einiger Kirchen in Totalrenovierung, der Menge stets geschlossener Kirchen sowie der meist priesterlosen Kleinstpfarren im Linksrheinischen, die teils auch sonntags nicht mehr öffnen, da der einzige Gottesdienst samstags stattfindet.

Zusätzlich wurden 18 öffentlich zugängliche Kirchen von elf männlichen und drei weiblichen katholischen Orden, Genossenschaften oder Säkularinstituten [1010] sowie eine Privatkirche, die überwiegend von einem Säkularinstitut benutzt wird [1011], besucht. Da sich in den Vorüberlegungen zur Analyse keine abweichenden Ergebnisse abzeichneten, wurde auf eine besondere Kennzeichnung der mit Orden verbundenen Pfarrkirchen verzichtet [1012].

1007 Dieses Verzeichnis ist mit dem Mitarbeiterverzeichnis gekreuzt (u.d.T. „Personalschematismus für das Erzbistum Köln" jährlich bei Bachem, Köln, neu erscheinend); die evangelische Landeskirche kennt kein vergleichbares Verzeichnis.

1008 Die Auswahl nur der Pfarrkirchen war wegen der unterschiedlichen Gemeindestruktur wenig sinnvoll: im ländlichen Bereich bestehen linksrheinisch häufig selbständige Kleinstpfarren, rechtsrheinisch dagegen große Flächenpfarren mit (gelegentlich sogar mehr als einem) Filialbezirk. Die Hinzunahme der (priesterlosen) Filialkirchen und Kapellen hätte die Grundgesamtheit erheblich vergrößert (und das mit häufig verschlossenen Gebäuden!).

1009 Die folgende Analyse der Krippendarstellungen in katholischen Kirchen geht in den Prozentangaben von einer Grundgesamtheit aus, die nur 734 Kirchen umfaßt; die Differenz ergibt sich aus einer krippenlosen Kirche, neun Kirchen, von denen bei nur einmaligem Besuch nur ein Foto eines nachweihnachtlichen Bildes (z.B. Flucht nach Ägypten) vorliegt, und zehn Kirchen, deren Fotos nicht auswertungsfähig waren (z.B. Fotos durch gläserne Eingangstüren oder Schlüssellöcher, bei denen die Krippe nur schemenhaft zu erkennen ist).

1010 Bonn-Süd, Herz-Jesu-Kapelle im Paulushaus (Jesuiten, S.J.); Bonn-Auerberg, St. Josef vor der Höhe (Redemptoristen, C.SS.R.); Bonn-Ippendorf, Kreuzbergkirche (Schönstätter Marienbrüder); Bornheim-Walberberg, St. Albert (Dominikaner, O.P.); Dormagen-Knechtsteden, Klosterkirche (Spiritaner, C.S.Sp.); Düsseldorf, Franziskanerkirche (O.F.M.); Grevenbroich-Langwaden, Klosterkirche (Zisterzienser, O.Cist.); Hennef-Geistingen, Klosterkirche (Redemptoristen, C.SS.R.); Köln, St. Fronleichnam (Ursulinen), Heilig Kreuz (Dominikaner, O.P.), St. Maria in der Schnurgasse (Karmelitinnen); Köln-Hohenlind, St. Elisabeth (Missionsschwestern vom Hl. Herzen Jesu); Marienheide, Wallfahrtskirche (Montfortaner Patres, S.M.M.); Rheinbach, St. Vinzenz (Pallottiner, S.A.C.); Sankt Augustin, Seminarkirche (Steyler Missionare, S.V.D.); Siegburg, Abteikirche Michaelsberg (Benediktiner, O.S.B.); Velbert-Neviges, Wallfahrtskirche (Franziskaner, O.F.M.).

1011 Köln, von Grootesche Familienkirche St. Gregor, sogenannte Elendskirche (Nutzung durch die benachbarten Schönstätter Marienschwestern).

1012 Alle Niederlassungen der Kreuzherren (O.S.C.), der Minoriten (O.F.M.Conv.) und der Salvatorianer (S.D.S.) im Erzbistum Köln sind mit Pfarren verbunden, so daß Klosterkirche

Wegen der sehr unterschiedlichen Anzahlen erfaßter Krippen in den verschiedenen Konfessionen geht die in den Abschnitten 6.4. bis 6.6. folgende ikonografische Analyse nur von den römisch-katholischen Kirchenkrippen aus; Hinweise auf Objekte in anderen Konfessionen erfolgen nur, soweit sie sich deutlich von den anhand der römisch-katholischen Krippen getroffenen Feststellungen unterscheiden.

6.2. Verbreitung

6.2.1. Römisch-katholische Kirche

Wie nach der historischen Entwicklung seit der Zwischenkriegszeit zu erwarten war, ist die Weihnachtskrippe in den römisch-katholischen Kirchen allgemein üblich; unter den 754 erfaßten Gemeindekirchen ist Neu St. Alban, Köln, ein völliger Einzelfall. Das Fehlen einer Krippe im Sinn der Definition beruht auf der Meinung, daß auch das (zur Weihnachtszeit mit einer Fichte besonders geschmückte) Wandbild eine Krippe sei [1013]. Die „Pflicht" einer Krippenaufstellung erweist sich auch in neuen Kirchen, die, wenn auch durch Leihgaben, zum ersten Weihnachtsfest Krippen ausstellen - siehe Groß St. Martin, Köln (Wiedereröffnung 1985), und St. Thomas Morus, Bonn-Tannenbusch (Benediktion 1984).

In den überprüften Kirchen katholischer Orden und ähnlicher Gemeinschaften ist die Weihnachskrippe ebenfalls allgemein üblich; Raumprobleme spielen dabei keine Rolle, wie das Beispiel der sehr kleinen Kapelle der Schönstätter Marienschwestern in Köln zeigt („Schönstatt-Heiligtum" neben der sogenannten Elendskirche). Allein die Eucharistiner an St. Sebastian, Neuss, stellen keine Kirchenkrippe auf. Dies wird mit der hier ganzjährig stattfindenden eucharistischen Anbetung erklärt, die das Bild des neugeborenen Jesus neben dem ausgesetzten Allerheiligsten als unangemessen erscheinen lasse; im Wohnbereich des Konventes ist die Krippe dagegen selbstverständlich, eine kleine Krippe steht sogar auf dem Empfangspult [1014].

Daß in der Frage von eucharistischer Anbetung und Krippe diese Meinung nicht allgemein ist, zeigt das beobachtete Verhalten dreier Pfarren: St. Barbara in Neuss entfernt die Krippe vor dem Ewigen Gebet, St. Pankratius, Korschenbroich-Glehn, behält sie unverändert im Raum, St. Michael, Köln, errichtet ein schlichtes Expositorium vor dem Jesuskind der (hinter dem Zelebrationsaltar stehenden) Krippe.

---

und Pfarrkirche ein Gebäude sind; andere Orden sind in 16 Pfarren diese Verbindung eingegangen. Wegen des Priestermangels haben eine zunehmende Zahl von Pfarrgemeinden Ordensgeistliche als Pfarrverweser, insbesondere in der Nachbarschaft von Männerklöstern.

1013 vgl. Anm. 1004.

1014 entsprechende Auskünfte des Klosterpförtners am 2.Jan.1985.

6.2.2. Altkatholische Kirche

Die altkatholischen Gemeinden verhalten sich analog zur römisch-katholischen Kirche. Im Kölner Raum bestehen drei altkatholische Gemeinden, die aber nur zwei eigene Kirchen in Bonn und Köln besitzen [1015]. In beiden Kirchen wird die Krippe als Selbstverständlichkeit gesehen; die altkatholische Bischofskirche St. Cyprian in Bonn beschaffte sich 1985 eine neue Krippe.

6.2.3. Katholische Sezessionisten („Tridentiner")

Einen Sonderfall stellen die von mir als Sezessionisten bezeichneten Gemeinden in der Nachfolge des französischen Alt-Erzbischofs Marcel Lefebvre dar: Lefebvre und seine Anhänger verwerfen u. a. die Liturgiereform nach dem Zweiten Vatikanischen Konzil; da sie sich als die Rechtgläubigen betrachten, treten sie nicht aus der römisch-katholischen Kirche aus, deren Leitung sie bis 1987 auch noch nicht ausgeschlossen hat. Dennoch versammeln sie sich in privaten Kirchen zu separaten Gottesdiensten, die in der Lokalpresse als „römisch-katholisch-tridentinische Messen" angekündigt werden.

Einzige Kölner Gottesdienststätte ist die zur Burg Rath gehörende Kapelle St. Philomena in Köln-Rath, die in der Weihnachtszeit 1984/85 eine Krippe zeigte. Seit Oktober 1986 werden auch in der Bonner Christkönigskirche (frühere Kirche der Landesklinik, Bonn-Nord, jetzt von der „Priesterbruderschaft Pius X." genutzt) regelmäßig tridentinische Messen gehalten; zum Mobiliar gehört bereits Weihnachten 1986 eine Krippe.

6.2.4. Evangelische Landeskirche

Als evangelische Kirchen werden im folgenden diejenigen landeskirchlichen Gottesdienststätten bezeichnet, die ihren Bekenntnisstand nicht durch eine besondere Namenwahl (z. B. Evang.-luth. Kirche) hervorheben und keine flächenmäßig deckungsgleiche landeskirchliche Schwestergemeinde mit anderem Bekenntnisstand haben.

Die 26 evangelischen Kirchen in Bonn wurden 1985/86 vollständig überprüft; davon zeigten 14 (54 %) eine Krippe [1016]. Darin sind aber zwei Kirchen [1017], die nur ein Transparentbild aufstellen, und eine [1018], die einen Wandbehang mit einem weihnachtlichen Bild ausstellt, enthalten.

[1015] Die Düsseldorfer Gemeinde hat ein Mitbenutzungsrecht in der evangelischen Tersteegenkirche.

[1016] Bonn-Auerberg, Gemeindeforum; Bonn-Duisdorf, Johannis; Bonn-Duisdorf, Matthäi; Bonn-Endenich, Trinitatis; Bonn-Kessenich, Frieden; Bonn-Röttgen, Thomas; Bonn-Tannenbusch, Apostel; Bonn-Tannenbusch, Gottesdienststätte Schweidnitzer Weg (Notkirche); Bonn-Venusberg, Auferstehung; Bad Godesberg, Marienforster K.; Godesberg-Friesdorf, Paulus; Godesberg-Mehlem, Heiland; Godesberg-Pennenfeld, Johannes; Beuel, Versöhnung.

[1017] Bonn-Duisdorf, Johanniskirche; Bonn-Tannenbusch, Apostelkirche.

[1018] Bonn-Kessenich, Friedenskirche.

Die Krippe der Trinitatiskirche, Bonn-Endenich, entstammt der Kindergruppenarbeit der Gemeinde und wird seit ca. 1960 in dieser wenige Jahre zuvor entstandenen Kirche aufgestellt. Alle anderen Krippen evangelischer Kirchen Bonns gehören den 1980er Jahren an. Das Transparent der Tannenbuscher Apostelkirche entstand 1985; im selben Jahr verwendet die Matthäikirche, Bonn-Duisdorf, eine dreiteilige, farbig gefaßte Gipsgruppe als „Testobjekt" für eine später zu beschaffende Krippe [1019].

Von den 17 im inneren Bereich der Stadt Köln 1985 besuchten evangelischen Kirchen [1020] zeigen sechs (35 %) eine Krippe [1021], ausnahmslos plastische Gruppen. Auch diese Objekte sind wenige Jahre alt, abgesehen von den Krippen in der Christus- und Kreuzkirche, die nach Angaben der Küster mindestens 25 Jahre alt sind (Kreuzkirche) bzw. den ersten Nachkriegsjahren (Christuskirche) angehören.

Ebenfalls 1985 wurden elf evangelische Kirchen im inneren Bereich von Düsseldorf besichtigt [1022], davon besitzen fünf (45 %) eine Krippe. Die mit Abstand älteste Krippe ist diejenige der Christuskirche in Oberbilk, die nach Küsterangabe über zwölf Jahre alt ist.

In vier anderen Städten des Kölner Raums wurden 1984-85 weitere elf evangelische Kirchen überprüft [1023], von denen zwei Krippen zeigten: eine Figurengruppe in Oberbarmen, ein großes Transparentbild mit mehreren Szenen in der Gemarker Kirche.

Anhand dieser kleinen Stichproben lassen sich folgende Thesen aufstellen: Abgesehen von wenigen Ausnahmen (die aber immer noch der Nachkriegszeit angehören) werden Krippen in evangelischen Kirchen des Kölner Raums erst in den 1980er Jahren beschafft. Die Zugehörigkeit mehrerer Gottesdienststätten zu einer Kirchengemeinde spielt für die Krippenverbreitung keine Rolle, wie die Bonner Gemeinden zeigen [1024]. Die hier berücksichtigten traditionsreichen Gemeinden

---

1019 Diese Gruppe der Hl. Familie ist ein Teil der seit 1970 nicht mehr verwendeten Gipskrippe der katholischen Pfarrkirche St. Rochus in Bonn-Duisdorf (Mitteilung des Küsters der Matthäikirche).

1020 Köln-Innenstadt: Antoniter, Christus, Kartäuser, Kreuz, Luther, Trinitatis; Bilderstöckchen, Nathanael; Braunsfeld, Clarenbach; Ehrenfeld, Frieden; Klettenberg, Johannes; Marienburg, Luther; Neu-Ehrenfeld, Versöhnung; Nippes, Luther; Raderthal, Philippus; Riehl, Stephanus; Sülz, Tersteegen; Zollstock, Melanchton.

1021 Christus, Kartäuser, Kreuz; Bilderstöckchen, Braunsfeld, Klettenberg. Die Antoniterkirche besitzt seit 1985 eine Bronzeplastik der Hl. Familie mit dem Chor der Gloriaengel; dieses Objekt ist wegen der ganzjährigen Ausstellung keine Krippe, erübrigt aber wohl zunächst eine Krippenanschaffung, falls diese gewünscht wäre.

1022 Innenstadt/Altstadt: Johannes, Neander; Derendorf: Kreuz, Zion; Düsselthal, Matthäi; Golzheim, Tersteegen; Grafenberg, Melanchton; Mörsenbroich, Thomas; Oberbilk, Christus; Unterbilk, Frieden; Wersten, Stephanus.

1023 Leverkusen-Bergisch Neukirchen; Remscheid, Luther; Solingen, Luther; Solingen-Wald; Wuppertal-Arrenberg, Trinitatis; Wuppertal-Barmen, Gemarker Kirche; Wuppertal-Oberbarmen, Luther; Wuppertal-Unterbarmen, Dietrich-Bonhoeffer, Paulus, Vereinigt-evang. Hauptkirche; Wuppertal-Wichlinghausen.

1024 Die Lukaskirche hat keine, ihr neues Gemeindeforum Auerberg hat eine Krippe. Die Godesberger Johanneskirche und die Marienforster Kirche im 2. Pfarrbezirk haben Krip-

im Bergischen [1025] lassen zahlenmäßig keinen Rückschluß auf eine Reserviertheit der alten Gemeinden zu; das Beispiel der bis in die 1980er Jahre evangelisch-reformierten (!) Gemarker Kirche weist ohnehin nicht in diese Richtung. Auch die die reformierte Tradition pflegenden Kirchen in Düsseldorf-Düsseltal und -Mörsenbroich besitzen Krippen. Eine Anregung zur Krippenbeschaffung durch die römisch-katholische Nachbargemeinde ist durchaus möglich [1026].

Dennoch bestehen in den 1980er Jahren noch gelegentlich Vorbehalte gegen Krippen in evangelischen Kirchen: Einzelne Pfarrer und Küster von Kirchen ohne Krippen, die ich auf die positiven Belege in Nachbargemeinden ansprach, verwiesen auf besondere Situationen in den anderen Gemeinden [1027].

6.2.5. Evangelische Freikirchen

Die für die Krippenverbreitung interessanteste evangelische Freikirche ist die Selbständige evangelisch-lutherische Kirche (SELK), da hier entsprechend zur lebendigen Krippenpflege in lutherischen Landeskirchen (z. B. Sachsen, Nordelbien) auch eine Krippentradition zu erwarten wäre.

Von den ausschließlich Gottesdienstzwecken dienenden Räumen der SELK im Kölner Raum wurden alle außer den Kapellen in Langenberg und Wuppertal-Oberbarmen besucht [1028]. Diese fünf Kirchen besitzen alle Figurenkrippen, jedoch erst seit den letzten Jahren - Köln 1982, Düsseldorf seit 1985 (sie ersetzt dort das ältere Glastransparentbild).

Die verschwindende Minderheit der Kalvinisten (Niederländisch-reformierte Kirche) besitzt nur eine Hausgottesdienststätte (Wuppertal-Elberfeld) ohne öffentliche Gottesdienstanzeige, die nicht überprüft wurde. Die Evangelisch-freikirchlichen Gemeinden (Baptisten) in Köln und Wuppertal zeigen keine Krippen.

Die Evangelisch-methodistische Kirche in Köln stellt in ihrer Apsis eine große Oberammergauer Gliederfigurenkrippe aus den 1960er Jahren auf. Sie wurde aus der Gottesdienststätte der Evangelischen Gemeinschaft Köln, Burgunderstraße,

---

pen, die Kirche im Neubaugebiet Heiderhof hat keine. Die älteste Beueler Kirche (Versöhnungskirche) hat nur aufgrund einer Leihgabe eine Krippe, die Nachfolge-Christi-Kirche und das Gemeindezentrum Adelheidisstraße haben keine.

1025 Bonn-Oberkassel; Düsseldorf, Neanderkirche; Leverkusen-Bergisch Neukirchen; Wuppertal-Barmen, Gemarker Kirche.

1026 Als Beispiele dafür: die „Testkrippe" der Matthäikirche aus St. Rochus in Bonn-Duisdorf, 1985; die gemeinsame Anschaffung neuer Krippen für St. Paulus und die Matthäikirche (dort als erste Krippe überhaupt) in Düsseldorf-Düsseltal, beide Erzeugnisse aus Ruanda, 1981.

1027 Als Beispiele: der frühere Pfarrer an der Kölner Kreuzkirche sei konvertierter katholischer Priester gewesen; der Pfarrer in Bonn-Mehlem stamme aus Bayern, die Pfarrfrau in Bonn-Friesdorf aus Masuren, der Pfarrer in Düsseldorf-Düsseltal aus Nordelbien. Ferner erhielt ich auch die Angabe, daß die Krippe eine Art persönliches Hobby des Pfarrers sei (Düsseldorf-Oberbilk).

1028 Düsseldorf-Stockum, Erlöser; Köln, Johannis; Radevormwald, Martini; Remscheid, Martini; Wuppertal-Elberfeld, Petri.

bei der Vereinigung der beiden Gemeinden (nach der Kirchenunion von 1968) übernommen.

6.2.6. Landeskirchliche Konfessionsgemeinden

Eine bereits im Abschnitt 3.1.1. dargestellte Besonderheit der Evangelischen Kirche im Rheinland sind die im selbem Ort fortbestehenden reformierten und lutherischen Kirchengemeinden, die im Gegensatz zu den daneben noch bestehenden entsprechenden Freikirchen der Landeskirche angehören.

Nach dem bis in die Gegenwart reichenden Trend zur Vereinigung der beiden Gemeinden bestehen 1985/86 noch folgende nicht unierte Gemeinden: Radevormwald, Wuppertal-Cronenberg, Wuppertal-Ronsdorf (jeweils beide Konfessionen) und Wuppertal-Elberfeld, Kirche am Kolk (evangelisch-lutherisch; die reformierte Gemeinde - Alte Kirche, Neue Kirche, Dritte Kirche - bezeichnet sich seit der Union mit der Tochtergemeinde der Kirche am Kolk, der Trinitatiskirche in Wuppertal-Arrenberg, als vereinigt-evangelisch).

Von diesen Konfessionsgemeinden besitzt nur die Kirche am Kolk eine moderne Figurenkrippe. Die evangelisch-reformierte (!) Kirche in Radevormwald stellt seit 1985 eine Figurenkrippe mit Stall auf; sie ist das Ergebnis einer Projektwoche der örtlichen Hauptschule und wird an die reformierte Kirche während der Schulferien ausgeliehen; nach Auskunft des Küsters von Dezember 1986 plant das reformierte Presbyterium aber jetzt den Ankauf der Krippe.

6.2.7. Simultankirchen

Dauerhaft von zwei Konfessionen benutzte Kirchen sind im Kölner Raum die völlige Ausnahme. Abgesehen von Anstaltskirchen bestehen nur zwei Simultankirchen: der Altenberger Dom (Odenthal-Altenberg) und die Kirche der Amerikanischen Botschaft in Bonn-Plittersdorf, St. Thomas More. Beide Kirchen besitzen durch ihre römisch-katholische Gemeinden eine Figurenkrippe. Die Krippenfreudigkeit der evangelischen Gemeinde am Altenberger Dom ist daran ablesbar, daß die - sehr hochkirchlich erscheinende - zweite Gottesdienststätte in Bergisch Gladbach-Schildgen ebenfalls eine Figurenkrippe (mit Opferstock zugunsten der Mission!) besitzt.

6.2.8. Christliche Sekten

In den Gottesdienstráumen der durch Besuch oder telefonische Nachfrage überprüften christlichen Sekten in Köln und/oder Wuppertal finden sich keine Krippen [1029] -

---

[1029] Diese Aussage betrifft die Adventisten, Apostolische Gemeinde, Freie Christengemeinde Elim, Freie evangelische Gemeinde, Gemeinde Christi, Katholisch-apostolische Kirche, Kirche Jesu Christi der Heiligen der letzten Tage (Mormonen), Neuapostolische Kirche.

außer bei der zur Pfingstbewegung zählenden „Gemeinde Gottes" in Köln [1030] und bei der Christengemeinschaft in Köln-Weyertal [1031].

6.3. Rahmenbedingungen

6.3.1. Zahl der Krippen

Die Frage nach der Krippenzahl mag zunächst unsinnig erscheinen; auch die hier vorgestellte ikonografische Analyse der Kirchenkrippen berücksichtigt nur eine Krippe je Kirche [1032]. Die gewählte Erfassungsmethode machte aber auf das bislang nicht bemerkte Phänomen aufmerksam, daß einige Kirchen mehr als eine Krippe aufstellen, wie ich es 21mal beobachten konnte.

Dabei werden definitionsgemäß krippenartig erscheinende Objekte aus anderen Handlungszusammenhängen nicht berücksichtigt (Jesuskinder als Krippenspielrequisit in Neunkirchen, als Requisit der Krippenlegungsfeier in Zülpich-Bessenich; siehe Abschnitt 1.2.4.). Einbezogen sind aber drei ganzjährig sichtbare Einrichtungsgegenstände mit weihnachtlichen Bildern, die während der Weihnachtszeit besonders geschmückt und an einem hervorgehobenen Platz ausgestellt werden [1033]. Unter den evangelischen Kirchen habe ich das Phänomen der Zweitkrippe nur einmal in Bonn-Venusberg beobachtet, wo außer dem Transparentbild auf dem Altartisch seit 1981 auch eine Figurenkrippe aufgestellt wird.

In diesen 21 Kirchen werden stets zwei Krippen aufgestellt; eine höhere Krippenzahl konnte ich nur einmal, am 30. Dezember 1984, in der Kölner Kirche St. Ursula beobachten [1034].

[1030] Nach telefonischer Auskunft im Dezember 1984 wird immer eine Weihnachtskrippe aufgestellt, was aber 1984 wegen Umbau des Hauses nicht möglich war.

[1031] Dort vor dem Ambo eine Holzplatte mit einem Christgeburts-Relief, das nur in der Weihnachtszeit aufgestellt wird. Nach Auskunft des Priesters (27.Dez.1984) stellt dies die völlige Ausnahme für die Gottesdiensträume der Christengemeinschaft dar; üblich seien dagegen Transparentbilder o.ä. in den Vorhallen.

[1032] Bei den nachstehend erwähnten Pfarrkirchen wurde für die Analyse nur diejenige Krippe berücksichtigt, die dauerhaft aufgestellt wird; in der Mehrzahl der Kirchen erscheint die Zweitkrippe nur für ein(ige) Jahr(e), wie die Überprüfung von Bonn-Plittersdorf (Evergislus), Köln (Severin) und Köln-Weiden (Hl. Geist) nachweist; die 1984 aufgetretende Dopplung der Krippen in Köln-Vogelsang (Viktor) beruht u.a. darauf, daß der neuerschienene Krippenführer Kölns (Schwering 1984) die bisherige Krippe besonders herausstellt, die Kirchengemeinde aber bereits eine neue Krippe beschafft hatte; seit 1985 wird nur noch die neue Krippe aufgestellt.

[1033] Düsseldorf-Volmerswerth (1983 wird ein neugotisches Andachtsbild mit retabelartigem Aufbau durch Tannen und einen beleuchteten Stern ausgezeichnet), Köln, Ursula (seit den 1970er Jahren wird ein neugotisches Altarfragment, das in den 1930er Jahren als Krippe verwendet wurde, aus der Wandhalterung genommen und mit Tannenhintergrund zur Weihnachtszeit ausgestellt), Rheinbach-Ramershoven (1984 Ausstellung eines Nativitas-Tafelbildes auf einer Staffelei rechts vom Altar).

[1034] St. Ursula stellt üblicherweise zwei Krippen auf (vgl.oben). Am 30.Dez.1984 fand in dieser Kirche eine Krippenfeier mit anschließender Meditation statt für die Teilnehmer des vom 28.Dez.1984-1.Jan.1985 in Köln organisierten „Europäischen Treffens" der Freunde der Communauté de Taizé. Für diese Veranstaltung wurden vor dem Zelebrationsaltar zwei

Die neu im Kirchenraum auftauchenden Zweitkrippen werden gelegentlich durch Schrifttafeln als Geschenke einer bestimmten Gemeindegruppe bestimmt [1035]. In diese Richtung weisen wohl auch die vier von Laien gebastelten Zweitkrippen neben Erzeugnissen von professionellen Krippenherstellern [1036]. Die hierzu gerechnete Zweitkrippe, die St. Katharina in Köln-Niehl 1981 erhielt, entstand als Ersatzkrippe während der Kirchenrenovierung, die eine Aufstellung der großen Krippe nicht ermöglichte; sie wird aber seither als Pendant der älteren Krippe neben der Altarinsel postiert. Zweimal wird eine Krippe für eine Gestaltung mit aktueller Aussage benutzt, während die andere ein traditionelles Bild zeigt [1037]. Drei weitere Krippen können durch die besondere räumliche Situation [1038] und durch den Wunsch nach einem Signalwert im Straßenraum [1039] erklärt werden. Die übrigen fünf Zweitkrippen sind aus den Objekten nicht zu erklären [1040].

6.3.2. Aufstellungszeit

Als Aufstellungszeit der Kirchenkrippen wäre die in der jeweiligen Konfession übliche Weihnachtszeit zu erwarten. Dies trifft ohne Einschränkung jedoch nicht zu.

Die längste Weihnachtszeit feiert die altkatholische Kirche (24./25. Dezember - 2. Februar). Während die Bonner Bischofskirche bis zum Schlußtermin die Krippe aufstellt, zeigte die Kölner Pfarrkirche am 2. Februar 1985 keine Krippe mehr, wohl aber einen Weihnachtsbaum.

Evangelische Kirchen kennen keine einheitlichen Festzeiten im Zusammenhang mit einzelnen Festen [1041]. Als Schlußdatum einer weihnachtlichen Zeit kommt vor allem das Epiphaniasfest (6. Januar) in Betracht; daneben vielleicht noch der letzte Epiphaniassonntag (zehnter Sonntag vor Ostern). Tatsächlich ist Epiphanias der

---

Ikonen (Kruzifixus und Maria mit Kind) nebst Öllämpchen aufgestellt, die im Zusammenhang dieser Feier und wegen der Abbildung von Maria mit dem Jesuskind als (dritte) Krippe verstanden werden können.

1035 In Bergisch Gladbach-Heidkamp (1983) die Eltern des Kindergartens, in Bonn-Bad Godesberg-Plittersdorf (Evergislus, 1985) der Pfadfinderstamm der DPSG, in Köln (Severin, 1983) als gegenständliches Ergebnis der wochentäglichen Adventmessen für Jugendliche.

1036 Grevenbroich-Langwaden, Zisterzienser-Klosterkirche; Köln-Niehl (Katharina); Köln-Weiden, (Hl. Geist, 1984); Marienheide (Ludwig).

1037 Frechen, Severin (alljährlich eine unterschiedllich aktualisierte Krippe am Altar, eine unveränderte im Eingangsbereich); Köln-Weiden, Hl. Geist (entgegen 1983 - eine traditionelle Krippenaufstellung - ein aktueller Krippenraum und eine neue Bastelkrippe mit traditionellem Bild).

1038 Köln, Gereon (1983 in der Krypta wie in dem seinerzeit als Kirchenraum genutzten Langchor); Kaarst (im Hauptkirchenraum und in der räumlich getrennten Werktagskirche).

1039 Köln-Sülz (Nikolaus) stellt außer im Kirchenraum auch auf dem Vorplatz an der belebten Berrenrather Straße eine Krippe auf.

1040 Bonn-Lessenich, Köln (Peter), Lindlar-Linde, Neuss (Christ König), Overath-Steinenbrück.

1041 vgl. dazu: Walter STÖKL: Das evangelische Kirchenjahr. In: Bibel und Liturgie. Blätter für volksliturgisches Apostolat. Jg. 17. 1949. Nr. 3. Dez. S. 79-86. - hier: S. 79 f.

Abbautermin der überprüften evangelischen Kirchenkrippen; die evangelische Heilandkirche in Bonn-Mehlem jedoch stellt ihre Krippe bis zum dritten Januarsonntag aus. Das ist zunächst ein Beleg für das große touristische Interesse an der Mehlemer Krippe, auf die seit 1984 mehrere große Presseartikel und von der Gemeinde verschickte Plakate aufmerksam machen; aber auch die Johanneskirche im benachbarten Bonn-Pennenfeld stellt nun ihre Krippe bis Mitte Januar aus.

In der römisch-katholischen Kirche hat die Liturgiereform die Weihnachtszeit seit 1969/70 [1042] erheblich verkürzt: zuvor bis Darstellung des Herrn andauernd (2. Februar), schließt sie nun am Fest der Taufe des Herrn (Sonntag nach dem 6. Januar)[1043]. Dieser Veränderung haben sich nur wenige Kirchengemeinden angeschlossen, wie die weitgehend vollständige Erhebung der Bonner Kirchen [1044] nachweist: nur 9 von 42 römisch-katholischen Kirchen (21,5 %) halten diesen Schlußtermin ein, elf dagegen (26 %) den ehemals gültigen 2. Februar; die übrigen 52,5 % wählen verschiedene, zwischen den beiden Tagen liegende Termine ohne Bedeutung im liturgischen Kalender [1045].

Eine Freitag, den 1., bis Sonntag, den 3. Februar 1985 durchgeführte Stichprobe in den Innenstädten von Düsseldorf und Köln kommt zu einem noch deutlicheren Ergebnis. In den 23 im inneren Bereich Düsseldorfs besuchten Kirchen [1046] waren noch 10 Krippen (43 %) zu sehen, von den 23 Pfarrkirchen der Dekanate Köln-Mitte-Nord und -Süd (ohne St. Alban) zeigten noch acht die Krippe (35 %); nicht berücksichtigt sind dabei der Dom und St. Maria in Lyskirchen, die die Krippe zum Monatsende (31. Januar) entfernten. Anzumerken ist, daß mehrere römisch-katholische Kirchen eine „reduzierte Nachsaison" kennen - eine Zeit zwischen Erscheinung und Darstellung des Herrn, während der nur noch ein Teil der weihnachtlichen Dekoration stehenbleibt. Hierbei wird die Krippe nicht besonders bevorzugt: Zwar behalten St. Georg und St. Peter in Köln-Mitte, St. Antonius und St. Ludger in Düsseldorf nur die Krippe im Kirchenraum, aber St. Martin, Düsseldorf-Unterbilk, St. Jakobus, Grevenbroich-Neukirchen und Hl. Familie,

---

1042 Approbation der Neuordnung des römischen Kalenders durch Papst Paul VI. vom 14.Feb.1969; Gültigkeit ab 1.Jan.1970, aber bereits mit der Vorverlegung des Fests der Hl. Familie auf Sonntag, den 28.Dez.1969; vgl. dazu: Dokumente zur Erneuerung der Liturgie. Bd. 1- . Kevelaer: Butzon u. Bercker. Bd. 1. Dokumente des Apostolischen Stuhls 1963-1973. Hrsg. Heinrich RENNINGS unt.Mitarb.v. Martin KLÖCKENER. 1983. - S. 616 f.

1043 Grundordnung des Kirchenjahres und des neuen römischen Generalkalenders. In: Messbuch. Die Feier der Heiligen Messe. Für die Bistümer d.dt.Sprachgebietes. Authent. Ausg.f.d.liturg.Gebrauch. Hrsg.i.A.d.Bischofskonferenzen Deutschlands u.a. Tl. 1-2. Köln: Benziger; Freiburg i.Br.: Herder; Regensburg: Pustet; Salzburg: St. Peter; Linz: Veritas, 1975. Tl. 1. Die Sonn- und Feiertage dt.u.latein. Die Karwoche dt. S. 74*-82*. - hier: S. 77*.

1044 vgl. Anm. 1006.

1045 15 (36 %) Mitte Januar, 4 (9,5 %) dritter Januarsonntag, 3 (7 %) Ende Januar.

1046 Innenstadt/Altstadt: Andreas, Antonius, Elisabeth, Lambertus, Marien, Max, Petrus; Bilk: Bonifatius, Ludger, Suitbert; Derendorf: Lukas, Dreifaltigkeit, Herz Jesu; Düsseltal, Paulus; Flingern, Liebfrauen; Golzheim: Adolfus, Albertus Magnus; Hafen, Petrus Canisius; Mörsenbroich, Franziskus; Oberbilk: Apollinaris, Joseph; Pempelfort, Hl. Geist; Unterbilk, Martin.

Troisdorf-Oberlar räumen die Krippen weg und behalten nur die Christbäume bis zum 2. Februar.

Die Beibehaltung der Krippe über den Abschluß der Weihnachtszeit hinaus ist von der Art des Objekts unabhängig. Einige große Krippen, die (teils in wöchentlichem Wechsel [1047]) neue Szenen darstellen, könnten zu der These führen, daß mit einer großen Szenenzahl auch eine besonders lange Aufstellungszeit verbunden sei. Das ist aber unzutreffend: In Bonn zeigen zehn der elf Krippen am 2. Februar die Anbetung der Könige, eine lediglich die Heilige Familie [1048], in Köln sind unter acht Krippen drei spätere Bilder, aber auch drei Krippen mit in der gesamten Weihnachtszeit unveränderten Bildern [1049]. Auch durch eine besonders aufwendige, figurenreiche Krippe ist die lange Aufstellungszeit nicht zu rechtfertigen: unter den Bonner und Kölner Krippen am 2. Februar sind sieben, die aus vier oder weniger Figuren bestehen [1050]. Ebenfalls kann die lange Krippenaufstellung nicht als besonderes Entgegenkommen für private Krippeninteressenten gedeutet werden, denn in Bonn, Düsseldorf und Köln sind immerhin jeweils drei Kirchen hier genannt, die außerhalb der Gottesdienstzeiten geschlossen sind (das sind in Bonn 27 %, in Düsseldorf und Köln noch 13 %), ferner mehrere, in denen die Krippe werktags nur von Ferne zu sehen ist.

Eine zum Genre der Weihnachtskrippen gehörende, im Folgenden aber nicht näher analysierte Gattung bildet die Adventskrippe. Damit sind nicht die Vorbereitungen für die Weihnachtskrippe gemeint, die oft etliche Tage in Anspruch nehmen (in St. Severin, Köln, war schon am 12. Dez. 1985 der Aufbaubeginn), auch nicht die mangels Werktagen vor dem 24. Dezember in manchen Jahren in der Vorwoche fertig aufgestellten Krippen (z. B. im Kölner Dom und im Bonner Münster - ohne das Jesuskind - stets mehrere Tage vor dem 24. vollendet).

Einige Kirchen verwenden ihre Weihnachtskrippenfiguren in der Adventszeit für besondere Szenen, die der Geburt Christi vorangehen. Diese Adventkrippen belegen generell den späteren Stellplatz der Weihnachtskrippe und weisen auch damit auf den unmittelbaren Zusammenhang hin [1051]. Von den 23 römisch-katholischen Kirchen der Kölner Innenstadt besaßen 1985 neun eine Adventkrippe (39 %)[1052], von den 42 Bonner Kirchen waren es sechs (14 %)[1053], unter den evangelischen

---

[1047] Bekannte Beispiele: Köln (Kolumba), Köln-Klettenberg (Bruno).

[1048] Dagegen schließen Krippen mit weiteren Bildern vorher ab: Bonn-Buschdorf (letzter Januarsonntag), Bonn-Beuel-Limperich, (bereits Mitte Januar).

[1049] Bonn-Duisdorf (Augustinus) Köln: Georg, Peter.

[1050] Bonn-Nordstadt (Franziskus), Bonn-Duisdorf (Augustinus), Bonn-Heiderhof, Köln: Georg, Kolumba, Maria Hilf, Peter (letztere mit zwei Krippen: eine zweiteilig, die andere ein triptychonales Teil).

[1051] Eine Ausnahme ist St. Heribert, Köln-Deutz, wo das Verkündigungsbild im Advent an einem anderen Platz, gleichwohl mit den Gliederfiguren der Weihnachtskrippe aufgebaut wird.

[1052] Andreas, Aposteln, Gertrud, Kolumba, Kunibert, Maria Hilf, Maria in der Kupfergasse, Maternus, Ursula.

[1053] Bonn-Buschdorf, Bonn-Poppelsdorf, Bonn-Venusberg, Bad Godesberg-Muffendorf, Beuel-Küdinghoven, Beuel-Limperich.

Kirchen nur eine in Bonn [1054]. Meistens wird ein Bild gezeigt [1055]. Allen Adventbildern ist (mit den der Anbetung der Könige ggf. folgenden Bildern) gemeinsam, daß sie Szenen aus einem (scheinbar) logischen Zusammenhang darstellen, die aber (im Gegensatz zu den Bildern zu Weihnachten und Epiphanie) nicht an den jeweiligen Festtermin gebunden sind. Beliebtestes Adventbild in katholischen Kirchen ist die Verkündigung durch den Engel an Maria (Fest „Verkündigung des Herrn" am 25. März), die neunmal gezeigt wird [1056], gefolgt von der Herbergssuche, die achtmal zu sehen ist [1057]; dagegen ist Mariä Heimsuchung (Fest am 2. Juli) nur dreimal dargestellt [1058]. Andere Adventbilder zeigen die evangelische Pauluskirche in Bonn-Godesberg-Friesdorf (Hirten auf dem Feld) und St. Maternus, Köln (Prophet vor der leeren Geburtsgrotte).

6.3.3. Aufstellungsort

Der Aufstellungsort der Krippe innerhalb des Kirchenraums wurde zu keiner Zeit der Krippengeschichte festgeschrieben, auch wenn einzelne Autoren empfahlen, die Krippe z. B. in Vorhallen oder Seitenräume abzudrängen, während die Krippenbewegung eine Aufstellung am Hochaltar für sinnvoll erachtete (siehe Abschnitt 4.3.1.).

Im Zusammenhang mit der Erfassung der Kirchenkrippen habe ich bei 721 katholischen Kirchen die Position der Krippe im Raum notiert. Da die Aufstellung alljährlich wechseln kann, beziehen sich die folgenden Daten nur auf 1982/83-1983/84. Eine hier unberücksichtigte Ausnahme ist die Krippe von Neustadt/Wied-Ehrenstein, die sich als einzige außerhalb des Kirchenraums befindet.

205 Krippen (28,4 %) befinden sich im Altarraum, nur 81 (11,2 %) in Seitenräumen des eigentlichen Kirchenraums (Kapellen, Werktagskirchen, Turmhallen usw.); eine ähnliche Anzahl (86 = 11,9 %) findet Aufstellung an verschiedenen Plätzen des Gemeinderaums (Seitenschiff, Seitenwand, Querhaus usw.).

Der nennenswerte Anteil von Krippen im Altarraum ist sicherlich auch durch die Suche nach symbolischen Bezügen zu begründen: 71 (9,8 %) werden im unmittelbaren Zusammenhang mit dem Zelebrationsaltar aufgebaut, 16 (2,2 %) mit dem Ambo, 36 (5,0 %) mit dem - heute meist separat aufgestellten - Tabernakel, 26 (3,6 %) mit dem Taufbecken; das sind 149 Krippen (20,7 %), die eine enge Anbindung an Gottesdienst und Sakrament suchen. Einen Beleg besonderer Art für diese Aufstellungsform bietet ein 1982 erstmals in Bergheim-Oberaußem aufgestelltes Objekt: Für die etwa halblebensgroßen Krippenfiguren wurde dort

[1054] Pauluskirche, Bonn-Bad Godesberg-Friesdorf.
[1055] Ausnahmen: Bonn-Buschdorf; Köln: Andreas, Kolumba, Maria Hilf.
[1056] Bonn-Buschdorf, Bonn-Beuel-Küdinghoven, Bonn-Beuel-Limperich, Köln: Andreas, Kolumba, Kunibert, Maria Hilf, Maria in der Kupfergasse, Ursula.
[1057] Bonn-Buschdorf, Bonn-Poppelsdorf, Bonn-Venusberg, Bonn-Bad Godesberg-Muffendorf, Martin; Köln: Aposteln, Gertrud, Kolumba, Maria Hilf.
[1058] Bonn-Buschdorf, Köln: Kolumba, Maria Hilf.

ein großes, an drei Seiten offenes Holzgebäude beschafft, das auf dem hinteren Teil des Daches einen Altartisch trägt; dieser Krippenaltar wird während der Weihnachtszeit vor Hoch- und Zelebrationsaltar als dritter Altar im Chorraum aufgestellt und benutzt.

Die Suche nach symbolischen Bezügen bestimmt aber nicht den häufigsten Aufstellungsort. 349 Krippen (48,4 %) belegen eine Seitenaltar-Position. Dieser Begriff ist bei 145 Krippen (20,1 %) unmittelbar einleuchtend: hier sind die Krippen vor oder auf bestehenden Seitenaltären aufgestellt; die gegebenenfalls vorhandenen Retabel werden teils verhangen [1059], teils in die Darstellung als Geburtsgrotte [1060] oder als Nische für den Verkündigungsengel [1061] einbezogen.

Als Seitenaltäre betrachte ich in diesem Zusammenhang auch die seit der Liturgiereform sich mehrenden „Reduktionsformen" (Heiligen- und Muttergottesbilder auf eigenen Stelen, Tabernakelstelen u. ä. am Platz zwischenzeitlich entfernter Nebenaltäre in älteren Kirchenbauten). Derartige Reduktionsformen erscheinen auch in Neubauten, die die Erfordernisse der Liturgiereform berücksichtigen. Sie ebenfalls heranzuziehen, ist nicht mehr dadurch gerechtfertigt, daß sie einen leer gewordenen Altarplatz füllen; es bleibt aber offenbar auch nach der Abschaffung von seitlichen Altarplätzen neben dem Zelebrationsaltar in vielen Kirchenräumen ein ästhetisches Bedürfnis, diesen in der Mitte des Altarraums aufzustellen und seine Altarinsel durch weitere Einrichtungselemente einzurahmen (z. B. Tabernakelstele und Muttergottesbild).

Diese Funktion der seitlichen Rahmung des Zelebrationsaltars übernehmen in 204 katholischen Kirchen (28,3 %) während der Weihnachtszeit die Krippen. Insbesondere bei Aufbauten mit festen Gebäuden („Stall") erinnern diese Krippen an Seitenaltarretabel, denen nur die Mensen fehlen. Von diesen scheinbaren Retabeln sind die Krippen zu unterscheiden, die an anderen Plätzen des Altarraums stehen (z. B. oft an einer vorderen Ecke der Altarinsel, als Pendant zum Ambo), wie dies in weiteren 118 Kirchen (16,4 %) der Fall ist.

Auch außerhalb der römisch-katholischen Kirche werden diese Aufstellungsorte gewählt; die beiden altkatholischen Krippen stehen im Altarraum ebenerdig; die lutherischen Kirchen (landes- wie freikirchlich) stellen ihre Krippen seitenaltarartig oder an einer vorderen Ecke des Altarraums auf (die übrigen landeskirchlichen Gemeinden suchen vorwiegend einen Platz unter dem größten Christbaum, der im Altarraum aufgerichtet ist).

Die Parallele von Krippenaufbau und Retabel tritt in älteren Kirchenbauten gelegentlich auch am Hochaltar in verschiedenen Lösungen auf (22 Kirchen = 3,1 %): das vorhandene Retabel wird zur Krippenbühne umgebaut [1062], der unbe-

---

1059 z.B. Wesseling-Berzdorf, Wuppertal-Elberfeld (Herz Jesu).
1060 Euskirchen-Dom Esch.
1061 z.B. Königswinter-Ittenbach, Zülpich-Juntersdorf.
1062 z.B. Bad Honnef, Johann Baptist.

leuchtete Hochaltaraufsatz dient als dunkler Fond von Krippe und strahlendem Stern [1063], oder hinter dem sonst freistehenden Altartisch wird eine Krippe wie ein Retabel errichtet [1064].

Diese Aufstellung als vorübergehendes Retabel erfordert häufig einen hohen Aufwand an tragenden Gerüsten; eine sehr ähnliche Aufstellungsform ist dagegen einfach einzurichten: Seit der Liturgiereform muß der Fußboden vor der Mensa nicht mehr für den Zelebranten freigehalten werden, da dieser (außer in einigen wenigen Kirchen) hinter den Altar tritt. Statt eines hohen Retabels hinter dem Altar wird nun auch eine Krippenaufstellung auf dem Boden vor dem Altartisch möglich; ältestes Beispiel dafür im Kölner Raum ist Frielingsdorf, um 1933 [1065]. Bei meiner Erhebung sind 49 (6,8 %) solcher Aufstellungen zu sehen gewesen.

Als grundlegendes Prinzip in der Wahl der Krippenaufstellung ist demnach noch vor der symbolischen Bestimmung (aber ohne diese auszuschließen) die Verwendung der Krippe als rahmendes Dekorationsobjekt für den Zelebrationsaltar festzustellen. Dieses Prinzip wird in 420 Kirchen (58,3 %) angewendet, weniger in unmittelbarer Anbindung an den Altar (in 71 Kirchen) als durch die Wahl einer Seitenaltar-Position, deren Seite ohne besondere Vorlieben bestimmt wird (185mal links, 164mal rechts).

Durch diese sich grundsätzlich gleichenden Aufstellungsorte kann die Kirchenkrippe zwei verschiedene Funktionen im Raum erfüllen: sie tritt an die Stelle einer anderen, ganzjährig sichtbaren bildlichen Darstellung und lenkt so die Aufmerksamkeit auf das Festgeheimnis; in anderen Kirchen aber füllt sie vorübergehend einen längst entdekorierten Platz mit einem sakralen Bild. Gelegentlich kommen durch die Krippenaufstellung Einrichtungsstücke in einen neuen Gebrauch, nachdem sie seit der Liturgiereform nutzlos geworden sind - das gilt etwa für Krippen, die auf alten Altarmensen erscheinen [1066] oder die das Taufbecken überbauen, soweit der Pfarrer auf die traditionelle Aufbewahrung des Taufwassers verzichtet [1067].

6.3.4. Aufsteller

Unter den Rahmenbedingungen für die Aufstellung von Kirchenkrippen werden oft die damit belasteten Personen vergessen. Nach der langjährigen Zusammenarbeit von Krippenbewegung und katholischen Standesvereinen wäre zu erwarten, daß solche Vereine auch die Krippenaufstellung in den Pfarrkirchen übernehmen. Die bei der Befragung der Bonner Pfarrämter [1068] erreichten Angaben weisen

---

1063 Erftstadt-Gymnich.
1064 z.B. Düsseldorf-Kalkum, Köln (Michael), Windeck-Herchen.
1065 DÜCKER (wie Anm. 534), S. 18.
1066 z.B. die Hochaltäre in Meckenheim-Lüftelberg und Rheinbach-Niederdrees; in Düsseldorf-Bilk (Martin) oder Kerpen-Horrem belegt die Krippe den Seitenaltartisch.
1067 z.B. in Bergisch Gladbach-Hand, Frechen (Severin), Köln-Grengel, Remscheid-Lennep.
1068 vgl. Anm. 1006. Zur Frage nach den Aufstellern der Krippe gingen 34 Antworten aus katholischen Gemeinden und nur 5 aus evangelischen Gemeinden ein, so daß letztere hier nicht berücksichtigt werden.

aber in eine andere Richtung: nur dreimal (8,8 %) wird die Auswahlantwort „kirchlicher Verein/Gruppe" angekreuzt, darunter nur ein (erbetener) Klartext, der den Liturgieausschuß der Gemeinde benennt [1069].

Statt dessen wird 16mal (47,1 %) angegeben, daß in der Kirchengemeinde eine eigene Krippenbaugruppe besteht bzw. daß eine bestimmte Person sich besonders mit der Krippenaufstellung beschäftigt. Wo sich dieses ehrenamtliche Engagement besonderer Krippenfreunde (die teils auch die Hersteller der Krippenfiguren oder des Gebäudes sind) nicht findet, springen nicht die kirchlichen Vereine ein, sondern der angestellte Verwalter des Kirchenmobiliars - 15mal (44,1 %) wird der Küster als Aufsteller der Krippe angegeben.

6.4. Allgemeines zur Darstellung

6.4.1. Maßstab

Die in den katholischen Kirchenkrippen gewählten Maßstäbe sind sehr unterschiedlich: etliche Krippen haben nur spannengroße Figuren (ca. 20 cm); die Mehrzahl der häufigen hölzernen Gliederfiguren ist zwischen halb- und dreiviertellebensgroß (ca. 80 bis 120 cm). Generell ist aber festzuhalten, daß die Kirchenkrippen stets einen verkleinernden Maßstab aufweisen; Krippen in Lebensgröße sind die seltene Ausnahme [1070], überlebensgroße Krippen kommen nicht vor.

6.4.2. Zeitangaben

Die für die Krippendarstellung gewählte Jahreszeit ist schwer bestimmbar; aus der während der Aufstellungszeit realen Winterzeit darf nicht vorschnell darauf geschlossen werden, daß auch die Krippen winterlich gestaltet werden.

Obwohl Weihnachten in kommerzieller Dekoration, in Glückwunschkarten-Gestaltungen wie in populären Liedern häufig mit dem Wunsch nach Schnee verbunden ist, sind Schneekrippen kaum vertreten: zwei Kölner Krippen, die denselben geistigen Vater haben [1071], zeigen auf den gemalten Kulissen ein tiefverschneites örtliches Motiv, auf der eigentlichen Stellfläche ersetzt feiner Sand den Schnee. Einzig die Dominikanerkirche Heilig Kreuz in Köln stellt eine ganze Schneelandschaft auf, die von den Alpengipfeln im Hintergrund bis zur gesamten Stellfläche aus Kunstschnee besteht.

Die Kleidung der Figuren erlaubt keinen Rückschluß auf die Jahreszeit, da die gelegentlich bei Hirten auftretenden Schaffellkleider auch als Attribut und nicht unbedingt als wärmendes Kleidungsstück zu verstehen sind. Die weit überwiegende Zahl der Krippenfiguren trägt formelle Kleider, die stets aus Unter- und

---

1069 Beleg aus Bonn-Beuel-Limperich.

1070 Düsseldorf-Niederkassel, Neustadt/Wied-Ehrenstein (letztere Krippe wird in einem realen, begehbaren Stallraum aufgestellt).

1071 Köln, St. Maria in Lyskirchen (1982); Köln-Porz-Wahn (1963). Beide Krippen gehen auf die Anregung des Pfarrers, Ehrendechant Gottfried Kirsch, zurück.

Obergewand bestehen und lediglich auf eine Wetterlage verweisen, die weder brütend heiß noch frostig ist.

Für eine kühle Witterung sprechen die rotglühenden Feuerchen, die 147mal (20,0%) die Szenerie beleben; sie werden jedoch mehrfach als Kochstelle oder als Wärmplatz des Teekessels [1072] gestaltet und sind damit als Hinweis auf die Jahreszeit unbrauchbar.

Gegen einen „grünen Winter" sprechen die 260 Krippen (35,4 %), die blühende Pflanzen aufweisen, insbesondere Hyazinthen, Zwergtulpen, Alpenveilchen und Christrosen. Eine grüne, blühende Landschaft in weihnachtlichen Tafelbildern seit dem 15. Jahrhundert verleitet Witte zur Annahme, daß die Christgeburt in den Hochsommer verlegt sei [1073]. Unter den Bäumen im Krippenhintergrund finden sich aber 17mal blattlose Laubbäume (2,3 %); jedoch überwiegen immergrüne Nadelgehölze (617mal, 84,1 %), so daß aus den verwendeten Pflanzen allenfalls zu schließen ist, daß während der realen Kälteperiode in den Kirchen ein grünes, gewissermaßen jahreszeitloses Krippenbild bevorzugt wird, das oft - entgegen dem natürlichen Ablauf - in Blüte steht, ohne dadurch eine bestimmte Jahreszeit zu spiegeln (Tulpen und Hyazinthen sind Frühlingsblüher, Alpenveilchen blühen als Zimmerpflanzen meist im Winterhalbjahr, Christrosen sind Schnittblumen der Saison).

Die Tageszeit der Szene ist ebenso unklar; Krippen werden fast ausschließlich frei im Kirchenraum aufgestellt und sind sehr von den natürlichen wie künstlichen Lichtverhältnissen des Raumes abhängig [1074]; deshalb sind hier die Kriterien zur Beschreibung von Nachtdarstellungen in Tafelbildern [1075] nicht anwendbar.

Die Kunstgeschichte bietet auch keinen Anhaltspunkt für eine vermutliche Tageszeit, da nach dem Aufkommen nächtlicher Nativitasszenen [1076] und der Schöpfung einer nicht nur durch die Farbwahl, sondern auch im Bild raumerfüllend dunklen Nacht (Hugo van der Goes, ca. 1490-1510 [1077]) immer noch hellerleuchtete Geburtsbilder entstehen; Ende des 18. Jahrhunderts ist die Geburt Christi generell eine Tageslichtszene [1078].

1072 Bonn-Altstadt (Marien), Düsseldorf (Lambertus).

1073 Fritz WITTE: Apokryphe, legendarische und volkstümliche Elemente in den Weihnachtsbildern des ausgehenden Mittelalters. In: Zeitschrift für christliche Kunst. Jg. 32. 1919. S. 119-126. – hier: S. 123.

1074 In Köln-Immendorf erhielt 1977/78 die Kirchenkrippe einen kuppelartigen Überbau, so daß die Krippe nur durch eine bogenförmige Öffnung betrachtet werden konnte. Im Inneren wurde ein sternenbesetzter Abendhimmel mit ziehenden weißen Wolken simuliert. Dieses im Kölner Raum beispiellose Objekt war 1982/83 nicht mehr zu sehen; nach Auskunft der Küsterin war die alljährliche Neukonstruktion dieser Kuppel zu aufwendig.

1075 Renate BREUSTEDT: Die Entstehung und Entwicklung des Nachtbildes in der abendländischen Malerei und seine Ausbreitung in den Niederlanden (bis ca. 1520/30). Göttingen: Univ., Phil.Diss., 1966. - insbes. S. 4 f.

1076 um 1410 in Italien, um 1450 in Frankreich, nach 1500 in Deutschland; vgl. ebda., S. 53 f., 72 f., 94.

1077 vgl. ebda., S. 26-44.

1078 EGGER 1978, S. 128.

Die mittelalterliche religiöse Literatur hilft ebenso wenig weiter: Die Legenda Aurea (1263-73) bestimmt zwar Mitternacht zur Geburtsstunde, erwähnt aber auch, daß nach der Geburt die Finsternis einem hellen Licht gewichen sei [1079]; das schreibt auch Wernher (1172) [1080]. Ähnlich wunderbare Lichtmotive bieten mehrere andere Autoren: Hrotsvit von Gandersheim (960er Jahre) läßt die Höhle nach der Geburt aus sich leuchten [1081], in der Vita rhythmica (1. H. 13. Jh.) leuchtet die Höhle beim ganzen Aufenthalt Mariens [1082], während im Arnsteiner Marienleich (Anf. 13. Jh.) [1083] und bei Philipp dem Kartäuser (2. H. 13. Jh.) [1084] Maria das Licht verbreitet; Bruder Hans (um 1400) faßt dieses Leuchten allgemeiner als den Schein um Mutter und Kind auf [1085].

Unter den ausgewerteten Krippen ist nur eine unmißverständliche Tagesszene [1086], siebenmal (0,95 %) ist eine eindeutige Nachtszene dargestellt durch eine dunkle Himmelskulisse mit Sternen oder einer Mondsichel. Die in 273 Fällen (37,2 %) aufgehängten Krippensterne zeigen wegen ihrer oft enorm hellen Beleuchtung (die auch an einem Tageshimmel noch strahlen würde) nicht unbedingt die Nacht an; deutlicher ist da das Motiv der Handlaterne, das 97mal auftritt (13,2 %): 55mal (7,7 %) hält Josef eine Handlaterne, eine Kerze oder eine Öllampe in der Hand, wobei diese Objekte selten wirklich leuchten. Im Übrigen sind Krippengebäude mit (elektrifizierten) Handlaternen beleuchtet; dazu werden meist antiquierte Objekte verwendet, die eigentlich für Kerzen (Windlicht, historische Versehgang-Laterne der Kirche) oder für Petroleum (mehrfach: ausrangierte Grubenlampen oder Baustellenleuchten) konstruiert sind. Trotz dieses bestehenden Interesses an einer nächtlichen Szene ist die Tageszeit in der Mehrzahl unbestimmbar, soweit man nicht auf das legendäre Leuchten in der Nacht verweisen will.

1079 JACOBUS de Voragine: Legenda aurea, vulgo historia lombardica dicta. Ad optimorum librorum fidem recensuit Th. GRAESSE. 3.Aufl. Breslau: Koebner, 1890. - S. 41: „Ipsa igitur nocte media diei dominicae beata virgo filium suum peperit ..." - S. 43: „Nam in ipsa nocte nativitatis dominicae, obscuritas noctis in claritatem diei versa est."

1080 WERNHER: Maria. Bruchstücke und Umarbeitungen. Hrsg. Carl WESLE. 2.Aufl., besorgt v. Hans FROMM. Tübingen: Niemeyer, 1969. - S. 188 f.

1081 HROTSWIT von Gandersheim: Hrotsvithae opera. Mit Einl. u. Kommentar v. H. HOMEYER. Paderborn: Schöningh, 1970. - S. 69, Z. 570-573.

1082 Vita beate virginis Marie et Salvatoris rhythmica. Hrsg. A. VÖGTLIN. Tübingen: Litterar.Verein i.Stuttgart, 1888. (Bibliothek d.litterar.Vereins i.Stuttgart; 180) - S. 65, Z. 1.740 f.

1083 Arnsteiner Marienleich. In: Denkmäler deutscher Poesie und Prosa aus dem 8.-12. Jahrhundert, hrsg. K. MÜLLENHOFF u. W. SCHERER. 3.Ausg. (d.i.: Aufl.) v. E. STEINMEYER. Bd. 1-2. Berlin: Weidmann, 1892. Bd. 1. Texte. - Nr. XXXVIII, S. 141-151. - hier: S. 142, Z. 20-23.

1084 PHILIPP: Bruder Philipps des Carthäusers Marienleben. Zum ersten Male hrsg.v. Hein-r(ich) RÜCKERT. Nachdr. Amsterdam: Rodopi, 1966. (Bibliothek der deutschen National-Literatur; 34) - S. 55, Z. 2.011-2.013.

1085 HANS: Bruder Hansens Marienlieder. Hrsg. Michael S. BATTS. Tübingen: Niemeyer, 1963. (Altdeutsche Textbibliothek; 58) - S. 114, Z. 2.603-2.605.

1086 Bedburg-Rath zeigte 1983 hinter der Figurengruppe eine gemalte Kulisse mit einer großen aufgehenden Sonne. Diese Tageszeit wurde durch eine symbolische Aussage bestimmt (durch die Christgeburt bricht ein neuer Morgen in der mit groben Steinen erfüllten Welt-Landschaft der Krippe an).

6.4.3. Ortsbestimmung

Der in der Krippendarstellung gewählte Ort der Handlung ist ebenso undeutlich, wenn man von einer naiv neben die Krippe gestellten gelben Ortstafel „Bethlehem" einmal absieht [1087].

63 Krippen (8,6 %) besitzen eine plastische oder gemalte Hintergrundkulisse; unter diesen können 29 (4,0 %) mit dem Oberbegriff „orientalisch" zusammengefaßt werden. Diese - fast ausschließlich gemalten - Kulissen zeigen eine hüglige, sandige Landschaft mit Gebäudegruppen, die in ihrer kubischen Bauweise oder durch minarettartige Türme offensichtlich einen nahöstlichen Eindruck vermitteln sollen; teils erscheint auf dem weitestentfernten Höhenzug eine an Jerusalem erinnernde Stadtsilhouette. Auf die restlichen Elemente der Krippe hat diese Kulissengestaltung keinen Einfluß, wie nachstehend die Analyse der Gebäude- und Gewandformen noch zeigen wird. Sie dienen demnach nur als eine separate Bildformel, die den Geburtsort Bethlehem greifbar machen soll.

Über die Hälfte der Kulissen präsentiert den Gegensatz hierzu: 16mal ist ein lokales Motiv zu sehen, etwa ein Stadtpanorama [1088], dieselbe Kirche, in der die Krippe steht, als Modell [1089] oder ein Motiv aus der Nachbarschaft der Kirche [1090]. Weitere 15 Kirchenkrippen weisen ein nicht zuzuordnendes Architekturmotiv auf, das deutlich mitteleuropäisch ist [1091]. Ebensowenig an den Vorderen Orient, aber an das beliebte Ferienziel Alpen erinnern auch die drei Krippenlandschaften, die von einer felsgrauen Gipfelkette abgeschlossen werden [1092]. Diese 34 Krippenhintergründe versetzen die Handlung also in einen dem Betrachter vertrauten, wenn auch nicht immer regionaltypischen Rahmen.

Ähnliche Möglichkeiten der landschaftlichen Zuordnung bietet auch die Auswahl der Pflanzen an der Krippe. Zwar sind 76 Krippen (10,4 %) mit Palmen, Kakteen oder Dickblattgewächsen dekoriert; diese Krippen aber deshalb als orientalisch zu bezeichnen, wäre vorschnell, denn die Mehrzahl dieser Pflanzen wird gemeinsam mit mitteleuropäischen Gewächsen aufgestellt und die größeren unter ihnen gehören eindeutig zu den Zimmerpflanzen, die im restlichen Jahr den Kirchenraum zieren - sie sind also zunächst ein leicht zu beschaffender Hintergrund der Krippe und erst in zweiter Linie exotisch wirkende Gewächse. Die vorherrschenden Großpflanzen im Hintergrund sind aber extra für die Krippe beschaffte heimische Bäume, wie bereits bei der Bestimmung der Jahreszeit erwähnt wurde (617 Krippen, 84,1 %, mit Nadelbäumen).

1087 Einzelnes Beispiel: Hürth-Berrenrath.

1088 z.B. Bergheim.

1089 Ruppichteroth, Ruppichteroth-Winterscheid.

1090 Blick in den Burghof in Köln-Porz-Wahn, ein Hinterhof mit Blick auf die Kirche in Köln (St. Maria in Lyskirchen), Stadtmauerabschnitt in Hennef-Stadt Blankenberg.

1091 z.B. das gekonnt gearbeitete Stadtmauermotiv in Leverkusen-Schlebusch (Andreas), ein von schwarzweißen Fachwerkhäusern gesäumter Platz in Erkrath-Hochdahl (Franziskus).

1092 Düsseldorf-Oberkassel (Antonius), Köln-Poll (Dreifaltigkeit), Neuss-Vogelsang. Vergleichbar ist die bereits erwähnte verschneite Gipfelkette in der Dominikanerkirche Heilig Kreuz, Köln, und der massive graue Berg hinter der Krippe in Wuppertal-Barmen, evang. Lutherkirche.

Die Gestaltung der Stellfläche ist, soweit sie den Eindruck einer Landschaft vermittelt, ganz mitteleuropäisch: 265 Krippen (36,1 %) haben Moospolster bzw. getrocknetes Moos als Untergrund; dem vergleichbar ist der echte Rasen, dessen seltenes Auftreten (11mal, 1,5 %) auf dem hohen Arbeitsaufwand beruhen dürfte[1093]. Schneller herzurichten ist ein Untergrund aus fein geharktem Torf (20mal, 2,7 %), Herbstlaub (nur 6mal) oder mit ausgelegten Fichtenästen, wie es in der winterlichen Grabpflege üblich ist (83mal, 11,3 %); eine moderne Ersatzform, der grüne Kunstrasen, ist sogar wiederverwendbar (66mal, 9,0 %). Zusammen mit den heimischen Bäumen im Hintergrund bieten diese natürlichen und künstlichen Materialien in zusammen 451 Krippen (61,4 %) die Vorstellung von einer mitteleuropäischen Lichtung oder Waldwiese.

Diese generelle Szene wird in einigen aufwendiger gestalteten Krippen durch Details ergänzt, z. B. das schon erwähnte rotglühende Holzfeuer in 147 Krippen (20,0 %), ein Brunnen oder eine Schwengelpumpe (22mal, 3,0 %), gelegentlich der dank einer Umwälzpumpe wirklich gluckernde Bachlauf (10mal, 1,4 %), den fünfmal ein hölzerner Steg überbrückt. 17mal (2,3 %) wird die Szene durch land- und forstwirtschaftliche Geräte bereichert, die meist unbenutzt am Rand abgestellt werden (die Palette reicht von der Axt zur Milchkanne, von der Sense zur Spannsäge).

Andere Landschaftsgestaltungen spielen neben dieser Waldszenerie keine große Rolle: 93mal (12,7 %) besteht der Untergrund ganz aus Stroh und versetzt so die Szene mehr in den landwirtschaftlichen Bereich; zwölfmal (1,6 %) ist der Boden mit Sand oder Kieseln belegt.

6.4.4. Gebäudeformen

Die im Evangelium - abgesehen von dem „Haus" in Mt. 2, 11 - fehlende Beschreibung des Raumes der Christgeburt wird von den Apokryphen und den späteren Legendenbearbeitungen in verschiedener Weise nachgeliefert. Das Protevangelium des Jakobus spricht von einer Grotte [1094], dasselbe tut Birgitta von Schweden in ihren Offenbarungen (1372) [1095], wie auch andere Autoren [1096]. Bei dem barocken Schriftsteller Martin von Cochem hat die Höhle ein Strohvordach als Vieh-

---

1093 Der echte Rasen muß rechtzeitig vor Weihnachten durch eine Einsaat in einem belichteten Innenraum vorbereitet werden; während der Aufstellungszeit der Krippe ist er regelmäßig zu befeuchten, ohne daß die Figuren Schaden nehmen; eine lange Aufstellungszeit fordert den ersten Schnitt mit der Handschere.

1094 Das Protevangelium des JAKOBUS. In: Edgar HENNECKE: Neutestamentliche Apokryphen i.dt.Übers. 3., völlig neubearb.Aufl., hrsg. Wilhelm SCHNEEMELCHER. Bd. 1-2. Tübingen: Mohr. Bd. 1. Evangelien. 1959. - hier: Kap. 18, V. 1, S. 287.

1095 BIRGITTA von Schweden: Leben und Offenbarungen der heiligen Brigitta (so!). Neu bearb., übers.u.hrsg.v. Ludwig CLARUS (d.i.: Wilhelm Gustav Werner VOLK). Bd. 1-4. Regensburg: Manz, 1856. Bd. 3. Offenbarungen. III. Theil. (Sammlung der vorzüglichsten mystischen Schriften aller katholischen Völker; 12) - S. 281.

1096 KONRAD von Fussesbrunnen: Die Kindheit Jesu. Krit.Ausg.v. Hans FROMM u. Klaus GRUBMÜLLER. Berlin: de Gruyter, 1973. - S. 100, Z. 758 f. -- HROTSWIT (wie Anm. 1081), S. 69, Z. 567. -- PHILIPP (wie Anm. 1084), S. 54, Z. 1.984.

Unterstand [1097]; noch A. K. Emmerich beschreibt detailliert eine geräumige Grotte [1098]. Dagegen erwähnt Pseudo-Matthäus einen Ortswechsel am dritten Tag nach der Geburt, von der Geburtsgrotte in einen Stall [1099]; Johannes de Caulibus (um 1300) nennt nur eine leere, offene Hütte am Wegesrand [1100], Walther von Rheinau (um 1270) ein (offenbar leeres) Häuschen [1101], Johannes von Hildesheim (vor 1364) einen offenen Unterstand mit Dach [1102], das Passional - in Anlehnung an die Legenda Aurea - einen offenen Durchgang zwischen zwei Häusern mit einem Dach darüber [1103].

Die Kunstgeschichte bietet weitere Lösungen: In der Spätantike erscheint eine vierpfostige, offene Hütte (von Holst aus dem Tugurium in der Romulus-Remus-Ikonografie hergeleitet), die in Byzanz ab dem 6. Jahrhundert von einer Grotte abgelöst wird [1104]. Italien wechselt im 14. Jahrhundert von der Grotte zur Hütte, in Deutschland erscheint Mitte des 15. Jahrhunderts eine Palastruine [1105].

Der gegenwärtige Krippenbestand kennt eine ähnliche Vielfalt der Geburtsstätten. 30mal wird eine Grotte gewählt (4,9 %), achtmal (1,1 %) ein Zelt, nur einmal ein an eine Tempelruine erinnernder Säulenaufbau [1106], aber 455mal eine ländliche Architekturform (62,0 %). Zu letzteren zählen nur elf Häuser [1107], die übrigen

---

1097 MARTIN von Cochem (wie Anm. 196), S. 310.

1098 Anna Katharina EMMERICH: Das arme Leben unseres Herrn Jesu Christi. Nach den Gesichten der gottseligen -, Augustinerin des Klosters Agnetenberg in Dülmen. Ausgew. a.d. Tagebüchern des Clemens BRENTANO, hrsg.u.m.e.Nachw.vers.v. Theo RODY. Aschaffenburg: Pattloch, 1954. - S. 23.

1099 Evangelium des PSEUDO-MATTHÄUS. In: Die Apokryphen Evangelien des Neuen Testamentes. Hrsg. Henri DANIEL-ROPS. Aus d.Franz. Zürich: Arche, 1956. - hier: Kp.14, V.1, S. 58.

1100 JOHANNES de Caulibus: Betrachtungen vom Leben Jesu Christi. Aus d.Lat.v. Vincenz ROCK, eingel.u.tw.umgearb.v. Gallus HASELBECK. 2.Aufl. Berlin: St.Augustinus, 1929. - S. 27.

1101 WALTHER von Rheinau: Das Marienleben Walthers von Rheinau v.Edit PERJUS. 2., verm. Aufl. Åbo (Turku): Akademi, 1949. (Acta Academiae Aboensis; Humaniora, XVII, 1) - S. 64, Z. 3.278.

1102 JOHANNES von Hildesheim: Die Legende von den heiligen drei Königen. Faksimileausg.d.dt.Bearb.v. Karl SIMROCK aus d.J. 1842, m.e.Nachw.v. Günter E.Th. BEZZENBERGER. Kassel: Omega, 1979. - S. 7.

1103 Das alte Passional. Hrsg. K.A. HAHN. Frankfurt a.M.: Broenner, 1845. - S. 18. -- JACOBUS de Voragine (wie Anm. 1079), S. 41.

1104 Niels van HOLST: „Es waren aber Hirten auf dem Felde ..." Neue Forschungen zur Entstehung des Weihnachtsbilds. In: Weltkunst. Jg. 41. 1971. Nr. 24. 15.Dez. S. 1.670 f. - hier: S. 1.670. -- Gertrud SCHILLER: Ikonographie der christlichen Kunst. Bd. 1-4. Gütersloh: Mohn. 1. Inkarnation, Kindheit, Taufe, Versuchung, Verklärung, Wirken und Wunder Christi. 1966. - S. 72.

1105 Stephan BEISSEL: Geschichte der Verehrung Marias in Deutschland während des Mittelalters. Ein Beitr. zur Religionswissenschaft und Kunstgeschichte. Freiburg i.Br.: Herder, 1909. - S. 606 f.

1106 Neuss-Reuschenberg (Elisabeth).

1107 Als Haus bezeichne ich hier ein dreidimensionales Architekturmodell mit Dach, das außer dem für die Hl. Familie benutzten Teil wenigstens einen weiteren Raum erkennen läßt.

444 Gebäude lassen sich mit dem landläufigen Begriff Krippenstall zusammenfassen [1108].

Die tragende Konstruktion dieser Gebäude besteht 40mal (8,8 % der Gebäude) aus hölzernem Fachwerk; 227 Dächer sind mit Stroh gedeckt (49,9 % der Gebäude), 44 mit Holzschindeln (9,7 % der Gebäude). Auch wenn Schindeldächer in Wirklichkeit niemals schwarzweiße Fachwerkhäuser decken und die Strohdächer wenig dauerhaft erscheinen, so ist dennoch deutlich, daß die Krippengebäude wie die Landschaftsgestaltung an mitteleuropäischen Motiven orientiert sind.

6.4.5. Bewußte Detailarmut

Bei der Betrachtung der allgemeinen Szenerie der Kirchenkrippen ist anzumerken, daß trotz der Mehrheit von Landschaftsaufbauten mit mitteleuropäischen Motiven eine starke Minderheit bewußt auf solch marginale Anschaulichkeit verzichtet; deren Anteil ist unter den evangelischen Kirchenkrippen nicht größer als bei den katholischen.

232 Krippen (31,6 %) verfügen weder über ein Gebäude noch über eine Andeutung eines solchen oder über eine Grotte. 164 Krippen (22,3 %) zeigen keinen natürlichen Untergrund (Gras, Moos, Torf, Laub, Fichtenzweige, Stroh) oder dessen Imitat (Kunstrasen), sie werden auf Tüchern aufgestellt. Das Bild wird nicht durch eingesetzte Knollenpflanzen oder Christrosen in versteckten Vasen abgerundet, sondern durch Topfpflanzen. Neben den bereits erwähnten Alpenveilchen erscheint 390mal (53,1 %) die wichtigste Topfpflanze der Saison, der Christstern.

Ein Gegenentwurf zu den Landschaftsaufbau wäre demnach ein mit farbigen (aber meist nicht grünen) Tüchern bedecktes Podest, auf dem neben den Figuren blühende Topfpflanzen erscheinen; die fast unvermeidlichen Nadelbäume geben diesen Krippen durch den dichten, dunkelgrünen Fond einen Zusammenhalt, ohne daß hier der Eindruck einer Waldidylle entstünde.

Diese Detailarmut ist sicherlich nicht in jedem Fall als bewußter Kontrast zu den üblichen Krippen zu verstehen, sie ist aber auch nicht nur mit der Pflegeleichtigkeit zu erklären (die z. B. bei Kunstrasen einschließlich Bügelfreiheit gegeben ist). In jedem Fall spiegeln diese Aufbauten die konsequente Anwendung gestalterischer Grundprinzipien, die hier ohne besondere Ausnahme auf das Saisonobjekt Krippe angewendet werden. Diese Prinzipien [1109] werden in römisch-katholi-

---

[1108] Hierzu rechnen neben den offenen Schuppen der Landwirtschaft oder bloßen Vordächern an einem Mauerzug (vgl. Johannes von Hildesheim!) auch die häufigen Abbreviaturen wie ein giebelseitig stehendes, tief heruntergezogenes Satteldach oder ein großes, zum Betrachter geneigtes Pultdach (wobei diese Formen meist keinen Zusammenhang mit einer bestimmbaren Architektur erkennen lassen).

[1109] Verhüllung von Podesten durch einfarbige Tücher (bevorzugt in rötlichen und bläulichen Tönen), Anbringung eines geeigneten dunklen Fonds (bei Statuen jedoch meist ein Tuch oder Wandteppich) und die Dekoration der unmittelbaren Umgebung mit Schnitt- und Topfblumen der Saison.

schen Kirchen auch angewendet auf Marienfiguren (Mai), Herz-Jesu-Statuen (Juni), Rosenkranzbilder (Oktober) sowie auf andere Bilder bei besonderen örtlichen Anlässen (Prozessionsaltäre im Straßenraum, Fátima-Marienfiguren bei entsprechenden Sühneandachten, Gnadenbilder während der Hauptwallfahrtszeit usw.).

6.4.6. Figurenmaterialien

Bei den Krippenfiguren sind fünf Grundmaterialien zu unterscheiden: Gips, Wachs, Holz, Keramik und Stoff [1110]. Materialien, die der älteren Epoche der Krippengeschichte, dem 19. Jahrhundert, zuzuordnen sind, sind in der Minderheit [1111]: 65 Krippen (8,7 %) zeigen gefaßte Gipsfiguren, nur 4 (0,5 %) noch unversehrte „kaschierte Wachsfiguren"[1112].

Die vorherrschende Figurenart sind Gliederfiguren mit frei fallenden Gewändern, wie sie seit der Entfaltung der Krippenwerkstätten (siehe Abschnitt 4.1.6.) ab den 1920er Jahren angeboten werden. Das Grundmaterial für die tragenden bzw. sichtbaren Teile ist Holz (471mal, 63,4 %), Keramik (61mal, 8,2 %) oder Wachs (22mal, 3,0 %).

Die geschmackliche Vorherrschaft der bekleideten Gliederfiguren (in 554 Krippen, 74,6 %) belegen auch einzelne Krippenfiguren, die dieses Material nur nachahmen: viermal sind Gipsfiguren nachträglich mit frei fallenden Stoffen so überkleidet worden, daß nur Köpfe und Hände herausschauen [1113], mehrere ehemals kaschierte Wachsfiguren sind so umgearbeitet, daß sie wie bekleidete Gliederfiguren erscheinen [1114], die ursprünglich vollplastischen Holzskulpturen [1115] von

[1110] Die folgenden Prozentangaben wurden mit einer Grundgesamtheit von 743 statt 734 Krippen berechnet, da die neun nachweihnachtlichen Bilder die Aussage über das Figurenmaterial nicht verfälschen können.

[1111] Nach den verfügbaren Daten sind Figuren aus diesen Materialien fast ausschließlich in der Zeit um 1860-1920, also vor der Zeit der Krippenbewegung beschafft worden, auch wenn es einzelne Gegenbeispiele gibt (Köln-Nippes, Bonifatius). Eine Beschaffung nach dem 2. Weltkrieg ist aber in jedem Fall auszuschließen. Unter den anderen Materialien finden sich nur wenige Objekte, die dieser Epoche zuzurechnen sind (die bekannten bekleideten Majolika-Antiquitäten des 18. Jahrhunderts in Köln-Nippes, Hildegard in der Au; historistische Holzskulpturen in Elsdorf-Etzweiler oder Rommerskirchen-Hoeningen).

[1112] Mit diesem (leider nicht ganz glücklichen) Begriff bezeichne ich Figuren, die aus einem Skelett (in mir unbekanntem Material) auf einer hölzernen Standfläche bestehen, über das einfache Textilteile gehängt, in Form und Falten gezogen, dann mit Leim kaschiert und anschließend in den gewünschten Stoffmustern bemalt sind; die sichtbaren Körperteile bestehen aus getöntem Wachs. Die größte derartige, noch erhaltene Figurengruppe besitzt Zülpich-Bürvenich.

[1113] Bonn, Stiftskirche (hier ein einteiliger Skulpturenblock der Hl. Familie mit zwei Engelkindern); Düsseldorf-Gerresheim, Stiftskirche; Rheinbach-Neukirchen; Windeck-Dattenfeld.

[1114] Die tatsächliche Unterkonstruktion konnte nicht überprüft werden; in Lohmar-Birk sind unter den neuen Gewändern die kaschierten Stoffe noch erhalten. Die vollständige Umkleidung kann in diesen Fällen aber auch technisch erklärt werden, da die bemalten kaschierten Stoffe durch Feuchtigkeit (Moospolster, Blumengießen) irreparabel beschädigt werden.

[1115] Frdl. Hinweis von Dr. Max-Leo Schwering, Köln.

St. Gereon in Köln wurden 1976 bereits zum zweiten Mal vollständig in farbige Gewänder eingenäht [1116].

Andere Materialien, die vollplastische Figuren ergeben, haben nur geringe Bedeutung: ungefaßtes Holz (38mal, 5,1 %), gefaßtes Holz (51mal, 6,9 %), naturbelassene Irdenware (10mal, 1,3 %), Keramik mit durch diverse Techniken erzeugten farbigen Oberflächen (14mal, 1,9 %) oder Stoff (mit Füllwatte gestopfte Textilpuppen: 4mal, 0,5 %). Weitere drei Krippen zeigen Materialien, die nur einmal vertreten sind: passend bekleidete Schaufensterpuppen [1117], ein Textilrelief [1118] sowie bemalte hölzerne Flachfiguren [1119].

Das Figurenmaterial ist der einzige deutliche Unterschied zwischen katholischen und evangelischen Kirchenkrippen (einschließlich Freikirchen und Konfessionsgemeinden): Aufgrund der jüngeren Tradition fehlen evangelische Kirchenkrippen aus Gips oder mit hölzernen Gliederfiguren. Die Anteile massiver Holzfiguren und typischer Materialien aus der kreativen Freizeitgestaltung (Irdenware, Stoffpuppen) sind deshalb größer. Dagegen besitzen die beiden altkatholischen Kirchen hölzerne Gliederfiguren.

6.4.7. Produktverbreitung

Unter den bekleideten Gliederfiguren sind durch ihre Gleichförmigkeit die Erzeugnisse von Lita Mertens und dem Bildhauer Wagner leicht herauszuheben. Als beliebte Produkte von Werkstätten, die nicht nur in den Kölner Raum lieferten, sondern auch dort ansässig waren [1120], bieten sie die besondere Gelegenheit, die Verbreitung serieller Krippen in der Region zu beobachten.

1116 In den Mengenangaben der verschiedenen Materialien wurden außer den eindeutig zu erkennenden Gipsfiguren die überkleideten Figuren den entsprechenden bekleideten Gliederfiguren zugerechnet, da die Art der Unterkonstruktion bei der gewählten Erfassungsmethode nicht bestimmt werden konnte, aber zumindest die Illusion einer Gliederfigur gegeben ist.

1117 Düsseldorf-Niederkassel. - Die Kreuzherren in Neustadt/Wied-Ehrenstein verwendeten 1973-75 in ihrer lebendgroßen Krippe ebenfalls zwei (ursprünglich weibliche) Schaufensterfiguren als Maria und Josef, Spenden eines Textilkaufhauses in Wuppertal-Elberfeld (wo sich zwei weitere Kreuzherrenklöster befinden); vgl.: Werner KETTNER: Ehrensteiner Krippengeschichten. Ehrenstein: Kreuzherrenkloster Liebfrauenthal, o.J. (ca. 1981). o.Pag.

1118 Köln, St. Peter: triptychonale Holztafel, darauf festgesteckt verschiedenfarbige Stoffbahnen; einzelne Motive (Kind, Gesichter) in Silbertreibarbeit. Die Zweitkrippe ist ein spekulatiusförmiges Jesuskind aus Irdenware in einem Steintrog. Beides 1969 von Eva Burgeff, Köln.

1119 Leverkusen-Bergisch Neukirchen. Nach Auskunft der Pfarrhaushälterin stammen die Figuren aus der Muttergemeinde in Leverkusen-Pattscheid. Diese Diasporakirche wurde 1928 errichtet (die Kirche des abgeteilten Rektorats in Bergisch Neukirchen 1967); das Alter dieser seltenen Gruppe ist daran abschätzbar.

1120 Lita Mertens, geb. Grüter, 1879-1979, lebte 1923-45 in (Köln-)Porz-Heumar, 1945-79 im benachbarten Köln-Rath. Ihre Schaffensperiode reicht von ca. 1920 (im Kölner Raum ab 1930 nachweisbar) bis ca. 1970 (mein letzter Beleg aus Köln, St. Gertrud); abgesehen von einigen frühen Figuren handelt es sich stets um hölzerne Gliederfiguren. - Produkte des Königswinterer Bildhauers Wagner (farbige keramische Gliederfiguren) sind aus den 1950-60er Jahren datiert; die jüngeren mit der Produzentenangabe der Witwe Elisa Wagner. 1984 war eine Familie oder Firma Wagner in Königswinter nicht mehr aufzufinden.

Von Lita Mertens habe ich im Kölner Raum 89 Figurengruppen erfaßt, das sind immerhin 18,9 % aller hölzernen Gliederfiguren. Davon sind 38, also 42,7 % in der Stadt Köln zu sehen, weitere 22 (24,7 %) in den unmittelbar an Köln angrenzenden Stadt- und Kreisdekanaten. Weniger als drei Mertenskrippen weisen die Stadt- bzw. Kreisdekanate Altenkirchen, Euskirchen, Leverkusen, Neuss, Oberberg, Rhein-Sieg-Linksrheinisch, Solingen, Remscheid und Wuppertal auf; abgesehen von dem kleineren Leverkusen liegen diese Dekanate in der größtmöglichen Entfernung von den Wohnsitzen der Künstlerin. Ausnahmen von dieser Regel in der regionalen Präsenz bilden nur Düsseldorf und Kreis Mettmann mit je sechs Mertenskrippen [1121].

Wagner-Figuren waren 48mal nachweisbar, das sind 78,7 Prozent der ansonsten seltenen Gattung der gekleideten Keramikfiguren. Die größten Häufigkeiten haben diesmal der Rhein-Sieg-Kreis (in dem Königswinter liegt), gefolgt von der Nachbarstadt Bonn; beide zusammen zeigen die Hälfte aller Wagner-Krippen (24 Stück). Nennenswerte Zahlen haben nur noch die angrenzenden Kreise Erftkreis (8mal, 16,7 %) und Altenkirchen (2 von nur acht Gemeinden), nicht aber die ähnlich weit entfernten Kreise Euskirchen oder Rhein-Berg. Auffallend ist nur, daß - abgesehen von Bonn - die Stadtdekanate noch schwächer als die Kreise vertreten sind [1122].

Demnach ist grundsätzlich festzustellen, daß der Absatz an Krippenfiguren mit zunehmender Entfernung vom Produzenten zurückgeht. Die Abweichungen von dieser Regel sind ohne Archivstudien zu den einzelnen Objekten nicht schlüssig zu erklären; Schwierigkeiten für die Interpretation liegen in der unterschiedlichen Angebotszeit von Mertens und Grüter (falls die Städte eher über Neuanschaffungen nachdachten als das Umland) und in der Genehmigungsfreiheit des Krippenkaufs (keine Entscheidung der Erzbischöflichen Kunstkommission, keine Pflichtberatung durch die Landesgemeinschaft der Krippenfreunde), so daß die Kaufentscheidung u. a. abhängig ist von den Kenntnissen und Kontakten (etwa zu früher betreuten Gemeinden in anderen Bistumsteilen) des Pfarrers, aber auch von möglichen Vorbildern in Nachbargemeinden (was wieder die Verbreitungsregel unterstützt).

6.4.8. Die „Bilder"

Die in der Weihnachtskrippe dargestellten Szenen werden oft schlichtweg als Weihnachtsbild bezeichnet; auch die kunstgeschichtliche Literatur spricht gern

---

1121 Die Häufigkeiten im einzelnen: Stadtdekanate: Bonn 5, Düsseldorf 6, Köln 38, Leverkusen 1, Solingen und Remscheid zus. 3, Wuppertal 2. Kreisdekanate: Altenkirchen 1, Erftkreis 6, Euskirchen 1, Mettmann 6, Neuss (Stadt- u.Kreisdek. zus.) 0, Oberbergischer Kreis 1, Rheinisch-Bergischer Kreis 6, Rhein-Sieg-Kreis linksrheinisch 0, Rhein-Sieg-Kreis rechtsrheinisch 9.

1122 Die Häufigkeiten im einzelnen: Stadtdekanate: Bonn 6, Düsseldorf und Köln je 1, die übrigen 0. Kreisdekanate: Altenkirchen 1, Erftkreis 8, Euskirchen 2, Mettmann 1, Neuss (Stadt- u. Kreisdek. zus.) 4, Oberbergischer Kreis 3, Rheinisch-Bergischer Kreis 2, Rhein-Sieg-Kreis linksrheinisch 4, Rhein-Sieg-Kreis rechtsrheinisch 15.

von Weihnachten oder der Geburt Christi in der Kunst, obwohl der Geburtsvorgang niemals dargestellt wurde [1123].

Im Ablauf der Kindheitsgeschichte Jesu sind etliche Szenen auch ohne die eigentliche Geburt zu unterscheiden. So wird in Anlehnung an die Apokryphen unterstellt, daß Josef die Hebammen holen ging und daher Maria bei der Geburt allein war; Hrotswit und Walther schildern als erste Szene den Lobgesang der Engel vor dem Neugeborenen [1124], Birgitta wie auch noch Petrus Canisius (dieser allerdings ohne Hebammen) die Anbetung des Kindes durch seine Mutter [1125], der nach Josefs Rückkunft die gemeinsame Anbetung durch ihn und Maria folgt [1126]. Außer der Badeszene und dem Wunder an Salome, die beide im vorliegenden Zusammenhang nicht interessieren, schalten Apokryphen und Legendenbearbeitungen noch eine Anbetung durch Ochs und Esel ein, die wegen der reichen Handlung zuvor von Pseudo-Matthäus erst auf den dritten Tag nach der Geburt angesetzt wird [1127], bevor es zur Verkündigung der Engel an die Hirten und zum Besuch derselben an der Krippe kommt. Über das Verhalten und die Haltung der Hirten vor dem Neugeborenen wird unten noch genauer zu reden sein, da Lk 2, 16-18 dazu so wenig aussagt, daß der Begriff „Anbetung der Hirten" voreilig gewählt erscheint.

In den Weihnachtsspielen schließt sich häufig eine Begegnung zwischen den Hirten und den Königen an, bei der sich die Könige nach dem Weg oder nach dem Geschehen der Christgeburt erkundigen; Young vermutet eine Erfindung dieses Stoffs innerhalb der Dramatisierung der Kindheitsgeschichte [1128] und bietet sechs Beispiele seit dem 11. Jahrhundert [1129]; diese Szene kennen auch spätere Spiele [1130], das Legendenwerk des Johannes von Hildesheim und ein 1590 in Augsburg publiziertes Kirchenlied [1131]. Die Huldigung der Könige oder Magier vor dem Neu-

---

1123 z.B. die Titel: Günter AUST: Die Geburt Christi. Düsseldorf: Schwann, 1953. (Lukas-Bücherei zur christlichen Ikonographie; 5) -- Hanna JURSCH: Das Weihnachtsbild, seine Entstehung und seine Entwicklung bis zur Renaissance. In: Wissenschaftliche Zeitschrift der Friedrich-Schiller-Universität Jena. Jg. 4. 1954/55. Gesellschafts- u. sprachwissenschaftl. Reihe. Heft 1/2. S. 59-72.

1124 HROTSWIT (wie Anm. 1081), S. 69, Z. 581-584. -- WALTHER von Rheinau (wie Anm. 1101), S. 65, Z. 3.292-3.305.

1125 Petrus CANISIUS: Maria, die unvergleichliche Jungfrau und hochheilige Gottesgebärerin. Aus d.Latein. Zum erstenmal als Ganzes ins Dt.übers. ... v. Karl TEICH. Warnsdorf: Opitz, 1933. - S. 184. -- BIRGITTA von Schweden (wie Anm. 1095), S. 282.

1126 ebda., S. 283. -- JOHANNES de Caulibus (wie Anm. 1100), S. 28.

1127 Evangelium des PSEUDO-MATTHÄUS (wie Anm. 1099), Kp.14, V.1, S. 58. -- Die Anbetung der Tiere auch bei: JACOBUS de Voragine (wie Anm. 1079), S. 45. -- Passional (wie Anm. 1103), S. 19. -- PHILIPP dem Kartäuser (wie Anm. 1084), S. 57, Z. 2.096-2.103. -- WERNHER (wie Anm. 1080), S. 198 f.

1128 YOUNG 1962, Bd. 2, S. 59.

1129 ebda., S. 61 (Sizilien, 12.Jh.), S. 65 (Straßburg, um 1200), S. 71 (Rouen), S. 79 (Bilsen/Belgien, 12.Jh.), S. 88 (St-Benoît-sur-Loire), S. 96 (Freising, 11.Jh.).

1130 Benediktbeurer Weihnachtsspiel, S. 894. -- Sankt Galler Weihnachtsspiel, S. 64 f. (beide 13.Jh.) -- BÜNKER, S. 143 f. (um 1800) -- ebda., S. 122 f. (1883) -- HARTMANN, S. 364 f. -- KRETZENBACHER, S. 137. -- MÜLLER S. 78. -- WEINHOLD, S. 101 f. (alle undatiert)

1131 Das deutsche Kirchenlied von der ältesten Zeit bis zu Anfang des XVII. Jahrhunderts. M.Berücksichtigg.d.dt.kirchl.Liederdichtg. im weiteren Sinne u.d.latein.v. Hilarius bis

geborenen und die Überreichung der Gaben nach Mt 2, 11 schließt die engere Folge der weihnachtlichen Bilder ab.

Soweit Spiele und Legenden die Hirten- und Königsszene nacheinander präsentieren, wird außer von Philipp dem Kartäuser [1132] kein Ortswechsel beschrieben; das bekannteste Kölner Dreikönigslied erwähnt mit großer Selbstverständlichkeit einen Stall und nicht das Haus nach Mt 2, 11 als Stätte der Königsanbetung [1133]. In der bildenden Kunst ist es nach eigenen Stichproben im 15.-18. Jahrhundert weitgehend üblich, die Huldigung der Könige in einen Stall zu verlegen; dieses Motiv tritt aber bereits bei Giotto auf [1134]. Der in allen Krippen unveränderte Ort der Handlung erscheint deshalb fast selbstverständlich.

Die ausgewerteten Krippen berücksichtigen diese traditionelle Bildfolge kaum. 90mal (12,3 %) war die Heilige Familie allein dargestellt (nur zweimal ohne Josef), die Haltung der Figuren spiegelt aber nicht das oben erwähnte besondere Motiv der Anbetung des Neugeborenen durch Josef und Maria. Ein Einzelfall ist die Krippe der evangelischen Christuskirche, Köln, die nur aus dem Kind in der Futterkrippe besteht. 305mal habe ich den Besuch der Hirten gesehen; besonders interessant sind die Krippenaufstellungen nach Erscheinung des Herrn: 106mal ist die Huldigung der Könige aufgebaut, aber 230mal die Verehrung des Neugeborenen durch Könige und Hirten gemeinsam [1135].

Mit diesen 68,5 % der Epiphaniebilder ist nicht der Einschluß eines anderen Bildes im Hintergrund gemeint, wie zahlreiche Beispiele der Tafelmalerei zeigen (z. B. die Verkündigung der Hirten im Hintergrund von deren Besuch an der Krippe oder Hirten auf dem Felde hinter der Huldigung der Könige), auch nicht die eher marginale Anwesenheit von Hirten im Königsbild, sondern eine gleichgewichtete Präsenz der beiden aus unterschiedlichen Zusammenhängen stammenden Gruppen. Beispiele für diese Szene aus der bildenden Kunst sind mir erst aus dem 19. Jahrhundert bekannt [1136].

Dagegen spielen in den Krippen die Hintergrundszenen eine geringe Rolle: 11 der 305 Hirtenbilder (3,6 %) zeigen am Rande die anreisenden Könige, 25 der

---

Georg Fabricius u. Wolfgang Ammonius. (Hrsg.) Philipp WACKERNAGEL. Bd. 1-5. Leipzig: Teubner. - Bd. 2. 1867. Nr. 1.158. Strophe 13 f. S. 932. -- JOHANNES von Hildesheim (wie Anm. 1102), S. 18 f.

1132 PHILIPP der Kartäuser (wie Anm. 1084), S. 61, Z. 2.232 f.

1133 „Es führt drey König Gottes Hand" (1625). In: Das deutsche Kirchenlied (wie Anm. 1131), Bd. 5. 1877. Nr. 1.497. Strophe 1 und 5. S. 1.251.

1134 Fresko in der Scrovegni-Kapelle, Padua. Die Beobachtung ist hier unbezweifelbar, da die dargestellte Vierpfostenhütte mit derjenigen in der Verkündigung an die Hirten identisch ist.

1135 Diese Aufstellung ist in evangelischen Kirchen ebenfalls üblich, vgl.: Bonn-Bad Godesberg (Marienforster Kirche), Bonn-Bad Godesberg-Mehlem, Köln (Kartäuser, Kreuz), Radevormwald (SELK), Remscheid (Lutherkirche).

1136 Peter von Cornelius: Fresko der Geburt Christi. München, Ludwigskirche (1830er Jahre); Joseph Fischer: Hauptfeld des Dreikönigsfensters unter den sogen. Bayernfenstern des Kölner Doms (1842-48); Edmund Renard: Altarantependium der Gnadenkapelle in Kevelaer.

106 Königsbilder (23,6 %) sind durch Hirten auf dem Felde oder am Feuer bereichert. Andere als diese vier Bilder (Hl. Familie, Hirten, Könige, Hirten und Könige) bilden die völlige Ausnahme und beruhen auf einer sehr freien Gestaltung der Szene [1137].

Stichproben aus den Daten der erfaßten Krippen ergaben, daß die unterschiedlichen Szenen nicht zu deutlichen Abweichungen in den Körperhaltungen und Handlungen der Figuren führen; deshalb wird in der nachstehenden Analyse der einzelnen Figuren auf eine Trennung nach Szenen verzichtet [1138].

6.5. Gestaltung der einzelnen Figuren

6.5.1. Jesuskind

Die Harmonisierung von Matthäus und Lukas wirft die Frage nach dem zeitlichen Abstand der beiden Szenen auf, deren Entscheidung im Bild am Lebensalter des Jesuskindes abzulesen ist. Johannes de Caulibus hält sich streng an den kirchlichen Festkalender, wenn er feststellt, daß das Kind bei der Huldigung der Magier zwölf Tage alt gewesen sei [1139], Konrad von Fussesbrunnen (um 1200) nennt dagegen zwei Jahre [1140]. Bei der Betrachtung spätantiker Darstellungen des Kindes in der Ephiphanie gehen die Meinungen auseinander, ob es wenigstens ein Jahr [1141] oder etwa zwei Jahre alt ist [1142].

Angesichts der offenen Frage, ob die Jesuskinder der Krippen immer maßstäblich genau zu den erwachsenen Figuren passen, möchte ich keine auf das Lebensjahr genaue Altersbestimmung vornehmen. Jedoch ist bis auf wenige Ausnahmen (wo Kopfbinden oder Häubchen angelegt sind) das stets voll behaarte Schädeldach des Kindes zu sehen, so daß es sich auch in den Hirtenbildern nicht um ein Neugeborenes handeln dürfte.

Als Kleidung des Jesuskindes werden für die spätantike Sarkophagplastik Wickel oder ein Hemdchen angegeben [1143], in Birgittas Vision ist die Anwendung leinener

---

1137 Köln, St. Maria in Lyskirchen: Versammlung des „Milljöhs" vor der Krippe; Köln-Porz-Wahn: Besuch der Typen des Kölner Hänneschen-Theaters (ab dem 6. Januar kommen drei karikaturhafte Könige dazu); Asbach-Limbach: Anbetung des Kindes durch zahllose Trachtenpuppen und ähnliche folkloristische Erzeugnisse, die traditionellen Hirten erscheinen nur am Rand.

1138 Allerdings werden die Könige und Hirten im Hintergrund anderer Szenen nicht zur Charakterisierung der Haltungen und Handlungen herangezogen, wohl aber zu den übrigen Merkmalsfeststellungen wie Anzahl, Kleidung usw.

1139 JOHANNES de Caulibus (wie Anm. 1100), S. 35.

1140 KONRAD von Fussesbrunnen (wie Anm. 1096), S. 116, Z. 1.207.

1141 Ch(arles) ROHAULT DE FLEURY: L'Évangile. Études iconographiques et archéologiques par -. Bd. 1-2. Tours: Mame, 1874. - Bd. 1. S. 63: „Il a donc alors plus d'un an, dans l'opinion des artistes ..."

1142 Neena HAMILTON: Die Darstellung der Anbetung der heiligen Drei Könige in der toskanischen Malerei von Giotto bis Lionardo. Straßburg: Heitz, 1901. (Zur Kunstgeschichte des Auslandes; 6) zugl.: Heidelberg: Univ., Phil.Diss. - S. 4: „Der Größe nach ist sein Alter ungefähr auf zwei Jahre festzustellen ..."

1143 ebda., S. 4. -- ROHAULT DE FLEURY (wie Anm. 1141), Bd. 1, S. 63.

Tücher und eines wollenen Wickeltuchs beschrieben [1144]; dagegen nimmt Johannes de Caulibus die bei Lk 2,7 bzw. 12 genannten Windeln wieder auf [1145]. In der bildenden Kunst verringert sich der Bekleidungsgrad des Kindes seit dem 14. Jahrhundert, im 15. Jahrhundert ist es meist ganz nackt [1146]. Nach dem Verbot von Nuditäten durch das Tridentinum (1563) kehrt die Kunst zum Wickelkind zurück [1147], während die Literatur noch im 18. Jahrhundert ein nacktes Kind kennt[1148].

Nackte Kinder kommen in den Krippen nicht vor, die mindeste Bekleidung ist ein Stoffähnchen um die Lenden, das nur 50mal (7,9 % [1149]) vorkommt, zumeist bei vollplastischen Holzfiguren. Ähnlich selten sind Stoffwindeln ohne weitere Kleidung (75mal, 11,8 %), während Wickelkinder 145mal zu sehen sind (22,9 %) [1150]. Die beliebteste Form aber ist ein weit geschnittenes, knie- bis überlanges Hemdchen mit Ärmeln, das 363mal (57,3 %) gewählt wurde.

Die weit überwiegende Zahl der Jesuskinder liegt (600, 82,3 %) in einer Krippe oder in den Armen der Mutter, 99 sitzen (13,6 %), meist auf dem Schoß der Mutter, nur 30 stehen (4,1 %).

Eine Handlung wird von den Jesuskindern offenbar nicht erwartet, obwohl z.B. die Legendenbearbeitungen des 13. Jahrhunderts in der Epiphanieszene schildern, wie das Kind die Gaben der Magier entgegennimmt und diese anschließend segnet [1151]. Aber nur ein Krippenkind greift nach den Gaben der Könige, 13mal (1,8 %) ist die Rechte zum Segensgestus erhoben, zweimal sind die Händchen zum Gebet gefaltet. Die beliebteste Haltung (336mal, 45,8 %) ist das Ausbreiten der Arme, womit sowohl die Haltung Jesu am Kreuz als auch eine einladende Geste assoziiert werden kann. Bei den übrigen Krippen befinden sich Hände und Arme des Kindes in verschiedenen, entspannten Lagen, soweit sie nicht in die Wicklung einbezogen sind.

1144 BIRGITTA von Schweden (wie Anm. 1095), S. 283.

1145 Mit dem Detail, daß Maria dazu ihren Schleier benutzte; JOHANNES de Caulibus (wie Anm. 1100), S. 28.

1146 Comte GRIMOUARD DE ST-LAURENT: De quelques singularités longtemps usitées dans la représentation de la nativité de N.-S. In: Revue de l'art chrétien. Jg. 24. 1880 = Bd. 30 = Serie 2. Bd. 13. S. 107-127; 323-341. Jg. 25. 1881 = Bd. 31 = Serie 2. Bd. 14. S. 173-189. - hier: S. 182 f.

1147 Émile MÂLE: L'art religieux après le Concile de Trente. Étude sur l'iconographie de la fin du XVIe siècle, du XVIIe, du XVIIIe siècle. Italie, France, Espagne, Flandres. Paris: Colin, 1932. - S. 1 f., 243.

1148 MARTIN von Cochem (wie Anm. 196), S. 313.

1149 Da bei 101 Fotos die Kleidung des Kindes nicht genau zu bestimmen war, werden die Prozentangaben auf 633 Krippen bezogen.

1150 Zu den Wickelkindern rechne ich auch die gelegentlich auftretenden Jesuskinder in Steckkissen, was ja ein Wickelkind voraussetzt, oder in dessen Reduktionsform, einem bis zu den Achseln reichenden weißen Stoffsack; ferner Kinder, an denen eine Bekleidung, die an Verbände mit Idealbinden erinnert, die offensichtlich nicht mehr geübte Technik des Wickelns nachahmen soll.

1151 JOHANNES de Caulibus (wie Anm. 1100), S. 37. -- PHILIPP der Kartäuser (wie Anm. 1084), S. 71. Z. 2.590-2.593. -- Vita rhythmica (wie Anm. 1082), S. 75. Z. 2.095.

6.5.2. Maria

Die Muttergottes wird in den Krippen stets als schlanke, junge Frau wiedergegeben, niemals jungmädchenhaft wie z. B. im Protevangelium des Jakobus [1152]. Der Teint ist hell, die Haare sind nur 7mal (1,1 % [1153]) schwarz dargestellt, 129mal (19,9 %) dunkelaschblond oder braun, aber 511mal gold- bis dunkelblond (79,0%). Die blonde Haarfarbe ist schon in der Belletristik des Hochmittelalters allgemein üblich [1154] und wird auch von Birgitta angegeben [1155].

Zur Marienkleidung in der bildenden Kunst allgemein stellt Beissel fest, daß um 1000 das bis dahin übliche Mantelpallium von einem Rückenmantel abgelöst wird; unter beiden ist eine Tunika angelegt [1156]. Soweit der Rückenmantel nicht über den Kopf gezogen wird (wie Kehrer für das 14.-16. Jahrhundert als häufig angibt[1157]), gehört zur Tracht ein - üblicherweise weißer - Haarschleier; dieser wird nach Beissel später aufgegeben, da der Schleier zur Matronentracht gehört, Jungfrauen aber das Haar offen tragen [1158].

Die Krippen zeigen dagegen diese und weitere Gewandformen nebeneinander: das Untergewand ist immer eine weite, bodenlange Tunika mit Ärmeln; Ausnahmen sind höchst selten (fünfmal Gewänder, die an europäische Volkstrachten erinnern, einmal die zeitgenössische Verbindung von Rock und Bluse). Als Obergewand dient 604mal (82,3 %) der Rückenmantel, 40mal (5,4 %) das Mantelpallium; Letzteres wegen seiner nicht einfachen Anbringung niemals an Gliederfiguren. Seltener ist ein schlichter Überwurf (12mal, 1,6 %) oder ein Cape mit Armschlitzen (6mal, 0,8 %). Andere Obergewänder wie Mäntel mit Ärmeln haben keine Bedeutung (alle zusammen 5mal); 56mal (7,6 %) fehlt ein Obergewand. Der Haarschleier, außer je einmal rot und gold stets in weiß, erscheint 295mal (40,2 %); 175mal ist der Rückenmantel über das Hinterhaupt gezogen (23,8 %), so daß 470 Marien (64,0 %) ihr Haar weitgehend bedeckt halten.

Die Gewandfarben sollten der Sekundärliteratur zufolge regelmäßig rot-blau sein: bezeichnet doch Haupt diese Kombination seit etwa 1000 als „fast stereotyp als Gewandfarben der heiligen Personen" wegen der Symbolik für Erde (rotes Fleisch) und Himmel [1159], Hamilton nennt den blauen Mantel über roter Tunika

---

1152 Protevangelium des JAKOBUS (wie Anm. 1094), S. 283 (hier wird das Alter Mariens bei ihrer Heirat mit zwölf angegeben).

1153 Wegen der ungefaßten Figuren und einiger Schleier, die die Haare vollständig verdekken, sind die Prozentangaben auf 647 Marien bezogen.

1154 Paul KÜCHENTHAL: Die Mutter Gottes in der altdeutschen schönen Litteratur bis zum Ende des XIII. Jahrhunderts. Braunschweig: Oeding, 1898. zugl.: Göttingen: Univ., Phil. Diss. - S. 29.

1155 BIRGITTA von Schweden (wie Anm. 1095), S. 282.

1156 BEISSEL (wie Anm. 1105), S. 329.

1157 Hugo KEHRER: Die „Heiligen drei Könige" in der Legende und in der deutschen bildenden Kunst bis Albrecht Dürer v. -. Straßburg: Heitz, 1904. (Studien zur deutschen Kunstgeschichte; 53) zugl.: Heidelberg: Univ., Phil.Diss. - S. 113.

1158 BEISSEL (wie Anm. 1105), S. 329 f.

1159 Gottfried HAUPT: Die Farbensymbolik in der sakralen Kunst des abendländischen Mittelalters. Ein Beitrag zur mittelalterlichen Form- und Geistesgeschichte. Dresden: Dittert, 1941. - S. 100.

Idealtracht Mariens seit der Antike [1160], Cetto dasselbe Standard seit frühchristlicher Zeit und verweist auf die rotblaue Ausstattung des Jerusalemer Tempels [1161]. Nur Beissel bemerkt, daß die Blau-Rot-Kombination in der Gotik teils durch gold-weiß ersetzt worden sei [1162]; weiß taucht seit dem Spätmittelalter gelegentlich als marianische Gewandfarbe auf [1163].

Diese drei Traditionsfarben blau, rot, weiß erscheinen bei den Krippen in verschiedenen Kombinationen; blau und rot zusammen 207mal (30,4 % [1164]), in der Bestimmung, daß der Mantel blau, die Tunika rot ist, nur noch 186mal (27,4 %). Die häufigste Variante ist der blaue Mantel über weißem Untergewand (244mal, 35,9 %), wie überhaupt die Farbkombination blau-weiß den größten Anteil beansprucht (315mal, 46,3 %); am schwächsten vertreten sind die rot-weißen Gewänder, obwohl diese „kölschen Farben" in der Kirchendekoration (z. B. bei Blumensträußen) sehr beliebt sind (zusammen 92mal, 13,6 %; darunter 50 weiße Mäntel über roter Tunika). 33 Krippen (4,9 %) zeigen Maria nur in einer dieser Farben, überwiegend königsblau-himmelblau und zwei verschiedene Rottöne (eine mehrfach in Mertens-Krippen auftretende merkwürdige Farbwahl). Andere Farben oder Kombinationen mit einer anderen Farbe spielen keine nennenswerte Rolle (alle zusammen 33mal, 4,9 %).

Unter den Haltungen Mariens in der bildenden Kunst wird zunächst eine Zuordnung zu verschiedenen Szenen vorgenommen. Als ältester Typ gilt die in der Magierszene frühchristlicher Sarkophage thronende Muttergottes [1165]; auch bei Johannes de Caulibus sitzt Maria nach der separaten Anbetung gemeinsam mit Josef [1166]. In den Szenen vor der Huldigung der Magier liegt Maria in der abendländischen Kunst vom 10. [1167] bis zum 15. Jahrhundert [1168]. Mit Verbreitung der Texte von Johannes de Caulibus und Birgitta von Schweden, die beide eine Anbetung des Neugeborenen durch Maria und Josef schildern, erscheinen in der Kunst kniende Marien in Weihnachtsszenen. Als Innovationszeit nennt Cornell für Italien die erste Hälfte des 14. Jahrhunderts [1169], Stünke für Deutschland die Zeit

---

1160 HAMILTON (wie Anm. 1142), S. 82.

1161 Anna Maria CETTO: Der blaue Mantel der Muttergottes. In: Neues Abendland. Jg. 11 = Neue Folge. Jg. 2. 1947. S. 241 f.

1162 BEISSEL (wie Anm. 1105), S. 329.

1163 HAUPT (wie Anm. 1159), S. 80. -- Auch Birgitta erwähnt einen weißen Mantel: BIRGITTA von Schweden (wie Anm. 1095), S. 281.

1164 Zugrunde liegt hier die Zahl von 680 Marienfiguren, an denen die Farbzusammenstellung beobachtet werden konnte; bei den nachfolgenden Farbangaben zu anderen Figuren werden ähnlich reduzierte Zahlen ohne besonderen Hinweis benutzt.

1165 Ferdinand NOACK: Die Geburt Christi in der Bildenden Kunst bis zur Renaissance, im Anschluß an Elfenbeinwerke des Großherzoglichen Museums zu Darmstadt. Darmstadt: Bergsträsser, 1894. - S. 15.

1166 JOHANNES de Caulibus (wie Anm. 1100), S. 28.

1167 BEISSEL (wie Anm. 1105), S. 179.

1168 GRIMOUARD DE ST-LAURENT (wie Anm. 1146), S. 178.

1169 Henrik CORNELL: The Iconography of the Nativity of Christ. Uppsala: Lundequistska, 1924. - S. 3, 39.

um 1420 [1170], obwohl bereits der Klarenaltar im Kölner Dom (um 1350) die Anbetung durch Maria und Josef zeigt. Nach eigenen Stichproben wird die kniende Haltung der beiden aus der separaten Anbetung auch in die Hirtenszene, nicht aber in die Magierszene übertragen und ist darin für die Muttergottes seit dem 15. Jahrhundert allgemein verbindlich.

Mit dieser Haltung verbindet sich das Beten als Handlung, wobei die religiöse Literatur verschiedene Handhaltungen beschreibt: Birgitta nennt „zusammengelegte", Martin von Cochem kreuzweise auf die Brust gelegte Hände [1171]. Dagegen wird in nachtridentinischer Zeit eine kniende Maria bevorzugt, die einen Tuchzipfel anhebt und so den jeweils dargestellten Besuchern den Neugeborenen zeigt[1172]. Seit dem späten 19. Jahrhundert greift die Erbauungsliteratur das Motiv der knienden Anbetung wieder auf [1173].

In der Analyse der Krippen kehren die genannten Haltungen wieder: nur in Köln, St. Peter, liegt Maria, 478mal (65,1 %) kniet sie. Daß außer in elf Krippen stets die doppelte Kniebeuge dargestellt ist, liegt an der Konstruktion der Gliederfiguren, die keine Schrägstellung der Hüften ermöglicht, wie es zur einfachen Kniebeuge notwendig wäre. 225mal (30,7 %) sitzt Maria, wobei diese zwei Haltungen sowohl in der Hirten- als auch in der Magierszene auftreten; stehende Marien sind wie in der bildenden Kunst [1174] relativ selten (28mal, 3,8 %). In der Handlung schließen sich die Krippenfiguren aber nicht so einfach an die Kunstgeschichte an: nur 203 (27,7 %), meist kniende Marien beten (gefaltete, gekreuzte Hände, selten eine Orantenstellung), 47 (6,4 %) öffnen das Tuch des Krippenlagers, 179 (24,4 %) halten das Kind fest. 36mal war keinerlei Tätigkeit auszumachen; aber die mit 261mal (35,6 %) häufigste „Handlung" ist die Öffnung der Arme. Dieses spezifische Motiv aus Krippen mit Gliederfiguren wirkt gelegentlich einladend, selten wie nach Gaben greifend, zumeist jedoch hilflos und unbeholfen. Der Grund für diese unglückliche Bildgestaltung liegt in der Auswahl von Gliederfiguren mit einer neutralen, weitgehend geöffneten Handhaltung, mit der weder Gegenstände festgehalten noch einigermaßen natürlich eine Gebetshaltung eingerichtet werden kann. Auf diesen Mißstand machte Dücker bereits 1930 aufmerksam; er empfahl die Anschaffung von Zweit- und Dritthänden für verschiedene Szenen [1175]. Seine Anregung verhallte aber offensichtlich bei Käufern wie Krippenwerkstätten ungehört.

1170 E. STÜNKE: Die Wandlung des Weihnachtsbildes im 14. Jahrhundert. In: Der Cicerone. 1949. Heft 4/5. S. 152-154. - hier: S. 154.

1171 BIRGITTA von Schweden (wie Anm. 1095), S. 282. -- MARTIN von Cochem (wie Anm. 196), S. 313, 319 f.

1172 MÂLE (wie Anm. 1147), S. 243.

1173 MESCHLER (wie Anm. 247), Bd. 1. S. 121. -- GRUBER (wie Anm. 529), S. 13 f. -- A. OBENDORFER: Weihnachtsfest. IV. An der Krippe. In: Heilige Saat. Predigtskizzen für das ganze Kirchenjahr. Hrsg. Nikolaus GENGLER unt.Mitwirkg.v. Tiberius BURGER u.a. Bd. 1-5. Regensburg: Pustet. Bd. 1. Vom I. Adventssonntag bis 6. Sonntag nach Epiphanie. 12.-14.Tsd. 1934. S. 87 f. - hier: S. 87.

1174 Seltenes Beispiel: Cosmas Damian Asam: Fresko der Langhauskuppel (1724-27). Einsiedeln, Basilika.

1175 DÜCKER, Figurenbastelbuch (wie Anm. 528), S. 36 f.

6.5.3. *Josef*

Josef zählt zu den Pflichtfiguren jeder Weihnachtskrippe; sein Fehlen wie in St. Pantaleon, Köln, ist höchst ungewöhnlich. In den frühchristlichen Darstellungen ist dies noch nicht der Fall, seine gelegentliche Präsenz in den Weihnachtsszenen stellt aber die meisten Josefsdarstellungen in dieser Zeit [1176]; sein zunehmendes Auftreten begründet Aust mit der Apokryphen-Rezeption, durch die Josef eine größere Handlungsbeteiligung als in den Evangelien erwächst [1177].

Unter demselben Einfluß entstand auch die Vorstellung, daß Josef ein Greis sei, der bereits erwachsene Söhne hatte [1178]; in der bildenden Kunst wechselt im 7./8. Jahrhundert das Josefsbild vom mittelalten zum alten Mann [1179]. Dieses hohe Alter wird im Abendland des 8.-11. Jahrhunderts angegeben durch graue bis weiße Haare, im Italien des 15./16. Jahrhunderts durch graue Haare, meist nur mit Haarkranz und Stirnlocke, zur selben Zeit in Deutschland häufig durch einen Kahlkopf, teils mit langen Haaren am Hinterhaupt, gelegentlich aber auch durch einen wirren Schopf [1180]; Kaster meint dagegen, daß seit dem 15. Jahrhundert Josef nicht als Greis, sondern im Alter von etwa 60 Jahren Standard sei [1181].

In den Krippen erscheint Josef deutlich jünger, wenn auch meist weniger jung als Maria. Das Haar ist kurz geschnitten, aber üblicherweise voll, nur Lita Mertens bevorzugt den Ansatz einer Stirnglatze, der durch die Frisur verdeckt wird. Weiße oder graue Haare sind die Ausnahme (31mal, 4,7 %), auch schwarz (21mal, 3,2%) und blond (93mal, 14,1 %) sind weniger vertreten. Die bevorzugte Farbe ist mittel- bis dunkelbraun (514mal, 78,0 %). Ein jugendlich wirkendes bartloses Gesicht wird nur gelegentlich bestimmt (148mal, 20,8 % [1182]), überwiegend trägt Josef einen kräftigen Vollbart (548mal, 77,0 %), der fast ausnahmslos gut getrimmt und im Wangenbereich ausrasiert ist; 16mal (2,2 %) erscheint eine Fräse, nur einmal ein kleiner Lippenbart [1183].

Die Kunstgeschichte kennt für die Josefskleidung zahlreiche Varianten: in der Spätantike erscheinen stets Mantelpallium und Tunika [1184], im Mittelalter ein „bürgerlicher" langer bzw. halblanger Rock oder ein vorn offener, teils skapulierartiger Mantel [1185], während im 15./16. Jahrhundert von Italien her die antikische

---

[1176] P. TESTINI: All'origini dell'iconografia di Giuseppe di Nazareth. In: Rivista di Archeologia Christiana. Jg. 48. 1972. S. 271-347. - hier: S. 315.
[1177] AUST (wie Anm. 1123), S. XI f.
[1178] Protevangelium des JAKOBUS (wie Anm. 1094), S. 283.
[1179] (Charles) ROHAULT DE FLEURY: La Sainte Vierge. Études archéologiques et iconographiques par -. Bd. 1-2. Paris: Poussielgue, 1878. - Bd. 1. S. 135.
[1180] Joseph SEITZ: Die Verehrung des hl. Joseph in ihrer geschichtlichen Entwicklung bis zum Konzil von Trient dargest.v. -. Freiburg i.Br.: Herder, 1908. - S. 127 f., 314, 333.
[1181] Gabriela KASTER: Joseph von Nazareth. In: Lexikon der christlichen Ikonographie. Bd. 1-8. Freiburg i.Br.: Herder. Bd. 7. Ikonographie der Heiligen. Innozenz bis Melchisedech. Hrsg. Wolfgang BRAUNFELS. 1974. Sp. 210-221. -- hier: Sp. 212.
[1182] Einen erheblichen Anteil haben dabei die 48 Wagner-Krippen.
[1183] Altenkirchen (Jakobus Major).
[1184] SEITZ (wie Anm. 1180), S. 75.
[1185] Joseph BRAUN: Tracht und Attribute der Heiligen in der deutschen Kunst. Stuttgart: Metzler, 1943. - Sp. 385. -- KASTER (wie Anm. 1181), Sp. 213.

Kleidung zurückkehrt; das Pallium ist nach Seitz meist gelb, die Tunika blau [1186]. Zur selben Zeit tritt Josef in deutschen Weihnachtsbildern noch in langer, meist gegürteter Tunika und einem vorn offenen, oft roten Mantel auf, teils mit Kapuze bzw. Gugel [1187].

Diese Entwicklungslinie wird von den Krippen nicht wiedergegeben. Die mehrheitliche Kleidung ist ein aus der Marienkleidung entlehnter Rückenmantel über der Tunika (389mal, 53,0 %), während auch bei Josef das Mantelpallium kaum Bedeutung hat (51mal, 6,9 %). Moderne Kleidungsstücke wie Jacke, Hemd und Hose oder traditionelle Handwerkskleider (schwarze Manchesterhose, große Lederschürze) sind einzelne Ausnahmen (5mal, 0,7 %). Dagegen werden ähnlich oft wie das Mantelpallium andere, altertümlich erscheinende Obergewänder gewählt, die immer über der Tunika angelegt sind: ein Überwurf (44mal, 6,0 %), ein Mantel mit Ärmeln (43mal, 5,9 %), ein knie- bis bodenlanger ärmelloser Mantel (69mal, 9,4 %) oder ein Skapulier (42mal, 5,7 % [1188]). Kapuzen und Hüte haben keine nennenswerte Bedeutung. 79mal (10,8 %) trägt Josef nur eine Tunika. Den Gewandfarben ist eine große Zurückhaltung zu eigen: es überwiegt die Kombination von braun und beige (teils nach oliv tendierend; 512mal, 76,1 % der beobachteten Farben), seltener Zusammensetzungen mit lila und violett (meist zusammen mit beige, braun oder himmelblau; 64mal, 9,5 %). Diverse andere Farbzusammenstellungen haben einen relativ hohen Anteil (98mal, 14,5 %); aber auch hier erscheinen meist dezente Töne wie dunkelgrün oder dunkelblau; leuchtende Farben wie rot oder gelb bilden Ausnahmen.

Bei den Haltungen und Handlungen hat Josef größere Möglichkeiten als die Muttergottes. In der Spätantike sitzt Josef, gegenüber von Maria [1189]; diese Haltung, als gedankenverloren oder grübelnd angegeben, bleibt bis zum 14./15. Jahrhundert bestimmend [1190], in Deutschland auch darüber hinaus, während sich Josef in Italien - ausgehend von der Magierszene - in einen stehenden, oft auf den Stock gelehnten, stillen Zuschauer wandelt [1191]. Kniend-betend erscheint Josef in Anlehnung an die erwähnte separate Anbetung bei Johannes de Caulibus und Birgitta von Schweden seit etwa 1400 in Deutschland [1192], aber seit dem 17. Jahrhundert ist Josef auch in den Hirtenszenen stehend wiedergegeben. Daneben bieten zahlreiche Darstellungen einen sehr beschäftigten Josef, z. B. mit hausmännlichen Tätigkeiten oder in der Magierszene auch als Gastgeber, der hereinbittet oder Geschenke entgegennimmt; Frauenfelder führt diese Entwicklung auf die erzäh-

---

1186 SEITZ (wie Anm. 1180), S. 315.
1187 ebda., S. 319, 332 f.
1188 Hierzu rechne ich auch die gelegentlich auftretenden Manteltücher, die so lang wie ein Skapulier sind, aber - längs auf die Hälfte gefaltet - über einer Schulter getragen werden.
1189 ROHAULT DE FLEURY (wie Anm. 1179), S. 135.
1190 Reinhard FRAUENFELDER: Die Geburt des Herrn. Entwicklung und Wandlung des Weihnachtsbildes vom christlichen Altertum bis zum Ausgang des Mittelalters. Leipzig: Hegner, 1939. - S. 26.
1191 SEITZ (wie Anm. 1180), S. 180 f., 301.
1192 ebda., S. 320.

lerische Ausschmückung der Weihnachtsspiele zurück [1193]. In Anlehnung an Birgitta von Schweden trägt Josef seitdem gelegentlich auch eine Kerze oder Laterne [1194].

In den Krippen haben kniende [1195] und sich vorbeugende (11mal, 1,5 %) Josef-figuren geringe Bedeutung; die überragende Mehrheit ist stehend gegeben (607mal, 83,7 %). Die Möglichkeiten der Handlung sind vielfältig, aber wenig genutzt: 105 Joseffiguren beten, fast ausschließlich mit gefalteten Händen (14,8%), 55 halten eine Laterne, Öllampe oder Kerze in der Hand (7,7 %), 92 (13,0 %) zeigen eine beschützende Geste wie eine auf der entfernteren Schulter Mariens ruhende Hand oder das Ausbreiten des Mantels hinter dem Krippenlager gegen Zugluft. Andere Handlungen sind Einzelfälle: ein kniender Josef weist mit beiden Händen auf die eigene Brust [1196], ein hockender Josef erhält bereits die Botschaft des Engels im Traum [1197], ein stehender Josef stützt nachdenklich den Kopf in eine Hand [1198], hält das Jesuskind hoch [1199], sägt Holz [1200], weist die Besucher zum Stall [1201], winkt diese einladend herbei [1202], nimmt Geschenke entgegen[1203] oder spricht mit einem Hirten [1204]. Die Mehrzahl der stehenden Josef-figuren hält aber lediglich den Stab in der Hand oder breitet wie Maria ohne zu bestimmenden Grund die Arme aus, ist also ohne Handlung (458mal, 64,5 %).

6.5.4. Engel

Anbetende Engel vor der Krippe werden schon für das 8.-13. Jahrhundert als unverzichtbar erklärt [1205]; seit dem 12. Jahrhundert treten sie oft zu dritt als Gloriasänger auf [1206] und gewinnen im Italien des 14. Jahrhunderts weitere Handlungsmöglichkeiten als Instrumentenspieler oder als himmlische Tänzer [1207]. Ihre Gewandung ist zunächst ausschließlich die weiße Tunika, die allen in der Seligkeit Befindlichen zukommt; seit dem 8./9. Jahrhundert kommen auch farbige, teils sakrale Prachtgewänder vor [1208]. Im 15. Jahrhundert wandelt sich das Alter der

---

1193 ebda., S. 303, 324 f. -- FRAUENFELDER (wie Anm. 1190), S. 26.
1194 BIRGITTA von Schweden (wie Anm. 1095). -- SEITZ (wie Anm. 1180), S. 321-323.
1195 37 doppelte Kniebeugen (5,1 %), 4 einfache (0,6 %); das Überwiegen der doppelten Kniebeuge ist hier wie bei Maria technisch bedingt.
1196 Düsseldorf-Bilk (Suitbertus).
1197 Köln, Peter; Köln-Niehl, Katharina (erste Krippe); Köln-Vogelsang, Viktor (Krippe bis 1984).
1198 Elsdorf.
1199 Bergisch Gladbach-Paffrath.
1200 Zülpich-Weiler in der Ebene.
1201 Düsseldorf-Pempelfort (Hl. Geist).
1202 Düsseldorf-Unterbilk (Bonifatius), Kerpen-Balkhausen; Köln-Porz-Eil (Michael).
1203 Köln (Andreas), Monheim-Baumberg.
1204 Leverkusen-Wiesdorf (Hildegard).
1205 GRIMOUARD DE ST-LAURENT (wie Anm. 1146), S. 126 f.
1206 Reinhold HAMMERSTEIN: Die Musik der Engel. Untersuchungen zur Musikanschauung des Mittelalters. München: Francke, 1962. - S. 245.
1207 ebda., S. 229 f.
1208 HAUPT (wie Anm. 1159), S. 80 f.

Engel - die Zahl spielender Engelkinder nimmt zu - und damit vermindert sich der Bekleidungsgrad bis auf ein flatterndes Stoffähnchen [1209].

Die Krippen besitzen mehrheitlich gar keinen Engel (474mal, 64,6 %); soweit doch, handelt es sich zunächst um einen, erwachsenen Engel in weißer oder wenigstens heller Tunika. Er wird neben dem Krippengebäude aufgestellt wie eine bloße Bekräftigung der Tatsache, daß dies die Christgeburt sei; er ist mit der Verkündigung an weitere Hirten auf dem Felde befaßt, während die ersten schon zur Krippe geeilt sind; gelegentlich schwebt er auch mit einem Gloria-Schriftband über dem Krippengebäude. Engelkinder kommen fast nur im Zusammenhang mit diesem Erwachsenen vor [1210] und erfüllen dann die erwähnten anderen Aufgaben der Krippenengel (Anbetung des Kindes, Musizieren, Singen, Tanzen). Mit 90 unter den insgesamt 360 Engeln an Krippen stellen diese dienstbaren Geisterchen nur ein Viertel der Engel. Die im Erzbistum Köln erreichte Höchstzahl an Engeln in einer Krippendarstellung beträgt neun, darunter sind sechs Kinder, die alle genannten Dienste wahrnehmen [1211].

6.5.5. Ochs und Esel

Die traditionellen Krippentiere Ochs und Esel erscheinen schon in der frühchristlichen Kunst und werden vom 4. Jahrhundert an fast unverzichtbar [1212]. Ihre Präsenz wird erklärt durch den Lukas-Kommentar des Origenes, wo durch einen Vergleich mit Jesaja 1, 3 und Habakuk 3, 2 diese Tiere als Symbole von Juden und Heiden gedeutet werden [1213]; Holst stellt eine religionswissenschaftliche Erklärungshypothese auf, die die Zuordnung umkehrt (Esel als Jude, Ochs als Heide) [1214]. Auf die im Hochmittelalter verbreitete Vorstellung von einer Anbetung durch die beiden Tiere habe ich bereits hingewiesen. Erst in nachtridentinischer Zeit werden Ochs und Esel fortgelassen oder wenigstens in den Hintergrund gedrängt [1215].

Nur 180 Krippen (24,6 %) weisen Ochs und Esel auf; ob sie eine Gebetshaltung einnehmen, weiß ich nicht zu entscheiden. Vornehmlich steht der Esel, der Ochse

---

1209 Gustav MÜNZEL: Zur Ikonographie der Darstellung von Christi Geburt. In: Freiburger Diözesan-Archiv. Zeitschr.d.Kirchengeschichtl.Vereins f.Gesch., christl.Kunst, Altertums-u.Literaturkde.d.Erzbms.Frbg. Bd. 71 = Folge 3. Bd. 3. 1951. S. 185-192. - hier: S. 186.

1210 Als seltene Ausnahme zeigt die Bonner Stiftskirche zwei anbetende Engelkinder ohne Erwachsenen.

1211 Bergheim-Hüchelhoven. Die Figuren stammen aus der wegen des Braunkohlen-Tagebaus aufgelassenen Pfarre St. Barbara, Bergheim-Fortuna. -- Anzumerken ist die Ausnahme, daß in Köln-Klettenberg ein goldgewandeter erwachsener Engel auf der Lyra spielt.

1212 AUST (wie Anm. 1123), S. IX.

1213 BOGLER (wie Anm. 93), S. 106 f. -- C. LÜBECK: Die Tiere an der Krippe des Erlösers. In: Zeitschrift für christliche Kunst. Jg. 18. 1905. Sp. 9-14. -- Philipp SEIDENSTICKER: Ochs und Esel an der Krippe. In: Die Weihnachtskrippe. Jb. 21. 1954. S. 15-18.

1214 Niels van HOLST: Was bedeuten die Tiere an der Krippe von Bethlehem? In: Weltkunst. Jg. 38. 1968. Nr. 24. 15.Dez. S. 1.259 f. - hier: S. 1.259. -- Zweitveröff.: Ochs und Esel. Über die Entwicklung des Christi-Geburt-Bildes in der Kunst. In: Artis. Jg. 21. 1969. Heft 12. Dez. S. 16-18. - hier: S. 16 f.

1215 MÂLE (wie Anm. 1147), S. 249.

liegt. Sie werden aber eindeutig als traditionelle Bildformel aufgestellt, denn ihre Zahl ist stets gleich [1216]; parallel zum unveränderten Ort der Handlung füllen sie alle weihnachtlichen Szenen und nicht nur das Hirtenbild. Bemerkenswert häufig wird allerdings auf den Ochsen verzichtet: 52 Krippen (7,1 %) zeigen nur einen stehenden Esel. Als Grund kommen nicht nur die ersparten Kosten in Betracht, die bei vollrunden Holztieren erheblich sind, sondern auch die bessere szenische Verwendbarkeit des Esels z. B. in der Flucht nach Ägypten, während der Ochse nur als stummer Zeuge der Weihnachtsszenen Sinn macht.

6.5.6. Hirten

Über das erste Auftreten von Hirten in der Kunst gehen die Meinungen auseinander: Jursch erklärt sie zum Pflichtbestandteil seit der Antike, Rohault meint, daß eine Hirtenszene in der Spätantike noch höchst selten sei [1217]; sie sind aber durch die Erwähnung in Lk 2 als weihnachtliches Bildelement prinzipiell verfügbar.

Auf die Hirten geht im 15. Jahrhundert das Dreilebensalter-Motiv aus der Dreikönigsikonografie über [1218]; es erscheint auch in vier undatierten Weihnachtsspielen [1219]. In den Krippen hat dieses Motiv jedoch keine Bedeutung (20 mal, 3,6% der Bilder mit Hirten).

Die Zahl der Hirten schwankt nach meinen Beobachtungen in der bildenden Kunst meist zwischen zwei und sechs; im 16. Jahrhundert häufig nur zwei, im 17. Jahrhundert meistens drei. In den ausgewerteten Schauspielen treten im Mittelalter sieben Hirten auf, seit dem 17. Jahrhundert überwiegend drei. Die Durchschnittszahl der Hirten in den erfaßten Krippen beträgt ganz entsprechend 3,069.

Dem Geschlecht nach sind die Hirten zunächst ausschließlich Männer. Correggio stellt 1530 neben zwei Männern eine Frau dar [1220]; im 17. Jahrhundert werden Frauen häufiger, es kommen die ersten Hirtenkinder vor [1221]. In den Weihnachtsspielen sind dagegen Frauen und Kinder erst im 19. Jahrhundert üblich. Die Krippen kommen mehrheitlich ohne Frauen aus: 381 haben keine Frau unter den Hirten (68,2 % der Bilder mit Hirten); unter den 1.732 Hirten sind nur 209 Frauen (das entspricht 12,1 %). Bei den 371 dargestellten Kindern ist das Verhältnis mit 82 Mädchen gegenüber 289 Jungen nur wenig günstiger (22,1 %). Die nennenswerte Menge von Kindern ist aber ein Argument für das weitgehende Ausbleiben

---

[1216] Die einzige Abweichung bietet Windhagen, dort sind ein Esel und zwei Rinder aufgestellt.
[1217] JURSCH (wie Anm. 1123), S. 60 f. -- ROHAULT DE FLEURY (wie Anm. 1141), S. 50.
[1218] J. DUCHESNE-GUILLEMIN: Die drei Weisen aus dem Morgenlande und die Anbetung der Könige. In: Antaios. Bd. 7. 1966. S. 234-252. - hier: S. 252. Darin wird als ältestes Beispiel benannt: Martin Schongauer: Geburt Christi (um 1470). Berlin (West), Staatliche Museen.
[1219] Deutsche Volksschauspiele, Oberungarn, Bd. 1, S. 405. --HARTMANN, S. 283 f. -- KRETZENBACHER, S. 117-124. -- Schwäbische Weihnachtsspiele, S. 57.
[1220] Antonio Correggio: Geburt Christi (1530). Dresden, Gemäldegalerie.
[1221] Bartolomé Murillo: Anbetung der Hirten (1668). Sevilla, Museo de Bellas Artes. -- Rembrandt: Anbetung der Hirten (1646). London, National Gallery.

des Drei-Lebensalter-Motivs. Während Jungen auch unter ausschließlich männlichen Hirten eingereiht sein können, erscheinen Frauen vorwiegend in familiären Zusammenstellungen (Ehepaar mit ein oder zwei Kindern, gelegentlich dazu ein Großelternteil).

Die Männerkleidung ist nach meinen Beobachtungen bis ins 19. Jahrhundert einheitlich ein kurzer, gegürteter Rock; die Beine meist frei, nur selten in langen Hosen. Das Gewand liegt aber häufig auf beiden Schultern, nicht wie bei der von Schiller benannten Exomis nur auf einer Schulter [1222]. Die typische Kleidung der im 19./20. Jahrhundert in Rom als Straßenmusikanten auftretenden Hirten, ein hoher Spitzhut und bis unter das Knie geschnürte Sandalen [1223], hat weder in der Kunst noch in den Krippen eine nennenswerte Bedeutung, obwohl sich Joseph von Führich bei ihrem Anblick 1827 in die Zeit von Christi Geburt versetzt fühlte [1224].

Antikisierene Gewänder tragen auch die Hirten an den Krippen, jedoch überwiegend bodenlang, da die groben Skelette der Gliederfiguren zu verdecken sind. Moderne Kleider wie Hemd und Hose bzw. Kniebundhose sind selten (18mal, 3,3 %); Erinnerungen an europäische Volkstrachten (84mal, 15,3 %) kommen überwiegend in Krippen mit Frauen vor, die oft Trachtmotive wie Mieder und Schürze aufweisen. Als einzige Ausnahme zeigt Alfter-Witterschlick beduinenartige Gewänder mit den bekannten zweifarbigen „Palästinensertüchern" als Kopfbedeckung.

Die Haltung der Hirten ist in der Kunst zunächst stehend; das literarische Motiv einer (knienden) Anbetung der Hirten [1225] wird in Italien ab der Mitte des 14. Jahrhunderts, nördlich der Alpen ab etwa 1420 eingeführt [1226]. Dennoch verbleibt die Mehrzahl der Hirten stehend, gelegentlich auch sitzend; Anbetungen der Hirten mit ausschließlich knienden Hirten sind rar [1227].

Diese Beobachtung ist auch bei den Krippen zu machen: 374 Hirten knien (23,1 % der Hirten), während 1.134 stehen (70,0 %); andere Haltungen haben geringes Gewicht wie das Sitzen, insbesondere bei älteren Hirten, (84 Hirten, 5,2 %) und das Vorbeugen (25, 1,5 %). Trotzdem fast ein Viertel der Hirten kniet, zeigen nur 84 (15,2 %) eine Gebetshaltung.

Unter den Handlungen der Krippenhirten spielt das Musizieren keine große Rolle (82 Musikanten, 5,1 % der Hirten). Benutzt werden 55mal Block- oder Querflö-

---

1222 SCHILLER (wie Anm. 1104), S. 70.

1223 Hans GELLER: „I Pifferari". Musizierende Hirten in Rom. Leipzig: Seemann, 1954. - S. 10 f., 15.

1224 Joseph Ritter von FÜHRICH: Joseph von Führichs Briefe aus Italien an seine Eltern (1827-1829). Hrsg. Lukas von FÜHRICH. Freiburg i.Br.: Herder, 1883. - S. 57.

1225 BIRGITTA von Schweden (wie Anm. 1095), S. 284. -- WERNHER (wie Anm. 1080), S. 198 f.

1226 SCHILLER (wie Anm. 1104), S. 97 f.

1227 Mein Beispiel mit drei knienden Hirten: Giovanni Benedetto Castiglione: Geburt Christi (1645). Genua, S. Luca.

ten, 13mal flötenartige Instrumente mit Trichtermündung, die wohl eine Schalmei darstellen sollen, eine Panflöte, 14mal ein Dudelsack. Das deckt sich mit den in der bildenden Kunst seit dem 15. Jahrhundert gelegentlich auftretenden Hirteninstrumenten, weitgehend auch mit den Angaben in einigen Weihnachtsspielen des 18./19. Jahrhunderts [1228]; Gryphius erwähnt helle Flöten, Martin von Cochem Leier und Dudelsack [1229].

Neben der überwiegenden Handlungsarmut erscheint in den Krippen als häufigste Handlung der Hirten die Überreichung von Geschenken: 203 Hirten (12,6% der Hirten) führen eine Gabe mit, meistens ein Schaf oder Lamm (98mal, also in 18,3 % der Bilder mit Hirten). Dieses Tier tragen 40 Hirten quer über die Schulter gelegt; dieses aus der Christusikonografie entlehnte Motiv des Guten Hirten tritt in der bildenden Kunst nur gelegentlich seit dem späten 15. Jahrhundert auf[1230]. Abgesehen von den Schaffellen oder der Wolle, die 28mal mitgebracht werden, den neun Kleidungsstücken, meist Windeln, und den vier Spielzeugen bzw. Puppen, die Hirtenkinder herantragen, gehören die übrigen Geschenke mehr in den landwirtschaftlichen Bereich: Eier (2mal), Brot (3mal), Milch (6mal), Obst (31mal, meist Äpfel) und geflochtene Körbchen mit unkenntlichem Inhalt (22mal).

Abgesehen von wenigen Schafen und einmal einem Korb [1231] nehmen Hirtengeschenke in der bildenden Kunst erst im 17. Jahrhundert zu [1232]. In den Weihnachtsspielen werden im selben Jahrhundert die ersten Hirtengaben überreicht. Seitdem ist ein Lamm regelmäßig dabei, oft verschiedene Breizutaten (Milch, Mehl, Eier, Fette, Brot); Obst, Geflügel, Decken und Kleider werden weniger genannt.

Die Rechtfertigung dieser erst spät aufkommenden Geschenke kann nicht nur in einer Christussymbolik (nur bei Brot und Lamm)[1233] oder einer Übertragung des

---

1228 WEINHOLD, S. 89 f. (Flöte, Dudelsack), S. 99 (Flöte, Geige); Weihnachtlieder, Nrn. 202, 439 (Flöte, Dudelsack), 440 (Flöte, Leier, Schalmei), 444 (Flöte, Geige), 472 (Flöte, Trommel).

1229 MARTIN von Cochem (wie Anm. 196), S. 332. --Andreas GRYPHIUS: Über die Geburt Christi (1657). In: Deutsche Geistliche Dichtung aus tausend Jahren. Hrsg. Friedhelm KEMP. München: Kösel, 1958. S. 217.

1230 Domenico Ghirlandajo: Anbetung der Hirten (um 1480). Budapest, Museum der bildenden Künste. -- Esteban Jordan: Anbetung der Hirten (1578). León, plastische Szene im Lettner der Kathedrale.

1231 Domenico Ghirlandajo: Anbetung der Hirten (1485). Florenz, Sta. Trinità.

1232 z.B. Lamm, Geflügel und Eier: Bartolomé Murillo: Anbetung der Hirten (um 1650). Madrid, Prado. -- Obst: Nicolas Poussin: Anbetung der Hirten (1637). London, National Gallery. -- ein gedeckter Topf: Georges de la Tour: Anbetung der Hirten (1644). Paris, Louvre. -- Lamm, Eier, Milch: Francisco de Zurbaran: Anbetung der Hirten (1638). Grenoble, Musée municipal.

1233 Gertrud WEINHOLD: Freude der Völker. Weihnachtskrippen und Zeichen der Christgeburt aus aller Welt. Auswahl u. Text -, Fotos u.Buchgestaltg. Harry C. SUCHLAND. München: Claudius, 1978. - S. 38. Weinhold behauptet diese Christus- bzw. Eucharistie-Symbolik ohne zu erklären, warum sie kein Beispiel für Hirtengaben vor dem 18. Jahrhundert nennen kann.

Gabenmotivs aus der Königsszene liegen [1234]. Die Dialoge aus den Weihnachtsspielen belegen eine veränderte Anschauung über angemessenes Verhalten vor Gott. Im 13. Jahrhundert bitten die Hirten ohne Gaben um Hilfe und Schutz[1235], in der zweiten Hälfte des 15. Jahrhunderts um gutes Gedeihen der Feldfrüchte und Schutz vor Wölfen [1236]. Seit etwa 1800 wird ein regelrechtes Tauschgeschäft vorgetragen: man gibt, damit Christus vergibt; man gibt zum Dank für die Erlösung; es wird offen gesagt, daß man eine Rückvergütung der Freigebigkeit im Himmel erwarte [1237]. Zweimal fordern die Verkündigungsengel dazu auf, ja nicht eine angemessene Gabe zu vergessen [1238]. Die Parallele zu den Krippenopferstökken des 19./20. Jahrhunderts, durch die es der Betrachter den Hirten gleichtun kann, drängt sich auf.

6.5.7. Drei Könige

Die in Mt 2 ungenannte Zahl der Magier wird in der Literatur erstmal von Origenes Adamantios (185-254) auf drei festgesetzt [1239]. Seither soll nach Rohault die Zahl der Magier in der Kunst bis auf wenige Ausnahmen festliegen [1240], während nach Deckers in der frühchristlichen Kunst die Zahl noch zwischen zwei und sechs schwankt [1241]. In den Krippen ist die Dreizahl allgemein - nur drei Krippen haben zwei Könige, in einer Krippe [1242] scheint die dritte Person eine Frau zu sein (weiße, haarschleierartige Haube).

Das Motiv der drei Lebensalter (Jüngling, Mann, Greis) tritt in der Kunst erstmals um 550 auf [1243], in der Literatur bei Beda (+ 735)[1244], wird aber erst im 11. Jahrhundert in Byzanz, noch später in der Toscana, allgemein übliche Bildformel [1245]. Auch in den Krippen ist dieses Motiv weitverbreitet, meist dargestellt durch einen bartlosen, einen schwarz- und einen weißhaarigen König, die beiden letzten vollbärtig; aber 111 Krippen zeigen keine deutlich unterschiedenen Lebensalter (33,0% der Bilder mit Königen).

Über den Zeitpunkt, zu dem ein König von dunkler Hautfarbe eingeführt wurde, gehen die Meinungen weit auseinander: Bockelberg nennt Daten ab 1266, Kehrer

---

1234 Obwohl im Késmárker Spiel (Druck 1862) die Hirten sogar neben einem Pelz Gold, Weihrauch und Myrrhe darbringen: Deutsche Volksschauspiele, Oberungarn, Bd. 2, S. 650.
1235 Sankt Galler Weihnachtsspiel, S. 55.
1236 Weihnachtsspiel, S. 23-26.
1237 Weihnachtlieder, Nrn. 78, 169, 424; Weinhold, S. 159.
1238 Weihnachtlieder, Nr. 478. -- Hartmann, S. 158.
1239 Hans-Jürgen MIESEN: Die Drei-Königen-Verehrung in der Literatur. In: Und sie folgten dem Stern. Das Buch der heiligen Drei Könige. Unt.Mitarb.v. Vilma STURM u.a.bearb.u.hrsg.v. Adam WIENAND. Köln: Wienand, 1964. S. 45-66. - hier: S. 49.
1240 ROHAULT DE FLEURY (wie Anm. 1179), S. 168.
1241 Johannes G. DECKERS: Die Huldigung der Magier in der Kunst der Spätantike. In: Die Heiligen Drei Könige - Darstellung und Verehrung. Katalog zur Ausstellung des Wallraf-Richartz-Museums in der Josef-Haubrich-Kunsthalle Köln. Köln: Wallraf-Richartz-Museum, 1982. S. 20-32. - hier: S. 23.
1242 Bergheim-Glesch.
1243 KEHRER 1909, S. 80.
1244 DUCHESNE-GUILLEMIN (wie Anm. 1218), S. 249.
1245 HAMILTON (wie Anm. 1142), S. 86.

ab etwa 1350, Schulze nach 1400 [1246]. Diese Differenzen beruhen auf verschiedenen Anschauungen, was eine dunkle Hautfarbe ist und wann bei ungefaßten Skulpturen eindeutig ein Negroider dargestellt ist. Jedenfalls ist es Allgemeingut, daß seit dem 15./16. Jahrhundert die Darstellung eines dunkelhäutigen Königs durchgängig üblich ist; durch seine Bartlosigkeit oder den gelegentlichen schwarzen Bart ersetzt er den bislang hellhäutigen jungen oder mittelalten König [1247]. Dieser sogenannte Mohrenkönig ist auch in den Krippen allgemein üblich, er fehlt nur 19mal (5,9 % der Bilder mit Königen). Soweit die Könige nacheinander an die Krippe treten, nimmt der Mohrenkönig vorwiegend die letzte Stelle ein (166mal, 54,8 %), häufiger die mittlere (105mal, 34,7 %), nur selten die vorderste (32mal, 10,6 %).

Die Benennung der Magier oder Sterndeuter als Könige ist durch eine lange Tradition gerechtfertigt: literarisch erscheint diese Bezeichnung schon bei Tertullian von Karthago (+ 220)[1248], in der bildenden Kunst seit dem Ende des 10. Jahrhunderts [1249] und wird durch eine künstlerische Wiederbelebung der römisch-hellenistischen Unterwerfungszeremonie erklärt [1250]. Die Florentiner Renaissance prägt die Darstellung, in der der erste König die Krone darreicht, der dritte sie auf dem Kopf trägt, während der mittlere König teils mit, teils ohne Krone erscheint [1251]. In den Krippen sind 519 gekrönte Könige zu sehen (50,0 % der Könige); Mohrenkönige tragen statt dessen oft einen Turban, in den gelegentlich ein vielzackiges Diadem einbezogen ist (139, 42,4 % der Mohrenkönige), während hellhäutige Könige selten mit Turban auftreten (30, 2,9 % der Könige).

In der Kleidung sind den Königen wenige Möglichkeiten geboten: mit der Einführung der Kronen geht der Untergang ihrer ältesten Tracht einher, die Kehrer als „orientalisch-mithräisch" bezeichnet [1252]. In Italien bildet sich bis zum 14. Jahrhundert eine Idealtracht aus Rückenmantel und bodenlanger Tunika her-

---

[1246] Otto Heinrich von BOCKELBERG: Das Morgenländische in der Anbetung der Könige, ein Beitrag zu ihrer Ikonographie. In: Deutschland - Italien. Beiträge zu den Kulturbeziehungen zwischen Norden und Süden. Festschr.f. Wilhelm Waetzold zu se.60.Gebtg., 21.Feb.1940. Hrsg.Kunstgeschichtl.Inst.d.Martin-Luther-Univ., Halle-Wittenberg. Berlin: Grote, 1941. S. 91-134. - hier: S. 93 f. -- KEHRER 1909, S. 223 f. -- W(ilhelm) A(ugust) SCHULZE: Alte Dreikönigsdarstellungen aus der Pfalz. In: Blätter für pfälzische Kirchengeschichte und religiöse Volkskunde. Jg. 43. 1976. S. 54-58. - hier: S. 57. -- ders.: Alte Dreikönigsbilder in Südtirol. In: Der Schlern. Monatszts.f.Südtiroler Landeskunde. Jg. 53. 1979. Heft 1. S. 5-17. - hier: S. 9 f.

[1247] DUCHESNE-GUILLEMIN (wie Anm. 1218), S. 249.

[1248] DECKERS (wie Anm. 1241), S. 22 f.

[1249] Hans Joseph DICKE: Zur Entwicklung des Dreikönigsbildes. In: Und sie folgten ... (wie Anm. 1239), S. 67-76. - hier: S. 69. -- KEHRER 1909, S. 80.

[1250] Die Magier werden typologisch mit den Königen von Ps 71,10 identifiziert, die nun ihre Diademe (wie in der Antike vor dem römischen Kaiser) vor dem neugeborenen Christus Rex Regum huldigend niederlegen; vgl.: Robert DESHMAN: Christus rex et magi reges. Kingship an Christology in Ottonian and Anglo-Saxon Art. In: Frühmittelalterliche Studien. Jb.d.Inst.f.Frühmittelalter-Forschg.d.Univ.Münster. Bd. 10. 1976. S. 366-405. - hier: S. 380 f.

[1251] HAMILTON (wie Anm. 1142), S. 87.

[1252] KEHRER 1909, S. 17.

aus [1253]; die deutsche Kunst zeigt im 12./13. Jahrhundert noch Beinkleider unter einer kurzen Tunika bzw. einem Rock; im 15. Jahrhundert erscheinen zeitgenössische Luxuskleider [1254]. Kölner Wallfahrtsmedaillen bieten von der zweiten Hälfte des 17. bis in die erste des 19. Jahrhunderts auch Könige in kriegerischer Tracht [1255]. Die Krippen weisen Könige in antikisierenden Gewändern vor, die Stoffe teils schimmernd, überwiegend aber in hellen, leuchtenden Farben.

Eine im 14./15. Jahrhundert mehrfach gestaltete Sonderform ist die Anbetung der Könige mit porträthaften Zügen von Zeitgenossen für die Könige [1256]; sie hat aber in den erfaßten Krippen keine Bedeutung, wenn man von zwei Einzelstücken absieht [1257].

Die Körperhaltung der Könige liegt in der bildenden Kunst weitgehend fest. Von der Spätantike an stehen die Magier gemeinsam, obwohl Mt 2,11 vom Niederfallen der Sterndeuter spricht; in der ersten Hälfte des 12. Jahrhunderts beugt sich der erste König vor [1258]. Nach 1160 wird die Genuflexio des ersten Königs üblich, für die als älteste Beispiele Werke des 11. Jahrhunderts benannt werden [1259]; als doppelte Kniebeuge erscheint sie in Deutschland erst nach 1300, ist aber seither im Abendland fast die Regel [1260]. Eine kniende Anbetung der Könige schildert auch Johannes de Caulibus [1261]. Die Könige in den Krippen stehen nur selten gemeinsam (47mal, 14,4 % der Huldigungsbilder), noch weniger knien sie zu dritt (11mal, 3,4 % [1262]). Zumeist kniet der erste König, fast ausschließlich in doppelter

---

1253 HAMILTON (wie Anm. 1142), S. 87.

1254 KEHRER (wie Anm. 1157), S. 113 f.

1255 Edith MEYER-WURMBACH: Kölner „Zeichen" und „Pfennige" zu Ehren der heiligen drei Könige. In: Kölner Domblatt. Jahrbuch des Zentral-Dombauvereins. Jg. 23/24. 1964. S. 205-292. - hier: S. 216.

1256 Hans HOFMANN: Die Heiligen Drei Könige. Zur Heiligenverehrung im kirchlichen, gesellschaftlichen und politischen Leben des Mittelalters. Bonn: Röhrscheid, 1975. (Rheinisches Archiv; 94) - S. 163-166. (etliche Beispiele aus der europäischen Kunst, u.a. mit den Kaisern Sigismund, Friedrich III. und sein Sohn Maximilian I. gemeinsam, Karl V. oder mit König Charles VII von Frankreich) -- Else Kai SASS: The Wise Men from the East. In: Studia romana in honorem Petri Krarup septuagenarii. Odense: University Press, 1976. S. 167-189. - hier: S. 172. (Medici-Porträts) -- J. EISLER: Zu den Fragen des Programms und der Ikonographie des „Dombildes" zu Köln. In: Acta historiae artium academiae scientiarum hungaricae. Bd. 24. 1978. S. 133-145. - hier: S. 133 (König Sigismund), 140 (König Albrecht).

1257 In Hürth-Hermülheim tritt vor einem Mohren ein Magier mit Fernrohr am Auge auf, der die Züge von Anwar el Sadat trägt; als Erster läuft Papst Johannes Paul II. heran. -- In der Krippe von Alfter-Witterschlick, Eigenarbeit des emeritierten Pfarrers Joseph Paffenholz, sind die beduinenhaft gestalteten Könige auf der Sockelplatte beschriftet als: Sadat magus aegyptus, Reza magus persis und Faisal magus arabia. Die drei Hirten sind ebenfalls beschriftet, u.a. als der Hersteller und der amtierende Pfarrer.

1258 KEHRER 1909, S. 126-128.

1259 Gilberte VEZIN: L'Adoration et le cycle des Mages dans l'art chrétien primitif. Étude des influences orientales et grecques sur l'art chrétien par -. Paris: Presses universitaires de France, 1950. (Forme et style. Essais et mémoires d'art et d'archéologie) - S. 62. -- KEHRER 1909, S. 80, 144 f.

1260 VEZIN (wie Anm. 1259), S. 62. -- KEHRER 1909, S. 157.

1261 JOHANNES de Caulibus (wie Anm. 1100), S. 37.

1262 Hierbei auch zwei Krippen, in denen der erste König in Proskynese dargestellt ist, die beiden anderen mit doppelter Kniebeuge: Köln-Sülz (Karl Borromäus), Düsseldorf-Wittlaer.

Kniebeuge, die beiden folgenden Könige stehen (208mal, 63,8 %). 47mal (14,4%) knien die beiden ersten, nur der dritte steht. Andere Haltungen (z. B. mit einem König als Beugefigur) sind wenig bedeutsam (13mal, 4,0 %).

Als wichtigste Handlung der Könige ist durch Mt 2, 11 die Darbringung von Gold, Weihrauch und Myrrhe vorgegeben. Weitere Handlungen bieten einige Legendenbearbeitungen, so z. B. den Fußkuß [1263] oder Handkuß beim Jesuskind[1264]; diese haben aber keinen Eingang in die erfaßten Krippen gefunden. Auch das in der Legenda Aurea auftretende Detail, daß jeder König alle drei Materialien darreicht [1265], ist bei den Krippen nicht zu bemerken.

In der Mehrzahl der Krippen ist die Art der Gaben ohnehin nicht feststellbar (275mal, 84,6 % der Huldigungsszenen); meist halten die Königsfiguren undefinierbare Kästchen oder Gefäße in Händen. Diese Unbestimmtheit ist auch in der bildenden Kunst durchgängig, das Fortlassen jeder Gabe ist aber die seltene Ausnahme in der bildenden Kunst [1266] wie in den Krippen (12mal, 3,7 %). Die am häufigsten erkannte einzelne Gabe ist der Weihrauch (72mal, 22,1 %) durch die charakteristischen Gefäße (Rauchfaß - allein 55mal - [1267], Schiffchen, selten flache Schale mit echten Weihrauchkörnern darin), als Gold erscheint meistens eine Krone auf einem Paradekissen oder eine rechteckige Kassette.

Soweit die Art der Gaben erkennbar ist, wird in der bildenden Kunst überwiegend Gold als erstes Geschenk gegeben; die Reihenfolge nach Mt 2, 11 wird im 16.-18. Jahrhundert aber mehrfach zu Gold, Myrrhe und Weihrauch umgekehrt [1268]. Diese beiden Reihenfolgen stellen mit 18 und 9 Darstellungen in den Krippen den höchsten Anteil an den erkennbaren Gabenfolgen (64,3 %). Während in der bildenden Kunst seit dem 16. Jahrhundert der Mohrenkönig fast ausschließlich Weihrauch darbringt [1269], trägt er in den Krippen 28mal Myrrhe (50 %)[1270], 20mal Weihrauch (35,7 %), achtmal Gold (14,3 %).

[1263] HROTSWIT (wie Anm. 1081), S. 72. Z. 653 f. -- HANS (wie Anm. 1085), S. 121. Z. 2.734-2.739. -- JOHANNES de Caulibus (wie Anm. 1100), S. 37.

[1264] HEINRICH von Loufenberg (ca. 1390-1460): Got ze wihenahten. In: Das deutsche Kirchenlied (wie Anm. 1131), Bd. 2. 1867. Nr. 726. S. 549 f. - hier: Strophe 9. S. 550.

[1265] JACOBUS de Voragine (wie Anm. 1079), S. 92.

[1266] Venezianischer Meister: Anbetung der Könige (14.Jh.). Estergom, Christliches Museum. -- Emil Nolde: Anbetung der Könige (1911). Seebüll, Stiftung Nolde.

[1267] In der bildenden Kunst nach Robels zuerst bei Rubens, vgl.: Hella ROBELS: Die Anbetung der heiligen drei Könige in der Graphik seit Schongauer. Zur Ausstellung im Wallraf-Richartz-Museum. In: Museen in Köln. Bulletin. Jg. 3. 1964. Heft 8. Aug. S. 302-304. - hier: S. 303.

[1268] Wolf Huber: Anbetung der Könige im Schnee (um 1510). Castagnola, Sammlung Thyssen. -- Pieter Brueghel d.Ä.: Anbetung der Könige (1564). London, National Gallery. -- Giovanni Battista Tiepolo: Anbetung der Könige (1753). München, Alte Pinakothek.

[1269] Einige Beispiele: Hieronymus Bosch: Epiphanie-Triptychon (1510). Madrid, Prado. -- Hans Baldung Grien: Anbetung der Könige (1510). Dessau, Staatl. Galerie. -- Franz Anton Maulpertsch: Anbetung der Könige (1758). Sümeg, Pfarrkirche. -- Francisco de Goya: Anbetung der Könige (1774). Aula Dei (Prov. Zaragoza), Kartause.

[1270] Als Myrrhe wird dabei auch eine Deckelvase bestimmt, wenn bei den anderen Königen ein Weihrauchgefäß und eine Goldform festgestellt werden können.

Ein standesgemäßer Troß der Könige kommt während des 14. Jahrhunderts in der Kunst auf [1271]; die Zahl der Diener nimmt im 15./16. Jahrhundert erheblich zu [1272]. In diesem Zusammenhang werden oft Reittiere der Könige dargestellt, gelegentlich auch Kamele [1273]. In den erfaßten Krippen sind Kamele die beliebtesten Tiere im Königstroß (78mal, 22,5 % der Bilder mit Königen), meist Dromedare (54mal), seltener Trampeltiere (24mal). Andere Tiere sind ungewöhnlich (4 Elefanten, 3 Schimmel). Nur dreimal wird eines der Tiere tatsächlich als Reittier eines Königs benutzt [1274], auch eine hinreichende Anzahl an Reittieren ist ungewöhnlich [1275]. Die Tiere erscheinen ebenso wie die 69 Diener überwiegend einzeln und lediglich wie eine exotische Bereicherung der Szene ohne deutlichen Handlungsinhalt (auch die Bevorzugung dunkelhäutiger Diener - 41 gegen 28 - spricht für eine mehr dekorative als handlungsorientierte Wirkung).

6.5.8. Sonstige Figuren

Neben den bislang erwähnten traditionellen Figuren kommen nur wenige andere Personen in einzelnen Krippen vor. Im Bonner Münster liest ein grauhaariger Mann (wohl als Evangelist gedacht) den Betrachtern aus einer Schriftrolle vor, zweimal begleiten typologisch ausgewählte Szenen aus dem Alten Testament die jeweilige Darstellung in der Mittelgruppe [1276]. Plastiken hungernder Menschen der Dritten Welt sollen den Betrachter auf die drängenden Probleme der Gegenwart aufmerksam machen [1277].

Die übrigen Figuren tragen deutlich folkloristischen Charakter [1278]: zweimal wird die weltumfassende Dimension der Christgeburt durch Repräsentanten der Erdteile verdeutlicht [1279], ein ähnlich internationales Flair verbreiten ebenfalls zweimal Trachtenpüppchen, die aus dem Souvenirhandel der jeweiligen Länder stam-

---

1271 HAMILTON (wie Anm. 1142), S. 91.

1272 Sandro Botticelli: Anbetung der Könige (1475). Washington, National Gallery. -- Leonardo da Vinci: Anbetung der Könige (1481). Florenz, Uffizien. -- Geertgen tot St. Jans: Dreikönigstriptychon (1480/90). Prag, Národní-Galerie. -- Hans Holbein: Oberrieder Altar (1521). Freiburg i.Br., Münsterkirche.

1273 Erste Darstellung 1346 in Brixen, Johanneskirche; vgl.: BOCKELBERG (wie Anm. 1246), S. 125. -- Erstes Auftreten in der Literatur bei Petrus Comestor, 12.Jh.; vgl.: MIESEN (wie Anm. 1239), S. 60.

1274 Bonn-Bad Godesberg-Mehlem; Düsseldorf-Wersten (Maria Rosenkranz); Köln-Niehl (Clemens).

1275 Bergheim-Auenheim; Köln-Niehl (Clemens), Köln-Sürth.

1276 Köln-Pesch; Leverkusen-Fettehenne.

1277 Köln-Höhenhaus (Hedwig).

1278 Im Gegensatz zu gängigen Nachschlagewerken (z.B. der Duden) verwende ich folkloristisch als Adjektiv zu Folklorismus, d.i.: „Vorführung traditionell und funktionell festgelegter Elemente des Volkstums außerhalb ihrer lokalen oder ständischen Gemeinschaft, die spielerische Nachahmung volkstümlicher Motive in einer anderen Sozialschicht und das von verschiedenen Zwecken bestimmte Erfinden und Schaffen volkstümlich wirkender Elemente abseits einer Tradition." Hans MOSER: Vom Folklorismus in unserer Zeit. In: Zeitschrift für Volkskunde. Jg. 58. 1962. Nr. 2. S. 177-209. - hier: S. 190.

1279 Köln-Seeberg, Neuss (Konrad). In letzterer Krippe besonders anschaulich durch Kinderfiguren, die durch passende Gesichtsfarbe und Kleider, die sehr an Karnevalskostüme erinnern, als Eskimo, Indianer, Chinesenmädchen usw. gestaltet sind.

men [1280]. Die bereits in Abschnitt 5.4.1. erwähnten Krippenfiguren in Köln (Maria in Lyskirchen) und Köln-Porz-Wahn setzen auf amüsantes Lokalkolorit, das aber in beiden Fällen nicht eine gegenwärtige Realität des Ortes abbildet: in Wahn entsteht die Aussage durch die Gleichsetzung von Wahn mit dem im Hänneschen-Puppenspiel karikierten Kappesbauernmilieu der „Knollendorfer"; in Lyskirchen wird der halbseidene Charme des Viertels während der 1930er Jahre mit Trachtenfiguren aus der Gegenwart (karnevalistische Tanzgruppe „Hillige Knäächte und Mägde" von 1950) verbunden. Ein vielbeachtetes Detail der Krippe in Köln-Sürth, das der Gegenwart entstammt, ist ein Junge im Jeansanzug, den der rotweiße Schal und ein Aufnäher als FC-Köln-Fan ausweisen.

Nur selten erscheinen zeitgenössische Porträtfiguren, die nicht mit einer der traditionellen Figuren (Könige, Hirten) verbunden sind; zu erkennen bzw. durch das Begleitheft der Krippe benannt sind die Pfarrer der beiden Konfessionen und Elmar Hillebrand (der Schöpfer der Kulissen) in Köln-Sürth, in Asbach-Limbach der frühere Pfarr-Rektor Anton Nolte samt Dackel sowie - mit einem Glockenstuhl als Attribut - Johann Limbach (dortiger Küster von 1879 bis 1941) und dessen Sohn Peter.

6.5.9. Fluchtszene

Als Beispiel einer nichtweihnachtlichen Krippenszene sei noch das Bild der Flucht nach Ägypten kurz beschrieben anhand von 19 erfaßten Krippen [1281]. Das Motiv wird wie die Weihnachtsbilder fünfmal als Produkt einer Evangelienharmonie bestimmt (durch Hirten im Bild). Weitere Personen sind außer in Köln-Sürth nicht anwesend, nur viermal tritt ein erwachsener Engel auf.

Die Hauptgruppe folgt meist dem Schema, daß Maria im Damensitz auf dem von Josef geführten Esel sitzt, das Kind im Arm (13mal), sechsmal sind beide zu Fuß, obwohl dreimal ein Esel mitgeführt wird [1282]. Soweit Vergleichsfotos vorliegen, ändert sich die Bekleidung der Personen - allesamt hölzerne Gliederfiguren - nicht; nur die Maria in Köln-Neu-Ehrenfeld trägt statt eines weißen Gazeschleiers ein grünes, wolliges Tuch. Allerdings wird der Mantel Mariens häufiger über das Hinterhaupt gezogen (17mal). Josef trägt viermal eine Kapuze, dreimal einen Hut; im übrigen bleibt er jedoch barhäuptig. Die einzigen Bilder mit erheblichen Abweichungen stehen in Köln-Sürth und Remscheid: hier sind beide Personen

---

1280 Köln-Nippes (Marien), Asbach-Limbach. Die in Limbach kaum mehr zählbare Masse solcher Püppchen beschaffte sich der krippenbegeisterte Pfarr-Rektor Alois Leenen 1974-79 durch seine guten Kontakte zu katholischen Orden direkt aus aller Welt; vgl. das Informationsblatt „Unsere Krippe" des Kath.Pfarr-Rektorats Maria Rosenkranzkönigin, Asbach-Limbach (3 Bl.vervielf.Ms., o.J.).

1281 Bergisch Gladbach-Bensberg, Bergisch Gladbach-Hebborn, Grevenbroich-Frimmersdorf, Heiligenhaus (Suitbertus), Köln (Gertrud), Köln-Deutz (Heribert), K.-Grengel, K.-Hohenlind, K.-Immendorf, K.-Klettenberg, K.-Neu-Ehrenfeld (Anna), K.-Pesch, K.-Rath, K.-Rodenkirchen (Maternus), K.-Sürth, K.-Stammheim (Mariä Geb.), Leverkusen-Opladen (Remigius), Remscheid (Marien), Siegburg-Braschoß.

1282 Köln (Gertrud), Köln-Sürth, Remscheid (Marien) - jeweils mit Esel; Köln-Grengel, Köln-Rath, Siegburg-Braschoß.

trotz Esel zu Fuß, Maria ist barhäuptig (trotz Josefs Kapuze in Sürth!), Josef trägt das Jesuskind. Sürth besitzt im weiteren Aufbau noch einige Menschen („Hirten") in den Kulissen und abreisende Könige; zuoberst weisen drei Engel mit roten Kreuzen auf die Passion hin.

6.6. Besondere Analysen

6.6.1. Epochenvergleich

Aufgrund der rein optischen Erfassungsmethode ist eine exakte Gliederung aller erfaßten Kirchenkrippen nach Entstehungszeiten unmöglich, auch die Literatur hilft dabei nicht weiter. Um dennoch wenigstens zu tendenziellen Aussagen über ikonografische Veränderungen während der rheinischen Krippengeschichte zu gelangen, habe ich die nach Abschnitt 6.4.6. höchstwahrscheinlich der Zeit vor 1920/30 zuzurechnenden Figurengruppen aus Gips und kaschiertem Wachs getrennt und mit den verbleibenden Krippen anderer Materialien verglichen [1283].

Diese älteren Krippen sind häufiger mit einer orientalischen Kulisse verbunden, die offensichtlich derselben Epoche zuzurechnen ist (7mal, 10,6 % gegen 22mal, 3,3 %). Sie bestehen immer aus größeren Figurenensembles, so daß unter ihnen das Bild der Heiligen Familie allein nicht vorkommt.

Die bevorzugte Kleidung des Jesuskindes ist in beiden Gruppen das Hemdchen, aber Haltung und Handlung der Kinder sind im 19. Jahrhundert eindeutiger gewählt (65mal = 98,5 % liegend; 42mal = 63,6 % mit ausgebreiteten Armen) als in der jüngeren Gruppe (80,6 % liegend, 44,0 % die Arme öffnend).

Bei Maria und Josef spiegelt sich ein veränderter Zeitgeschmack in den Haarfarben: Maria wird häufiger blond dargestellt (83,4 % statt vorher 37,9 %), Josef wird gelegentlich aufgehellt [1284]. Außerdem gewinnt Josef neue Bartformen hinzu (unter den älteren Krippen ausschließlich Vollbärte). Haltung und Handlung von Maria und Josef ist im 19. Jahrhundert fest vorgegeben - beide knien und beten fast ohne Ausnahme [1285].

Die Materialunterschiede sind der Grund für das Zurückgehen der Mantelpallien bei Maria und Josef, während die Farbpaletten sich durch den Zeitgeschmack ver-

[1283] Die sehr seltenen hölzernen Krippen, die noch dem Historismus angehören, und die durch Überkleidung dem Zeitgeschmack angepaßten Gipskrippen können wegen der großen Zahl die Aussagen über die Zeit nach 1920 anhand der 668 „verbleibenden Krippen" nicht beeinflussen und werden deshalb weder eliminiert noch der kleinen Gruppe der älteren Krippen (66 Objekte) zugerechnet.

[1284] Schwarz fällt von 7,6 auf 2,7 %, braun von 86,4 auf 77,2 %, während blond von 1,5 auf 15,5 % ansteigt, überwiegend dank der Wagner-Figuren.

[1285] Maria: doppelte Kniebeuge 95,4 gegen 60,5 %, einfache Kniebeuge 0 gegen 1,6 %; beten 93,9 gegen 21,1 %. Josef: doppelte Kniebeuge 45,5 gegen 5,4 %, einfache Kniebeuge 40,9 gegen 1,5 %; beten 87,9 gegen 7,0 %. Die unterschiedliche Häufigkeit der einfachen Kniebeuge des Josef ist wiederum nicht geschmacklich, sondern technisch bedingt (Überzahl der Gliederfiguren in der jüngeren Gruppe).

ändern. Die vorwiegende Kombination bei Maria ist und bleibt blau-weiß, sie verliert aber an Bedeutung (68,2 gegen 40,4 %), da die jüngeren Krippen neue Kombinationen wählen. Schon die Umkehrung von blau-rot auf roten Mantel und blaues Untergewand kommt in den älteren Krippen nicht vor, ebensowenig rotweiße, tonig blaue bzw. rote oder andersfarbige Gewänder. Josef erhält eine andere Farbkombination: statt den Zusammensetzungen mit violett (62,1 gegen 4,1 %) trägt er in den jüngeren Krippen zumeist das dezentere Braun-Beige (30,3 gegen 87,7 %).

Ein besonderes Detail bei Maria ist der Schleier bzw. der über das Haar gezogene Mantel. Er ist bei den älteren Krippen verpflichtend (55 Schleier = 83,3 %, 3 Mäntel als Schleier, 4,5 %), erscheint in den jüngeren Krippen weniger, wenn auch immer noch mehrheitlich (zusammen 61,7 %).

Die Bedeutung der Engel nimmt etwas ab (34,9 statt früher 40,9 % der Krippen haben Engel), während die Gesamtzahl der Engel durch mehr Engelkinder zunimmt [1286]. Desgleichen geht die Bedeutung von Ochs und Esel zurück (34,8 gegen 23,5 %).

Dagegen nimmt die durchschnittliche Zahl der Hirten leicht zu, was auf die vermehrte Darstellung von Frauen und Kindern zurückgeht. Jungen haben schon in den älteren Krippen einen Anteil von 9,1 % der Hirten (gegen 17,6 %), meist als einzelner kleiner Junge, der von einer Großvaterfigur zum Beten angehalten wird; die Frauen erreichen aber nur 2,1 % (gegen 13,3 %), Mädchen kommen in den älteren Krippen nicht vor. Die Handlung der Hirten wandelt sich ebenso: der Anteil betender Hirten (29,7 gegen 13,8 % der Hirtenbilder) und der Musikanten (46,2 gegen 11,0 %) schwindet; auch die Schafe als Geschenk (60,9 gegen 12,5 %) gehen rapide zurück, mit ihnen das Motiv des Guten Hirten (43,8 gegen 2,5 % [1287]), während die diversen anderen Geschenke erst in den jüngeren Krippen vorkommen.

Die Könige bieten in Zahl, Haltung und Handlung keine Auffälligkeiten. Die Zahl der gekrönten Könige (33,3 gegen 53,5 % der Könige) und die der Mohrenkönige mit Turban nimmt zu (13 gegen 44,4 % der Mohrenkönige). Diese Veränderung hängt damit zusammen, daß die in Gipskrippen vorkommenden orientalischen Anklänge in der Kleidung (insbesondere die Kefija [1288]) meistens nicht mehr auf-

---

1286 Die älteren Krippen weisen insgesamt nur fünf Engelkinder auf, aber viele Gipskrippen besitzen den offensichtlich zum Standardumfang einer Gipskrippe gehörenden fliegenden Engel mit Gloria-Spruchband in Händen (und einer Drahtschlaufe im Rücken zur Aufhängung am Krippengiebel oder einer anderen auffälligen Stelle).

1287 Die wenigen der jüngeren Krippen mit diesem Motiv unter den Hirten sind stets massive Holzfiguren mit Herkunft aus Oberammergau oder Bethlehem (Ölbaumholzfiguren als Souvenir; als Kirchenkrippe in Wuppertal-Hatzfeld).

1288 In der ikonografischen Analyse (siehe Abschnitt 6.5.7.) wird dieses Detail nicht berücksichtigt, da nur wenige Krippen vollständig orientalisch gewandete Könige zeigen; im Regelfall sind wallende Gewänder zu sehen, die man ebenso als antikische Kleidung (Tunika) auffassen kann. Die Bezeichnung als orientalische Könige kann sich meist nur auf die Kefija stützen; diese wird aber häufig von einer Krone gehalten. Ein bloßer weißer Nackenschleier

genommen werden. Die Gestaltung des Drei-Lebensalter-Motivs ist in den älteren Krippen weit verbindlicher (es fehlt nur zweimal, 6,1 %, gegen 109mal, 34,7%).

6.6.2. Stadt und Land

Die Gegenüberstellung der Daten aus Stadt- und Kreisdekanaten [1289] führt zu einem auffallenden Unterschied: Gipsfiguren sind in den Kreisdekanaten doppelt so häufig wie in den kreisfreien Städten. Allein im Kreis Euskirchen finden sich dreizehn, in der Stadt Köln aber nur drei. Die vier kaschierten Wachsfiguren sind alle in Landkreisen, die Hälfte im Kreis Euskirchen. Von den Lita-Mertens-Krippen stehen dagegen 38 allein in Köln. Diese Differenzen belegen noch heute die Wirkung der Krippenbewegung und verwandter Strömungen der Zwischenkriegszeit: Innenstadtpfarren, namentlich in Köln, waren eher Zielscheibe von Kritikern „unwürdiger" Krippendarstellungen und hatten zudem näherliegende Nachbarpfarren mit neuen Krippen, die einen gewissen Zugzwang denkbar erscheinen lassen. Auf Landpfarren trifft dies weniger zu; die überwiegend winzigen Pfarreien des Linksrheinischen waren zudem finanziell nie in der Lage, eine der teuren Gliederfigurenkrippen zu beschaffen, so daß hier alte Objekte überleben und weiterbenutzt werden konnten.

Diese unterschiedliche Verteilung der Figurenmaterialien ist der Grund etlicher Differenzen zwischen den Krippen in Landkreisen und kreisfreien Städten. Entsprechend zu den Charakteristika der älteren Krippen (siehe Abschnitt 6.6.1.) ist in den Landkreisen häufiger eine orientalische Kulisse zu sehen, ferner das Mantelpallium bei Maria und Josef, die kniende Gebetshaltung der beiden, der Schleier der Muttergottes, deren Gewandfarben blau-weiß und blau-rot sowie die liegende Haltung des Kindes.

Ohne eine historische Begründung ist auffällig, daß in kreisfreien Städten die figurenarmen Krippen eher gewählt werden als in den Landkreisen (48 gegen 42 [1290]) und daß speziell in Köln schlichtere Krippen aufgestellt werden: Mooslandschaften sind seltener [1291], Krippen ohne Gebäude etwas häufiger [1292]. Auch treten seltenere Details in den Großstädten eher auf als auf dem Land, wie z. B. eine „moderne" Josefs-Kleidung und ungewöhnliche Haltungen der Hl. Familie (sit-

---

unter sonst nicht zuzuordnenden Kleidungsstücken erschien mir als Begründung für einen orientalischen Königstypus nicht hinreichend.

1289 Das Stadt- und das Kreisdekanat Neuss werden hier wieder zusammengefaßt und zu den Kreisdekanaten gerechnet, weil beide die an der Nordwestecke des Erzbistums Köln gelegenen Pfarrgemeinden des Landkreises Neuss umfassen (z.B. gehören zum Stadtdekanat Neuss auch tw. Kaarst, Korschenbroich und Meerbusch; das Kreisdekanat besteht überwiegend aus den Städten Grevenbroich und Dormagen).

1290 Es ist zu berücksichtigen, daß 428 Krippen in Landkreisen nur 306 in kreisfreien Städten gegenüberstehen, eine regelmäßige Verteilung also etwa 4:3 betragen müßte.

1291 Die 130 ausgewerteten Krippen zeigen 30mal eine Mooslandschaft statt 47mal bei einer durchschnittlichen Häufigkeit.

1292 49mal statt 41mal bei durchschnittlicher Häufigkeit.

zendes Jesuskind; Maria mit einfacher Kniebeuge oder sitzend; Josef sitzend oder vorgeneigt).

In den Landkreisen erscheinen umfangreiche Krippen häufiger: Man zeigt mehr Krippen mit Engeln (161 gegen 99), auch eine leicht größere Engelzahl (215 gegen 145), mehr Hirten (im Durchschnitt 3,136 gegen 2,980), darunter auch mehr Frauen (128 gegen 81) und Kinder (237 gegen 134); ferner mehr Diener im Troß der Könige (44 gegen 25). Folkloristische Hirtenkleider sind hier wahrscheinlicher (50mal gegen 35mal).

Auch die landschaftliche Gestaltung fällt in den Landkreisen üppiger aus: Moos-Untergrund (173mal gegen 92mal), Nadelgehölze als Hintergrund (372mal gegen 245mal) wie Fichtenäste als Bodenbedeckung (52mal gegen 31mal) und blühende Knollenpflanzen (158mal gegen 102mal) werden in den Kreisen deutlich öfter benutzt. Die Ställe und Schuppen als Krippengebäude erscheinen vermehrt (265mal gegen 179mal), ebenso bauliche Details wie Fachwerkwände (28mal gegen 12mal) und Strohdächer (136mal gegen 91mal). Analog dazu sind auch Landschaftsdetails wie glimmende Feuer (89mal gegen 58mal) und Brunnen bzw. Pumpen mehr vertreten (17mal gegen 5mal).

6.7. Formale Grundlagen

6.7.1. Mangelndes Verhältnis zur Bibelwissenschaft

Von den Krippenaufstellern kann sicherlich nicht erwartet werden, daß sie die Definition der biblischen Kindheitsgeschichten als nachösterliche Verkündigungserzählungen so genau interpretieren, daß die Krippe verschwinden muß, da sie zu viele Motive abbildet, die bereits im Text nur ein Bild sind (z. B. Hirten, Magier). Auch ist jede Krippe, wie detailarm sie auch gestaltet ist, auf meist außerhalb der Heiligen Schrift liegende Bildtraditionen angewiesen, um eindeutig erkennbar zu sein (z. B. körperliche Merkmale, Haltungen und Handlungen von Maria und Josef; die Umgehung eines Geburtsbildes im engsten Sinn).

Die Kirchenkrippen aller Konfessionen [1293] spiegeln aber kein noch so differenziertes Verhältnis zum aktuellen Stand bibelkritischer Forschung. Die Krippen bedienen sich der längst überholten Reihung von Szenen, die auf verschiedenen Evangelientexten beruhen; soweit auch nachweihnachtliche Bilder präsentiert werden, liegt eine Reihenfolge zugrunde, die nur bis zum Ende des 19. Jahrhunderts unumstritten war [1294]. Mehr noch: Eine der beliebtesten Darstellungen in den Krippen ist der gemeinsame Besuch der Könige und Hirten an der Krippe, ergänzt durch einige Bilder, in denen die jeweilig andere Gruppe im Hintergrund erscheint. Dieses in der bildenden Kunst nur gelegentlich und erst im 19. Jahr-

[1293] Ausnahme ist die altkatholische Kirche, deren zwei Krippen im Kölner Raum z.Zt. nur aus den drei Figuren der Hl. Familie bestehen.
[1294] Das seltene Bild der Darstellung im Tempel erscheint immer als letztes Bild, niemals zwischen Weihnachten und Epiphanie, wie es den Schulbibeln der Zwischenkriegszeit entspräche (siehe Abschnitt 3.1.3.).

hundert auftretende Motiv ist die bildliche Konsequenz dessen, was Schürmann als „Erinnerungskomplex" bezeichnete, der nur „das problematische Produkt moderner Harmonisierung" sei [1295].

Eine weitergehende Harmonisierung verbirgt sich hinter dem verbreiteten Motiv eines Krippensterns. 273 römisch-katholische Kirchenkrippen weisen einen solchen auf; durch die überwiegende Aufstellung unter dem Christbaum sind Krippensterne in evangelischen Kirchen seltener. Soweit er in Krippen mit besternten Nachthimmeln vorkommt, ist er einfach zu erkennen, da auf ihn nicht die üblichen Gestaltungsprinzipien angewendet werden [1296]. Krippensterne erhalten eine große Zahl, oft verschieden langer bzw. breiter Strahlen, ähnlich wie Kinderzeichnungen die Sonne wiedergeben; oft aber auch deutlich erkennbare, gleich gestaltete Strahlen, durchschnittlich acht an der Zahl. Daneben erscheinen besondere geometrische Konstruktionen wie der im Dritten Reich als Judenstern verwendete Davidstern (32mal), das Pentagramm (17mal) und der aus der evangelischen Kirchendekoration geläufige Herrnhuter Weihnachtsstern (bisher erst in drei römisch-katholischen Kirchen).

Diese außergewöhnliche Form weist den Krippenstern zunächst als eine wunderbare Himmelserscheinung aus. Das könnte mit Mt 2,2 und Mt 2,9 f. erklärt werden, wenn der Krippenstern nicht unabhängig von der dargestellten Szene erschiene. Aber während die bildende Kunst nur selten einen besonderen Stern über der Hirtenszene leuchten läßt [1297], ist es bei den Krippen 96mal (31,6 % der Hirtenbilder) der Fall. Dieser Zusammenhang ist nur in den Apokryphen und Legenden gegeben: Nach Pseudo-Matthäus steht in der Geburtsnacht ein großer Stern über der Grotte [1298]; etliche Legendenbearbeitungen erklären, daß der Stern der Magier in der Geburtsnacht aufgegangen sei [1299] oder daß bald nach der Geburt in Bethlehem ein heller Stern erschienen sei [1300]. Auch in einigen Weihnachtsspielen wird beschrieben, wie die Hirten den Stern betrachten [1301].

1295 SCHÜRMANN (wie Anm. 813), S. 198.

1296 Die gewöhnlichen Sterne sind als gelblich leuchtender Fleck oder als vielstrahliges Sternchen angegeben; Letzteres gilt auch für die vielfach in der Dekoration auftretetenden Strohsterne, unter denen dann ein größerer, mehrstrahliger oder geschweifter Strohstern auszumachen ist.

1297 Albrecht Dürer: Das Marienleben (1511), Tafel B II. -- Julius Schnorr von Carolsfeld: Die Bibel in Bildern (1860), Tafel 166.

1298 Evangelium des PSEUDO-MATTHÄUS (wie Anm. 1099), Kp.13, V.2. S. 58.

1299 Frau AVA: Das Leben Jesu (2.H.12.Jh.). In: Die religiösen Dichtungen des 11. und 12. Jahrhunderts, nach ihren Formen besprochen u.hrsg.v. Friedrich MAURER. Bd. 1-3. Tübingen: Niemeyer. Bd. 2. 1965. S. 398-491. - hier: S. 405, Strophe 18. -- JACOBUS de Voragine (wie Anm. 1079), S. 43 f. -- WERNHER, Text D (wie Anm. 1080), S. 212.

1300 KONRAD von Fussesbrunnen (wie Anm. 1096), S. 110, Z. 1.038 f. -- PHILIPP der Kartäuser (wie Anm. 1084), S. 61, Z. 2.236-2.247. -- Vita rhythmica (wie Anm. 1082), S. 69, Z. 1.864-1.867.

1301 MÜLLER, S. 115. -- Volksschauspiele, S. 459. -- Weihnachtlieder, Nrn. 395, 399, 410. (alle undat.bzw.19.Jh.) -- Im Benediktbeurer Weihnachtsspiel (13.Jh.) geht der Stern der Magier während der Antiphon „Hodie Christus natus est" auf: Benediktbeurer, S. 886.

Die teils sehr allgemeine Verbindung von Stern und Christgeburt in diesen Texten könnte die Krippensterne über den allein dargestellten Heiligen Familien erklären (22mal, 24,4 % dieser Bilder). Es ist jedoch ein weiteres Detail zu bedenken: 151 der 274 Sterne (55,1 %) sind geschweift. Diese besondere Gestaltung geht zurück auf die bis in die 1920er Jahre unbestrittenen astronomischen Theorien zu dem außergewöhnlichen Stern bei Matthäus; neben einer Jupiter-Saturn-Konjunktion wurde häufig an den Halleyschen Kometen gedacht (siehe die Abschnitte 3.1.3., 5.1.4.). Obwohl der Krippenstern allgemein wie auch seine Variante als Komet eher in Bildern mit Königsdarstellung auftritt [1302], zeigt er durch seine offensichtlich unproblematische Verbindung mit anderen Bildern und das zähe Festhalten an der Kometentheorie einmal mehr, wie wenig Berührungspunkte Krippenbau und Bibelwissenschaft haben.

6.7.2. *Anpassung an das Schenkfest*

Viel unbeschwerter ist das Verhältnis der Kirchenkrippen zum familiären Schenkfest Weihnachten. Obwohl Weihnachten keinen höheren Rang als andere kirchliche Hochfeste hat [1303], ist es das einzige Fest, zu dem eine plastische Darstellung des Festgeheimnisses im Kirchenraum erscheint. Im privaten Bereich ist dieser unverhältnismäßig hohe Grad der Festdekoration an Weihnachten ebenfalls üblich. Im Zusammenhang der Vorbereitungen für das Schenkfest sind weihnachtliche Dekorationselemente, insbesondere Christbäume, Allgemeingut der Geschäftswelt wie der öffentlichen Straßenräume während der Adventszeit geworden; einige Kirchen beteiligen sich an der dekorativen Aufwertung dieses Zeitraums durch die Aufstellung einer Adventkrippe. Deren Bilder drücken zwar den Gedanken adventlicher Erwartung deutlicher aus, sind aber durch das gleiche Figurenmaterial, die vorbereitete Bühne samt dem Hintergrund aus Nadelbäumen eng mit der folgenden weihnachtlichen Dekoration verbunden [1304].

Die für die Krippengestaltung bevorzugten Pflanzen gehören zum Standard weihnachtlichen Zimmerschmucks: Christsterne in 53,1 %, Nadelbäume sogar in 84,1% der erfaßten Krippen.

Diese Nadelbäume verdienen besonderes Interesse. Statt des in der Zwischenkriegszeit mehrfach propagierten Kontrasts von Christbaum und (eindeutig

---

1302 Die unterschiedliche Verteilung wird deutlich, wenn die reale Häufigkeit der Sterne und Kometen mit einer hypothetischen Verteilung verglichen wird, bei der sich diese Sterne mit gleicher Wahrscheinlichkeit auf die (verschieden oft belegten) Bilder verteilen: Bei der Familie allein sind es 13 Sterne, davon 4 Kometen (statt 19 bzw. 9), beim Hirtenbild 38, davon 17 (statt 48 bzw. 23), beim Königsbild 17, davon 12 (statt 10 bzw. 5), beim simultanen Besuch von Hirten und Königen 45, davon 21 (statt 32 bzw. 21).

1303 In der römisch-katholischen Kirche hat Weihnachten sogar eine etwas geringere Wertung, da es zwar (wie Ostern) eine Oktav, aber im Gegensatz zu den Hochfesten Ostern und Pfingsten keinen zweiten Feiertag hat - am 26. Dezember feiert man das Hochfest des Erzmärtyrers Stephanus.

1304 Einzige auf Kontrast bedachte Krippenaufstellung ist diejenige von St. Andreas, Köln: hier folgt dem Verkündigungsbild des Advents während der Vorweihnachtswoche eine völlig leere Bühne mit der violettgrundigen Schrifttafel „Bereitet den Weg des Herrn" (Beobachtung 1984).

christlicher) Krippe erscheinen diese beiden beliebtesten Festrequisiten jetzt vereint im Kirchenraum. Nicht allein, daß der Christbaum - im Rheinland stets mit dem Schenkbrauch verbunden - an bevorzugtem Platz im Kirchenraum erscheint[1305]; die im Krippenhintergrund üblichen Nadelbäume tragen in 175 Krippen Christbaumschmuck, das heißt, wenigstens (elektrische) Kerzen. Das sind 28,4 % der Krippen mit Nadelbäumen; in den Kreisdekanaten beträgt dieser Anteil sogar 32,6 %.

In den Gemeinden der evangelischen Landeskirche wird neben der gesonderten Krippenaufstellung unter der Kanzel oder neben dem Altarraum eine gemeinsame Aufstellung von Krippe und Christbaum häufig gewählt. Die kleinen Krippen unter den Christbäumen in Köln (Kartäuserkirche, Kreuzkirche) oder Bonn (Röttgen; Marienforster Kirche in Godesberg) erinnern sehr an die im privaten Bereich übliche Zusammenstellung der Weihnachtsdekoration.

Einzelne Beispiele bieten eine noch deutlichere Anbindung an den Schenkbrauch: Dreimal gehören Geschenk-Attrappen zur Krippendekoration [1306], einmal zählt ein verpacktes Geschenk zu den Hirtengaben [1307].

6.7.3. Geringer Gegenwartsbezug

Durchgängiges Gestaltungsprinzip ist die Versetzung des Bildes in eine nicht genau bestimmbare, jedenfalls aber vergangene Zeit. So lehnen sich die Gewänder der Figuren überwiegend an die antikisierende Kleidung der üblichen Heiligendarstellung an; soweit diese bei der Heiligen Familie oder den Hirten nicht gewünscht ist, erscheinen Anklänge an europäische Volkstrachten oder an traditionelle Berufskleidung (Josef in Manchesterhosen). Beide Grundformen der Gewandung gehören längst nicht mehr zum alltäglichen Straßenbild. Die Unterkleidung des Jesuskindes ist den betrachtenden Kindern von heute nicht mehr geläufig [1308], die einzig dargestellten Oberkleider, weißes Hemdchen und Steckkissen, werden allenfalls noch zur Tauffeier verwendet.

Auch die Szenerie ist rückwärts gewendet: Die Kulissen stellen neben orientalischen Landschaften unberührte Natur (Bergwelt) oder ein romantisierendes Motiv dar [1309] und unterscheiden sich nicht von den bereits 1919 handelsüblichen

---

[1305] Ohne exakte Notizen während der Krippenerfassung gemacht zu haben, möchte ich behaupten, daß (zumeist geschmückte) Nadelbäume die durchgängige Weihnachtsdekoration des Altarraums römisch-katholischer Kirchen sind; in den historischen evangelischen Kirchen ist es besonders beliebt, zwei gleichgroße Bäume symmetrisch neben dem Altartisch bzw. den vereinigten Prinzipalstücken aufzubauen.

[1306] Bonn-Tannenbusch (Thomas Morus, 1984/85), Düsseldorf (Maximilian), Eitorf-Merten.

[1307] Neunkirchen-Seelscheid-Hermerath.

[1308] Stoffwindeln sind seit dem Siegeszug der Einmalwindel nur noch einigen besonders umweltbewußten Familien bekannt; die Wicklung wurde von der klinischen Säuglingspflege in den 1970er Jahren aufgegeben.

[1309] Ausnahmen sind nur Hürth-Gleuel, Dionysius (ein Panorama des Braunkohlentagebaus) und Solingen, Clemens (eine Textilcollage mit Solinger Stadtansicht).

Modellen [1310]. Die Krippengebäude (außer den selteneren Grotten und Zelten) orientieren sich am ländlichen Bauen der Vergangenheit, insbesondere durch die teils gegebene Fachwerkarchitektur und das 49,9 % der Gebäude eindeckende Strohdach. Gerade diese Dachdeckung ist bis auf wenige rekonstruierte Beispiele längst aus der Umgebung verschwunden.

Der zeitliche Abstand von der gewählten ländlichen Gestaltung ist an der technischen Qualität gut ablesbar. Die beliebten Strohdächer werden überwiegend aus rollbaren Strohmatten gestaltet, wie sie der Gartenbedarfshandel als Wind- und Sichtschutz für Reihenhausgärten anbietet; gelegentlich wird in Ballen gepreßtes Stroh aufgetrennt und als dicke, aber ebensowenig wetterfeste Schicht auf dem Dachgerüst angebracht.

Die Wanderung einzelner Versatzstücke veranschaulicht ein eingeschossiges Krippenhaus aus Fachwerkarchitektur, das 1932 erstmals veröffentlicht wird als die „Westfälische Bauernkrippe von Gewerbeoberlehrer Th. Pape, Bonn"[1311], 1937 aber auch ohne erkennbare Unterschiede abgebildet wird als westfälisches Bauernhaus von Architekt Heussen, Berlin [1312]. Einen Nachbau fertigt ein Lohmarer Familienvater 1938 für seine Hauskrippe an; das Haus wird mit Schindeln gedeckt und durch eine schwarzweiße Fassung der Wände dem bergischen Fachwerkbau angepaßt. In den 1950er Jahren baut er für die Pfarrkirche Lohmar eine Zweitfassung dieses Hauses. Die Grundform des Hauses, allerdings ohne den kurzen Rücksprung der linken Fassadenhälfte, kehrt im Stall von St. Joseph, Bonn-Beuel wieder (1976). Diesmal ist das Haus strohgedeckt, die Wände bestehen aus mit Ziegeln ausgefachten dunkelbraunen Balken; nach Angabe des Pfarramts soll es nun ein typisches Haus des Siebengebirges sein [1313].

Das liebenswert-rückständige Ambiente wird gelegentlich vervollkommnet durch Details wie die erwähnten unmotorisierten Geräte aus Land- und Forstwirtschaft (in 17 Krippen), die Heizung mit einem rotglühenden offenen Holzfeuer (147mal), die Wasserversorgung mit Schöpf-, Wellradbrunnen oder Schwengelpumpe (22mal), die antiquierten Handlaternen als einzige Beleuchtung (97mal) oder durch altertümlichen Hausrat (6mal [1314]). An der Mehrzahl dieser gestalterischen Elemente ist deutlich abzulesen, daß sie im täglichen Leben keine Rolle mehr spielen: Brunnen wie Arbeitsgeräte sind meist maßstäblich unpassend, so daß sie nur noch wie ein Zitat aus der Vergangenheit wirken.

[1310] z.B. das Angebot der Fa. Benziger, Köln: Krippenställe „in vielseitiger, romantischer Ausführung ... Burgen, Ruinen, Bauernhäuser, Stadtmauern, Türme, Idyllen nach alten süddeutschen Städtebildern etc." Kölnische Volkszeitung. 1919. Nr. 953 v.6.Dez.

[1311] Abb.: Die Weihnachtskrippe. Jb. 8. 1932. (ungez.Taf.) --WALTERSCHEID (wie Anm. 103), Bd. 1, S. 64.

[1312] SCHMITT (wie Anm. 545), hier: ungez.Taf.

[1313] Entsprechende Angabe im Fragebogen (vgl. Anm. 1006).

[1314] z.B. eine Kupferkanne (Bonn-Beuel-Vilich), glasierte Irdenware (Much, Reichshof-Denklingen), Zinngeräte (Wuppertal-Beyenburg).

Einzelne Krippen präsentieren passende Genreszenen wie kochende Hirten [1315], ein wäschewaschendes Mädchen am Brunnen [1316], einen alpenländischen Blasmusiker [1317] oder Hirten, die im Krippenbach angeln [1318].

Diese Genreszenen belegen wie die Figurenwahl in den seit etwa 1920 beschafften Krippen eine Tendenz zur „heilen Welt". Die Hirtenfiguren der neueren Krippen werden oft familienhaft aus einem Paar nebst ein bis drei Kindern zusammengestellt, wobei Jungen weitaus beliebtere Kinder sind [1319]; dazu kommen gelegentlich noch Personen im Alter von Großeltern. Das Verhalten der Einzelnen ist gängigen Rollenklischees angepaßt: das Mädchen wäscht die Wäsche, der Junge („Lausbube") angelt neben dem Verbotsschild, die kleinen Kinder tanzen im Reigen [1320], die Hirtenmutter kocht, während die restliche Familie wartend zuschaut[1321], der Mann sägt Holz [1322], die Großmutter strickt [1323]. Unter den Königen kommt der Mohr überwiegend als Zweiter oder Dritter an; ohne ein rassistisches Vorurteil zu unterstellen, kann dieses Prinzip nur mit dem Vortritt für Ältere erklärt werden. Wenn jemand das Jesuskind hält, ist es stets seine Mutter (179mal), nur einmal Josef [1324].

Einige Krippen belegen, daß auch der bewußte Kontrast zu dieser ungestörten Krippenidylle gesucht wird; diese aktualisierten Krippen bleiben aber einzelne Ausnahmen: großformatige Fotos von anonymen Zeitgenossen boten in vier Kölner Krippen 1982-83 einen Gegenwartsbezug [1325], gleiches taten ein Foto aus der Afrikamission 1982 in Hürth-Stotzheim, die traditionelle Krippe mitten in einem bürgerlichen Wohnzimmer samt Christbaum [1326], die Heilige Familie auf einer Weltkugel [1327], zwischen Robotern und Maschinen [1328] oder vor großformatigen Zeichnungen aus der vorweihnachtlichen Geschäfts- und Konsumwelt [1329]. Diese aktuellen Aussagen werden gelegentlich auf die Zweitkrippe übertragen, während die andere Krippe unveränderlich ist [1330].

1315 Bonn-Altstadt (Marien), Leverkusen-Rheindorf (Hl. Kreuz).
1316 Euskirchen (Martin).
1317 Bad Münstereifel-Rupperath.
1318 Euskirchen-Wißkirchen, Düsseldorf-Flingern (Liebfrauen) - hier unmittelbar neben dem Schild „Angeln verboten".
1319 In den jüngeren Krippen werden über dreimal häufiger Jungen als Mädchen dargestellt (272 gegen 82; die älteren Krippen kennen, wie erwähnt, keine Mädchen).
1320 Bergisch Gladbach-Bensberg (Nikolaus).
1321 Leverkusen-Rheindorf (Hl. Kreuz). In Bonn-Altstadt (Marien) rührt ein alleine stehender Hirte im Topf.
1322 Ein Hirte in Köln (Kunibert), Josef in Zülpich-Weiler in der Ebene.
1323 Gummersbach (Franziskus).
1324 Bergisch Gladbach-Paffrath.
1325 Köln (Maternus), Köln-Höhenhaus (Hl. Familie), Köln-Neubrück, Köln-Poll (Joseph).
1326 Leverkusen-Quettingen, 1983/84.
1327 Köln-Chorweiler, 1983/84.
1328 Essen-Kettwig, 1983/84.
1329 Langenfeld-Berghausen, 1983/84.
1330 z.B. Frechen (Severin), Köln (Severin); siehe Abschnitt 6.3.1.

6.7.4. Verhältnis zur Krippenbewegung

Der geringe Gegenwartsbezug der überwiegenden Zahl der Kirchenkrippen ist die Grundlage der engen Anbindung gegenwärtiger Krippen an die formalen Gestaltungsvorschriften, wie sie in der Zwischenkriegszeit von der Krippenbewegung und verwandten Strömungen formuliert wurden.

Sicherlich wurden symbolhafte Krippengestaltungen besonders propagiert. Die Auswertung der Aufstellungsmöglichkeiten hat ein noch gegenwärtiges Interesse an beziehungsreichen Plätzen der Krippe nachgewiesen (siehe Abschnitt 6.3.3.); einzelne Krippen greifen auch christliche Symbole auf, z. B. die schon im 15. Jahrhundert in Weihnachtsbildern benutzten Ähren [1331], die zweimal statt des Nadelwaldes den Krippenhintergrund stellen [1332]. Im Kontrast hierzu stehen aber auch Krippen, die symbolische Bezüge bewußt übergehen [1333].

Der Symbolkrippe stand aber seinerzeit die Forderung nach einem „volkstümlichen Stil" und einer „poetisch-kindlichen Form" entgegen. Dieser schwer zu überbrückende Gegensatz tritt in der Gegenwart zwischen den seltenen aktualisierten Krippen und den gängigen Landschaftskrippen in Erscheinung. Beide Arten von Krippen zeigen jedoch in der Auswahl der Figuren dasselbe Prinzip, das von der damals geforderten Christozentrik bestimmt wird [1334]: In der Regel werden nur die in den biblischen Kindheitsgeschichten erwähnten Personen dargestellt, auch wenn sie bestimmten, außerbiblischen Bildtraditionen unterliegen (Hirten als Bauernfamilien, Sterndeuter als Könige) [1335]. Fremde Figuren sind selten und werden dann zumeist durch ausliegende Faltblätter oder aushängende Schrifttafeln in ihrem besonderen Aussagewert erklärt.

Die vergleichende Analyse der Kirchenkrippen in Stadt- und Kreisdekanaten hat gezeigt, wie durchschlagend der Erfolg der formalen Kriterien der Zwischenkriegszeit war, zumindest in bezug auf das Figurenmaterial. Außer in kleinsten und ländlichen Gemeinden folgen die katholischen Kirchenkrippen den Leitgedanken, daß nur Handarbeit aus Künstlerhand, keine Gips- oder Gußmassefigu-

---

1331 Ursula NILGEN: Epiphanie und Eucharistie. Zur Deutung eucharistischer Motive in mittelalterlichen Epiphanie-Bildern. In: Schülerfestgabe für Herbert von Einem zum 16.Feb.1965. Bonn: Kunsthistor.Institut, 1965. S. 197-215. - hier: S. 198-202.

1332 Köln-Lindenthal (Laurentius), Köln-Sülz (Karl Borromäus).

1333 Der Tannenhintergrund der Krippe von Köln-Vingst verdeckt die Sicht der Gemeinde auf die Tabernakelstele vollständig; im Faltblatt heißt es: „Bewußt wurde hier auch auf schwierige Symbolik verzichtet." HANISCH (wie Anm. 900), o.Pag.

1334 „Ist alles, was von dem Zentrum, Christus, ... abzieht, als sinnlos und unkünstlerisch durchaus zu verwerfen. Wir kommen also durchaus mit den drei Figuren zurecht. .. Selbstverständlich müssen wir auch die Darstellung der Anbetung der Hirten oder der Weisen befürworten ..." DÜCKER (wie Anm. 528), S. 23.

1335 Der durchschnittliche Personenbestand der heutigen Kirchenkrippen fällt noch geringer aus als der im Krippenwettbewerb der Ars christiana geforderte Pflichtbestand von 25 Skulpturen (Hl. Familie, 5 Hirten, 1 Hirtin, 3 Könige, 1 Diener, 1 Gloriaengel, Ochs, Esel, Kamel, Reitpferd, Elefant, 6 Schafe); vgl.: o.Verf.: Ars christiana. Westdeutsche Vereinigung für christliche Kunst. In: Gottesehr. Jg. 2. 1921/22. Heft 3/4. S. 94-97. - hier: S. 96.

ren in Frage kommen und daß „kreischende" Farben [1336] abzulehnen seien. Nur durch die ständige Propagierung dieser Aussagen ist es zu erklären, daß die weitaus vorherrschende Figurenart die bekleidete, vorwiegend holzgeschnitzte Gliederfigur ist und daß die Gewandfarben zwar relativ frei gewählt werden (Marien-Farben!), aber stets dezent ausfallen; der einzig erlaubte auffallende Farbkontrast erscheint unter den Gewändern Mariens (blau-rot).

In der Landschaftsgestaltung der gegenwärtigen Krippen greift mehrheitlich das Kriterium des Volkstümlichen (in einem folkloristischen Sinn) und Würdigen immer noch. Die Auswahl der Gebäudemotive und der einige Male aufgestellten Architekturkulissen orientiert sich, wenn auch unbewußt, an dem Maßstab, den Dücker 1930 aufstellte [1337]: oberstes Gebot ist demnach die „innere Würdigkeit", die gegeben wird durch die historische Bedeutung des Motivs, seinen sakralen Zweck oder seine Wichtigkeit für den Heimatort der Krippe.

Verbunden mit dem „volkstümlichen Stil" ist diese Forderung nach Würdigkeit der Freibrief für die überwiegend in einem ländlichen Ambiente angesiedelten Kirchenkrippen der Gegenwart. Die deutliche Handlungsarmut der Hauptszene erinnert an die von Klassen erwartete „heilige Ruhe", die über der Krippenszenerie liegen soll [1338], während die erwähnten Genreszenen in einigen Krippen bestimmt nicht im Sinn der Krippenbewegung sind [1339].

6.8. Zusammenfassung

Auch in den 1980er Jahren sind Weihnachtskrippen in katholischen Kirchen allgemein üblich (gleich ob römisch-katholisch, altkatholisch oder römisch-katholisch-tridentinisch). In der evangelischen Landeskirche konnte keine vor den 1950er Jahren beschaffte Krippe festgestellt werden; hier wie in den Freikirchen (SELK, ev.-methodist. Kirche) ist die Krippe ein relativ neues Dekorationsobjekt. In der lutherischen Freikirche (SELK) ist sie in den 1980er Jahren bereits allgemein, während ihre Häufigkeit in den Stichproben landeskirchlicher Gemeinden um 40 % lag; die landeskirchlichen Konfessionsgemeinden verhalten sich konservativer als die übrigen Gemeinden.

Abgesehen von gelegentlichen symbolhaften Aufstellungen im Zusammenhang mit den Sakramenten und dem Gottesdienst (Altar, Tabernakel, Ambo, Kanzel, Taufe) ist die weitaus bevorzugte Position der römisch-katholischen wie luthe-

---

1336 „Bei Farben findet man das schrecklichste Durcheinander. Während Frauen und Mädchen beim eigenen Gewand Wert darauf legen, gut stimmende Farbtöne zu verbinden, gibt man Maria und Joseph Kleider, die in der Musik übersetzt dem Tierkreischen und Katzenschreien zu vergleichen sind. ... Mit wenigen zarten Tönen und fein durchscheinenden Farben lassen sich zartere Stimmungen und weihevollere Weihnachtsfreuden wecken." DÜKKER, Figurenbastelbuch (wie Anm. 528), S. 25.

1337 DÜCKER, Krippenbastelbuch (wie Anm. 528), S. 16 f.

1338 KLASSEN (wie Anm. 124), S. 88.

1339 Knapstein kritisierte an den früheren Krippen auch die idyllische Szenerie mit ausgestopften Tieren, Goldfischteichen, gluckernden Bächlein usw.: KNAPSTEIN (wie Anm. 660), S. 4.

rischen Kirchenkrippen im Raum mit der Analogie zu Altarretabeln, Seitenaltären und Antependien umschrieben. Die Krippe dient so - neben anderen Funktionen - auch als Erinnerung an weitgehend verschwundene Formen des Kirchenmobiliars. Eine ähnliche Rückwärtswendung ist auch an der Aufstellungszeit der Krippen ablesbar, die die gültige Weihnachtszeit in römisch-katholischen Kirchen oft überschreitet und auch den früheren Schlußtermin (2. Februar) noch teilweise erreicht.

In der Vielzahl Krippenaufbauten stehen sich prinzipiell der bewußte Verzicht auf vielfältige, erzählerische Details und eine idealisierende Landschaftsgestaltung gegenüber. Letztere überwiegt deutlich, nicht nur durch die kleine Menge von Krippen, die die ländliche Idylle mit zahlreichen anschaulichen Details zu vervollkommnen suchen. Die Detailliertheit führt allerdings nicht zu einer exakten Anschauung: alle diese Krippen bieten ein diffuses Bild einer nicht zuzuordnenden Vergangenheit, in der die weihnachtlichen Szenen auf einer mitteleuropäischen Waldwiese ohne Zeitbezug angesiedelt werden.

Die Auswahl der dargestellten Szenen wie der darin verwendeten Figuren spiegelt die vollständige Übernahme einer evangelienharmonischen Kindheitsgeschichte Jesu; außerhalb dieser Texte stehende Personen werden nur in Einzelfällen hinzugesellt. Die Gestaltung der einzelnen Figuren greift auf die jeweiligen traditionellen Formen zurück, wie sie in der Literatur (Legenden, Weihnachtsspiele) und der bildenden Kunst vorgegeben sind. Diese formalen Schemata werden in den seit der Zwischenkriegszeit geschaffenen Figuren weniger streng gehandhabt; statt einer Neuformulierung kommt es aber nur zu ästhetisierenden Varianten (Marienfarben), zu unverbindlicheren, mehrdeutigen Formen (Haltung und Handlung bei Josef und Maria) und zu einer größeren Gestaltungsfreiheit bei Nebenfiguren (Engelkinder, folkloristische Hirtengewänder, Hirtinnen, Hirtenkinder, größere Vielfalt der Hirtengeschenke).

Als grundlegende formale Prinzipien können bestimmt werden: die mehrfach genannte Bevorzugung einer unbestimmbaren Vergangenheit als generelle Zeit der Handlung; die häufige Ausgestaltung dieses Zeitalters durch eine altertümlich wirkende Architektur und dekorative Details, die das liebenswerte Ambiente einer ungetrübten ländlichen Idylle verbreiten; eine Auswahl der Szenen nach einem wortwörtlichen, harmonisierenden Verständnis biblischer Texte, ergänzt durch legendäre Stoffe (z. B. kniend-betende Maria) und wissenschaftlich überholte Theorien (Krippenstern); schließlich die Fortschreibung geschmacklicher Vorschriften aus der Zwischenkriegszeit (Bevorzugung der bekleideten Gliederfigur).

7. Schluß

Unter den zumeist nurmehr wissenschaftsgeschichtlich interessanten Entstehungs- und Entwicklungstheorien zur Weihnachtskrippe erscheint allein die seit Rudolf Berliner vorgetragene Entwicklungstheorie noch vertretbar. Dieses anhand eines dürren Datengerippes gestaltete Gedankengebäude bietet jedoch für den Kölner Raum kaum Anknüpfungspunkte.

Die Analyse von diversem Archivgut und von regionalgeschichtlicher Literatur führt zu dem Ergebnis, daß in der als Innovationszeit beanspruchten Epoche (16.-18. Jahrhundert) eine Krippentradition im Kölner Raum weitgehend fehlt. Die seltenen Beispiele kommen aus je drei Frauenkonventen und Pfarrkirchen, deren Engagement aber in keinem Fall über eine längere Zeit nachzuweisen war. Ganz entsprechend dazu fehlt auch eine Zeit des Krippenverbots in den Kirchen, wie sie in der Sekundärliteratur zumeist geschildert wird, obwohl auch die wenigen belegten Weihnachtskrippen im frühen 19. Jahrhundert untergehen.

Nach einer vorübergehenden Präsenz gewerblicher Krippen in der Mitte des 19. Jahrhunderts beginnt die eigentliche Verbreitungsgeschichte der Weihnachtskrippe in Kirche und Haus des Kölner Raums vor dem Hintergrund eines steigenden Dekorationsbedarfs kirchlicher Feiern (Vereinsfeste, Weihnachtsfeiern, Christvespern) und einer Zunahme der Funktionsvorgaben für die Krippe in der katholischen Kirche (Kinderbelehrungsobjekt, Anregung zu Missionsopfergaben).

Einen weitgehenden Abschluß der Diffusion der Krippe erbringt jedoch erst die Zwischenkriegszeit. Die neuentstandene Erneuerungsbewegung für christliche Kunst und die spezialisierte Krippenbewegung setzen sich für die allseitige Verbreitung der Weihnachtskrippe im römisch-katholischen Bereich ein. Durch die Propagierung neuer, pastoral verwertbarer Funktionen der Krippe wird sowohl die Pfarrgeistlichkeit wie der einflußreiche Klerus in den neuen Standesvereinen für den Krippengedanken gewonnen. Die Kirchen werden zur Beschaffung einer Krippe, aber auch zur Auswechslung geschmacklich nicht mehr geschätzter Krippen angehalten; die Familien erreicht man mittelbar durch das Engagement der Standesvereine und der Schule (Religions-, Werkunterricht).

Abgesehen von Gemeinden in Randlage zu oder in der Diaspora ist die räumliche Diffusion der katholischen Kirchen- und Hauskrippe bis etwa 1930 abgeschlossen. Da die stützenden Organisationen in der evangelischen Landeskirche nicht aktiv sind bzw. völlig fehlen (strenge Katholizität der Krippenbewegung!), ist die Entwicklung in evangelischen Kirchen und Familien weniger rasant und örtlich unterschiedlich. Die in der Sekundärliteratur übliche Zuordnung der Krippe zur römisch-katholischen Konfession (nebst einigen besonders ausgewerteten Gruppen wie den Herrnhutern) ist dadurch aber nicht zu stützen; auch eine bewußte

Trennung nach Konfessionen (katholische Krippe - evangelischer Christbaum) ist nicht nachweisbar.

Die Verflechtung verschiedenster Interessengruppen mit der Krippengeschichte bröckelt in der Nachkriegszeit durch eine Neuorientierung in diversen Bereichen ab (katholische Jugendorganisationen, Pastoral und Religionsunterricht; Rückgang von Heimatkunde und Werkunterricht); parallel dazu vermindert sich die Menge der Funktionsvorgaben beträchtlich, auch die Krippe als Werbung für Missionsopfer wird plötzlich verzichtbar durch neue „Opferkrippchen". Außer der recht beliebigen Benutzung der Weihnachtskrippe als Objekt privater Kreativitätsentfaltung bleibt ihr meist nur noch die Rechtfertigung als traditionelles Festzeichen, als „freundliches Requisit" im christlichen Milieu.

Dennoch erscheint die Weihnachtskrippe in den 1980er Jahren nicht nur in der römisch-katholischen Kirche als allgemein üblich, sondern auch in der altkatholischen und der lutherischen Kirche (SELK), während die landeskirchlichen Gemeinden erst in jüngster Zeit vermehrt über die Beschaffung ihrer ersten Krippe nachdenken. Die analysierten Darstellungen machen auf einzelne Krippen aufmerksam, in denen durch Aufstellungsform, Szenerie oder Figurenwahl besondere Aussagen getroffen werden. Die überwiegende Mehrheit jedoch erscheint antiquiert in mehrfacher Hinsicht: die Landschaft ist idyllisch-ländlich idealisiert; durch Kulissen, Krippengebäude, Figurengewandung und -zusammenstellung (Hirtenfamilien!) wird das diffuse Bild einer nicht näher bestimmbaren Vergangenheit erzeugt; im Kirchenraum läßt die Krippe vielfach die vergangene Mobiliarform des Retabels wiederaufleben, sie hält in römisch-katholischen Kirchen oft die frühere Festzeit ein und zeigt den Erzählzusammenhang einer veralteten Katechese in altbewährten Bildformeln.

8. Anhang

8.1. Nachweis häufig zitierter Literatur

8.1.1. Sekundärliteratur

BERLINER, Rudolf
The origins of the crèche.
In: Gazette des Beaux-Arts. Jg. 88 = Folge 6, Bd. 30. 1946. S. 249-278.

BERLINER, Rudolf
Die Weihnachtskrippe.
München: Prestel, 1955.

DAXELMÜLLER, Christoph
Krippen in Franken.
Würzburg: Echter, 1978. (Land und Leute. Veröffentlichungen zur Volkskunde)

EGGER, Hanna
Weihnachtsbilder im Wandel der Zeit. Von der Spätantike bis zum Barock.
Wien: Schroll, 1978.

HAGER, Georg
Die Weihnachtskrippe. Ein Beitrag zur Volkskunde und Kunstgeschichte aus dem Bayerischen Nationalmuseum v. -.
München: Gesellschaft für christliche Kunst, 1902.

KARASEK, Alfred u. Josef LANZ
Krippenkunst in Böhmen und Mähren vom Frühbarock bis zur Gegenwart. Hrsg. Erhard RIEMANN.
Marburg: Elwert, 1974.

KARASEK-LANGER, Alfred
Stand und Aufgaben historischer Krippenforschung am Niederrhein. Ein Nachweis ungenutzter barocker Archivquellen.
In: Rheinisch-westfälische Zeitschrift für Volkskunde. Bd. 14. 1967. S. 8-41.

KEHRER, Hugo
Die heiligen drei Könige in Literatur und Kunst. Bd. 1-2.
Leipzig: Seemann, 1908-09. Bd. 2. 1909.

LANZ, Josef
Krippenkunst in Schlesien. Hrsg. Erhard RIEMANN.
Marburg: Elwert, 1981.

RIETSCHEL, Georg
Weihnachten in Kirche, Kunst und Volksleben.
Bielefeld: Velhagen u. Klasing, 1902. (Sammlung Illustrierter Monographien; 5)

SCHWERING, Max-Leo u. Markus WALZ
Kölner Weihnachtskrippen.
Köln: Bachem, 1984.

TILLE, Alexander
Die Geschichte der Deutschen Weihnacht.
Leipzig: Keil, 1893.

WALZER, Albert
Schwäbische Weihnachtskrippen aus der Barockzeit.
Konstanz: Thorbecke, 1960.

WREDE, Adam
Rheinische Volkskunde. 2., verb. u. verm. Aufl.

Heidelberg: Quelle u. Meyer, 1922. Unveränd. Nachdr. Frankfurt a.M.: Weidlich, 1979.

8.1.2. Weihnachtsspieltexte

Das Benediktbeurer Weihnachtsspiel, nach der Handschrift.
In: Das Drama des Mittelalters, hrsg. R. FRONING. Tl. 1-3. Stuttgart: Union, o.J. (Deutsche National-Litteratur. Histor.-krit. Ausg.; 14) Tl. 3. Passionsspiele, Weihnachts- und Dreikönigsspiele, Fastnachtsspiele. - S. 875-901.

BÜNKER, J. R.
Volksschauspiele aus Obersteiermark. Auf Grund selbst gesammelten und vom Verein f. österreichische Volkskunde zur Verfügg. gestellten Orig.-Mat. hrsg. v. -.
Wien: Verein f. österr. Volkskunde, 1915. (Ergänzungsbände der Zts. f. österr. Volkskde.; 11)
(darin: Hirtenspiel aus Steirisch-Laßnitz, Paradies- u. Hirtenspiel aus St. Georgen ob Murau)

Deutsche Volksschauspiele aus den Oberungarischen Bergstädten, ges. u. zus. m. Geiza KURZWEIL bearb. v. Josef ERNYEY, i. Verb. m. Leopold SCHMIDT. Bd. 1-2.
Budapest: Ungar. Nationalmuseum, 1932-1938.
(darin, Bd. 1: Jánoshegyer Hirtenspiel, Németpróner Weihnachtsspiel, Jánosréter Weihnachtsspiel, Dobsinaer Weihnachtsspiel, Bethlehemspiel o.O. - Bd. 2, 2: Késmárker Weihnachtsspiel, Dobsinaer Hirtenspiel, Szepességer Hirtenspiel, Mecenzéfer Weihnachtsspiel)

Deutsche Volksschauspiele, in der Steiermark gesammelt. Mit Anm. u. Erl. nebst e. Anh. hrsg. v. Anton SCHLOSSER. Bd. 1-2.
Halle: Niemeyer, 1891.
(darin, Bd. 1: ein Krippelspiel und Die Geburt Christi, beide o.O.)

Drei märkische Weihnachtsspiele des 16. Jahrhunderts. 1. Heinrich KNAUST 1541. 2. Christoph LASIUS 1549. 3. Berliner Anonymus 1589. Nebst einem süddeutschen Spiel von 1693 hrsg. v. Johannes BOLTE.
Berlin: Hobbing, 1926. (Berliner Forschungen; 1)

HORAK, Karl
Burgenländische Volksschauspiele.
Wien: Luser, 1940.
(darin: Geburt Christi aus Pamhagen, Christi-Geburt-Erklärung aus Wallern, Christi-Geburt-Spiel aus Andau, dass. aus St. Georgen am Leithagebirge)

HORAK, Karl
Das deutsche Volksschauspiel in Mittelungarn.
Marburg: Elwert, 1977. (Schriftenreihe der Kommission für ostdeutsche Volkskunde i. d. Gesellschaft f. Volkskunde; 17)
(darin: Christkindlieder aus Tarján, Tótvázsony, Bakonyjákó, Veszprémfajsz, Szigetújfalu; Hirtenspiel aus Leányvár)

KRETZENBACHER, Leopold
Lebendiges Volksschauspiel in Steiermark v. -.
Wien: Österr. Bundesvlg., 1951. (Österreichische Volkskultur; 6)
(darin: Obermurtaler Hirtenspiel)

MÜLLER, Alfred
Die sächsischen Weihnachtsspiele nach ihrer Entwicklung und Eigenart v. -.
Leipzig: Brandstetter, 1930. (Sächsisches Volkstum; 7)
(darin: Heilige-Christ-Spiel aus Ernstthal, König-Schaar aus Crottendorf, Drei-König-Spiel aus Cranzahl, Weihnachtsspiel aus Zschopau)

Die Oberuferer Weihnachtsspiele im Urtext. Karl Julius SCHRÖERS Fassung von 1858 i. Verb.m.d. Andauer Handschrift u.d. anonymen Erstdruck v. 1693. Hrsg. Helmut Sembdner.
Stuttgart: Freies Geistesleben, 1977.

SACHS, Hans
Comedia mit 24 personen, die entpfengnuß unnd geburdt Johannis und Christi, und hat 9 actus. (1557)
In: Hans SACHS. Hrsg. Adelbert von KELLER. Bd. 1-26. Stuttgart: Litterar. Verein. Bd. 11. 1878. (Bibliothek des Litterar. Vereins in Stuttgart; 136) - hier: S. 162-197.

Schwäbische Weihnachtsspiele. Hrsg. Hermann BAUSINGER. Mit Beitr. v. Willi MÜLLER u. a.
Stuttgart: Silberburg, 1959. (Schwäbische Volkskunde; Neue Folge, 13)
(darin: Steinheimer Weihnachtsspiel, Branauer Bethlehemspiel, Illertisser Hirtenspiel)

Das Sankt Galler Weihnachtsspiel. Hrsg. Emilia BÄTSCHMANN.
Bern: Francke, 1977. (Altdeutsche Übungstexte; 21)
zugl.: Zürich: Univ., Phil. Diss. 1969.

Volksschauspiele in Bayern und Österreich-Ungarn ges. v. August HARTMANN. Mit vielen Melodien, nach d. Volksmund aufgez. v. Hyazinth ABELE.
Leipzig: Breitkopf u. Härtel, 1880. Neudruck: Walluf b. Wiesbaden: Sändig, 1972.
(darin: Ofener Dreikönigsspiel; Laufener, Halleiner, Traunsteiner, Pallinger, Halsbacher, Brixlegger und Angerberger Hirtenspiel; Oberaudorfer und Erler Weihnachtsspiel; zwei Weihnachtsspiele o. O. aus d. Oberpfalz u. d. Bayer. Wald)

Weihnachtlieder und Krippenspiele aus Oberösterreich und Tirol. Ges. u. hrsg. v. Wilhelm PAILLER. Bd. 1-2.
Innsbruck: Wagner, 1881-83. Bd. 2. Krippenspiele aus Oberösterreich und Tirol. 1883.
(berücksichtigt wurden 57 Spieltexte)

WEINHOLD, Karl
Weihnacht-Spiele und Lieder aus Süddeutschland und Schlesien. Mit Einleitungen u. Erläuterungen v. -. Mit e. Musikbeil.
Wien: Braumüller, 1875.
(darin: Wechselgesang aus Moosburg; Umzugsspiele aus Aussee, Flattach; Kristkindellied aus Schlaupitz; Spiel aus d. südl. Grafschaft Glatz, aus Obersteiermark; Benedict EDELPÖCK: Comedie von der freudenreichen Geburt Jesu Christi - Innsbruck 1568)

Ein Weihnachtsspiel aus einer Handschrift des 15. Jahrhunderts unter Benutzung e. Abschrift ders. v. VILMAR u. m. dessen Anm. zum erstenmale hrsg. v. K. W. PIDERIT.
Parchim: Wehdemann, 1869.

YOUNG, Karl
The Drama of the Medieval Church. Nachdr. d. 1. Aufl. 1933. Bd. 1-2.
Oxford: Clarendon, 1962.
(darin: Zusammenfassungen diverser Texte)

8.2. Nachweis analysierter Zeitungen

BONN

Bonner Volkszeitung. Erstausgabe 1882, letzter Jahrgang 1905. Abweichender Titel 1890-91 „Bonner Volkszeitung. Haupt-Annoncen-Blatt". Auswertung 1882-1900.
Bonner Wochenblatt. Erstausgabe 1808, letzter Jahrgang 1849. Abweichender Titel 1812-13 „Feuille d'Affiches. Bonner Nachrichts- und Anzeigenblatt". 1814-15 „Bönnisches Wochen-Blatt". Auswertung 1808-1849.
Bonner Zeitung. Erstausgabe nicht ermittelt, letzter Jahrgang 1890. Abweichender Titel 1850-58 „Bonner Zeitung, mit dem Bonner Wochenblatt verbunden". Auswertung 1850-1890.
Deutsche Reichs-Zeitung. Abweichender Titel 1906-18 „Deutsche Reichs-Zeitung. Bonner Volkszeitung", 1919-20 „Deutsche Reichs-Zeitung. Bonner Volkswacht". Auswertung 1901-1930.

Neue Bonner Zeitung. Erstausgabe 1892, letzter Jahrgang 1933. Titel 1896-12.Dez.1920 „Bonner Zeitung (Neue Bonner Zeitung)", ab 13.Dez.1920 ohne Untertitel, ab 1924 als „Bonner Zeitung. Tageszeitung für den Stadt- und Landkreis Bonn und Kreis Rheinbach". Auswertung 1892-1930.

KÖLN

Der Beobachter. Erstausgabe 1798, letzter Jahrgang nicht ermittelt. Abweichender Titel vor 1800 „Der Beobachter im Ruhrdepartement", 1809-10 „L'Observateur. Der Beobachter". Auswertung 1798-1805, 1808-1810.
Kölnische Blätter. Erstausgabe 1860; neu betitelt ab 1869 als
Kölnische Volkszeitung und Handels-Blatt. Auswertung 1860-1930.
Kölnische Zeitung. Erstausgabe 1814 (erscheint noch, seit 1945 unter dem neuen Haupttitel „Kölner Stadt-Anzeiger") Auswertung 1814-1825, 1827-1930.
Der Verkündiger. Auswertung 1806-1808.

SIEGBURG

Anzeiger des Siegkreises. Erstausgabe 1855. 1861-62 neu betitelt als
Amtliches Kreisblatt, ab 9.Dez.1862 wiederum neu betitelt als
Siegburger Kreisblatt. Auswertung 1855-1863, 1865-1866, 1869-1882, 1884-1930.
Siegburger Zeitung. Abweichender Titel 1866-1870 „Siegburger Zeitung in Verbindung mit dem Kreisblatt für den Kreis Sieg". Auswertung 1867-68, 1883.

8.3. Nachweis der greifbaren kirchlichen Verbandszeitschriften vor 1945

8.3.1. Katholische Blätter

Am Scheidewege. Blätter für Knaben im letzten Schuljahr. Düsseldorf. Jg. 2. 1916/17 - Jg. 24. 1938 (letzter Jg.). Abweichende Untertitel: Jg. 16. 1930/31 - Jg. 20. 1934/35: „Blätter für Knaben der letzten Schuljahre", Jg. 21. 1935/36 - Jg. 24. 1938 „Zeitschrift für katholische Jungen".
Blätter für Frauenseelsorge. Hrsg. Zentralverband der kath. Jungfrauenvereinigungen Deutschlands u.v.d. Arbeitsgemeinschaft der Müttervereine. Bochum. Jg. 1. 1923 - Jg. 29. 1939 (letzter Jg.). Abweichender Titel Jg. 5. 1927 - Jg. 29. 1939: „Frauenart und Frauenleben", Verlagsort dieser Jgg. ist Düsseldorf.
Die *Burg*. Köln. Jg. 6. 1917/18 - Jg. 20. 1931/32 (ohne die Jgg. 13-16 und 18). Untertitel Jg. 8. 1919/20 - ?: „Illustrierte Zeitschrift für die studierende Jugend. Organ des Verbandes Neudeutschland", Verlagsort dieser Jgg. ist Trier. Ab Jg. 17. 1928/29 (?) Untertitel: „Monatsschrift der neudeutschen Jugend".
Die *Christliche Frau*. Freiburg i.Br. Jg. 1. 1902/03 - Jg. 36. 1938 (letzter Vorkriegs-Jg.). Verlagsort ab Jg. 20. 1922 ist Köln. Wechselnder Untertitel: Jg. 1. 1902/03 - Jg. 18. 1920 „Zeitschrift für höhere weibliche Bildung und christliche Frauent(h)ätigkeit in Familie und Gesellschaft", ab Jg. 3. 1904/05 mit dem Zusatz „Zugleich Organ des Katholischen Frauenbundes" (außer in den Jgg. 6-11; dort „Organ für die katholische Frauenbewegung"), Jg. 19. 1921 - Jg. 36. 1938: „Zeitschrift im Dienste katholischen Frauenstrebens. Hrsg. Katholischer Frauenbund Deutschlands."
Correspondenz-Blatt für die Präsides der katholischen Jugendvereinigungen. Siehe: Korrespondenz-Blatt.
Efeuranken. Illustrierte Jugendzeitschrift. Mönchengladbach. Jg. 23. 1912/13 - Jg. 25. 1914/15. Jg. 25. 1914/15 unter dem Titel „Der Mai. Illustrierte Jugendzeitschrift. Der Efeuranken neue Folge".
Erbe und Aufgabe. Siehe: Der Führer.
Frau und Mutter. Zeitschrift des Verbandes der katholischen Frauen- und Müttervereine Deutschlands. Sendbote des Gebetsapostolates. Düsseldorf. Jg. 25. 1934 - Jg. 30. 1939 (letzter Vorkriegs-Jg.). (Ältere Jgg. durch Gesamtregister erschließbar)

Frauenart und Frauenleben. Siehe: Blätter für Frauenseelsorge.
Frauenland. Köln. Jg. 1. 1907/08 - Jg. 31. 1939 (letzter Vorkriegs-Jg.). Abweichender Titel Jg. 1. 1907/08 - Jg. 6. 1912/13: Der Katholische Frauenbund. Teils mit Untertitel; Jg. 7. 1913/14 - Jg. 11. 1917/18: „Organ des Katholischen Frauenbundes", Jg. 29. 1936 - Jg. 31. 1939: „Monatsschrift für die katholische deutsche Frau"; bei diesen Jgg. ist der Verlagsort Freiburg i.Br.
Frohmut. Blätter für katholische Jungen und Mädchen. Düsseldorf. Jg. 3. 1930 - Jg. 7. 1934.
Der *Führer*. Zeitschrift für die Vorstandsmitglieder, Vertrauensmänner und Abteilungsleiter der katholischen Gesellenvereine. Köln. Jg. 2. 1915 - Jg. 6. 1919. Jg. 10. 1923 - Jg. 26. 1939 (letzter Vorkriegs-Jg.). Abweichender Titel seit Jg. 23. 1936 (ab Heft 3/4): „Erbe und Aufgabe. Führungsblatt der deutschen Kolpingsfamilie".
Geweihte Gemeinschaft. Siehe: Volkskunst.
Der *Heerbann Mariens*. Werkblatt für Laienapostel, insbesondere für die Mitglieder der Marianischen Männerkongregation. Hrsg. Reichsarbeitsgemeinschaft der Marianischen Männerkongregation. o.O. Jg. 1. 1935 - Jg. 3. 1938 (letzter Jg.).
Ins Leben hinaus. Blätter für Mädchen im letzten Schuljahr. Düsseldorf. Jg. 1. 1917 - Jg. 16. 1931/32. Der Verlagsort von Jg. 3. 1918/19 - Jg. 10. 1925/26 ist Bochum.
Jugendführerin. Siehe: Vorstandsblätter für katholische Jungfrauenvereine.
Jugendführung. Werkblatt für Jungführer. Hrsg. Verband der katholischen Jugend- und Jungmännervereine Deutschlands. Düsseldorf. Jg. 19. 1928 - Jg. 28. 1937 (letzter Jg.). Abweichender Titel ab Jg. 21. 1930: „Jungführer. Zeitschrift des Jungmännerverbandes".
Jugendführung. Werkblatt für Präsides. Siehe: Korrespondenz-Blatt.
Jugendführung. Zeitschrift für Jünglingspädagogik und Jugendpflege. Hrsg. Generalsekretariat der katholischen Jugendvereinigungen Deutschlands. Düsseldorf. Jg. 1. 1914 - Jg. 21. 1934. Abweichende Untertitel: Jg. 12. 1925 - Jg. 15. 1928 „Zeitschrift für Jugendpflege und Jugendbildung", Jg. 16. 1929 - Jg. 21. 1934 „Zeitschrift für Pädagogik der reifenden männlichen Jugend".
Jugendpflege. Monatsschrift zur Pflege der schulentlassenen katholischen Jugend. München. Jg. 1. 1913/14 - Jg. 13. 1926.
Jugendseelsorger. Siehe: Korrespondenz-Blatt.
Der *Jugendverein*. Ratgeber und Korrespondenzblatt für die Vorstände und Mitarbeiter in katholischen Jünglingsvereinigungen. Düsseldorf. Jgg. 1 f. 1909/10 f. Jg. 5. 1914 - Jg. 18. 1927. Abweichende Untertitel: Jg. 12. 1921/22 - Jg. 15. 1924 „Verbandszeitschrift für die Vorstände ...", Jg. 16. 1925 - Jg. 18. 1927 „Zeitschrift für die Vorstände ..."
Die *junge Tat*. Monatsschrift der katholischen Jungmänner. Düsseldorf. Jg. 1. 1922 - Jg. 7. 1928. Abweichender Untertitel Jg. 5. 1926 - Jg. 7. 1928: „Stimmen der Jugend".
Der *Jungfrauenverein*. Organ für die Leiter katholischer weiblicher Jugendvereine. Bochum. Jg. 1. 1911 - Jg. 12. 1922 (letzter Jg.). Untertitel ab Jg. 7. 1917: „Hrsg. Zentralverband der katholischen Jungfrauenvereinigungen Deutschlands".
Jungführer. Siehe: Jugendführung. Werkblatt für Jungführer.
JungLand. Zeitschrift der katholischen Jungmänner. Düsseldorf. Jg. 25. 1930 - Jg. 29. 1933.
Jung-Wacht. Düsseldorf. Jg. 1. 1919/20 - Jg. 15. 1933. Schreibweise des Titels ab Jg. 10. 1928 „Jungwacht". Wechselnder Untertitel: Jg. 1. 1919/20 - Jg. 9. 1927/28 „Zeitschrift für die Jugendabteilungen katholischer Jünglingsvereinigungen Deutschlands", Jg. 5. 1923/24 - Jg. 8. 1926/27 „Zeitschrift der katholischen Jugendvereine Deutschlands", Jg. 9. 1927/28 „Zeitschrift der katholischen Jugendvereine", Jg. 10. 1928 - Jg. 15. 1933 „Zeitschrift katholischer Jugend. Hrsg. Verband der katholischen Jugend- und Jungmännervereine Deutschlands".
Der *Katholische Frauenbund*. Siehe: Frauenland.
Kolpingsblatt. Zentral-Organ des Verbandes der katholischen Gesellenvereine. Köln. Jg. 3. 1903 - Jg. 41. 1941 (letzter Vorkriegsjg.). Verlagsort ist ab Jg. 24. 1924 Essen. Abweichende Untertitel: Jg. 14. 1914 - Jg. 20. 1920 „Organ des Verbands der katholischen Gesellenvereine", Jg. 21. 1921 - Jg. 35. 1935 „Zeitschrift des Verbands der katholischen Gesellenvereine", Jg. 36. 1936 - Jg. 41. 1941 „Die Zeitschrift der deutschen Kolpingsfamilie".
Knospen. Monatsschrift für katholische Jungmädchen. Zeitschrift des Zentralverbandes der katholischen Jungfrauenvereinigungen Deutschlands. Mönchengladbach. Jg. 1. 1922 - Jg. 18. 1939 (letzter Jg.). Verlagsort ist ab Jg. 8. 1929 Düsseldorf. Abweichender zweiter Untertitel Jg. 9. 1930 - Jg. 13. 1934 „Verbandszeitschrift der katholischen Jungfrauenvereinigungen Deutschlands". Abweichende Untertitel: Jg. 8. 1929 „Zeitschrift des Zentralverbandes

der katholischen Jungfrauenvereinigungen Deutschlands", Jgg. 14 f. 1935 f. „Monatsschrift für Jung-Kongregationistinnen", Jg. 16. 1937 - Jg. 18. 1939 „Monatsschrift für das katholische Jungmädchen. Verbandszeitschrift der katholischen Jungfrauenvereinigungen Deutschlands".

Korrespondenz-Blatt für die Präsides der katholischen Jugend-Vereinigungen. Organ der katholischen Jugend-Vereinigungen Deutschlands. Jg. 7. 1902 - Jg. 9. 1904. Jg. 12. 1907 - Jg. 42. 1938. Schreibweise des Titels vor 1904 mit C. Wechselnder Verlagsort: zunächst Köln, ab Jg. 12. 1907 (?) Mainz, ab Jg. 19. 1914 Düsseldorf. Abweichender zweiter Untertitel Jg. 15 f. 1910 f. „Organ des Verbandes der Präsides der katholischen Jugend-Vereinigungen Deutschlands", ab Jg. 17. 1912 ohne zweiten Untertitel. Abweichender Titel Jg. 19. 1914 - Jg. 31. 1927 „Korrespondenzblatt für katholische Jugendpräsides", Jg. 32. 1928 - Jg. 34. 1930 „Jugendführung. Werkblatt für Präsides", Jg. 35. 1931 - Jg. 40. 1936 „Jugendführung", Jg. 41 f. 1937 f. „Jugendseelsorger. Werkblatt für die Seelsorge männlicher Jugend".

Der *Kranz*. Mönchengladbach. Jg. 3. 1909 - Jg. 33. 1939 (letzter Jg.). Verlagsort ab Jg. 23. 1929 ist Düsseldorf. Wechselnder Untertitel: Jg. 3. 1909 - Jg. 22. 1928 „(Halb-) Monatsschrift für die katholische Mädchenwelt", Jg. 23. 1929 - Jg. 29. 1935 „(Verbands-) Zeitschrift des Zentralverbandes der katholischen Jungfrauenvereinigungen (Deutschlands)", Jg. 30. 1936 „Monatsschrift für Kongrega(tio)nistinnen", Jg. 31. 1937 - Jg. 33. 1939 „Monatsschrift für katholische Jungfrauen".

Der *Mai*. Siehe: Efeuranken.

Mitteilungen an die Präsides vom Verband der Präsides der Jungfrauenkongregationen und der katholischen weiblichen Standesvereine der Erzdiözese Cöln. Köln. Jg. 1. 1916/17 - Jg. 4. 1919/20.

Mitteilungen für die Vorsteher der katholischen Gesellenvereine. Köln. 1872 - 1907. 1926 - 1938. (Erscheinen in loser Folge)

Der *Mütter-Verein*. Korrespondenzblatt für die Präsides der Mütter-Vereine. Bochum. Jg. 1. 1916 - Jg. 7. 1922 (letzter Jg.).

Nachrichtenblatt für die Zweigvereine des Katholischen (Deutschen) Frauenbundes. Köln. Jg. 1. 1917 - Jg. 23. 1939.

Die *Quelle*. Zeitschrift für die weibliche Landjugend. Düsseldorf. Jg. 1. 1930 - Jg. 4. 1933.

Volkskunst. Monatsschrift für Theater und verwandte Bestrebungen in den katholischen Vereinen. Mönchengladbach. Jg. 1. 1912/13 - Jg. 29. 1941. Jg. 7 ohne Untertitel. Abweichende Untertitel: Jgg. 8-12 „Monatsschrift für volkstümliche Kunstpflege und Kunsterziehung", Jgg. 13-16 „Monatsschrift für volkstümliche Bildungspflege". Abweichender Titel: Jg. 17. 1929 - Jg. 21. 1933 „Volkstum und Volksbildung. Neue Folge der Volkskunst. Katholische Zeitschrift für die Erwachsenenbildung." Abweichender Verlagsort: Jg. 21 Köln. Abweichender Titel: Jg. 22. 1934 - Jg. 29. 1941 „Geweihte Gemeinschaft. Zweimonatshefte für kirchliche Feiergestaltung und katholisches Brauchtum." Frankfurt a.M. Untertitel mit leichten Veränderungen beibehalten. Abweichender Verlagsort: Jg. 22. 1934 Münster i.W.

Volkstum und Volksbildung. Siehe: Volkskunst.

Der *Volksverein*. Stimmen aus dem Volksverein. (Zeitschrift des Volksvereins für das katholische Deutschland.) Mönchengladbach. Jg. 1. 1891 - Jg. 42. 1932.

Vorstandsblätter für katholische Frauen- und Müttervereine. Bochum. Jg. 1. 1926 - Jg. 4. 1929. Jg. 7. 1932. Jg. 10. 1935 - Jg. 13. 1938.

Vorstandsblätter für katholische Jungfrauenvereine. Paderborn. Jg. 1. 1912 - Jg. 4. 1915. Jg. 17. 1927 - Jg. 27. 1937. Verlagsort ab 1927 (?) ist Düsseldorf. Abweichende Titel: Jg. 21. 1931 - Jg. 27. 1937. Heft 3 „Die Jungführerin in katholischen Mädchenvereinen", Jg. 27. 1937. Heft 4-6 „Zum Dienste ausgesandt".

Die *Wacht*. Mönchengladbach. Jg. 1. 1906 - Jg. 34. 1938. Verlagsort ab Jg. 10. 1914/15 ist Düsseldorf. Wechselnde Untertitel: Jg. 1. 1906 - Jg. 18. 1922/23 „Zeitschrift für katholische Jünglinge" (mit verschiedenen zweiten Untertiteln), Jg. 19. 1923/24 „Zeitschrift der katholischen Jugend- und Jungmännervereine Deutschlands", Jg. 20. 1924/25 - Jg. 34. 1938 „Hrsg. Verband der katholischen Jugend- und Jungmännervereine Deutschlands".

Die *Wacht der Landjugend*. Zeitschrift der katholischen Jungmänner. Düsseldorf. Jg. 24. 1928 - Jg. 25. 1929.

Werkblätter von Neudeutschland Älterenbund. Freiburg i.Br. Jg. 6. 1933/34 - Jg. 11. 1938/39 (letzter Jg.).

Werkblatt für katholische Kinderarbeit. Düsseldorf. Jg. 4. 1933 - Jg. 9. 1938 (letzter Jg.). Verlagsort von Jg. 9. 1938 ist Freiburg i.Br. Abweichender Titel Jg. 6. 1935 - Jg. 9. 1938: „Werkblatt für die Arbeit am katholischen Kind in der Pfarrgemeinde und für die Kinderseelsorge".
Zum Dienste ausgesandt. Siehe: Vorstandsblätter für katholische Jungfrauenvereine.

8.3.2. Evangelische Blätter

Evangelische Jugend am Rhein. Mitteilungsblatt des provinzialkirchlichen Jugendpfarramtes der Rheinprovinz. o.O. Jg. 1. 1927/28 - Jg. 12. 1939 (letzter Jg.). Abweichende Titel: Jg. 1. 1927/28 „Rheinlands evangelische Jugend", Jg. 7. 1934 - Jg. 12. 1939 „Evangelische Jugend. Mitteilungsblatt des Jugendpfarramtes der deutschen evangelischen Kirche, bisher Jugend am Rhein".
Führerdienst. Neue Folge der Rundschau für evangelische Jugendführung und Jungmännermission. Jg. 1. 1925 - Jg. 11. 1935.
Für unsere Jungen. Eine illustrierte Zeitung zur Unterhaltung, Belehrung und Erbauung und zur Förderung von evangelischen Jugendvereinen in Deutschland. Elberfeld. Jg. 11. 1904 - Jg. 13. 1906.
Der *Jünglingsverein.* Monatsblatt für evangelische Jugendführung. Berlin. Jg. 32. 1926 - Jg. 39. 1933. Abweichender Titel Jg. 34. 1928 - Jg. 39. 1933: „Männer im Werden. Monatsblatt für evangelische Jugendführung. Neue Folge von Der Jünglingsverein".
Männer im Werden. Siehe: Der Jünglingsverein.
Der *Mann und die Kirche.* Siehe: Mann und Kirche.
Mann und Kirche. Monatsblatt des Deutschen Evangelischen Männerwerkes. Berlin. Jg. 1. 1933 - Jg. 9. 1941. Abweichender Titel Jg. 1. 1933: „Der Mann und die Kirche. Vorbereitendes Mitteilungsblatt des Deutschen Evangelischen Männerwerkes e.V."
Neue Jugend. Blatt der älteren deutschen B.-K'ler. Barmen. Jg. 9. 1927 - Jg. 14. 1932.
Rheinlands evangelische Jugend. Siehe: Evangelische Jugend am Rhein.
Unser Bund. Älterenblatt des Bundes Deutscher Jugendvereine. Jg. 13. 1924 - Jg. 19. 1930.
Weibliche Jugend. Fachschrift für Jugendführung. Hrsg. Evang. Verband für die weibliche Jugend Deutschlands. Berlin-Dahlem. Jg. 36. 1927 - Jg. 39. 1930. Jgg. 42 f. 1933 f.

8.4. Nachweis benutzter Kircheninventare

Im folgenden Text werden als Abkürzungen verwendet: AEK = Historisches Archiv des Erzbistums Köln, Köln; DomA = Archiv der Hohen Domkirche, Köln (Depositum im AEK); HSA = Hauptstaatsarchiv, Düsseldorf; PfA = Pfarrarchiv; StA = Stadtarchiv (in Köln: Historisches Archiv der Stadt Köln).

8.4.1. Pfarrkirchen, Kapellen

Bonn, St. Martin
1804-11: Inventar St. Martin. StA Bonn, Fr 48/50.
Enzen, St. Kunibert
1829 Mai 10: Inventarium über die Paramenten und Gefäße etc. in der Kirche zu Enzen. AEK Köln, Depos. PfA Enzen, 90.
1877 Dez.: Inventar der katholischen Kirchen-Gemeinde Enzen. (Mit umfangreichem Nachtrag von zweiter Hand) Ebda., 91.
Euenheim, St. Brictius
1833 Feb.: Inventarium der Kirchenmobilien und anderen interessanten Gegenstände in der Kirche zu Euenheim, der Annexkirche von Weiskirchen. AEK Köln, Depos. PfA Wißkirchen, 298, verso.
Köln, St. Alban
1548 Mai 5/6: Kirchen S. Albani Inventarium. AEK Köln, Depos. PfA St. Alban, Köln, neben anderem in A II 3.
1576 Nov. 15: Inventarium und beschreibong der guters und Cleinodien der Kirspels Kirchen zu sanct Albann in Cöln. Ebda., neben anderem in A II 2.

Köln, St. Johann Evangelist
1547: Dyt synt dey cleynoder der kyrspel kyrchen synt johan am hof dy den offerman synt befolen. StA Köln, Geistl. Abt., 129.
Köln, St. Laurenz
1551: Verzeichniß der h. Gefässe und sämtlichen Kirchengeräthen der St. Laurenz-Pfarrkirche. AEK Köln, Depos. DomA, D II 6, 1.
1572 Mai 4: Inuentarium sacrorum uasorum Indumentorum sacerdotalium, altarium tegumentorum, candelabrorum ac reliquiarum rerum parochalis Ecclesiae D. Laurentij. Ebda., D II 6, 2.
1617 April/Mai: Instrumentum Inventarij bonorum et rerum Ecclesiae S. Laurentij In Coln. (Mit Nachtrag v. 5. März 1625). Ebda., D II 6, 3.
1627 Aug. 13: o. Titel (Inventar). Ebda., D II 6, 4.
1764 Aug. 27/Okt. 5: o. Titel (Inventar). Ebda., D II 6, 7.
1783: Inventarium aller zur pfarrkirche zu S. Laurenz in Köln gehörigen, und in derselbigen befindlichen Kostbarkeiten und anderer geräthschaften, bestehend in Demanten, perlen, silber, kupfer, zinn, Meßgewand, leinwand ez. (In zweiter Fassung auch einschl. des Speichers) Ebda., D II 9, 1 und 2.
ca. 1800: o. Titel (Inventar). Ebda., D II 6, 8.
1802 Aug. 23: Inventaire des Effects, argenterie et ca. trouves dans la àdevant paroisse St. Laurent à Cologne. Ebda., D II 6, 9.
1807: Laurenzkirche: Verzeichniß der an die Domkirche abgelieferten Kirchengeräthe. AEK Köln, Depos. DomA, H II 63.
Köln, St. Maria Ablaß
1850 Aug. 20: Inventarium der Pfarrkirche zur h. Ursula und der Maria Ablaß Kapelle. AEK Köln, Depos. PfA St. Ursula, Köln, A II 22, 1.
1856 Juni 18: Revision des Inventarium in der Pfarrkirche St. Ursula. (Einschließlich Maria Ablaß!) Ebda., A II 22, 2.
Köln, St. Maria Himmelfahrt
o.Dat.: Inventarium über die Kirchen-Effecten der Kirche Maria Himmelfahrt (mit Nachtrag). AEK Köln, Depos. PfA St. Maria Himmelfahrt, Köln, 223.
1832 Aug. 1/1839 Juli 4/5: Inventar über die Kirchen-Effekten der Kirche Maria Himmelfahrt. Ebda., 224.
1877 Okt. 31: Inventar der Pfarrkirche St. Maria Himmelfahrt. Ebda., 225.
1896 Okt.: Inventar der Pfarrkirche St. Maria Himmelfahrt. Ebda., 226.
Köln, St. Maria im Kapitol
o.Dat.: Mobiliar-Inventar der Kirche St. Maria im Capitol. AEK Köln, Depos. PfA St. Maria im Kapitol, Köln, D II 8, 3.
o.Dat.: Mobiliar-Inventar der Kirche St. Maria in Capitol. Ebda., D II 8, 1.
o.Dat., mit Korrektur v. 1830: Verzeichniß der Mobilien der Kirche zur h. Maria im Capitol. Ebda., D II 8, 4.
o.Dat., aber nach 1841: o. Titel (Inventar-Entwurf). Ebda., D II 8, 2.
1806 Mai 21: o. Titel (Verzeichnisse über Paramente bzw. Mobiliar der Kirche für den Bischof von Aachen). Ebda., D II 8, 5.
1806 Mai 30: L'inventaire des Effèts et du Mobilier de l'Eglise paroissale de Ste. Marie au Capitole à Cologne erigé le 30 Maij 1806. Ebda., D II 8, 6.
1806 Juni 7: L'Inventaire des Effets et du Mobilier de l'Eglise paroissale de Ste. Marie au Capitole à Cologne dresse le 7 Juin 1806. Ebda., D II 8, 7.
1817 Aug. 5: Verzeichniß der in der Pfarrkirche zu St. Maria im Kapitol vorfindlichen Gegenstände. Ebda., D II 8, 8.
Köln, St. Marzellus-Kapelle
1821 April 18: Marcellus-Capelle-Kirchenmobilien. Differencen zwischen den Vorständen der Dompfarrkirche u. der Maria Himmelfahrt. AEK Köln, Depos. DomA, H II 62.
Köln, Melaten-Kapelle
o.Dat.: Speciffication deren benöthigten Kirchen-Sachen vor die Melatener Kirche (d.i.: Kirchen-Inventar). StA Köln, Franz. Verwaltg., 1593, 1.
Köln, (Alt-) St. Paul
1799: o.Titel (Inventar). StA Köln, Franz. Verwaltg., 1594.

Köln, St. Ursula
1850 Aug. 20: Inventarium der Pfarrkirche zur h. Ursula und der Maria Ablaß Kapelle. AEK Köln, Depos. PfA St. Ursula, Köln, A II 22, 1.
1856 Juni 18: Revision des Inventarium in der Pfarrkirche St. Ursula. Ebda., A II 22, 2.
Niehl, St. Katharina
1878 März 12: Inventarium über die Kirchenmobilien und andere interessante Gegenstände in der Pfarrkirche zu Niehl. AEK Köln, Depos. PfA Niehl, B 11.
o.Dat., aber nach 1878: Aufzeichnung der Inventargegenstände in der Pfarrkirche zu Niehl. Ebda., B 11, Beilage.
Rheinbreitbach, St. Maria Magdalena
o.Dat.: o. Titel (zwei Inventare). AEK Köln, Depos. PfA Rheinbreitbach, o.Nr.
1763 Sept. 28: Inventarium deren zur Pfarkirchen zu Rheinbreitbach gehörigen Paramenten und ornamenten ... Ebda.
1784: Inventarium der Kircheneffecten zu Reinbreitbach. Ebda.
1823 Jan.: Inventarium über die Geräthschaften und Paramenten der Pfarrkirche zu Rheinbreitbach. Ebda.
1833: Inventarium über die Kirchenmobilien und anderen interessanten Gegenstände in der Kirche zu Rheinbreitbach. Ebda.
1877: Inventar der katholischen Kirchengemeinde Rheinbreitbach. Ebda.
1878 Jan.: Inventar der katholischen Kirchengemeinde zu Rheinbreitbach, Decanat Erpel, Erzdiozese Coeln. Ebda.
o.Dat.: o. Titel (Inventar). Ebda.
Ruppichteroth, St. Severin
1825 Jan. 7: Inventarium über die vorgefundenen Kirchen-Utensilien in der kath. Pfarrkirche zu Ruppichteroth. AEK Köln, Depos. PfA Schönenberg, 1, Anlage.
Schönenberg, St. Maria Magdalena
1825 Jan. 7: Inventarium über die vorgefundenen Kirchen-Utensilien in der kath. Pfarrkirche zu Ruppichteroth (einschl. Schönenberg). AEK Köln, Depos. PfA Schönenberg, 1, Anlage.
1871 Jan.: Inventarium über die Kirchenmobilien und andere interessanten Gegenstände in der Pfarrkirche zu Schoenenberg. Ebda., 234.
1876 Jan.: Inventar der katholischen Kirchen-Gemeinde zu Schönenberg inhaltlich der Kapelle zu Oberlückerath. Ebda., 235.
1889 Okt. 2: Inventarium über die Kirchenmobilien und andere interessanten Gegenstände in der Pfarrkirche zu Schoenenberg (mit Nachtrag u. Marginalien von dritter Hand, sowie e. vollst. neuen Inventar von vierter Hand). Ebda., 236.
1914: Verzeichnis der Gegenstände von kunsthistorischem Wert gem. Aufforderung des Reg.-Präs. v. 31. Jan. 1914. Ebda., 237.
Wißkirchen, St. Medardus
1833 Feb.: Inventarium der Kirchenmobilien und anderen interessanten Gegenstände in der Pfarrkirche zu Weiskirchen. AEK Köln, Depos. PfA Wißkirchen, 298, recto.
1843 Juli 2: Inventarium sämmtlicher Utensilien und Geräthe, welche sich in der Pfarrkirche und Pastorath zu Wiskirchen befinden und der Kirche gehören. Ebda., 299, 1.
1865 April 3: Inventarium sämmtlicher Utensilien und Geräthe, welche sich in der Pfarrkirche und Pastorath zu Wißkirchen befinden und der Kirche gehören. Ebda., 299, 2.
1879 März 16: Inventar der katholischen Kirchen-Gemeinde zu Wißkirchen. Ebda., 300.
1902 März 28: Inventarium über die Kirchen-Mobilien und andere interessante Gegenstände in der Pfarrkirche Wißkirchen ... Ebda., 299, 3.
1917 Juni 8: Inventarium sämmtlicher Utensilien und Geräthe, welche sich in der Pfarrkirche zu Wißkirchen befinden und der Kirche angehören. Ebda., 299, 4.

8.4.2. Stiftskirchen

Herrenstrunden, Malteser-Ballei
1693 März 16: Kirchen Inventarium auff des Ritters maltheser ordens Commenthurey Herrenstrund. HSA Düsseldorf, Herrenstrunden, Akten, 1, Fol. 91 f.
Köln, St. Andreas
1799: Inventarium der stifts Kirchen S. Andrea binnen Köln. StA Köln, Franz. Verwaltg., 1592, 118.

Köln, St. Aposteln
1798 Mai 9: Verzeichnüs der dem Stifte zu den H.H. Aposteln gehörigen Kirchensachen. Ebda., 1592, 134.
Köln, St. Cäcilien (Damenstift)
1799: Inventarium des stiftes zu s. Caecilien in Köln. Verzeichniß aller Effecten und Moebel zum Gebrauch der Gemeinde. Verzeichniß Aller der Stifts Kirche zu S. Caecilien zugehörigen noch würcklich vorfindlichen Effecten und Moebel. Ebda., 1592, 8.
1799: Inventarium des stiftes zu s. Caecilien in Köln. Ebda., 1592, 266.
Köln, St. Gereon
o.Dat.: Inventarium der Kirchen zu St. Gereon binnen Kölln. Ebda., 1592, 3.
Köln, St. Johann und Cordula (Malteser-Kommende)
1799: Verzeichnis aller Effecten zum Gebrauch der Kirch und der Gemeinheit der Commende zu S. S. Johann und Kordulen binnen Köln. Ebda., 1592, 110.
Köln, Jungen-Biesen (Deutschordens-Kommende)
1749 Okt. 29: Inventarium de scriptiones bonorum Mobilium der Deutsch Ordens Commenden zu den Jungen Bießen in Collen. HSA Düsseldorf, Altenbiesen, Akten, 50 g.
Köln, St. Katharina (Deutschordens-Kommende)
o.Dat.: Kirchen-Zierrath der Kapelle zu S. Catharinen zu Kölln. StA Köln, Franz. Verwaltg., 1592, 39.
Köln, St. Kunibert
1799: Verzeichnis der bei dem Stifte zu St. Cunibert sich vorfindlichen Kirchensachen. Ebda., 1592, 32.
Köln, St. Maria ad Gradus
o.Dat.: Verzeichniß deren Kirchen paramenten und sonstiges in die stiftskirch B. M. V. ad gradus in Kölln. Ebda., 1592, 129.
Köln, St. Maria im Kapitol (Damenstift)
1798 April 28: Verzeichniß deren in der Stiftskirche S. Maria in Capitolio befindlichen Effecten. Ebda., 1592, 115.
Köln, St. Severin
1798 Mai 9: Verzeichniß deren Effecten welche sich zum Gebrauche der stift und pfarrkirchen st Severin in Köllen befinden. Ebda., 1592, 141.
Köln, St. Ursula (Damenstift)
o.Dat.: Verzeichniß der vorrätigen Mobilien in der Stiftskirchen zu St. Ursulen. Ebda., 1592, 242.

8.4.3. Männerklosterkirchen

Bonn, Namen Jesu (Ex-Jesuiten-Kirche)
1808 Juni 1: Inventarium einiger im Jesuitter Collegio vorfindlichen Kirchen Meubel. StA Bonn, Fr 48/19, Fol. 25.
1812 Dez. 1: Inventaire des ornements et effets d'église. Ebda., Fr 48/19, Fol. 20.
o.Dat.: o.Titel (Inventar, in französischer Sprache). Ebda., Fr 48/19, Fol. 22.
Köln, St. Barbara (Kartäuser)
1799: Der Kartäußern in Cölln Verzeichniß und Erklärungen in Gefolg des 2ten Artikels ... StA Köln, Franz. Verwaltg., 1592, 294.
Köln, St. Barbara (Kreuzherren)
1799: Verzeichnis deren beweglich und unbeweglichen gegenständen, welche verkauft sind, so dan aller zum gebrauch der kirchen und klostergemeinde gehörigen Effecten des Kreuzbrüder Klosters in Kölln. Ebda., 1592, 51.
Köln, St. Franziskus (Kapuziner)
1799: Inventarium der in der Gemeinde der armen Vätter Kapuziner vorfindlichen Sachen. Ebda., 1592, 95.
Köln, St. Georg (Karmeliter)
o.Dat.: Bericht des Carmeliter Klosters ad s. georgium zu Köllen. Ebda., 1592, 101.
Köln, St. Maria Empfängnis (Minoriten)
o.Dat.: ... zeigen die Mitglieder des köllnischen Minoriten Klosters hiermit die Möbel der Kirche und Gemeinde an. Ebda., 1592, 222.

Köln, St. Maria Himmelfahrt (Ex-Jesuiten-Kirche)
1777 Juni 3/4: ... ein zur kirchen gehoriges in silber, gold, sonstigen poctiosis, paramenten, und Leinwand ans bestehend, folgendes Inventarium ... beschrieben worden. StA Köln, Jesuiten, A 819.
Köln, Groß St. Martin (Benediktiner)
1799: o. Titel (Inventar). StA Köln, Franz. Verwaltg., 1592, 328.
o.Dat.: Etat Sommaire de l'Argenterie des Eglises et Chapelles, Effets de Sacristie, Bibliothèques, Livres, Manuscrits, Médailles et Tableaux, trouvés dans l'Etablissement nommé Abbay St. Martin en la Commune de Cologne. Ebda., 1592, 331.
Köln, St. Michael (Michaelsbrüder = Augustiner)
1798 Mai 22: Verzeichniß der Kapelle und Haus Effecten von der Weidenbach. Ebda., 1592, 194.
Köln, St. Pantaleon (Benediktiner)
o.Dat.: ... macht die Abtei Pantaleon in Köln folgendes Verzeichnis ... Ebda., 1592, 156.
Köln, St. ?? („Franziskaner-Recolèts")
o.Dat.: Verzeignüß der Kirchen, und Kloster effecten deren armen Franziskanern binnen Köln. Ebda., 1592, 275.
Marienforst (Birgitten-Doppelkloster)
1675: Specification Aller und jeder ornamenten des löblichen Gotteshauß Marienforst welche underm Prioratu des woll Ehrwürdigen Patris Wilhelmi Jacobi GScheid procurirt, renouirt und verehret seind worden, nach deme man das Romische officium angenommen hat, ab Ao. 1675. HSA Düsseldorf, Marienforst, Akten, 20, Fol. 70-75.
ca. 1800: Verzeichniß der Kirchen Effeckten des Klosters Marienforst. Ebda., Akten, 17.
o.Dat.: Specification aller ornamenten des Gotteshauß Marienforst, so zur Zeit des wollehrwürdigen p. Ludovici Grimmoldt pro tempore prioris huius loci et Commissarij seind procürirt worden. Ebda., Akten, 20, Fol. 48-56.
o.Dat.: Specification Aller und ieden ornamenten deß löblichen Gotteshaus Marienforst welche underm Prioratu des wohl Ehrwurdigen patris Joannis Wendelini Goldschmidt procurirt und verehrt seind worden. Ebda., Akten, 20, Fol. 58-69.

8.4.4. Frauenklosterkirchen

Herchen, St. Antonius (Augustinerinnen)
1581 Okt. 21: ... Inventarium ... Closter Herchen. HSA Düsseldorf, Merten, Akten, 37.
Köln, St. Anna (Zum Lämmchen) (Franziskanerinnen)
o.Dat.: Angaben aller gegenständen Vom Kloster Lämmchen auf der Breyten straß nach dem 2ten artickel. StA Köln, Franz. Verwaltg., 1592, 317.
Köln, St. Augustinus und Maria Magdalena (Zur Zelle) (Zellitinnen)
o.Dat.: inventarium der Kirche und Kloster zellen in der Schmirestraßen. Ebda., 1592, 43.
o.Dat.: dass. in französischer Fassung. Ebda., 1592, 47.
Köln, St. Bonifatius (Franziskanerinnen)
o.Dat.: Verzeichniß deren Effecten und mobilien zum gebrauch der Kirche des Klosters St. Bonifatius. Ebda., 1592, 85.
Köln, Hl. Dreifaltigkeit (Augustinerinnen)
1798: Inventarium des Kloisters zum Denandt in der Acherstraße. Ebda., 1592, 177.
Köln, St. Elisabeth (Zellitinnen)
1799: Verzeichniß der Kirchen sachen und Mobilien des Kloisters St. Elisabeth in der Tönnergassen in Köln. Ebda., 1592, 48.
Köln, St. Fronleichnam (Ursulinen)
o.Dat.: (Inventar der) Ursulinerinnen dahier in Köln auf der Machabarstraß. Ebda., 1592, 183.
Köln, St. Gertrud (Dominikanerinnen)
o.Dat.: Angabe des Dominikanessen-Kloster zu S. Gertrud binnen Köln ... Verzeichnis unserer noch Vorräthigen Effecten die Kirche betreffend. Ebda., 1592, 14.
Köln, Groß Nazareth (Augustinerinnen)
1798 April 28: Verzeichniß deren Effecten zur Kirchen und gemeinde gehörig des Klosters Groß Nazareth binnen Köln. Ebda., 1592, 142.

Köln, Klein Nazareth (Zellitinnen)
1799: Inventarium des Klosters zu Klein Nazareth binnen Köln. Ebda., 1592, 217.
1799: Inventarium der Kirchen Klein Nazareth binnen Köln. Ebda., 1592, 219.
Köln, Machabäerkirche (Benediktinerinnen)
o.Dat.: (Inventar über) Das Kloster zu den hh. Machabayern binnen Köln. Ebda., 1592, 62.
Köln, St. Maria im Tempel (Klarissen)
1799: Klarißen Kloster in der Klöckergassen. Verzeichniß. Ebda., 1592, 56.
Köln, St. Maria in Bethlehem (Franziskanerinnen)
1798 April 28: ... zeiget das Frauenkloster Bethlehem, Franciscaner Orden, in der Römergaß zu Köln an, daß es vorräthig habe ... Ebda., 1592, 260.
Köln, St. Maria in der Kupfergasse (Karmelitessen)
1799: (Inventar der) Carmelitesses rue Kupfergaß. Ebda., 1592, 204.
1799: Inventaire des meubles et effets de l'Église et du Couvent de Carmelittesses dit Kupfergaß. Ebda., 1592, 60.
Köln, St. Maria in der Schnurgasse (Karmelitessen)
1799: Verzeichniß ... über die dem Kloster der Barfüßigen Carmeliterinnen in der Schnurgaß binnen Kölln ihrer Kirche und Gemeinde gegenwärtigen effecten. Ebda., 1592, 166.
Köln, St. Maria Sion (Zisterzienserinnen)
1613 Okt. 26/Nov. 28: Inventarium Bonorum, et rerum Monasterij Seienensis in Colonia. Inventarium authenticum relictum a Cisterciensibs nostris sijonitis. StA Köln, Depos. des HSA Düsseldorf, Sion, Akten, 2.
Köln, St. Maria vom Berge Karmel (Karmeliterinnen)
o.Dat.: Bericht der Carmeliteßen in der bittgaß über den 2ten artikel des vom Regierungs-Commißair am 29ten Pluvior erlaßenen Arreté. StA Köln, Franz. Verwaltg., 1592, 232.
Köln, St. Maria-Garten (Zisterzienserinnen)
o.Dat.: Verzeichniß der Effecten welche der Kirche und dem Kloster Mariengarten zugehören. Ebda., 1592, 283.
Köln, St. Maximin (Augustinerinnen)
1798 Mai 4: Das Frauen Kloster St. Maximinen binnen Köln ... Verzeichniß deren Kirchen und Klosters Effecten. Ebda., 1592, 67.
Köln, St. Nikolaus (Augustinerinnen)
1798 Mai 12: Inventarium des armen Klosters St. Nicolam im burghöfgen binnen Köllen. Ebda., 1592, 210.
Köln, St. Reinold (Augustinerinnen)
o.Dat.: Verzeichnüß deren Effecten und Meubelen unseres Klosters St. Reinold. Ebda., 1592, 159 od. 163.
Köln, Hl. Schutzengel (Klarissen)
o.Dat.: Verzeichniß das arme Klarißen Kloster am Neumarkt über alle Effecten Möbel gemälde Und alle anderen gegenstände so wohl zum Gebrauche derselben kirchen als zum gebrauche derselben gemeinheit. Ebda., 1592, 235.
Köln, Klein St. Ursula (Zellitinnen)
1799: Verzeichniß deren dem Kloster Klein St. Ursulen auf Marzellenstraßen in Köllen zugehorigen Meublen und Effecten. Ebda., 1592, 180.
1827 Jan. 16: Inventarium der Kirchen-Utensilien im Kloster zu Klein St. Ursula dahier. AEK Köln, GVA, Köln, Überhaupt, 0.
Köln, St. Vincenz (Franiskanerinnen)
o.Dat.: (Inventar der) Conventualinnen des Klosters St. Vincenz in Köln. StA Köln, Franz. Verwaltg., 1592, 191.
Köln, St. ?? („Weiße Frauen")
o.Dat.: Inventarium der weißen Frauen in Köln. Ebda., 1592, 308.
Unterrath (Franziskanerinnen)
um 1800: Inventarium über ... Mobilien und Kirchen-Geräthschaften des Nonnen-Klosters Francisci tertiae Regulae zu Rath. HSA Düsseldorf, Rath, Akten, 1.
Zissendorf (Zisterzienserinnen)
o. Titel (Mobiliar- und Immobilar-Inventar von 1573, Abschrift von 1790). HSA Düsseldorf, Zissendorf, Akten, 27.

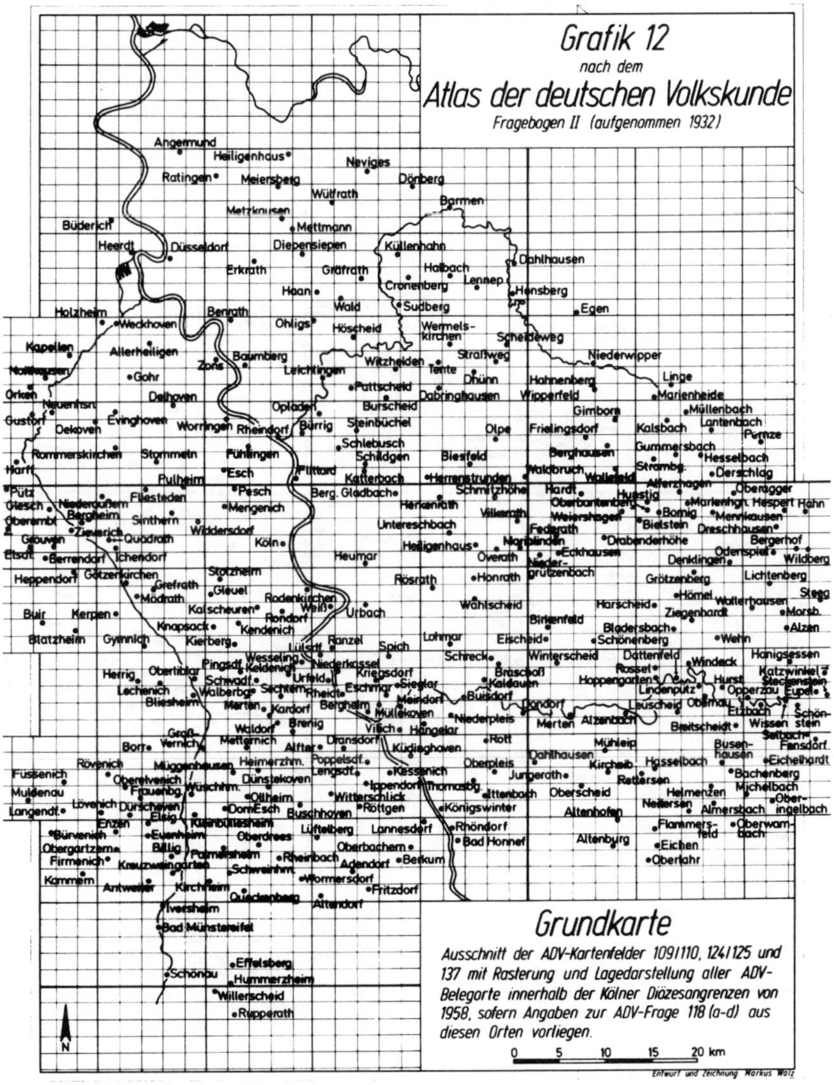
Grafik 12
nach dem
Atlas der deutschen Volkskunde
Fragebogen II (aufgenommen 1932)
Grundkarte
Ausschnitt der ADV-Kartenfelder 109/110, 124/125 und 137 mit Rasterung und Lagedarstellung aller ADV-Belegorte innerhalb der Kölner Diözesangrenzen von 1958, sofern Angaben zur ADV-Frage 118 (a-d) aus diesen Orten vorliegen.
0 5 10 15 20 km
N
Entwurf und Zeichnung Markus Walz

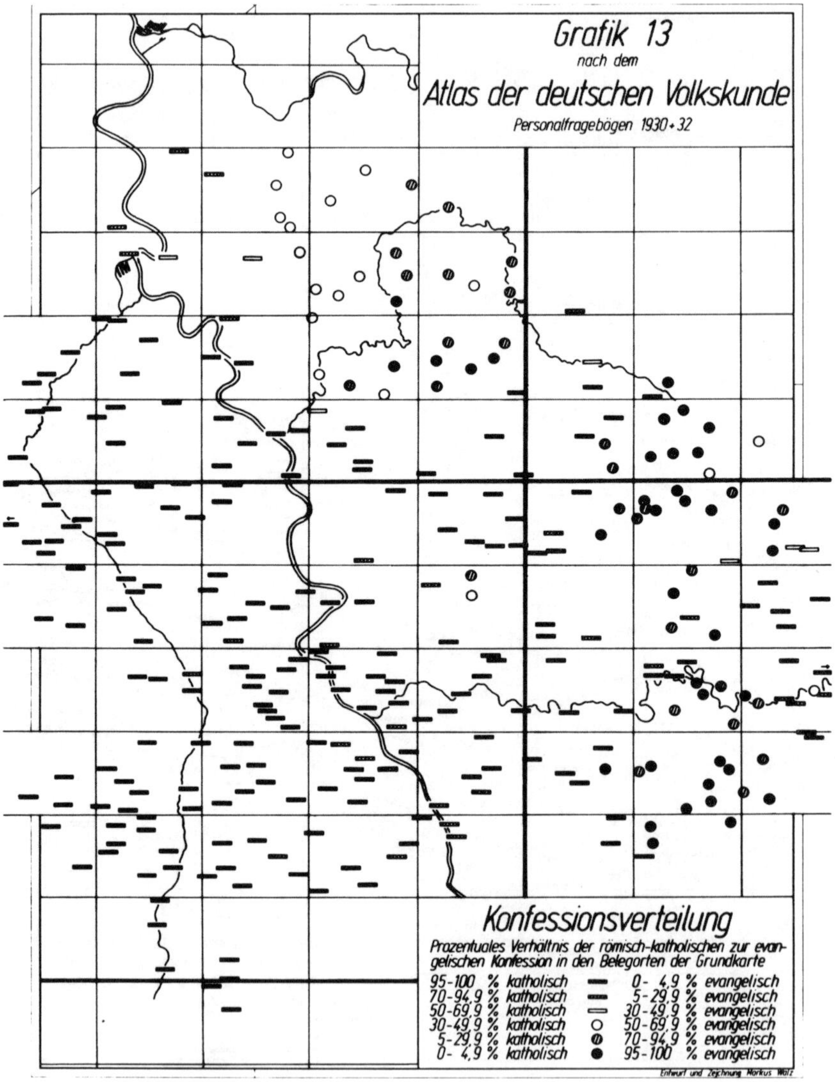
Grafik 13
nach dem
Atlas der deutschen Volkskunde
Personalfragebögen 1930+32
Konfessionsverteilung
Prozentuales Verhältnis der römisch-katholischen zur evangelischen Konfession in den Belegorten der Grundkarte
95-100 % katholisch 0- 4,9 % evangelisch
70-94,9 % katholisch 5-29,9 % evangelisch
50-69,9 % katholisch 30-49,9 % evangelisch
30-49,9 % katholisch 50-69,9 % evangelisch
5-29,9 % katholisch 70-94,9 % evangelisch
0- 4,9 % katholisch 95-100 % evangelisch
Entwurf und Zeichnung Markus Walz

Auf den vorhergehenden Seiten:

Grundlegende Rasterkarten für die Darstellungen zur Analyse der relevanten Daten aus dem Atlas der deutschen Volkskunde (ADV) in den Abschnitten 4.4.1. f. Entsprechend der Themenstellung bietet die Grundkarte Ausschnitte der ADV-Kartenfelder 109, 110 (in deren südlichem Teil), 123, 124 (in deren nördlichem Teil) sowie des Felds 137 4. Unterschiede in der Belegdarstellung zwischen der (vollständigen) Grundkarte und den einzelnen Auswertungen entstehen dadurch, daß in einigen Manuskripten nicht alle Antwortfelder ausgefüllt sind.

8.6. Nachweis erfaßter röm.-kath. Kirchenkrippen

Die folgende Liste der zur ikonografischen Analyse 1982/83 und 1983/84 erfaßten römisch-katholischen Pfarr-, Pfarrektorats-, Rektorats-, Filalbezirkskirchen und Expondituren ist - wie der Personalschematismus - nach Dekanaten geordnet, diese nach Stadt- bzw. Kreisdekanaten zusammengefaßt. In den Kirchentiteln wurde auf die Zusätze St. oder Hl. zur Platzersparnis zumeist verzichtet. Ein Asteriskus zeigt an, daß die Fotos des betreffenden Objekts aus technischen Gründen nicht auswertbar waren; zwei Asterisken weisen darauf hin, daß nur ein nachweihnachtliches Bild (Flucht nach Ägypten) aufgenommen werden konnte.

8.6.1. Stadtdekanate

BONN

Bonn-Mitte: Cassius u. Florentius (Münsterkirche), Johann Baptist u. Petrus (Stiftskirche), Remigius (Brüderkirche); Bonn-Altstadt: Franziskus, Helena, Marien; Bonn-Nord: Joseph; Bonn-West: Michael. *Bonn-Süd:* Dottendorf: Quirinus; Gronau: Winfried; Ippendorf: Barbara; Kessenich: Nikolaus; Poppelsdorf: Sebastian; Südstadt: Elisabeth; Venusberg: Hl. Geist. *Bonn-Nord:* Auerberg: Bernhard; Buschdorf: Aegidius; Dransdorf: Antonius; Duisdorf: Augustinus, Rochus; Endenich: Maria Magdalena; Grau-Rheindorf: Margareta; Lengsdorf: Peter; Lessenich: Laurentius; Nord: Hedwig; Röttgen: Christi Auferstehung; Tannenbusch: Paulus. *Bad Godesberg:* Augustinus, Herz Jesu, Marien; Friesdorf: Servatius; Heiderhof: Frieden Christi; Lannesdorf: Herz Jesu; Mehlem: Severin; Muffendorf: Martin; Pennenfeld: Albertus Magnus; Plittersdorf: Evergislus, Hl. Kreuz; Remagen-Rolandswerth: Unbefleckte Empfängnis; Rüngsdorf: Andreas. *Beuel:* Joseph, Paulus; Geislar: Joseph; Holzlar: Christ König; Küdinghoven: Gallus; Limperich: Hl. Kreuz; Niederholtorf: Antonius; Oberkassel: Cäcilia; Pützchen: Adelheid; Schwarzrheindorf: Klemens; Vilich: Peter.

DÜSSELDORF

Mitte: Andreas, Lambertus, Marien, Maximilian; Derendorf: Dreifaltigkeit, Herz Jesu, Lukas; Golzheim: Albertus Magnus; Pempelfort: Adolfus, Hl. Geist, Rochus. *Nord:* Angermund: Agnes; Kaiserswerth: Suitbert; Kalkum: Lambertus; Lichtenbroich: Maria Königin; Lohausen: Mariä Himmelfahrt; Stockum: Hl. Familie; Unterrath: Maria unter dem Kreuze; Wittlaer: Remigius. *Ost:* Elisabeth; Düsseltal: Paulus; Flingern: Liebfrauen; Gerresheim: Katharina, Margareta (Stiftskirche), Maria vom Frieden, Reinold; Grafenberg: Konrad, Ursula; Mörsenbroich: Franz Xaver; Rath: Hl. Kreuz; Unterbach: Mariä Himmelfahrt. *Süd:* Bilk: Bonifatius, Ludger, Suitbert; Flehe: Schmerzhafte Mutter; Friedrichstadt: Antonius, Peter; Hafen: Petrus Canisius; Hamm: Blasius; Lierenfeld: Michael; Oberbilk: Apollinaris, Joseph; Unterbilk: Martin; Volmerswerth: Dionysius. *Benrath:* Cäcilia; Eller: Augustinus, Gertrud; Garath: Norbert, Theresia; Hassels: Antonius; Himmelgeist: Nikolaus; Holthausen: Joseph; Itter: Hubertus; Reisholz: Elisabeth; Urdenbach: Herz Jesu; Wersten: Maria in den Benden, Maria Rosenkranz. *Heerdt:* Benediktus; Lörick: Maria Hilfe der Christen; Niederkassel: Anna; Oberkassel: Antonius.

Köln

St. Peter (Dom). *Mitte-Nord:* Agnes, Andreas, Aposteln, Gereon, Gertrud**, Kolumba, Kunibert, Mariä Himmelfahrt, Maria in der Kupfergasse, Michael, Ursula. *Mitte-Süd:* Georg, Herz Jesu, Johann Baptist, Maria Hilf**, Maria im Kapitol, Maria in Lyskirchen, Maternus, Mauritius, Pantaleon, Paul, Peter, Severin. *Bayenthal:* Matthias; Marienburg: Maria Königin; Raderthal: Mariä Empfängnis; Zollstock: Hl. Geist, Pius. *Ehrenfeld:* Joseph, Mechtern, Peter; Bickendorf: Bartholomäus, Dreikönigen, Rochus; Bocklemünd-Mengenich: Christi Geburt, Johannes v.d.Lat.Tore; Neu-Ehrenfeld: Anna, Barbara; Vogelsang: Konrad, Viktor. *Lindenthal:* Laurentius, Stephan; Braunsfeld: Joseph; Hohenlind: Thomas Morus**; Klettenberg: Bruno; Kriel: Albertus Magnus; Melaten: Christi Auferstehung; Sülz: Karl Borromäus, Nikolaus. *Lövenich:* Severin; Junkersdorf: Pankratius; Müngersdorf: Vitalis; Weiden: Hl. Geist; Widdersdorf: Jakobus. *Nippes:* Bonifatius, Heinrich u. Kunigund, Hildegard in der Au, Joseph, Marien, Monika; Bilderstöckchen: Franziskus; Longerich: Bernhard, Christ König, Dionysius; Mauenheim: Quirinus; Niehl: Christophorus, Clemens, Katharina; Riehl: Engelbert; Weidenpesch: Hl. Kreuz, Salvator. *Rodenkirchen:* Josef, Maternus; Immendorf: Servatius**; Meschenich: Blasius; Rondorf: Drei Könige; Sürth: Remigius; Weiß: Georg. *Worringen:* Pankratius; Chorweiler: Johannes i.d. Neuen Stadt; Esch: Martin; Fühlingen: Marien; Heimersdorf: Christi Verklärung; Pesch: Elisabeth; Rheinkassel: Amandus; Seeberg: Markus; Thenhoven: Johann Baptist; Weiler: Cosmas u. Damian. *Deutz:* Heinrich, Heribert; Heumar: Cornelius; Höhenberg: Elisabeth; Humboldt: Engelbert; Kalk: Joseph, Marien; Ostheim: Hll. Engel, Servatius; Poll: Dreifaltigkeit, Joseph; Rath: Erlöser**; Stegerwaldsiedlung: Urban; Vingst: Theodor. *Dünnwald:* Nikolaus; Brück: Hubertus; Dellbrück: Joseph, Norbert; Höhenhaus: Hedwig, Hl. Familie; Holweide: Anno, Mariä Himmelfahrt; Merheim: Gereon; Neubrück: Adelheid. *Mülheim:* Elisabeth, Herz Jesu, Liebfrauen; Bruder-Klaus-Siedlung: Bruder Klaus; Buchforst: Petrus Canisius; Buchheim: Mauritius, Theresia; Flittard: Hubertus; Stammheim: Johannes Evangelist, Mariä Geburt. *Porz:* Fronleichnam, Joseph; Eil: Maximilian Kolbe, Michael; Ensen: Laurentius; Grengel: Mariä Himmelfahrt; Langel: Clemens; Libur: Margareta; Urbach: Bartholomäus; Wahn: Ägidius; Wahnheide: Christ König; Zündorf: Mariä Geburt.

Leverkusen

Süd: Herz Jesu; Alkenrath: Johannes der Täufer; Bayerwerk: Maria Friedenskönigin; Bürrig: Stephanus; Hitdorf: Stephanus; Küppersteg: Christus König; Manfort: Joseph; Rheindorf: Aldegundis, Hl. Kreuz; Schlebusch: Albertus Magnus, Andreas, Thomas Morus; Wiesdorf: Antonius, Hildegard. *Opladen:* Elisabeth, Michael, Remigius**; Bergisch Neukirchen: Drei Könige; Fettehenne: Matthias; Lützenkirchen: Maurinus; Pattscheid: Engelbert; Quettingen: Maria Rosenkranzkönigin; Steinbüchel: Franziskus.

Neuss-Stadt

Nord: Barbara, Christ König, Hl. Geist*, Marien; NE-Vogelsang: Thomas Morus; NE-Weißenberg: Joseph; Kaarst: Martin; Kaarst-Büttgen: Aldegundis*; Kaarst-Holzbüttgen: Sieben Schmerzen; Kaarst-Vorst: Antonius; Korschenbroich-Glehn: Pankratius; Korsch.-Steinforth: Joseph; Meerbusch-Büderich: Mauritius. *Süd:* Drei Könige, Pius X., Quirinus (Münsterkirche). Gnadenthal: Konrad; Reuschenberg: Elisabeth, Hubertus*; Uedesheim: Martin; Weckhoven: Paulus*; Erfttal: Cornelius; Norf: Andreas; Rosellen: Peter; Holzheim: Martin.

Remscheid

Joseph, Marien, Suitbert. Bergisch Born: Andreas; Hasenberg: Theresia; Lennep: Bonaventura; Lüttringhausen: Hl. Kreuz; Vieringhausen: Engelbert.

Solingen

Clemens, Michael; Gräfrath: Mariä Himmelfahrt; Höhscheid: Suitbertus; Kohlsberg: Mariä Empfängnis; Mangenberg: Engelbert; Merscheid: Mariä Empfängnis; Ohligs: Joseph**; Wald: Katharina.

WUPPERTAL

Barmen: Antonius, Elisabeth; Beyenburg: Maria Magdalena; Blombacherbach: Petrus; Hatzfeld: Konrad; Langerfeld: Raphael; Lichtenplatz: Christophorus; Nächstebreck: Mariä Himmelfahrt; Oberbarmen: Johann Baptist; Ronsdorf: Joseph; Rott: Pius X.; Sedansberg: Marien; Unterbarmen: Herz Jesu. *Elberfeld:* Laurentius, Marien, Suitbertus; Cronenberg: Hll. Ewalde; Hahnerberg: Hedwig; Katernberg: Christ König; Katernberg/Mirke: Michael; Nordstadt: Herz Jesu; Sonnborn: Maximilian Kolbe (Zookapelle), Remigius; Varresbeck: Bonifatius; Vohwinkel: Ludger, Mariä Empfängnis.

8.6.2. Kreisdekanate

ALTENKIRCHEN (Dekanat Wissen)

Altenkirchen: Jakobus Major; Birken-Honigsessen: Elisabeth; Blickhauserhöhe-Mittelhof: Marien; Hamm/Sieg: Joseph; Hilgenroth-Marienthal: Schmerzhafte Mutter; Katzwinkel-Elkhausen: Bonifatius; Wissen: Kreuzerhöhung; Wissen-Schönstein: Katharina.

ERFTKREIS

Bedburg: Lambertus; B.-Blerichen: Willibrord; B.-Kaster: Martin (Neu-Morken); B.-Kirchtroisdorf: Matthias*; B.-Königshoven: Peter; B.-Rath: Lucia; Elsdorf: Mariä Geburt; E.-Berrendorf: Michael; E.-Etzweiler: Hubertus; E.-Niederembt: Martin; E.-Oberembt: Simon u. Judas. *Bergheim:* Remigius; Auenheim: Medardus; Büsdorf: Laurentius; Fliesteden: Simeon; Glesch: Cosmas u. Damian; Glessen: Pankratius; Hüchelhoven: Michael; Ichendorf: Hl. Kreuz; Niederaußem: Johannes Baptist*; Oberaußem: Vinzenz; Paffendorf: Pankratius; Quadrath: Laurentius. *Brühl:* Heinrich, Margareta, Maria von den Engeln (Schloßkirche); Badorf: Pantaleon; Heide: Maria Hilf; Pingsdorf: Pantaleon; Schwadorf: Severin; Vochem: Matthäus. *Erftstadt:* Blessem: Michael; Erp: Pantaleon; Friesheim: Martin; Gymnich: Kunibert; Herrig: Clemens; Kierdorf: Martin; Köttingen: Joseph; Lechenich: Kilian; Liblar: Alban; Niederberg: Johann Baptist; Oberliblar: Barbara; Nörvenich-Pingsheim: Martin. *Frechen:* Audomar, Maria Königin, Severin; Buschbell: Ulrich; Königsdorf: Andreas Bobola (Hildeboldkirche); Neu-Grefrath: Mariä Himmelfahrt. *Hürth:* Katharina; Berrenrath: Wendelin; Efferen: Mariä Geburt; Fischenich: Martin; Gleuel: Dionysius; Hermülheim: Severin; Kalscheuren: Ursula; Kendenich: Johann Baptist. *Kerpen:* Martin (Stiftskirche); Balkhausen/Türnich: Rochus; Brüggen: Joseph; Horrem: Christ König; Götzenkirchen: Cyriakus; Manheim: Alban u. Leonhard; Mödrath: Quirin; Neu-Bottenbroich: Hl. Geist; Sindorf: Maria Königin. *Pulheim:* Cosmas u. Damian; Brauweiler: Nikolaus (Abteikirche); Geyen: Cornelius; Sinnersdorf: Hubertus; Sinthern: Martin; Stommelerbusch: Bruno; Stommeln: Martin. *Wesseling:* Germanus, Joseph, Marien; Berzdorf: Schmerzhafte Mutter; Keldenich: Andreas; Urfeld: Thomas.

EUSKIRCHEN

Bad Münstereifel: Chrysantus u. Daria (Stiftskirche); B.M.-Effelsberg: Stephan; B.M.-Houverath: Thomas; B.M.-Kirspenich: Bartholomäus; B.M.-Rupperath: Petrus; Mechernich-Kommern: Severin; Mech.-Obergartzem: Hubertus; Mech.-Satzvey: Pantaleon. *Euskirchen:* Herz Jesu, Martin, Matthias; EU-Dom Esch: Martin; EU-Euenheim: Brictius; EU-Frauenberg: Georg; EU-Groß Büllesheim: Michael; EU-Kirchheim: Martin; EU-Kreuzweingarten: Hl. Kreuz; EU-Kuchenheim: Nikolaus; EU-Palmersheim: Peter u. Paul; EU-Stotzheim: Martin; EU-Wißkirchen: Medardus; Weilerswist: Mauritius; W.-Groß Vernich: Hl. Kreuz; W.-Metternich: Johannes der Täufer; W.-Müggenhausen: Laurentius. *Zülpich:* Nideggen-Embken: Agatha; Nid.-Muldenau: Barbara; Nid.-Wollersheim: Hl. Kreuz; Zülpich: Peter; Z.-Bessenich: Christophorus; Z.-Bürvenich: Stephanus; Z.-Enzen: Kunibert; Z.-Füssenich: Nikolaus; Z.-Hoven: Margareta; Z.-Juntersdorf: Gertrudis; Z.-Langendorf: Cyriakus; Z.-Lövenich: Agnes; Z.-Merzenich: Severin; Z.-Nemmenich: Peter; Z.-Oberelvenich: Matthias; Z.-Schwerfen: Dionysius; Z.-Sinzenich: Kunibert; Z.-Ülpenich: Kunibert; Z.-Weiler in der Ebene: Ulrich; Z.-Wichterich: Johannes u. Sebastian.

Mettmann

Hilden: Erkrath: Johann Baptist; Erkr.-Hochdahl: Franziskus; Haan: Chrysanthus u. Daria; H.-Gruiten: Nikolaus; Hilden: Jakob, Johannes Evangelist, Konrad, Marien. *Langenfeld:* Christ König; La.-Berghausen: Paulus; La.-Immigrath: Joseph; La.-Reusrath: Barbara; La.-Richrath: Martin; La.-Wiescheid: Maria Rosenkranzkönigin; Monheim: Gereon; Monh.-Baumberg: Dionysius. *Mettmann:* Heiligenhaus: Ludgerus, Suitbertus**; Mettmann: Lambertus, Thomas Morus; Velbert: Marien, Paulus. Velb.-Langenberg: Michael; Velb.-Neviges: Mariä Empfängnis; Velb.-Siepen: Christi Auferstehung; Wülfrath-Düssel: Maximin. *Ratingen:* Essen-Kettwig: Peter; Essen-Kettwig vor der Brücke: Joseph; Mülheim/Ruhr-Mintard: Laurentius; Ratingen: Herz Jesu, Peter u. Paul, Suitbertus; Rat.-Breitscheid: Christophorus; Rat.-Hösel: Bartholomäus; Rat.-Homberg: Jakobus der Ältere; Rat.-Lintorf: Anna, Johannes Maria; Rat.-West: Hl. Geist.

Neuss-Land

Dormagen: Maria vom Frieden, Michael; Delhoven: Joseph; Hackenbroich: Katharina; Horrem: Hl. Familie; Stürzelberg: Aloyisius; Zons: Martin; Delrath: Gabriel; Gohr: Odilia; Nievenheim: Pankratius. *Grevenbroich:* Joseph, Peter u. Paul; Gr.-Allrath: Matthäus; Gr.-Elsen: Stephanus; Gr.-Frimmersdorf: Martin**; Gr.-Gustorf: Mariä Himmelfahrt; Gr.-Kapellen: Clemens; Gr.-Neuenhausen: Cyriakus; Gr.-Neukirchen; Gr.-Noithausen: Mariä Geburt; Gr.-Wevelinghoven: Martin; Rommerskirchen: Peter; Ro.-Hoeningen: Stephanus; Ro.-Nettesheim: Martin; Ro.-Oekoven: Briktius.

Oberbergischer Kreis

Gummersbach: Bergneustadt: Stephan; Bnst.-Hackenberg: Matthias; Bnst.-Belmicke: Anna; Engelskirchen: Peter u. Paul; Enk.-Hardt: Hl. Familie; Enk.-Loope: Herz Jesu; Enk.-Ründeroth: Jakobus; Gummersbach: Franziskus; GM-Derschlag: Elisabeth; GM-Dieringhausen: Herz Jesu; GM-Niederseßmar: Maria vom Frieden; Marienheide: Ludwig (neue Kirche); Mar.-Gimborn: Johann Baptist; Wiehl: Mariä Himmelfahrt. *Waldbröl:* Friesenhagen: Sebastianus; Morsbach: Gertrud; Mo.-Holpe: Mariä Heimsuchung; Mo.-Lichtenberg: Joseph; Reichshof-Denklingen: Antonius; Re.-Eckenhagen: Franz Xaver; Re.-Wildbergerhütte: Bonifatius; Waldbröl: Michael. *Wipperfürth:* Hückeswagen: Mariä Himmelfahrt; Lindlar: Severin; Li.-Frielingsdorf: Apollinaris; Li.-Hohkeppel: Laurentius; Li.-Linde: Joseph; Radevormwald: Marien; Rad.-Vogelsmühle: Joseph; Wipperfürth: Nikolaus; Wip.-Agathaberg: Agatha; Wip.-Hämmern: Anna; Wip.-Kreuzberg: Johannes; Wip.-Neye: Michael; Wip.-Niederwipper: Herz Jesu; Wip.-Ommerborn: Johannes der Täufer; Wip.-Thier: Anna; Wip.-Wipperfeld: Clemens.

Rheinisch-Bergischer Kreis

Altenberg: Burscheid: Laurentius; Bu.-Hilgen: Liebfrauen; Kürten: Johann Baptist; Kü.-Bechen: Antonius; Kü.-Biesfeld: Schmerzhafte Mutter; Kü.-Dürscheid: Nikolaus; Kü.-Olpe: Margareta; Leichlingen: Johann Baptist; Odenthal: Pankratius; Od.-Altenberg: Mariä Himmelfahrt (Altenberger Dom); Wermelskirchen: Michael; We.-Grunewald: Apollinaris. *Bergisch Gladbach:* Laurentius; Bensberg: Nikolaus; Frankenforst: Maria Königin; Gronau: Marien; Hand: Konrad; Heidkamp: Joseph; Herkenrath: Antonius Abt; Herrenstrunden: Johann Baptist; Moitzfeld: Joseph; Paffrath: Clemens; Refrath: Elisabeth in der Auen, Johann Baptist; Sand: Severin; Schildgen: Herz Jesu. *Overath:* Walburga; Ov.-Heiligenhaus: Rochus; Ov.-Immekeppel: Lucia; Ov.-Marialinden: Mariä Heimsuchung; Ov.-Steinenbrück: Barbara; Ov.-Untereschbach: Mariä Himmelfahrt; Ov.-Vilkerath: Maria Hilf; Rösrath: Nikolaus von Tolentino; Rös.-Hoffnungsthal: Severin.

Rhein-Sieg-Kreis, Linksrheinisch

Bornheim: Alfter: Matthäus; Al.-Gielsdorf: Jakobus; Al.-Oedekoven: Mariä Himmelfahrt; Al.-Volmershoven: Mariä Hilf; Al.-Witterschlick: Lambertus; Bornheim: Servatius; Bo.-Brenig: Evergislus; Bo.-Hemmerich: Ägidius; Bo.-Hersel: Ägidius; Bo.-Merten: Martin; Bo.-Rösberg: Markus; Bo.-Roisdorf: Sebastian; Bo.-Sechtem: Gervasius u. Protasius; Bo.-Walberberg: Walburga; Bo.-Waldorf: Michael*; Bo.-Widdig: Georg. *Meckenheim:* Johannes der Täufer; Me.-Ersdorf: Jakobus; Me.-Lüftelberg: Peter; Me.-Merl: Michael (Alte

Kapelle); Wachtberg-Adendorf: Margareta; Wa.-Berkum: Maria Rosenkranzkönigin; Wa.-Fritzdorf: Georg; Wa.-Oberbachem: Drei Könige; Wa.-Vilip: Simon u. Judas. *Rheinbach:* Martin; Rhb.-Hilberath: Martin; Rhb.-Neukirchen: Margareta; Rhb.-Niederdrees: Antonius; Rhb.-Oberdrees: Ägidius; Rhb.-Ramershoven: Basilides; Rhb.-Wormersdorf: Martin; Swisttal-Buschhoven: Katharina; Sw.-Heimerzheim: Kunibert; Sw.-Ludendorf: Petrus u. Paulus; Sw.-Miel: Georg; Sw.-Morenhoven: Nikolaus; Sw.-Odendorf: Petrus u. Paulus; Sw.-Ollheim: Martinus; Sw.-Straßfeld: Antonius.

RHEIN-SIEG-KREIS, RECHTSRHEINISCH

Eitorf: Asbach: Laurentius; Asbach-Limbach: Maria Rosenkranzkönigin; Buchholz: Pantaleon; Eitorf: Patrizius; Ei.-Alzenbach: Petrus Canisius; Ei.-Merten: Agnes; Neustadt/Wied-Ehrenstein: Trinitatis (Klosterkirche); Windeck-Dattenfeld: Laurentius; Wi.-Herchen: Peter; Wi.-Leuscheid: Mariä Heimsuchung; Wi.-Schladern: Elisabeth. *Hennef:* Simon u. Judas; Bödingen: Schmerzhafte Mutter; Stadt Blankenberg: Katharina; Bröl: Mariä Himmelfahrt; Geistingen: Michael; Rott: Mariä Heimsuchung; Westerhausen: Michael*; Uckerath: Johannes der Täufer; Warth: Liebfrauen. *Königswinter:* Bad Honnef: Johann Baptist; B.H.-Aegidienberg: Aegidius; B.H.-Rhöndorf: Mariä Heimsuchung; B.H.-Selhof: Martin; Bruchhausen: Johann Baptist; Erpel: Severin; Königswinter: Remigius, Maria Königin des Friedens; Kö.-Eudenbach: Mariä Himmelfahrt; Kö.-Heisterbacherrott: Judas Thaddäus; Kö.-Ittenbach: Schmerzhafte Mutter; Kö.-Niederdollendorf: Michael; Kö.-Oberdollendorf: Laurentius; Kö.-Oberpleis: Pankratius; Kö.-Stieldorf: Margareta; Kö.-Thomasberg: Joseph*; Oberlahr/Wied: Antonius; Rheinbreitbach: Maria Magdalena; Unkel: Pantaleon; Windhagen: Bartholomäus. *Neunkirchen:* Much: Martinus; Much-Kreuzkapelle: Johann Baptist; Much-Marienfeld: Mariä Himmelfahrt; Neunkirchen-Seelscheid 1 (Neunkirchen): Margareta; N.-S. 2 (Seelscheid): Georg; N.-S.-Hermerath: Anna; Ruppichteroth: Severin; Rupp.-Schönenberg: Maria Magdalena; Rupp.-Winterscheid: Servatius. *Sankt Augustin:* Maria Königin; St.A.-Hangelar: Anna; St.A.-Mülldorf: Mariä Heimsuchung; St.A.-Niederpleis: Martinus; St.A.-Menden: Augustinus. *Siegburg:* Lohmar: Johannes Enthauptung; Lo.-Birk: Mariä Geburt; Lo.-Neuhonrath: Mariä Himmelfahrt; Lo.-Scheiderhöhe: Kreuzerhöhung; Siegburg: Anno, Servatius; SU-Braschoß: Mariä Namen**; SU-Brückberg: Joseph; SU-Deichhaus: Elisabeth; SU-Kaldauen: Liebfrauen; SU-Seligenthal: Antonius (Klosterkirche); SU-Stallberg: Mariä Empfängnis; SU-Wolsdorf: Dreifaltigkeit. *Troisdorf:* Niederkassel: Matthäus; Ndk.-Lülsdorf: Jakob; Ndk.-Mondorf: Laurentius; Ndk.-Ranzel: Ägidius; Ndk.-Rheidt: Dionysius; Ndk.-Uckendorf: Sieben Schmerzen; Troisdorf: Gerhard, Hippolytus, Maria Königin; Tdf.-Bergheim: Lambert; Tdf.-Eschmar: Peter u. Paul; Tdf.-Sieglar: Johannes v.d.Lat.Tore; Tdf.-Spich: Mariä Himmelfahrt.

8.7. Namenregister

Nachstehendes Register erfaßt sämtliche in den Anmerkungen und in den Abschnitten 8.1.1. f. aufgeführte Literatur; in einem durchgehenden Alphabet erscheinen neben den ersten Verfassern ohne besondere Kennzeichnung ggf. auch weitere Verfasser, Herausgeber und Bearbeiter, soweit diese in der Titelaufnahme aufgenommen sind. Anonyme Schriften werden übergangen, wenn kein Herausgeber oder Bearbeiter erwähnt ist. Bei jedem Namen wird die Fußnote genannt, in der die betreffende Schrift erfaßt ist, sofern nicht auf die Abschnitte 8.1.1. f. hingewiesen wird.